大国通史丛书

总主编 钱乘旦

英国通史

A History of England

钱乘旦 主编

【第三卷】

铸造国家

——16–17 世纪英国

姜守明 黄光耀 许洁明 蔡 蕾 胡传胜 著

江苏人民出版社

图书在版编目(CIP)数据

英国通史.第三卷,铸造国家:16-17世纪英国/
姜守明等著.--南京:江苏人民出版社,2016.9(2025.8重印)

ISBN 978-7-214-17543-4

Ⅰ.①英… Ⅱ.①姜… Ⅲ.①英国-历史-16-17世
纪 Ⅳ.①K561.0

中国版本图书馆 CIP 数据核字(2016)第 174223 号

书　　　名　英国通史·第三卷　铸造国家:16—17世纪英国
主　　　编　钱乘旦
著　　　者　姜守明　黄光耀　许洁明　蔡　蕾　胡传胜
策　　　划　王保顶
责 任 编 辑　于　辉
装 帧 设 计　刘葶葶
出 版 发 行　江苏人民出版社
地　　　址　南京市湖南路 1 号 A 楼,邮编:210009
照　　　排　江苏凤凰制版有限公司
印　　　刷　江苏凤凰新华印务集团有限公司
开　　　本　652 毫米×960 毫米　1/16
印　　　张　186.25　插页 24
字　　　数　2 480 千字
版　　　次　2016 年 9 月第 1 版
印　　　次　2025 年 8 月第 5 次印刷
标 准 书 号　ISBN 978-7-214-17543-4
定　　　价　660.00 元(全 6 卷)

(江苏人民出版社图书凡印装错误可向承印厂调换)

目　录

前　言

　　16—17世纪英国历史进入发展的重要转型期。16世纪以前,英国史大致分为罗马不列颠和中世纪两个阶段。

　　中世纪英国的封建制度具有鲜明的地域特色。11世纪中叶,伴随威廉一世征服,来自大陆的诺曼因素与不列颠本土的盎格鲁-撒克逊因素相结合,形成了不列颠的封建时代。由于威廉是以武力方式取得统治权的,早期的英国王权远比欧洲强大;黑斯廷斯溃败后,英国的本土精英根本无法阻止来自诺曼王朝的强势统治。然而自13世纪起,英国政治格局的天平开始向贵族一方倾斜,主要原因在于约翰王违背了所谓的封建习俗,以及其内政与外交的大挫败,而他的儿子亨利三世既刚愎自用,又治国无方。此时,英国政体发生了重大转折,从早期的强势君主制转向等级君主制,实行国王和贵族精英的联合统治。1215年的《大宪章》、1258年的《牛津条例》和1265年及1295年召集的议会,是实现这种转折的几个标志性事件。它们被看作是英国君主立宪制的先导,而1688年"光荣革命"仅仅是对这种宪政传统的复归。

　　从14世纪起相继发生的百年战争和玫瑰战争,逐渐培育出英国的民族意识。百年战争初期,虽然英军连连得胜,但英国人最终还是输掉了这场久拖不决的侵略战争。不过,英国人也从中获得了教训,就是法国不属于英国,英国无法彻底战胜法国,他们和法国人本来就属于两个不同的民族。对于这场战争的属性,由于它起因于两个王室间的利益纠葛,其封建性早有定论。战争后期,随着英、法两个民族越来越深的介入,民族战争的性质日益明显。正是在这个意义上,英、法的民族意识是百年战争的伴随物。当然,从民族意识到现代意义上的民族国家,还有一段距离要跨越,而就英国来看,随后发生的玫瑰战争和宗教改革,是实现这一跨越的重要途径。虽然玫瑰战争依然是一场封建性的王位争夺战,但其结果不仅使英国克服了无政府状态,而且贵族阶级在战争中遭到了自威廉征服以来的第一次重创,从而为都铎时代新君主制(专制君主制)和民族国家的形成扫清了国内政治障碍。

16—17 世纪,英国开始向现代转型,主要表现为从等级君主制到新君主制的政治转型,从自给自足的庄园制到商品交换的经济转型,从贵族与僧侣意识形态到新贵族和市民意识形态的思想文化转型,此外还有从内敛式的均势到主动出击的外交转型,而它们都是由文艺复兴、宗教改革、内战与革命、护国摄政、复辟与光荣革命、殖民扩张等一系列重大事件相伴随的,也是以政治上的民族主义、经济上的重商主义和思想上的人文主义为根本指导思想的,其核心是建构和巩固民族国家。所谓民族国家,就是现代主权国家,既是相对于中世纪以地方分权主义为特征的封建王国而言,又是相对于基督教大世界体系下主权不完整或不充分的王朝国家而言,民族一体性与国家主权是两个基本要素。在英国,这两个要素是都铎时代英吉利民族在同罗马天主教势力和国内地方割据势力的斗争中逐渐形成的。

15 世纪末,英国的民族国家开始起步。都铎王朝建立后,英国的政治制度在一个多世纪中发生了最深刻、最具影响力的变化,实现了王权的现代转型:由等级君主制向新君主制的转型。首先是亨利七世,在终结封建内讧的同时,用新君主制代替了无政府主义。他利用国人普遍渴望和平、实现国家统一的民族情绪,巧妙而果断地剿灭了王位觊觎者的政治图谋,巩固了都铎王权。然后是亨利八世,借助离婚案发动了自上而下的宗教改革,不但如愿娶了具有新思想的安妮·博林,而且取代教皇登上了英格兰民族教会至尊领袖的地位。但是,政治色彩鲜明的英国宗教改革,丝毫没能改变亨利八世内心深处对天主教信仰的执着,反而,这种带有政治目的的改革,助长了其专制统治的个人野心。所以他去世后,英国出现了新旧势力间的激烈较量,这丝毫不奇怪。爱德华六世幼年执政时,国家事务被交给一个摄政会,朝政先后为萨默塞特公爵和诺森伯兰公爵所把持。在政治上,他们是相互攻讦的对手;可在宗教上,他们又都成为新教改革的推动者。正是这一时期,安立甘宗(英国国教会)基本定型。当然,他们之间也是有明显差别的,就是前者稳健而后者激进。客观地讲,诺森伯兰的激进主义是与其政治野心相联系的,他操纵幼主来左右都铎王位继承,或许是为了建立一个达德利王朝,但他的美梦很快被玛丽女王粉碎了。玛丽取代"九日女王"格雷郡主成为新君主,不是因为她更得民心,而是由于她的血统比后者更纯正。玛丽继位后,其反攻倒算相当恐怖。她把诺森伯兰送上断头台,将格雷郡主和她的丈夫,也就是诺森伯兰的儿媳和儿子,一并关进伦敦塔;她还因憎恨她父亲和新教,在国际天主教势力的鼓噪下,几乎全部废除了亨利八世和爱德华六世时期的改革措施,使英格兰教会重新投入罗马教廷的怀抱。甚至,她宁愿嫁给一个外国人,也不肯下嫁自己的臣民。加之,她在国内恢复天主教后,对新教徒大开杀戒。所有这一切,都注定了她的失败。玛丽背离了都铎初期以来英国人一直在追求的民族主义,相比之下,她的异母妹妹恰恰在这一点上赢得了民心。在肉体上,伊丽莎白一世始终保持一个"光荣女王"的神圣性,人们尊其为"处女王";在精神上,她把自己"嫁"给了英吉利民族,获得了"仙后"的美誉。总之,伊丽莎白像其祖辈一样,作为意志坚定的统治者,将都铎新君主制推向高峰。

都铎时期,英国是以专制君主为核心、以民族共同体为特征的现代主权国家。这个时期,英王是都铎国家的化身和英吉利民族国家主权的体现者,并具有最高统治者所具备的一切特权和统治权,国家的立法权、司法权和行政权只是都铎王权的不同表现形式而已。国王根据上帝的意志进行统治,并通过行使其特权来保持政府机器的运转。英王是都铎国家统治的源头,所有的官员由他们任命,所有的外交事务均以他们的名义、并在他们的指导下运作。尽管议会被看作是全国公意的基础,议会法令被视为民族共同体必须服从的决定,但议会作为代议机关,其全国公意范围是有限的,它并不具有民主政治条件下那种更广泛的民意基础,而且必须依据国王的意志来召集、休会或延期,因而是都铎绝对主义王权的工具。都铎国家的司法也不例外,也必须以国王的名义行使职能,并因王室的利益和愿望而受影响。这样,都铎君主就通过从中央到地方建立起来的官僚体制,渗透到英国社会的各个方面,不但体现了现代国家的基本属性,也使英国凝聚成一个主权独立的政治实体,进而站到了走向富强之路的现代化起点上。

民族国家是现代化的首要条件和客观载体,没有民族国家就没有现代化。关于英国民族国家的建构,宗教因素在其中所起的作用根本无法回避。表面上,亨利八世因王位传承的需要而与教廷分道扬镳;实际上,他本不是一个自觉的改革家,是时代把他推向了改革前台。所以他在统治后期乏善可陈,这也在情理之中。不过在这些偶然因素的背后,是民族的力量推动了都铎宗教改革的发展,这一原动力的关键作用不可低估。英国的民族共同性萌芽于百年战争之中和约翰·威克里夫倡导宗教改革时期,在都铎时代成为了一面旗帜。14世纪后期,威克里夫最早提出建立独立民族教会的主张,其直接目的是反对教权主义和维护王权利益;大约一个半世纪后,这种主张受到都铎宗教改革家的追捧。由于有了国内民众的响应和支持,亨利八世才敢于去挑战罗马教廷的最高宗教权威和神圣罗马帝国的强势地位;同样,由于伊丽莎白把自己"嫁"给了英吉利民族,她才完全可以不把教皇和皇帝的权威以及国际天主教集团的威胁放在眼里。反之,悲剧君主玛丽一世的失败,不在于她的一半西班牙血统,而在于她从骨子里就没有把自己看作是一个十足的英格兰女王,这才是她终被国人所弃的根本原因。

经过几代都铎君主的推动,英国冲破了中世纪基督教世界体系的束缚,独树一帜,转变成为一个新教国家。就是说,英国新教民族国家是宗教改革的最直接、最重要的结果。但是,除了爱德华六世时期的激进和玛丽一世极端反复外,都铎改革走的基本上是一条温和中庸的渐进式道路,没能消除因宗教转向而产生的新旧教之间、清教与国教之间的矛盾,复杂的宗教矛盾又因新君主制而滋生了对抗专制统治、要求回归自由传统的政治冲突,这就埋下了日后英国较长一段时期内动荡不安的种子。

17世纪的内战与革命,是15世纪末以来英国持续时间最长的一场政治与武力的对抗。伊丽莎白死后无嗣和苏格兰国王詹姆士的隐忍,为斯图亚特王朝统治英格兰创造了机遇。由于这个外来王朝的君主水土不服和强化专制主义,英国的各种矛盾积重难返,并在外部因素(苏格兰起义)的诱发下,一并爆发出来。专制国王和议会反对派互不相让,双方围绕谁是最高主权的问题,展开了政治与武力的对垒,意在争夺国家的最高权力。这就是内战,这就是革命。

从历史的长时段来看,这场革命是社会转型时期英国民族国家形成与巩固过程中发生的重大事件,它既符合欧洲现代民族国家的一般规律,又符合英国历史演进的内在逻辑。伊丽莎白后期累积起来的诸多矛盾,之所以在17世纪中叶像火山喷发一样爆发出来,主要原因是斯图亚特君主从理论到实践都顽固地坚持绝对主义统治,结果是一发不可收。建构民族国家是16世纪英国的主要任务,英国人把都铎君主制看作是一种可以接受的王权,它对内可以统一国家、对外可以抗拒外来威胁,因而当时是一种合理的专制主义;但到17世纪,他们面临的主要任务却是克服绝对主义的专制统治,巩固民族国家和促进现代政治发展;然而詹姆士一世和查理一世不是顽冥不灵,就是顽固不化,不能不遭到历史的无情嘲讽。换句话说,专制权力在都铎时期与民族意愿相通,而斯图亚特的专制统治恰恰违背了民族意愿,成为民族国家发展的阻力,革命就是在这个背景下爆发的。

需要注意的是,我们的认识常为17世纪英国史的许多吊诡之处所困惑,至少有两点值得关注:其一,英国革命中战争的挑起者,既不是议会反对派,也不是广大下层群众,而是竭力挑战自由传统、阻碍英国民族国家巩固的专制国王。另一方面,由于议会反对派试图运用"王在法下"和"王在议会"的传统去约束越轨的国王,挑起冲突的查理一世自然就成了革命的对象。革命既已发动起来,就好像是脱缰的野马一样,根本无法停止下来,直到查理一世接受审判,革命的能量得到完全释放。斯图亚特君主之所以失败,主要在于他们既无法调和专制主义理念与英吉利自由传统的矛盾,也无法解决混乱的宗教政策与现代民族国家的冲突。其二,奥利弗·克伦威尔是英国内战与革命的产儿,他身披政治共和主义和宗教激进主义的双重外衣,是"利维坦"的绝妙化身。作为清教独立派领袖,他是 17 世纪英国革命的主要领导人,也是这场革命的坚定引导者,他把查理一世送上断头台后,自己却转变成为一个不称王而行使君主权威的军人独裁者。革命的结局常常是这样,英国革命只是这种经历的第一次展现。

17 世纪革命年代的英国,几乎都处于政治上的试验期,从王位虚悬到共和,再到护国摄政,一直经受着前所未有的大震荡,即使革命本身并不是英国史的常态。当共和国、护国摄政的政治实验证明都不成功,都不能真正地解决十五六世纪以来一直困扰英国的宗教与政治问题时,又不得不再回归历史,英国人再到自己的传统中去寻找答案,于是王朝复辟就水到渠成、顺理成章了。然而,王朝复辟的实现表明,革命的尝试在英国失败了,英国人希望结束革命带来的社会乱象,他们期待在传统的混合君主制下一切照旧,恢复昔日的社会秩序。英国在经历了剧烈的政治冲突、复杂的宗教斗争和生死攸关的民族战争后,已是满目疮痍、遍体鳞伤。此时,英国社会需要安定,需要休养生息,而不是看不到尽头的厮杀与流血。克伦威尔的清教极端主义没有能拯救国家,革命没有使国家变得更好;走极端不是英国人的民族性格,他们期待着向传统与秩序的温和回归。正因为如此,他们默许了斯图亚特君主的复辟。可是他们的期望再一次落空,一如当初他们默认詹姆士一世承继伊丽莎白王位,复辟的查理二世从专制主义立场出发,追求君主个人的三个偏好——喜欢天主教、喜欢法国和喜欢独裁。这些与国人的三个忧虑——惧怕天主教、惧怕法国和惧怕暴政，发生了无解的冲突；更不可理喻的是，他竟然在临终前接受天主教弥撒，公开了传闻许久的其天主教徒身份，也就是公开了他与其臣民间不共戴天的敌对关系。

革命时期，国家的最高权力，即国家主权的归属问题，并没解决好；护国主时期，克伦威尔成了真正的无冕之王；现在查理二世当政，不免勾起人们对斯图亚特早期君主专制的苦痛记忆。从专制到革命、从革命到复辟，历史又回到了原点；不仅如此，查理二世还把王位传给了一个不加掩饰的天主教徒，即詹姆士二世，官方的宗教似乎要走回到亨利八世改革前的状态。这真是对 17 世纪英国革命的绝妙嘲讽。

詹姆士二世上台后，无意去化解 40 年代共和革命、50 年代护国摄政和六七十年代王朝复辟以来形成的社会对抗，反而变本加厉地走专制主义的老路，英国人再次面临历史的十字路口。这一次，他们做出了极富智慧的选择，即以武力胁迫为形式，悄悄地发动了一场旨在夺取国家最高权力的宫廷政变。在这场"不流血的"光荣革命中，托利党人和辉格党人携手反抗专制体制，实现了国家政权的平稳转换，最终解决了国家最高权力的归属问题。1688 年光荣革命后，议会确立了自己的主权地位；虽然君主制度得到了保留，但此后，国王必须按照"王在法下"和"王在议会"的原则进行统治。随着君主立宪制的重新确立，英国的主权不再属于君主，而属于整个英吉利民族。至此，真正意义上的英国民族国家总算建立起来了。伴随民族国家的成长，英国从一个漂浮于大洋的蕞尔小国，已经发展成为一个堪与西班牙、法国等大国比肩的欧洲强国。

16—17 世纪，英国进入了传统社会的黄金时代。这一时期，英国在乡村与城市、思想与文化诸方面都发生巨大变化，开始了向现代社会的转型。首先是城市经济与生活的繁盛。在重商主义指导下，以伦敦为代表的城市，商业、金融业活跃，人口规模庞大。17 世纪 40 年代，伦敦城容纳了十分之一的英国人口。1640—1660 年，伦敦人口超过 50 万，超过英格兰其他 50 个城镇人口的总和。如此众多的人口会集在一起，也造成了"恶劣、野蛮和贫穷"的生活环境,这些问题到"工业革命"时期更加突出。尽管城市生活兴旺,但总的说来,这一时期的小城镇和屈指可数的"城市",星星点点地散落于广袤的英国乡村社会。

其次是农业文明的鼎盛。15世纪末到17世纪初,村庄与庄园、牧场与农场构成了英格兰乡村社会的基础,由数千个村庄、城镇、教区、郡县等形成的乡村共同体,点缀着英国自给自足而又等级分明的地方社会画面。同时,英国还经历了持续的农业改良过程,包括生产力的提高,净产量的增加,粮食短缺问题的减缓,以及社会总人口的增长。但是,这些进步的取得是以大量的穷人涌入街头为代价的,其中最重要的表现之一便是"羊吃人"的"圈地运动"。正像圈地狂潮的诱因是多种多样的,圈地运动带来的结果,除了提高农牧业产量、加速社会流动、促进封建生产关系解体,和为18世纪的工业革命提供充足的劳动力和工业原料外,还包括大量的穷人因失地而被推向社会。针对穷人增多和游民涌现的问题,都铎政府采取了包括颁布济贫法在内的各种措施,以阻止社会矛盾的激化,但失地农民和无业游民的反抗现象依然无法消除。17世纪英国革命后,圈地运动因议会法案而走向了合法化。

再次是新兴阶层的兴起。此时的英国,形成等级制的农业社会:第一等级包括贵族、骑士、准骑士及乡绅在内,总称为"绅士";第二等级为城市自由民和享有公民权的市民;第三等级指年收入达40先令的自由持有农、地产承包人等,统称为"约曼农";第四等级是社会的最底层,包括工资劳动者、穷苦农夫、手艺人和仆役。转型时期的英国,社会等级并不固化,流动而不否定分层,其中绅士和约曼农的流动性最强。都铎后期和斯图亚特早期,约曼农是英格兰乡村社会的一个显著阶层,但是到17世纪末,他们似乎已经消失得毫无踪迹。乡绅是借助于宗教改革和农业改良而发迹的新兴阶层,主要指土地阶级中地位低于贵族的小地主,也就是社会地位在贵族之下、约曼农之上的特定阶层。"乡绅的兴起"影响了社会的攀比风气,也见证了十六七世纪的改革和革命。

复次是乡绅自治的发展。在都铎与斯图亚特两朝,由于不存在庞大的官僚机构,虽然绝对主义盛行,但中央政府对地方上的管理较为松散,那些不取俸禄的绅士就成为中央政府主要的依赖对象。英国社会治理的特色,主要在于中央政府与郡县地方政府的关系,体现为以地方主义为中心、以传统文化和习俗为纽带、以乡绅自愿担任公职进行管理和中央政府发挥着协商与监督的作用。具体来说,从教区和村庄,从郡县到王国,社会治理大多由治安法官和巡回法庭来实现,处处体现着乡绅的社会责任,以及中央政府对地方精英的高度依赖。

最后是风俗文化的变迁。15 世纪以来,英格兰的大众文化日益丰富;但是经过持续数十年的宗教改革,地方政府和新教牧师越来越多地去干涉民间盛行的各种风俗、礼仪、活动与庆典等"大众文化"。尤其是17 世纪 20 年代和共和国时期,由于清教极端主义的影响,统治当局加强了对社会风俗的监督和改造,形成了两个改革高潮,中心内容是严守安息日和禁止民间娱乐活动,意在把教会活动与大众节庆相分离,强化中央政府的社会控制职能。

英国的现代转型,是整个欧洲社会转型的重要组成部分。随着地理探险与发现的不断推进,西方文明的重心从地中海区域转移到了大西洋沿岸,以此为起点,不列颠岛从世界文明的边缘走到了中心。都铎国家建立后,英国在政治、经济、宗教与外交等领域发生了一系列广泛而深刻的变化,这些变化发生的基本前提是民族国家地位的确立和巩固,而强大的政治和社会力量不仅促进了英国的经济起飞和社会进步,而且为其介入欧洲事务提供了着力点。16—17 世纪,英国的对外关系处于不断的调整变化中,以适应国际竞争、加强王权、巩固国家统一和提升英国国际地位的需要。

随着民族意识的发展与民族国家的建立,英国也具备了制定和实施独立外交政策的基本条件。都铎初期,亨利七世在对外关系上首先确立了均势外交的基调,一方面通过王室联姻的办法,谋求欧洲大国的外交承认,力求避免卷入欧洲国家间的纷争;另一方面实行重商主义,积极推动商业发展与贸易扩张,逐步提综合国力及国际地位。与亨利七世有所不同,亨利八世继位后,张扬个性,好大喜功,将谨守均势的父训丢在一边,极力推行进攻性的对外政策,主动介入大陆事务,不过也未能有所收获。宗教改革启动后,他的主要精力已经由外而内,转向了加强绝对主义统治,客观上促进了民族国家的形成。伊丽莎白是一位工于心计、能抓住民心的女王,她一改爱德华六世时期王权旁落、玛丽一世时期倒向罗马的局面,将自己的婚姻作为外交筹码,巧妙地周旋于许多强势的外国追求者之间,将亨利七世的均势策略发挥到极致;同时,她在反对汉萨商人、教皇、皇帝、法王、西王等强敌的斗争中,纵横捭阖,不卑不亢,打败了一个又一个竞争对手,将一个二流小国带入了欧洲列强之中,创造了英国史上的第一个黄金时代,奠定了大英帝国的基础。

斯图亚特王朝时期,英国因内政不稳,其对外政策处于摇摆多变的状态。"三十年战争"爆发后,英国人强烈要求詹姆士一世放弃亲西政策,选择站在新教的腓特烈五世一边,反对西班牙侵占巴拉丁选侯领地。查理一世继位后,更是促成新教国家与天主教国家携手,共同遏制哈布斯堡王朝势力的扩张。不过由于深陷内战泥潭,英国并未能从三十年战争中获益。"王位空悬"时期,特别是"护国摄政"时代,英国重振伊丽莎白时期的进取精神,在重商主义原则指导下,把争夺海洋霸权、扩大对外贸易和强占殖民地作为其外交政策的基本内容,这也是今后相当长一个时期英国外交政策的主要目标。克伦威尔一边扩大和改造海军,一边实施《航海条例》,公开挑战新兴的荷兰商业帝国。从克伦威尔摄政到"王朝复辟",英国经过连续三次对荷战争,彻底击败荷兰和西班牙,获得了海洋和贸易的控制权。

重商主义外交的巨大成功,必将进一步刺激英国人推进海外扩张,进而称霸世界的欲望。在殖民扩张方面,虽然他们的起步不算晚,早在1497年,意大利航海家约翰·卡伯特就获得都铎王室授权,为英国人到北美新大陆从事殖民探险,但在整个都铎后期,英王政府对殖民扩张缺乏热情,基本上持一种放任态度,而将主要精力用于巩固民族国家。因而这一时期,英国殖民活动的最大特点体现为私人性和民间性的探险发现,并且成效极为有限。随着国内政权转换的实现和欧洲国家间竞争的加剧,英国开始推行积极的殖民政策,并取得了巨大成果。克伦威尔时期,英国在加强对现有殖民地控制的同时,主动出击,发展新的殖民地。复辟时期,北美是英国开拓新殖民地的重点,由于得到政府的积极参与和支持,英国人明显加快了殖民扩张步伐。到 17 世纪末,以美洲为主体、殖民与贸易结为一体的大英帝国已经建立起来。

思想和文化领域的转型,是 16—17 世纪英国现代转型的重要内容。文艺复兴的意义不在于发现西方古典的文本,而在于发现了一种新的生活方式与思考方式。受人文主义和民族主义思潮的影响,这一时期的英国文学,既与文艺复兴运动相契合,又与民族国家的形成与巩固相关联。现代民族国家是民族主义或民族认同发展的结果,反映在文学上,突出地表现为三个方面,即英语作为民族语言的形成、对英国历史传统及其独特性的想象,以及对君主作为上帝和英吉利民族代言人的颂扬。如果说世俗主义和个人主义在文艺复兴中得到了张扬,那么,教权主义和普世主义在宗教改革中就受到了挑战。在英国,宗教改革作为文艺复兴在思想上的延续和深化的结果,使英吉利民族摆脱了来自罗马的宗教束缚,英国得以形成为以统一的世俗王权为核心的民族国家。

不论是人文主义者,还是宗教改革家,都充满着对新时代的向往与期盼。英国的文艺复兴文学,可以区分为三个时期:(1) 1550 年以前,以托马斯·莫尔爵士和托马斯·怀亚特爵士为代表的人文主义散文和抒情诗初现端倪。(2) 1550—1630 年,诗歌和戏剧创作进入全盛时期,出现了当代最杰出的诗人埃德蒙·斯宾塞和菲利普·西德尼、最杰出的戏剧家威廉·莎士比亚和克里斯托弗·马洛。(3) 1630—1690 年,戏剧延续着莎士比亚时代的繁荣,但约翰·弥尔顿的诗歌终结了英国的文艺复兴文学。

文艺复兴时期的英国,像意大利、法兰西、尼德兰一样,其活动的思想与文化反映着丰富多彩的社会生活。音乐作为抽象的艺术形式,开始从取悦神明转向娱乐世人,它的性质随着人文主义的传播而变化。同时,赞美歌取代圣歌,礼拜乐取代弥撒曲,圣公会音乐获得繁荣。在形象艺术领域,哥特式的建筑与装饰风格,在这一时期臻于鼎盛,而且乡村建筑和公共建筑取代宗教建筑,形成了混合着英国中古传统和大陆特征的都铎风格。雕塑和绘画作品也像音乐一样,浸透着欧陆影响。

在科学和政治思想领域,英国取得了许多令人赞叹的伟大成就,如下这些伟人,像威廉·吉尔伯特、威廉·哈维、弗朗西斯·培根、罗伯特·波义耳、罗伯特·胡克、艾萨克·牛顿在探索自然方面所做的贡献,像威廉·格罗辛、休·拉蒂默、约翰·科利特、乔治·布坎南、爱德华·柯克在政治思想领域所作的思考,无不为 18 世纪工业革命,或一个新时代的到来,提供了强大的智力支持。16—17 世纪英国的思想和文化,不仅折射着英国的现状,也预示着它的未来。

总括 16—17 世纪的英国历史,我们可以使用两个主题词来描述:一是民族国家,二是重商主义,这两个词规范着英国约两个世纪的发展进程。民族国家是这两个世纪的政治理想,围绕它,我们看到了一系列惊心动魄的政治事件,也看到意识形态的变迁、民族心理的转变、文化艺术的定位;围绕重商主义,我们看到了经济和社会的变化,英国内外政策的确定,看到了商业的繁荣、英帝国的初始、工农业的走向。所有这些,都为英国在下个世纪成长为世界第一大国奠定了基础,因此 16—17 世纪对英国来说,既是结局,也是起点。

本卷主持人　姜守明

2014 年 7 月 1 日

第一篇

都铎时期

第一章 国王与政府

都铎王朝(Tudor Dynasty)是英国从中世纪向现代转型的时期,在这一时期,英格兰政治体制中发生的最深刻、最具影响力的变化是王权转型,王权从等级君主制转变成专制君主制,即所谓的"新君主制"(New Monarchy),都铎君主也从贵族领主第一人转变成现代国家的主权所有者了。与此相对应,中世纪等级状的权利与义务的关系,转变成由上而下的统治和被统治的关系,通过建立从中央到地方的官僚体制并且垄断武力,都铎王朝的政治权力渗透到每一个人以及社会的各个方面。都铎因此而建立了一个现代性质的国家,并与之等同为一体,其权力也走向前所未有的顶峰。

应该指出,早在 1471 年,当约克(York)家族的爱德华四世(Edward Ⅳ of England,1442—1483)取得巴尼特战役(Battle of Barnet)胜利时,英国已进入政治上相对稳定的时代,爱德华的某些措施也为都铎王朝的政策奠定了基础,例如,他利用中等阶层渴望王权强大、消除动乱和不安的社会心理,推行一系列加强王权的措施,目的是通过提升王室的经济独立地位,来避免贵族(Grandee)与议会的掣肘。首先,他没收敌对的兰开斯特派贵族的领地,扩大王室领地。第二,他说服议会授予其终身享用关税权,包括对羊毛、皮革、呢布的出口税和对一般商品征收"吨税"

(tonnage tax)和"磅税"(poundage tax)的权利,使关税成为君主收入的主要来源。他还亲自向富商平民游说,让他们"自由捐赠",获得临时性捐款;作为回报,他吸收骑士、法官、律师等平民进入御前会议,以此与贵族抗衡。第三,他着力保护并亲自参与商业活动,通过代理人将上等的羊毛、呢布和锡等商品运到意大利和希腊,获取厚利,被时人称为"商人国王"(merchant king)。第四,他规避大陆战争,节约王室开支,例如与法王路易十一(Louis XI of France,1423—1483)签订《皮基尼条约》(Treaty of Picquigny),暂停了对法战争。由于上述几个原因,爱德华四世能够做到"自己养活自己":他在位22年,仅召集六届议会,无疑,这些措施都为都铎王朝提供了经验,英国也因此而开始走向政治稳定。

1483年爱德华四世去世后,年幼的爱德华五世(Edward V of England,1470—1483)以长子的身份继承王位,但是爱德华四世的弟弟理查篡夺其侄儿的王位,自立为理查德三世(Richard III of England,1452—1485),引起约克家族内部的叛离,从而为都铎的兴起创造了条件。两年后,亨利·都铎(Henry Tudor)在博斯沃斯战役(Battle of Bosworth)中击杀理查德,英格兰王位转给了都铎家族,亨利·都铎是兰开斯特(Lancaster)家族的远亲,于是这位来自威尔士的小贵族就成了都铎王朝的开国之君。都铎统治确立后,亨利七世(Henry VII of England,1457—1509)能够顺应历史大势,抓住机遇,在结束英国中世纪的封建分裂的基础上,接受了爱德华四世的政治遗产,推动英国王权从等级君主制向专制君主制的转变,带领英吉利民族走上了现代主权国家建设的新时代。为此,他采取了以下主要措施:

首先,他铲除王位争夺人,争取欧洲君主对都铎王室的承认。在经历了百年战争(Hundred Years' War)和玫瑰战争(Wars of the Roses)的动荡之后,英国人普遍渴望和平,希望国家统一,亨利七世巧妙地利用了这种情绪,在英吉利民族主义不断增长的背景下,成功地消灭了王位的觊觎者。1486年,他迎娶爱德华四世的女儿、约克家族的伊丽莎白(Elizabeth of York,1466—1503)公主,而他作为兰开斯特家族的代表,以此婚姻就将两个曾经敌对的家族联合为一体了,消除了约克家族叛乱的借口。同年,他还镇压了由约克派贵族林肯伯爵(Earl of Lincoln)、罗弗尔勋爵(Lord Rovel)和爱德华四世的妹妹、勃艮第公爵夫人玛格丽特(Margaret of York, Duchess of Burgundy)支持的假沃里克伯爵(Earl of Warwick)①。1492—1496 年,他又击败由法王查理八世(Charles Ⅷ of France,1470—1498)、苏格兰国王詹姆士四世(James Ⅳ of Scotland,1473—1513)和玛格丽特以及神圣罗马帝国皇帝马克西米连一世(Maximilian Ⅰ, Holy Roman Emperor, 1459—1519)共同支持的假称爱德华四世次子约克公爵的珀金·沃贝克(Perkin Warbeck, Duke of York)②。当亨利七世取得王位时,法国、尼德兰(Netherlands)和苏格兰的统治者都相对虚弱,比如查理八世继位时年仅 13 岁,尼德兰的统治者也未成年,詹姆士四世继位时也仅 15 岁,这些都是亨利巩固其王位的有利条件,于是他通过联姻、合约等多种方式,尽可能争取西欧国家的承认。1489 年,年仅三岁的亚瑟王子(Arthur Tudor of England)和西班牙公主凯瑟琳(Katherine of Aragon)订婚,并于 1501年举行婚礼。五个月后亚瑟王子却去世了,为了维持英国和西班牙的联姻关系,亨利七世又安排其次子亨利和长他六岁的寡嫂成婚,这种王室联姻使都铎王朝从 1489 年起就得到了大陆强国西班牙的外交认可。

亨利七世的和平外交思想,也影响到法兰西和苏格兰的传统盟友关系。15 世纪末,逐渐统一起来的法兰西幅员辽阔,它的地域从英吉利海峡延伸到地中海沿岸,在人口数量和财富方面都三倍于英国。英王精明地认识到,战争威胁比战争本身获利更多,因此当 1491 年法王查理八世吞并布列塔尼(Brittany)时,亨利七世经议会批准率英军渡海,包围了法国北部港市布洛涅(Boulogne)。法王无力同时对付西班牙、神圣罗马帝国和英国的攻击,也担心引起布列塔尼贵族的反抗,于是于 1492 年和英王达成《埃塔普勒条约》(Treaty of Etaples)。根据该条约,英国终止了

① 作为爱德华四世的侄子、约克家族唯一的直系男性继承人,沃里克伯爵已被亨利七世囚禁于伦敦塔。
② 约克公爵理查德早已被暗杀于伦敦塔内。

对法国王位和领土的要求,彼此保证不支持对方的敌人,允许两国臣民平等通商,法王偿付英王在布列塔尼的债务,并在未来 15 年中每年向英王支付五千镑年金①。这样,亨利七世一举两得,他不仅将议会给他的税金储存起来,而且得到了法国缴纳的大量贡金。《埃塔普勒条约》签订后,亨利很快在 1502 年又和苏格兰签订了永久和平条约,并在第二年把他的长女玛格丽特嫁给苏格兰王詹姆士四世。通过这一联姻,中世纪以来苏格兰和法兰西结盟对付英格兰的消极影响受到了遏制,从而为苏格兰和英格兰之间实现和解、并最终实现合并埋下了伏笔。

其次,他力求做到经济自立,摆脱贵族对国王的约束。都铎君主能否实现英格兰的和平与安全,并获得其臣民对其统治合法性的认可,相当程度上取决于他们能否结束中世纪盛行的贵族动乱。为此,亨利七世采取了严厉的遏制政策以对付企图叛乱的贵族。他在位时期,有九个贵族被剥夺爵位,其中三个是永久性的;五分之四的贵族被置于交纳财产保证金的处境下②。然而出于友谊、血统以及政治的需要,都铎君主也封授新贵族,但在这方面亨利七世的态度非常谨慎,除了将其叔叔贾斯珀·都铎(Jasper Tudor)封为贝德福德公爵(Duke of Bedford),将自己的两个儿子亚瑟和亨利分别封为康沃尔公爵(Duke of Cornwall)和约克公爵外,亨利仅仅封授了三个伯爵③。结果,亨利继位之初,英国尚有 20个公爵、侯爵和伯爵,而到他去世时仅剩下一个公爵和九个伯爵,高级爵位人数减少了一半。爵位减少的原因之一在于男性继承人的缺失,但是,亨利无意遏制这种贵族的自然减员现象,反而对这种现象的扩展起了推动作用。1489 年,他同意晋封诺丁汉伯爵(Earl of Nottingham)为伯克利侯爵(Marquess of Berkeley),但有个附加条件,就是不能将伯克利侯爵爵位传给他的兄弟。结果,诺丁汉死后,伯爵和侯爵两爵位同时

---

① Bryan Bevan, *Henry Ⅶ, the First Tudor King*, London: The Rubicon Press, 2000, p. 54.
② J. R. Lander, *Crown and Nobility, 1450—1509*, London: Edward Arnold, 1997, p. 274.
③ Roger Lockyer & Andrew Thrush, *Henry Ⅶ*, 3rd ed., London: Addison Wesley Longman Limited, 1997, p. 38.

后继无人。① 除了剥夺爵位和财产、严厉镇压叛乱的贵族外,亨利还限制贵族豢养家兵,限制家仆穿着号衣,禁止贵族兴建新城堡、储存新武器,以防贵族地方势力坐大。亨利七世之后,都铎君主继续遏制贵族势力,如亨利八世(Henry Ⅷ of England,1491—1547)时期有 12 个②、伊丽莎白一世(Elizabeth Ⅰ of England,1533—1603)时期有 6 个③贵族被褫夺爵位,1572 年诺福克公爵(Duke of Norfolk)被杀,到都铎王朝终结,英国竟然没有一个公爵④。

在经历了玫瑰战争时期贵族间的自相残杀之后,都铎君主更倾向于"收编"而不是消灭贵族势力,其办法就是大棒加胡萝卜。在君主专制的权力框架中,只要服从君主的权威,贵族就仍然能成为都铎专制的受益者。在政治上,贵族可以出入宫廷,出任官职,领导军队,参加议会,其政治角色日益多样化,获得众多的好处。在经济上,他们或者得到特许权,可以直接参与工矿业、交通运输业、商业贸易等经营活动,或者从君主那里得到官职后,可以管理国家经济,而不仅仅局限于土地之上。虽然贵族可以影响君主,却不像以前那样能够左右君主;虽然都铎需要贵族服从,但是不怕贵族不服从。虽说在都铎国家的权力框架中,贵族是中央和地方的重要联结点,承担着不可或缺的地方治理和军事指挥职能,但在王权和社会的双重作用下,都铎时期贵族的权力性质与以前不同,他们只代表国家的权威,行使都铎君主赋予或者许可的权力,由此,英格兰贵族迈上了向现代统治阶级转变的漫长之路。

在遏制贵族势力的同时,亨利七世还试图在财政方面摆脱议会的制约,走出中世纪贵族政治的窠臼。一方面,他通过继承权得到兰开斯特公爵领地、约克公爵领地和里奇蒙伯爵(Earl of Richmond)领地的收益,

---

① Roger Lockyer & Andrew Thrush, *Henry Ⅶ*, 3rd ed., London: Addison Wesley Longman Limited, 1997, p. 39.

② H. Miller, *Henry Ⅷ and the English Nobility*, Oxford: Basil Blackwell, 1986, p. 40.

③ Lord Longford, *A History of The House of Lords*, London: Collins, 1988, p. 42.

④ Penry Williams, *The Tudor Regime*, Oxford: Oxford University Press, 1979, pp. 433 - 436.

使王室仅从领地和封建监护权得到的收入就从每年 2.9 万镑上升到 4.2 万镑,增加 45%;另一方面,都铎王朝初期,随着海外贸易的不断扩大,英王终身享用的关税就从每年 3.3 万镑上升到 4 万镑,增加 20%,此外,王室法庭收缴的罚金、国王个人的经商收益和出租王家舰队的获利,加上议会拨款和教士税,总收入超过了 13.3 万镑。[①] 根据学者统计,1485—1490 年,亨利七世的平均岁入约为 5.2 万镑,为了支付开支和偿付债务,他不得不向主教、伦敦和意大利的商人借款。1492 年他实现收支平衡并开始有结余,在其统治的最后五年他的年收入达到 14.2 万镑。弗朗西斯·培根爵士(Sir Francis Bacon)认为,亨利去世时拥有价值 180 万镑的现金珠宝[②]。亨利七世在位的 24 年间,只开过七次议会,共持续 210 天,相当于平均每年 9 天,其中 1497—1509 年只召集过两次议会[③]。通过财政自立,他既赢得了社会的尊重,也摆脱了中世纪等级君主的角色。

最后,亨利七世扶持中等阶层,满足社会需求,开始了向民族君主的转变。都铎王朝是以城市保护者的面目出现的,从一开始就重视和依靠中等阶层,它不仅结束了封建混战,而且恢复了秩序和法律。城市需要君主出面对抗封建领主,保护市民的经济利益和市政管理权利。亨利七世还通过和西班牙、尼德兰、丹麦、佛罗伦萨等订立商约,促进英国的海外贸易。在亨利七世统治时期,英国的呢绒出口上升了 60%[④]。亨利七世自己也从事海外贸易,比如在 1505—1506 年,单是明矾(制造肥皂的重要原料)进口一项,就为王室增加了 1.5 万镑的收入。

15 和 16 世纪,乡绅(gentry)是最大的土地所有者,他们所占有的土地远远超出贵族,占全国土地的一半,另一半则由王室、教会、大土地所

---

① Roger Lockyer & Andrew Thrush, *Henry Ⅶ*, 3rd ed., London: Addison Wesley Longman Limited, 1997, p. 22.

② Bryan Bevan, *Henry Ⅶ, the First Tudor King*, London: The Rubicon Press, 2000, p. 111.

③ Roger Lockyer & Andrew Thrush, *Henry Ⅶ*, 3rd ed., London: Addison Wesley Longman Limited, 1997, p. 53.

④ Ibid., p. 67.

有者和约曼农(Yeoman)占有①。出于乡绅的重要性,他们被都铎王室重用,担任地方治安法官(Justices of the peace),不领薪,自愿为当地服务。亨利七世时期通过的法令中,超过 10％涉及地方治安法官的职责②。治安法官在得到授权后,可以在没有陪审团(jury)裁决的情况下听审和裁定除重罪之外的司法案件。他们还可以监督郡县的行政管理,其势力渗透在经济和社会领域。他们有权质询地方官员,包括郡守(chief)和市长。曾经由庄园法庭(Manor Court)、地方法庭管理的地方经济事务也交由治安法官来管理。在都铎的国家权力结构中,尽管乡绅官职卑微,不领薪金,但他们却从国家公权力中获得诸多好处,包括声望、名誉和地位。他们不仅可以利用手中的权力扩大自己在地方政治中的作用,还能优先得到很多的地方闲职,如王室行苑、猎场、庄园或城堡的管理职务等。他们是都铎王权在地方上的代表,对于希望在地方事务中有所展露的人来说,获取治安法官一职成为公认的先决条件。由此,治安法官就成为地方上争相追逐和竞争的职位,乡绅向宫廷宠臣、咨议大臣、法官等有权有势者要求关照,甚至不惜向文吏、小官僚请求说项,以期获得大法官(Lord Chancellor)的任命。

都铎时期,中世纪造成社会动荡和战乱的两股最大的分裂势力即贵族和教会受到遏制,这就打破了英国一直存在的多元权力结构,而形成一种前所未有的新型国家体制——君主制民族国家(nation-state)。在本质上,这种国家是以新君主制为核心、以民族共同体(national community)为特征的现代主权国家。都铎君主成为英吉利国家的化身和主权体现者,换句话说,16 世纪英国的国家主权表现为都铎王权,都铎君主作为英国的国王,具有最高统治者所具备的一切特权(privilege)和统治权。亨利七世在玫瑰战争的废墟上登上王位,他由此而摆脱了任何

---

① G. E. Mingay, *Gentry, the Rise and Fall of a Ruling Class*, London and New York: Langman, 1976, p. 188.

② Roger Lockyer & Andrew Thrush, *Henry Ⅶ*, 3rd ed., London: Addison Wesley Longman Limited, 1997, p. 58.

贵族或者贵族群体的制衡,贵族原先享有的封建权力由于失去了支点,便不再构成对王权的约束或威胁。都铎君主的特权不再源于贵族的同意,而是依据君主的身份。在立法方面,都铎君主借助议会,通过立法的形式来决定或解决任何问题;在司法方面,他作为司法的最终裁决者,可以左右法庭的判决。中世纪后期,议会法令曾经是唯一被认可的立法,但一旦脱离了封建权力的束缚,这种立法对于都铎王权来说,反而成为君主进行统治的便利工具。简言之,都铎王权从封建状态的多元权威之一升华为社会的终极权力,而君主也成为真正的统治者,立法、司法和行政权都只是都铎特权的不同表现形式,君主可以任意选择为自己服务。总之,君主根据上帝的意志统治,他是统治的源头,并拥有统治的特权,他通过这种特权的行使,保持政府机器的运作。他是政府权力的指导者和控制者,所有的官员由他任命,高级官员由他挑选和指定;所有的外交事务以他的名义、并在他的指导下进行;议会根据他的意志而召集、休会或延期;司法以他的名义运作。根据他的利益和愿望而受到影响。亨廷顿指出:"权威的合理化和权力的集中不仅对统一是必要的,而且对进步也是必要的……权力的集中对于铲除旧秩序、摧毁封建特权和封建束缚,并为新社会集团的崛起和新的经济活动的发展都是必要的。"[1]都铎诸王切实履行了他们作为君主维护王国安全和司法秩序的职责,同时又顺应了16世纪变动的局势,对经济、社会、宗教、外交等各个方面进行深刻的干预。借助于都铎王权,英格兰凝聚成一个主权独立的政治实体,迅速站在了走向强盛之路的现代化起点上。

都铎君主不仅实现了前所未有的权力集中,而且对权力的合法性进行了革命性的变革,它将王权建立在君权神圣和民族主义这两个合法性基础上,从而赋予王权新的政治意义。自中世纪以来,君主就被看作是"最高统治者",负有免遭外敌入侵、维护社会公正和国内和平的职责,而

---

[1] 塞缪尔·P.亨廷顿:《变化社会中的政治秩序》,王冠华等译,上海世纪出版集团,2008年,第100页。

且这一地位被基督教赋予了神圣的色彩。君主自己可能经受磨难,但君主的地位从来没有被怀疑,马克·布洛赫曾经说:"尽管在封建社会,王权的实际有效行动变得无足轻重,但是王权至少掌握两种重要的潜在力量,在更加有利的条件下这些力量都会扩展,这就是王权享有的古老威望这一神圣不可侵犯的遗产,以及它所拥有的通过适应新的社会制度而获得的新生力量。"[①]都铎君主直接将王权追溯到上帝,并将王权神圣的传统和都铎新权威结合为一体,"王权神圣"(Sacred Kingship)是都铎王权的理论出发点,成为"建设强盛的民族国家的流行理论"[②]。从这一点出发,都铎将自己说成是国家的无可置疑的化身,由此为自己确定了坚实的合法性基础。亨廷顿从现代化的角度看问题,他认为"君权神授"(Divine Right of Kings)理论是一种新的权威概念,它打破了传统社会的风俗和法律,是实行现代化的必要准备;君权神授"实际上是一种宗教性的理论,在那个意义上是用传统的形式为现代的目标服务"[③]。

"全国公意"(common counsel of the kingdom)是都铎王权的第二个合法性基础。在中世纪后期,王权在保护私人财产、抑制封建割据、为社会提供安全保障的需要中找到了自己的特殊地位,并最终从混乱的社会纷争中脱颖而出。"国家将提供公正和保护的主要职能从庄园和地方男爵那里承接过来"[④],王权代表和平和秩序,"国王被绝大部分人坚定地支持,因为强有力的君主是免于私战复发的保证,而私战干扰了日常生活的各个方面。作为一个整体,英吉利民族厌倦了王朝纷争,急于实现国内的和平。"[⑤]有学者说:"民族国家为了发展,首先是利用与国土没有联

---

① 马克·布洛赫:《封建社会》下卷,李增洪等译,商务印书馆,2005年,第617页。

② H. G. Koenigsberger & George L. Mosse, *Europe in the Sixteenth Century*, London: Longman Group Limited, 1968, p. 285.

③ 西里尔·E. 布莱克:《比较现代化》,杨豫、陈祖洲译,上海译文出版社,1996年,第246页。

④ 道格拉斯·诺思、罗伯斯·托马斯:《西方世界的兴起》,厉以平等译,华夏出版社,1999年,第112页。

⑤ J. R. Tanner, *Tudor Constitutional Documents*, A. D. 1485—1603: *With an Historical Commentary*, Cambridge: Cambridge University Press, 1951, p. 2.

系的集体表象:它利用君主制神话使自己凌驾于日益失势的封建领主之上……国王的神话粉碎了领土割据,建立了适应经济需要的辽阔的民族共同体,所有居民都被忠君思想连接在一起。"[①]

都铎王权重视新生政权的民族性质。[②] 都铎王朝建立在玫瑰战争的废墟上,从一开始就以民族的需要作为合法性基础。由于血统方面的欠缺,亨利七世直接求助于号称是全民代表的议会,强调"既成事实",而不是传统的血统原则。议会也"根据现任议会的权威",宣布亨利和他的继承人为英吉利国王,从这个时候起,都铎王权就和议会结为同盟[③]。议会抛开血统原则而迅速承认都铎的地位,反映了经过激烈动荡的英吉利民族对于稳定的渴望,他们希望新君主能够引领国家走向和平。这样,议会就不仅充当了国王和臣民之间的中介,它还将自身锻造成新王权的合法性基础,换句话说,只有议会的认可才能使王权合法,这就为英国后来的发展埋下了伏笔。正是通过议会"公意"的认可,都铎君主才顺利完成了从贵族第一人到英吉利民族代表的转型。

都铎时期,新君主不但摆脱了中世纪以来封建社会的等级框架,而且摆脱了国王作为贵族第一人的角色,成为一个真正的、至高无上的统治者。都铎君主不仅是英吉利国家主权的所有者,而且通过合法性变革,将其自身权力奠定在神意和公意的坚实基础上,以一种上帝代理人的面目和现代国家结合在一起,从而成为英吉利民族的象征和代表。没有君主,就没有因君主才有的共同王国和国家权威,更没有国家的权力和管理。君主就是国家,他们的健康、在位时间、子嗣多少都和王国及人民的福祉相连,他们的私人利益和王国利益之间高度吻合。英吉利民族在都铎王权的庇护下,走进了统一和强盛的新时代。

---

① 莫里斯·迪韦尔热:《政治社会学——政治学要素》,杨祖功等译,东方出版社,2007 年,第 53 页。

② G. R. Elton, *Studies in Tudor and Stuart Politics and Government*, vol. Ⅳ, Cambridge: Cambridge University Press, 1992, p. 136.

③ Act for the Confirmation of Henry Ⅶ (1485), G. R. Elton (ed.), *The Tudor Constitution: Documents and Commentary*, 2nd ed., Cambridge: Cambridge University Press, 1982, p. 4.

　　随着都铎诸王登上了英国君主梦寐以求的权力顶峰,都铎王室面临着前所未有的政治能力考验。他们必须解决专制王权的效能问题,如果不能创建一套行之有效的统治机制,使公权力得以正常运行,那么国王的权力就仍然是虚幻和不切实际的。实际上,强大的政治能力不仅是国家共同体的基本要求,同时也是现代民族国家区别于封建国家的优越性所在。出于巩固王权的需要,都铎君主对传统的政府机构进行改革,建立了一套以王权为核心的现代国家机构,这就是英国历史上所说的"都铎政府革命"(Tudor Revolution in Government)。

　　中世纪时期,公权力的分散造成统一的行政权力的缺失。事实上,封建王权甚至可以不需要政府,"巡幸君主"(itinerant kings)曾经广泛存在于欧洲中世纪早期,像安茹(Anjou)帝国的建立者亨利二世(Henry Ⅱ of England,1133—1189)就不知疲倦地巡游各地。为了扩大自己的力量,包括王权在内的各种封建势力,纷纷通过建立自己的机构来巩固统治权,这使得中世纪的权力机构如王廷、市镇当局、地方官以及多种司法机构、教会机构等都各有所属,或处于彼此的较量之中,相互间的关系是分离或对抗的,不成为统一的权威或国家体系,这是欧洲封建制度的根本特征。作为封建国家名义上的统治者,国王其实是封建贵族中的第一人,他必须尊重封建规范,受到各种封建制度的牵制,并且和贵族在协商中进行竞争,以扩大自己的影响力。虽然王国尊奉国王为统治者,然而一旦王权式微,封建贵族立刻坐大,各种封建权利也成为他们争权夺利的工具。管辖多元化是造成中世纪权力分散、社会混乱的重要因素,如有学者评论说,13世纪的英国已经是欧洲组织得最好的国家,然而"以任何现代的标准看,都是令人震惊的无序、混乱、犯罪盛行和腐败"[1]。在一个公权力私有的体制中,政治机构为私人所有,无法发挥国家的功能。

　　都铎王权克服了无政府状态,建立了政治秩序,由此获得统治的特

---

[1] S. E. Finer, *The History of Government*, vol. 2, The Intermediate Ages, Oxford: Oxford University Press, 1997, p. 82, from Graeme Gill, *The Nature and Development of the Modern State*, New York: Palgrave Macmillan, 2003, p. 86.

权。都铎君主挑选和任命官员、指导外交事务、召集和解散议会、行使司法权，一切法令都以他的名义发布，也就是说，任何权力都来源于君主。君主代表国家，政治运作开始了从封建机制向现代职业官僚体制的革命性转变，从而为政治合理化提供了平台。转变主要体现在财务署（Exchequer）、枢密院（Privy Council）和地方政府三个方面。

财务署是中世纪沿袭下来的财政部门，其主持者财务大臣（Lord High Treasurer）虽然是由国王任命的，但他和大法官等四位贵族一起被称为"财务署男爵"（Barons of the Exchequer）。国王接受他们的监督和制约，这样就制约了国王在财政方面的独断专行。在财政管理上，沿用中世纪旧例，采用符契（tally）和拨款的方式，一旦有钱币收入，就需要在钱袋上加盖封印，登记数额、名目和缴纳者姓名。只有在符契的绘制者和刻画者共同在场时，才可以发放符契[1]，因而手续繁杂，速度缓慢，债权人持符契到地方郡长（High Sheriff）处取钱，郡长则持符契到财务署结算。财务署只是一个结算部门，不是一个严格意义上的财政收支机构，它本身很少有现金往来。为了强化王室对财政的管理，爱德华一世（Edward I of England，1239—1307）重用锦衣库（Wardrobe），爱德华二世（Edward II of England，1284—1327）和爱德华三世（Edward III of England，1312—1377）则利用内廷（chamber）管理财政，财务署的功能形同虚设。爱德华四世提高了"外稽查员"（foreign auditor）的地位，"许多王室地产不再由财务署管理，而由一些专门任命的、不向财务署负责的'外稽查员'管理，这种分权的后果是专管王室岁入并审理有关案件的税务法庭（Upper Exchequer）成为这样一个部门：稽查员们会对它说，账目已经在其他地方处理过了。"[2]都铎时期，亨利七世继续加强英王对财政的管理，重用内廷官员，确立王室地产收益，并加强对监护、继承、司法讼金等封建收入的控制。国王将内廷成员的任命权完全掌握在自己手

[1] G. R. Elton, *The Tudor Revolution in Government : Administrative Changes in the Reign of Henry VIII*, Cambridge：Cambridge University Press，1960，p. 20.
[2] Ibid.，p. 25.

中,而内廷成员的任职也没有定制和制度保障,完全依照国王的个人意愿。内廷收益由每年大约 5.2 万镑增至 14.3 万镑,远远超过了财务署收入①。1515 年,内廷作为"王室领地总稽查"(General Surveys of Crown Lands)的地位由议会法案确定下来,它不但有权接管财务署的收入,而且在宗教改革(Reformation)之前成为和财务署、兰开斯特公爵领地事务会(Council of the Duchy of Lancaster)并列的三个王室财政机构之一。尽管英王在财政机制方面的权力仍然不够集中,但是,亨利七世通过立法方式,明确了国王特权及机构的运作形式。

宗教改革为财政机构改革提供了最佳契机。宗教改革中,亨利八世没收了教会财产,增加了王室收入,1530 年王室固定收入约为 10 万镑,十年后就增加到每年 22 万镑②。面对激增的王室收入,无论是手续繁琐效率低下的财务署,还是完全依凭国王特权、运作无序的王室领地总稽查,都难以适应新的变化。16 世纪 30 年代,亨利八世以托马斯·克伦威尔(Thomas,Cromwell,c. 1485—1540)为助手,通过议会设立了一系列税收法庭,目的是有效保证宗教改革的经济收益。1536 年,他通过议会法令成立增收法庭(Court of Augmentations),这是第一个专门设立的法庭,目的是管理被没收的修道院财产,该法庭有权就修道院地产的出让、租赁进行裁定,并决定收取骑士捐和什一税。根据法令规定,该法庭设庭长一名、司库一名、法务官一名、书记员一名、律师一名、门房一名、信差一名、征税员 17 名、稽查员 10 名③。增收法庭的建立实现了对教会财产的整顿和变革,满足了宗教改革初期王权掠夺教产的需要。与不掌握现金、只能通过符契和拨款进行调拨的中世纪财务署不同,同时也与完全依赖君主意志的内廷不同,增收法庭成为第一个既服从中央集权、又有着系统规章制度的财政

---

① G. R. Elton, *England under the Tudor*, London and New York: Routledge, 2001, p. 53.

② G. R. Elton (ed.), *The Tudor Constitution: Documents and Commentary*, 2nd ed., Cambridge: Cambridge University Press, 1982, p. 57.

③ G. R. Elton, *The Tudor Revolution in Government: Administrative Changes in the Reign of Henry Ⅷ*, Cambridge: Cambridge University Press, 1960, p. 205.

机构,使英国的财政机构走上了合理化、制度化的发展道路。

以增收法庭的改革方式为样板,都铎王朝迅速建立起一套中央集权的、制度化的财政法庭机构:1540 年建立首年俸与什一税法庭(Court of First Fruit and Tenths)和监护法庭(Court of Wards),1542 年明确王室领地总稽查专门管理王室在亨利七世时期和托马斯·沃尔西(Thomas Wolsey)专权时期获得的土地财产,并将监护法庭和其他管理国王捐税的财政机构合并为监护继承法庭。议会法令对上述四个法庭的管理权限、结账时限、专职人员及其职责、在中央和地方的征收机制都作了规定,于是,它们和财务署、兰开斯特公爵领地事务会一起,组成起一套既服从王权管辖,又有明确分工的财政机构体系[1]。通过这些法庭的运作,都铎王权克服了财政多元管理的混乱,结束了中世纪王权对现金控制软弱的局面。

在财政机构变革的过程中,都铎王朝经历了剧烈的政治动荡。1540年,积极倡导宗教改革和政府改革的克伦威尔因失宠被杀;几年以后,难以捉摸、反复无常的亨利八世去世。从 1547 年起,英国又经历了爱德华六世(Edward VI of England,1537—1553)幼年执政、萨默塞特公爵(Duke of Somerset)和诺森伯兰公爵(Duke of Northumberland)的专权与倒台,随后是玛丽一世(Mary Tudor,1516—1558)复辟天主教(Catholicism),以及伊丽莎白女王在逆境中继承王位。但是,由王权统一领导和控制财政已成为都铎统治的共识,因此 1547 年议会通过法案将国王总稽查法庭并入增收法庭,1554 年又将增收法庭和首年俸与什一税法庭并入财务署法庭(Court of the Exchequer)。此后只有兰开斯特公爵领地事务会和监护继承法庭单独存在,它们分别管理兰开斯特公爵领地收支和临时性的来自监护权、继承权的收支,而财务署法庭则管理国家总体财政收支。这种财政机构框架一直沿袭到 19 世纪初才发生根本的变化。

---

[1] G. R. Elton, *The Tudor Revolution in Government : Administrative Changes in the Reign of Henry VIII*, Cambridge: Cambridge University Press, 1960, p. 223.

为了应对现代国家前所未有的行政管理需求,不但要对政府的财政机构作出相应的变革,还要对整个中央政府机构做出根本性调整。中世纪时期,政府机构具有分散性特点,为了克服这一倾向,都铎把中世纪的领主会议,即咨议会(Council)改造成以咨议为中心的枢密院,确立了它的核心行政地位,开始建立统一和制度化的现代国家机构。中世纪的咨议会由大贵族组成,是封建性的协商机构,贵族通过这个机构和君主协商,帮助君主进行统治。作为君主身边最重要的商议和决策平台,咨议会一直负有重要的司法权和立法权。大贵族和高级教士始终是咨议会的主要成分,他们把与君主协商看作是天然的权利,并把咨议会当作控制和影响王权的场所。为强化君权,中世纪英王相继使用国玺(Great Seal)、王玺(Privy Seal)乃至御玺(Signet)以代表自己,并设立相对固定的掌管人员即大法官和掌玺大臣(Lord Privy Seal)。然而多种印玺及机制的产生不仅没有从根本上确立君主的权威,反而在一定程度上出现令出多门的现象,如在 15 世纪,英王可通过由国王自己使用的御玺、大法官掌握的国玺和掌玺大臣掌握的王玺三种玺印中的任何一个签署文件,咨议会则借助于掌玺大臣合盖王玺发布命令①。玫瑰战争期间,咨议会完全沦为封建贵族争权夺利、控制王权的政治工具,表明只有统一集中的政治权力才能发展出有执行能力的行政机构。

16 世纪初,国务秘书(Secretary of State)掌管国王御玺成为国王的近臣,但他仍然不是咨议会的当然成员。克伦威尔担任首席国务秘书(Principal Secretary of State)后,不仅提高了自身的地位,同时也推动了咨议会改革。1534 年 4 月,在离婚案中获得亨利八世信任的克伦威尔出任国务秘书,他以议会法令的方式,终结了中世纪的二元权力架构。随着各项宗教改革政策的推行,国务秘书成为政令所出之处和王室政府行政的核心,改革内容涉及教俗关系、财政管理,以及司法、外交、宫廷地方叛乱等各

---

① 郭方:《英国近代国家的形成:16 世纪英国国家机构与职能的变革》,商务印书馆,2007 年,第 52 页。

方面事务。各个政府部门向克伦威尔请示,或者通过他向国王汇报,他以国王或他自己的名义发布命令,所以国务秘书就成为王室和各行政机构、王室和议会、王室和民众的中介。为了应对大量的行政工作,克伦威尔招募有才干的年轻人出任秘书,将国务秘书发展成为既能处理例行公务,又能应对紧急任务的行政官员。他还让国务秘书的书记兼办王玺处事务,将王玺处变为从属于国务秘书例行公事的机构[1]。1536 年的法令确认了国务秘书向各部门发布命令的权力,并规定掌握御玺和王玺的书记可以领有常规收入,国务秘书官署这个行政中心就成为一种制度化机构[2]。克伦威尔对于国务秘书的集权,理顺了王权和行政管理的关系。

国务秘书成为行政核心后,咨议会不再具有决策功能,而转变为王权的咨议和行政管理机构枢密院。在 1534—1536 年宗教改革的关键时刻,为提高工作效率,国王和克伦威尔身边出现一个近 20 人的会议核心,包括教会、财政、司法等各方面要人,如坎特伯雷大主教托马斯·克兰默(Thomas Cranmer,Archbishop of Canterbury)、温切斯特主教斯蒂芬·加德纳(Stephen Gardiner,Bishop of Winchester)、诺福克公爵、萨福克公爵(Duke of Suffolk)以及爱德华·西摩(Edward Seymour)等。他们和克伦威尔一样,就宗教、外交、军事、行政和司法等各方面向国王提出建议,由亨利八世定夺。终都铎一朝,虽然枢密院渐呈缩小趋势[3],但其工作量倍增,而且枢密院成员的工作非常努力。在 16 世纪 20 年代,以及 40—60 年代,枢密院通常一周开三到四次会,到 1590 年则通常每天碰面,有时早晨和下午都开会。枢密院不仅是咨议机构,也是行政管理机构。无论君主做什么决定,枢密院都必须忠实地执行。尽管枢密

---

[1] G. R. Elton, *The Tudor Revolution in Government : Administrative Changes in the Reign of Henry Ⅷ*, Cambridge: Cambridge University Press,1960,p. 289.

[2] Ibid.,p. 270.

[3] 枢密院人数在不同时期分别为:亨利七世时 227 人左右、托马斯·沃尔西时 120 人、1536—1537 年 19 人、1540 年 19 人、1548 年 22 人、1552 年 31 人、玛丽一世时 50 人(19 人工作)、1559 年 19 人、1586 年 19 人、1597 年 11 人、1601 年 13 人。参见 John Guy, *Tudor England*, Oxford: Oxford University Press,1988,p. 310.

院在咨议功能上是被动的,但在执行过程中却拥有完全的主动性。枢密院的行政管理工作极其繁杂,涉及战争与和平、外交、军队、财政收支、宗教、社会治安、地方政府、私人事务、发放特许权等具体问题,已经表现出现代国家权力的"全能"特点。它经常给治安法官发布命令,包括调查骚乱和犯罪、逮捕和惩罚不从国教者(nonconformists)、执行法令反对流民(vagabonds)和非法游戏,保护耕地拆除非法圈地、规范酒馆、收集中央政府需要的信息等。在经济与社会立法方面,枢密院以君主的名义发布敕令,涉及工资和物价、谷物供给、监督济贫、反对商品投机等。这些敕令由财务署和星室法庭(Court of Star Chamber)执行。枢密院也会派出巡回法官(circuit judge),检查、评估地方官员尤其是治安法官的工作;它还经常向地方发送由七八个枢密大臣(Privy Councillor)签署的政府信件,指导地方工作。除了发布正规命令或非正式的信件外,枢密大臣还会亲自到地方督促政策的执行,处理有关犯罪、防御、宗教、军训、海防、港口修护、税收、食物分发、济贫等问题。1585 年以后,因英西战争临近,郡守作为地方军事长官同枢密院保持直接联系,或直接由枢密大臣充任。比起治安法官,他们对于中央动议的反应更为迅速,他们及时从地方向中央发送信息,构成上通下达的双向交流渠道。

纵观都铎一朝,君主掌控着国家的根本决策,枢密院只是行政机构,以这个机构为依托,都铎君主形成了"王在枢密院"(King in the Privy Council)的统治方式。枢密院同时也是半司法机构,发挥着查询煽动暴乱、叛逆和重大经济犯罪的职能。枢密大臣由国王指定,并且只向国王负责。"如果说中世纪的咨议会对国王起到牵制作用,有时甚至指导国王如何行动,那么都铎时期的枢密院则是国王的奴仆"。[①] 尽管枢密大臣可以就相关问题向国王提出建议,但是,这是枢密大臣对君主应尽的义务,而不是天生的权利。枢密院和君主之间,前者是建议者,后者是决策

---

① J. R. Tanner,*Tudor Constitutional Documents*,*A. D. 1485—1603:With an Historical Commentary*,Cambridge:Cambridge University Press,1951,p. 215.

者,是否采纳,甚至是否考虑前者的建议,完全由君主个人定夺。都铎君主固然还保留着中世纪那种与贵族商议的传统,但商议不再是被商议者的权利,而仅仅是君主开明的美德。由谁提供建议也由君主说了算,这是都铎诸王独有的权力。

　　亨利七世时期枢密院规模最大,多达 227 人,但被指定为枢密院成员并不意味着国王就一定召集这个人开会,更不意味着他有权不经召集参加会议。在上述 227 名枢密院成员中,有 44 人从未参加过任何会议;在 183 个参加过枢密院会议的人中间,经常出席会议的有 20 人,活跃的大约只有 12 人①。亨利七世对枢密大臣的选择有全权,"忠诚和能力成为亨利枢密院成员资格的根本标准,强势的贵族、主教、民法或者宗教法的学者全都包括,但是只在国王的意志之下"。② 亨利八世时期相继出现了两位能干的枢密大臣,从 1515 年担任大法官起,托马斯·沃尔西就深得英王信任,因而被某些观察家评价为"*ipse rex*"(真正的国王)。当然,亨利是终极的决策者,沃尔西只承担执行职能③,而且他因为不能跟上宗教改革的步伐,后来被亨利抛弃了。16 世纪 30 年代,担任国务秘书的克伦威尔成为枢密院的领导者,并对枢密院进行改革。但是,这种改革并未改变国王和枢密院的关系,也未影响政府决策的过程,他"改变的是管理活动的层面,曾经由沃尔西个人承担、克伦威尔监督管理的焦点,现在集中于一个机构中,其做出的决定和个别大臣的来去无关"。④ 有学者评论道:"为了庇护和好处,亨利的大臣和廷臣投身于持续的政治投机和竞争,但是,国王保有根本的权力源泉"。⑤ 伊丽莎白一世和枢密院的关系在都铎时期最为典型,女王不欢迎、也不期待枢密院达成一致的建议,以免使自己为难,可能正因为如此,她允许枢密院内部派别对立,如 1560

---

① David Loades, *Power in Tudor England*, London: Macmillan, 1997, p. 48.
② J. R. Lander, *Crown and Nobility, 1450—1509*, London: Edward Arnold, 1976, p. 219.
③ David Loades, *Power in Tudor England*, London: Macmillan, 1997, p. 51.
④ Ibid., p. 56.
⑤ John Guy, *Tudor England*, Oxford: Oxford University Press, 1988, p. 83.

年代罗伯特·达德利（Robert Dudley）和伯利勋爵威廉·塞西尔
（William Cecil, Lord Burghley）之间、1590 年代埃塞克斯伯爵罗伯特·
德弗罗（Robert Devereux, Earl of Essex）和罗伯特·塞西尔爵士（Sir
Robert Cecil）之间的不和。约翰·戴维斯爵士（Sir John Davis）指出：
"她（女王）通过他们（枢密大臣）看和听，但是判断和选择全在自己"①。
在继位、婚姻、苏格兰的玛丽等敏感问题上，大臣们以个人或集体的方式
试图左右女王，但是极少成功，而她拒绝或者不理会枢密院建议的情况
则屡见不鲜。像亨利八世一样，伊丽莎白相信她的权力是由上帝授予
的，她的行政权不受其顾问们的影响。她把自己视为国家政治体制的首
脑——一个不受身体指挥的头脑。罗伯特·诺顿爵士（Sir Robert
Norton）评价说，"尽管（女王）经常和大臣商议，在做决定方面她是绝对
的，这一点在其晚年时尤为明显"②。

　　地方行政机构改革也是"都铎政府革命"的重要方面。都铎时期，亨
利八世首先加强对西南和北部边区的管理。威尔士在 15 世纪时盛行
"边区习惯"，贵族分裂势力猖獗，国王的命令难以推行。1534 年和 1536
年的法令正式以英格兰的普通法（Common Law）体系取代威尔士的习
惯法（customary law），废除了威尔士边区（Welsh Marches）的自治特
权③。在与苏格兰接壤的北部边区，珀西（Percy）、内维尔（Neville）等大
家族一直拥有司法和军事特权，1536 年北部发生都铎史上规模最大的宗
教暴动，即所谓的"求恩巡礼"（Pilgrimage of Grace）。亨利八世在镇压
暴动后，于 1537 年设立北方事务会（Council of the North），它直接受制
于国王和枢密院，拥有统辖北方各郡的全权。通过宗教改革，都铎王朝
彻底根除了旧贵族割据的状态，巩固了不列颠统一的基础。

　　在地方管理体制上，都铎政府保留了中世纪形成的多种地方权力机

① John Guy, *Tudor England*, Oxford: Oxford University Press, 1988, p. 11.
② Ibid., p. 251.
③ David C. Douglas (ed.), *English Historical Documents*, vol. V, London: Eyre and Spottisswoode, 1971, pp. 554 - 555.

21

构,如郡法庭(County Court)、百户区法庭(Hundred Court)、城市法庭(City Court)、庄园法庭等,随着专制王权的加强,它们成为现代国家体制下的自治机构,服从于至高无上的王权。为了强化地方管理,都铎政府保留了教区(parish)体制,并将其改造成为基层行政单位,通过使用不付薪金的地方乡绅和灵活运用各种委员会,形成了教区和委员会结合的地方治理模式。委员会是为完成特定的职责由中央授权组成的组织,有些委员会是调查性的,如1552年的补助金委员会、1570年以后许多郡的不从国教者调查委员会、1548年成立的圈地调查委员会、1549年教会法(Canon Law)起草委员会等都属于临时的性质。它们将调查结果上报国王或大法官,通常是枢密院,自身没有实际执行的权力,其报告也未必为政府所采纳,如教会法起草委员会的报告就在1553年被拒绝,该委员会也在爱德华六世时被解散了。与调查委员会不同的是行政性或者司法性的委员会,如直接税委员会、征兵委员会、采购委员会、水利委员会等。它们不仅有权收集证据,同时还有强制执行的权力,如征兵委员会可以惩罚犯过错者,水利委员会能够发布命令,要求对水利设施作必要的修理,司法性质的委员会最能体现国王的权威,它们以国王的名义管理普通法,惩罚罪犯。有的司法委员会由高级官员组成,有的则由地方上有相应能力的人组成,形式灵活,弹性较大。委员会弥补了官僚制度的不足,大大增强了都铎时期的国家整合能力。一方面,国王得到地方集团的认可和合作,将地方权威整合进国家权威之中;另一方面,地方贵族、乡绅和律师经王室的信任而提高了自身的威望,将君主的意志贯彻下去,实现了郡、城镇和乡村的自理。因此,委员会是都铎整合整个国家的关键机制,并被誉为都铎"有效统治的真正秘密"[1]。

　　在都铎委员会体制中,治安委员会(Commissions of the Peace)的应用最为广泛。治安法官起源于14世纪初的治安维护官(Wardens of the Peace),其职责是维护公共安全。治安法官没有薪金付给,只领取出席

---

[1] David Loades, *Power in Tudor England*, London: Macmillan, 1997, p. 7.

季法庭(Quarter Session)时每日 4 先令的补贴。法令规定,每年拥有 20
镑地产收入者方可担任治安法官,因而乡绅是地方治安法官的主要充任
者。爱德华三世时期,他们获得了逮捕犯罪嫌疑人、审判除叛逆罪
(treason)外的大部分案件的司法权。14 世纪中叶黑死病(Black Death)
暴发后,他们又被授予监督和规范地方市场、固定物价和工资等社会管
理的职能,实际上拥有了对地方事务的部分治理权。都铎时期,治安法
官具有的经济和社会职能主要包括以下几个方面:第一,实施济贫。
1531 年法令授权治安法官甄别流浪者,惩罚有劳动能力的流浪者,强迫
他们进行劳动;对无劳动能力者,在予以登记后准许行乞。1547 年的议
会法案进一步授权治安法官加强对流浪者的管理和处罚,可以采取火
烙、定期奴役、终身奴役,直至处死等手段。1552 年的法令授权他们负责
监督教区的济贫工作,各教区指定两名济贫员,由他们向教区居民征收
济贫税。第二,管理贸易。治安法官有权规定和管制物价,颁发地方性
工商业条例,规范度量衡器具,监督粮食的生产、仓储与买卖,监督呢绒
和酒类的生产质量,并防止囤积和垄断。第三,维护宗教安全。负责向
枢密院报告任何从罗马偷运十字架、宗教绘画,或其他"迷信物什"的人
及住址,对不参加国教圣事的人进行罚款,搜查教皇书籍,将不从国教者
驱离教区等。第四,社会管理。1563 年的《技工法令》(Statute of
Artificers)授权治安法官每年规定一次当地技术工人的工资,并对劳工
与雇主之间的纷争作司法裁决,由此,治安法官操控了对教区居民的控
制管理权,成为王室政府在地方上的主要代理人。都铎时期,治安法官
被称为都铎的"女佣"(charwoman)①;在 1582 年首次出版的治安法官引
导手册中,威廉·伦巴德(William Lambard)抱怨太多的法令需要执行,
腰都被压弯了②。

都铎政府不仅将地方乡绅纳入了国家的权力框架,而且加强了对他

---

① John Guy, *Tudor England*, Oxford: Oxford University Press, 1988, p. 386.
② Felicity Heal & Clive Holmes, *The Gentry in England and Wales, 1500—1700*, London:
The Macmillan Press Ltd., 1994, p. 167.

们的监管和教育。在纪律监督方面,巡回法官负有监督并向枢密院汇报治安委员会工作的职责,治安法官会被问责,或被责令在地方上公开认错或者道歉,甚至被撤职。与清洗和惩罚相比,都铎政府更多采用宣传和教育手段,加强乡绅的法律意识,培养他们的责任感。从沃尔西开始,一直到1530年,都铎政府都要求郡守和治安法官每年进行宣誓,宣誓内容包括不能反抗王室命令、不能接受贿赂和组织腐败的陪审团、严格管束副手和文书等。治安法官的宣誓在星室法庭举行,要求治安法官尽可能参加,缺席者要在本郡由巡回法官引导宣誓,并需要听取关于治安法官职责的布道。伊丽莎白时期,布道演说由大法官向巡回法官发表,再由他们向各郡的治安法官传达。

在都铎王权的推动下,以财政、枢密院、地方政府体制为主要内容的行政改革,结束了中世纪政出多元的状况,实现了政治权力所有权和执行权的分离,在英国历史上第一次建立了统一的、以行政执行为己任的政府,将王国行政推进到现代政府状态。这就是"都铎政府革命"的实质。随着"都铎政府革命"的推行和现代政府的确立,都铎时期的国王私仆和国家官员合二为一,都铎政府迈进了现代官僚制度的门槛。这是都铎王权对现代国家建设的重要贡献,也是"都铎政府革命"的另一项重要内容。

第二章　议会与法

　　都铎时期的议会被看作全国公意的基础,议会法令被看作全国共同体必须服从的决定①。1365 年,首席法官罗伯特·索普爵士(Sir Robert Thorpe,Chief Justice)在解释法律时认为,每一个人都应该知道议会的法案或法令,因为"议会代表王国"(body of all the realm),无论法案是否在当地被公布过②。从 14 世纪末起,议会作为一个整体,被认为具备一种权威,即不同于"国王权威"(King's authority)的"议会权威"(authority of parliament)。15 世纪中叶以后,"议会的权威"一词经常出现在法令中,比如"法令在三个等级的同意下被国王制定,并根据议会的权威"③。对此,埃尔顿(G. R. Elton)评论说,"都铎前夕,英国议会已经在政治上代表着民族"④。

---

① G. R. Elton, *Studies in Tudor and Stuart Politics and Government*, vol. II, Cambridge: Cambridge University Press, 1974, p. 37.

② S. B. Chrimes, *English Constitutional Ideas in the Fifteen Century*, New York: AMS Press, 1978, p. 76.

③ Norman Doe, *Fundamental Authority in Late Medieval English Law*, Cambridge: Cambridge University Press, 1990, p. 15.

④ G. R. Elton, *Studies in Tudor and Stuart Politics and Government*, vol. II, Cambridge: Cambridge University Press, 1974, p. 47.

都铎时期,议会和君主紧密合作,形成了"王在议会"(King in the Parliament)的传统,原本由上院(House of Lords)和下院(House of Commons)构成的议会,现在变成由国王、上院和下院共同组成的议会,国王成了议会的组成部分。在专制主义(absolutism)时期,英国议会没被废止或流于形式,相反与专制君主一起成为专制制度的基础,这在欧洲是一个特例。玫瑰战争中,英国的封建贵族"集体自杀",此后英王和议会的关系也发生转变,贵族们没有能力对抗王权,议会也就失去了原先贵族用以限制王权的作用。相反,由于获得议会的支持,王权统治的合法性大大增强了,这是理解都铎王权和议会关系的根本所在。"16世纪幸存的(议会)是分担统治的(机构),而不是视自己为政府对手的机构"①。议会以民族的代言人自居,成为被英王利用的工具,也就和王权一起走出了中世纪。

"王在议会"是英吉利民族国家诞生时英国统治者对于自身权力合法性的体现。宗教改革时期,英国议会通过一系列重要法案,不仅顺利处理了亨利八世提出的棘手的离婚案,而且宣布"国王拥有至高无上的权力"②,确立了国家和教会之间的新型关系。更为重要的是,议会通过和都铎君主的合作,强调了英王作为现代国家主权的象征,使都铎君主在议会的支持下登上了专制主义的巅峰。亨利八世在1543年说:"我们被法官告知,我们从未像在议会中一样站得高,在这里,我们是头颅,你们作为身体和我们紧密联系在一起。"③对于都铎君主而言,他们依托与议会的关系实现了向现代国家元首的转变;对于英国议会而言,它们凭借对新君主制的支持,获得了在专制主义时代延续传统的机遇。可以说,"王在议会"既遵循了议会传统,又突破了王和议会二者分立的现实,

① G. R. Elton, *Studies in Tudor and Stuart Politics and Government*, vol. II, Cambridge: Cambridge University Press, 1974, p. 31.
② G. R. Elton (ed.), *The Tudor Constitution: Documents and Commentary*, 2nd ed., Cambridge: Cambridge University Press, 1982, p. 353.
③ Ibid., p. 270.

本质上是在尊重传统的前提下进行的变革。当然,"王在议会"并没有否定都铎王权的至尊地位,而是强化了都铎的君主权威,表现在立法方面,就是尽管议会立法是唯一的立法,但立法最终的决定权却在国王,并且议会立法不是都铎君主唯一的统治形式,他可以从议会获得立法,也可以绕开议会发布敕令。秉承中世纪的政治原则,君主是"正义的源泉和法的给予者"①,这意味着君主在实施统治时,可以通过议会进行立法,也可以通过枢密院下达指令,"王在议会"和"王在枢密院"并行不悖。在具体执行中,通过何种机构进行统治,全由都铎君主自由决定。唯一不同的是,经过议会讨论而通过的立法给都铎统治罩上一层合法的面纱,而枢密院令则是更加直接的国王命令。为了强化合法性,都铎君主甚至把议会外的敕令同法令联系起来,使其获得全国公意的效果。1539 年议会通过《敕令法》(*Act of Proclamation*),使敕令得到了法律的认可,它强调国王敕令具有议会法的权威,如此而使都铎政府获得了"执行敕令和法令的权威"②。总之,对王权而言,立法不过是一种统治的形式,但是通过这种形式,政府可获得更多的公意支持。

都铎君主不仅和议会合作,而且对议会进行改造。作为从中世纪封建土壤中孕育和继承下来的协商机构,议会虽具备全国公意性,但立法功能却远远落后于司法功能。在 16 世纪现代国家形成与发展的历史潮流中,如何能做到既强化议会的公意性,又使之获得立法功能,转化成都铎政权得心应手的立法工具,这是都铎君主对于议会改革的双重目标。为此,都铎对上院、下院和议会立法程序三个方面进行了改革。

首先,将上院定性为贵族的立法机构,取消了法官和司法官员在上院的投票权。法官和司法官员出席议会,接受的是既不适用于下院选举又不适合于贵族之用的辅助令状(writs),使其逐渐失去在议会争论

---

① Richard W. Kaeuper, *War*, *Justice and Public Order*: *England and France in the Later Middle Ages*, Oxford: Oxford University Press, 1988, p. 1.

② R. W. Heinze, *The Proclamations of Tudor Kings*, Cambridge: Cambridge University Press, 2008, p. 174.

中的发言和投票权,转化成国王的立法助手。换言之,他们不再和高级僧侣及世俗贵族平起平坐,到 16 世纪时,已转变成专业性功能人物了。

其次,贵族与议会贵族合一,贵族议会化,上院贵族化。中世纪时,英格兰的贵族参加议会是他们的天然权利,君主的征召仅仅是王者发出召集议会的通知,贵族既可以放弃,也可以出席议会会议,决定权在贵族自己,而不在王;并且参加议会的贵族,也可能根本就没有获得参加议会的征召令状,只是经过了君主口头邀请的程序①。15 世纪以后,拥有贵族身份的人越来越经常受到征召,如果没有收到征召令状,可能是他们的年龄、疾病、贫穷、在海外、被拘禁等原因所造成。16 世纪,当贵族等同于议会贵族以后,被召集参加议会就成为贵族的重要标志。

第三,上院贵族世俗化。自议会两院形成以来,高级僧侣即大主教、主教、部分修道院长和高级教士等,就一直是上院的重要成员。宗教改革取消和解散了修道院,由此根本改变了上院中的僧俗贵族比例。14 世纪时僧侣还经常占据上院的多数,亨利五世(Henry V of England,1386—1422)时,收到征召令的世俗贵族的数量一度降到 50 人以下;亨利七世时期,有 48 个僧侣收到召集令状,而发给世俗贵族的令状从来没有超过 43 份;宗教改革期间,有 49 个僧侣贵族收到召集令状,同期被征召的世俗贵族则是 51 个;到伊丽莎白统治末期情况发生了根本变化,上院仅剩下 26 个主教即僧侣贵族,世俗贵族达到 52 人②。显然,上院的世俗化程度大大加强了。

都铎时期,上院的变化取决于议会自身和社会的发展,这一时期王权上升,立法权超越了司法权,法律官员及其助手所体现的司法职能弱化了,降低成为立法过程中的辅助者。贵族议会化可以看作是贵族国家化在议会的表现,贵族已被为王权驯服,他们不但依附于都铎君主,而且

① Jennifer Loach, *Parliament under the Tudors*, Oxford: Oxford University Press, 1991, p. 22.
② Ibid.

认可专制政体,并且在这个体制内寻找自己的地位。在权力结构转型的过程中,贵族极为珍视自己出席议会的权利,而都铎君主也不想打击其参加议会的热情,于是贵族就顺利地转变成"议会贵族"了。这种变化使上院的活动指向立法,体现出立法机构的合理化。都铎专制主义大规模地利用了议会立法,这种做法顺应了历史的发展趋势,并且也有利于议会的发展。在都铎王权的推动下,贵族发挥了日益重要的立法作用,主要表现为以下三点:首先,上院有动议权,在亨利八世后期有时甚至超过下院,比如 1547 年通过的所有宗教改革议案中,除一项之外全部由上院动议①。第二,上院在程序和效率上更有优势。下院曾经在动议的数量上大大超过上院,宗教改革期间,下院动议了 193 个法案中的 103 个,包括大多数政府措施。② 但由于议案众多,且相对粗糙,遭遇反对时又会引起长时间争论,所以下院动议的效率和质量就受到质疑。到亨利八世后期,议会法案中有 183 个是上院动议的,下院只有 127 个③,上院的优势已经很清楚了。第三,上院贵族对下院议员有无形的影响,因而更便于与君主合作,成为君主对议会进行管理的纽带。在 16 世纪英国,世俗贵族和主教是社会中的庇护者,这种庇护关系也渗透在议会的选举和立法中,因此上院更有权威,从而有利于政府对议会的管理。

都铎时期,下院的膨胀和"乡绅入侵"(Gentry Invasion)是英国下院发生的两个重大变化。16 世纪,英国下院人数从世纪初的 296 人急剧上升到世纪末的 462 人,增加 166 人,增幅达 56%④。与此形成鲜明对照的是,从 1603 年伊丽莎白女王去世,到 1832 年议会改革,两个多世纪中下院只增加了 51 个席位,其中 45 个增设于詹姆士一世(James Ⅰ of

---

① Michael A. R. Graves, *The House of Lords in the Parliaments of Edward Ⅵ and Mary Ⅰ*, Cambridge: Cambridge University Press, 1981, p. 179.

② Stanford E. Lehmberg, *The Later Parliament of Henry Ⅷ, 1536—1547*, Cambridge: Cambridge University Press, 1977, p. 257.

③ Michael A. R. Graves, *The Tudor Parliaments: Crown, Lords and Commons, 1485—1603*, London: Longman, 1985, p. 87.

④ J. E. Neale, *The Elizabethan House of Commons*, London: Jonathan Cape, 1949, p. 140.

England，1566—1625）和查理一世（Charles Ⅰ of England，1600—1649）在位时期。"很明显，这种令人吃惊的增长是从都铎持续到斯图亚特早期的独特的现象"。① 在上述增加的 166 席中，既有郡议席，也有城市议席，都铎时期总共增设了 135 个城市议席，其中亨利八世增设 7 个，共 14 名议员；爱德华六世增设 17 个，共 34 名议员；玛丽一世增设 14 个，共 25 名议员（其中 3 个是单议席选邑）。② 伊丽莎白增设的选邑最多，计 31 个，共 62 名议员。但由于伊丽莎白在位 45 年，所以她相对于爱德华六世和玛丽一世还是更加谨慎的。

　　选邑的增加没有造成城市议员增多，相反大量乡绅以市民的身份进入议会，占据了城市议席。1442 年议会中，有 23% 的城市议员是乡绅③，到伊丽莎白女王时代，乡绅议员的比例平均高达 66%④。综览都铎朝，下院中乡绅与市民的比例是 4∶1⑤，可见乡绅通过侵占城市议席进入下院，构成了都铎议会史上令人关注的乡绅入侵现象。对于这一现象，国内外学界多有研究，并在乡绅入侵的主动性上达成共识。但基于不同的学术立场，学者的解释又各有侧重，如宪政史学家约翰·尼尔爵士（Sir John E. Neale）认为议会是政治斗争的舞台，强调乡绅入侵是乡绅壮大的社会需求；以埃尔顿为代表的修正史学派则坚持"政府成因说"，认为乡绅入侵是政府提高立法效率、贯彻政府意志的结果。我们认为，乡绅入侵的基本原因是乡绅对国家权力的认同，或者说，是乡绅这一支新近崛起的庞大、拥有众多地产、据有地方实力的阶层和都铎国家相互整合的结果。

---

① J. E. Neale, *The Elizabethan House of Commons*, London：Jonathan Cape, 1949, p. 140.

② A. D. K. Hawkyard, "The Enfranchisement of Constituencies, 1509—1558", in *Parliamentary History*, vol. 10, Issue 1, (May. 1991), p. 17.

③ 刘新成：《英国都铎王朝议会研究》，首都师范大学出版社，1995 年，第 56—57 页。

④ P. W. Hasler(ed.), *The House of Commons, 1558—1603*, vol. 1, London：History of Parliament Trust by H. M. S. O. , 1981, p. 58.

⑤ G. R. Elton (ed.), *Tudor Constitution：Documents and Commentary*, 2nd ed., Cambridge：Cambridge University Press, 1982, p. 249.

　　都铎议会是都铎王朝和英吉利民族之间最重要的"连接点"①,议会作为最高的立法机关,使乡绅们很快意识到进入议会、参与立法过程是维护和扩大自身力量的重要渠道。这一时期,"私议案"(private bill)激增,下院的很多时间花在涉及地方或个人的问题上,这就是乡绅"入侵"议会的原因和结果。现代国家权力的出现向乡绅展现了前所未有的吸引力,他们急迫地与新国家认同。因此,都铎统治者不会对这种向自身靠拢的行动加以拒斥,而采取宽容和尊重的态度。

　　都铎时期下院的另一个变化是它的宪政地位和权利得到了保障。15世纪下院已获得和上院同等的宪政地位:两院议案不仅要在本院获得通过,而且必须得到另一院的赞同,只有这样才能提交国王批准。下院也获有特权,包括自由言论权、议员豁免权(parliamentary immunity)和自行处分议员权。由于对大多数的骑士和市民来说,下院是唯一可以利用的公共平台,所以下院议员对其特权尤其重视。在1512年议会上,普林敦(Plimpton)市民理查德·斯特劳德(Richard Stroud)因引入一项锡产品的议案遭到锡矿法庭官员的拘禁,下院坚持将其释放,并通过一项法案,宣布所有针对议员在议会中发言及行为的诉讼都无效②,以此而规定了议员自由发言和免于被逮捕的特权。1523年,时任下院议长(Speaker)的托马斯·莫尔爵士(Sir Thomas More)向英王请求:"鉴于陛下召集议会所讨论的都是帝业王祚、江山社稷之计,事关重大,是以应让诚惶诚恐的下议员们知无不言。陛下应使他们相信言者无罪,否则于君于国必有大弊。因此,恳请至尊至圣的陛下、最最仁慈的国王,慨允在场每一位议员自由而无惧触犯圣怒地就其所见一切问题直抒己见。我等恳请最高贵的陛下以无上之仁慈海涵我等一切言论。无论其表达何等拙劣,敬请陛下明鉴,其每一句话都发自对国家利益、对陛下及陛下荣

① G. R. Elton, "The Points of Contact: Parliament", in *Studies in Tudor and Stuart Politics and Government*, Ⅲ, Cambridge: Cambridge University Press, 1983, pp. 16-20.
② Stanford E. Lehmberg, *The Later Parliament of Henry Ⅷ, 1536—1547*, Cambridge: Cambridge University Press, 1977, p. 277.

誉的无比珍重和至爱。"①亨利八世接受了莫尔的请求。后来,下院议长在就职演说中提出言论自由的请求并被国王接受,这就成为了议会仪式中的惯例,言论自由也被视为议员的特权。

豁免权是指议会会期前后的 40 天内,任何议员不得因民事纠纷而被起诉,以免因其被拘押而无法完成议会议程。15 世纪时豁免权的概念已获认可,1454 年法官在处理议长托马斯·索普爵士(Sir Thomas Thorpe)案件时指出,除非因叛逆罪或其他严重罪行,议员应免于被捕。② 1542 年,乔治·弗勒斯(George Ferrers)因债务被捕,下院坚持将其释放,在这个经典案例中亨利八世支持了下院,他说:"不仅你们本人,还包括你们必需的仆人,甚至你们的厨师和马夫都享有这项权利。"③

需要指出的是,议员特权由君主来保证,也由君主来决定。都铎时期议员的言论自由并非绝对,所谓自由是指自由讨论交给他们讨论的议案,而不是自由动议自己想做的事。国王是统治者,政策由政府制定,这仍然是基本的原则,君主坚持这种原则,议员们一般也会遵守。下院议员皮特·温特沃思(Pitt Wentworth)在 1576 年、1587 年和 1593 年因违反"自由讨论"原则而被捕,因为他代表了少数派的观点④。涉及国家大政方针的事,无论属国内还是国际,除非经国王特许,并以议案的方式提交议会,议会才可以讨论、批评、否决或通过。这些事是专属国王的"国家事务"(national affairs)而不是"国民事务"(civil affairs)。总之,都铎时期建立了自由讨论的原则,但讨论的范围和程度取决于君主,虽然议会可以修正或否决他的建议,但君主始终掌握主动权。这种做法在伊丽

---

① G. R. Elton (ed.), *The Tudor Constitution : Documents and Commentary*, 2nd ed., Cambridge: Cambridge University Press, 1982, p. 270,引自刘新成:《英国都铎王朝议会研究》,首都师范大学出版社,1995 年,第 246 页。
② Stanford E. Lehmberg, *The Later Parliament of Henry Ⅷ, 1536—1547*, Cambridge: Cambridge University Press, 1977, p. 277.
③ G. R. Elton (ed.), *The Tudor Constitution : Documents and Commentary*, 2nd ed., Cambridge: Cambridge University Press, 1982, p. 277.
④ Ibid., p. 263.

莎白时代受到挑战,但遭到女王拒绝。

尽管如此,下院却发挥独特的立法作用。首先,下院独享征税权。只有下院才有权动议财政议案,国王和上院都没有这个权利,并且在赋税数额上,国王和上院只能减少不能增多。这些都是中世纪就已确定的原则,都铎时期并没有突破①。其次,下院动议多属私议案。下院由选举产生,地方精英借以表达他们的诉求,个人和地方共同体通过选举代表来维护自己的利益。1510 年,所有议案中三分之二源于下院,其内容包括限制经费使用、普通法改革、与丹麦的贸易、呢布工业等。流产议案中包括更广泛的经济活动和地方利益,涉及织工、工匠、商业等等②。最后,下院促成立法机构和传统司法部门的接轨。都铎时期立法超过司法成为政府管理的主要法律手段,但如何做到合理立法,并在实践中能够执行,则是立法者需要考虑的实际问题。来自各地的乡绅和市民是地方自治的基层管理者,他们进入立法机构,就实现了立法和执行的衔接,从而能够有意识地推动立法,不仅维护自己的经济和政治利益,而且可以利用自身的优势,比上院贵族发挥更加重要的立法作用。

随着立法成为主要任务以及立法数量的增多,两院的程序也逐渐规范化,并趋于一致,到都铎后期,三读成为固定程序,两院都予以接受。亨利八世时期议案还有过四读、五读,甚至八读的情况,爱德华六世时期也出现过六读议案③,但三读渐成为规范程序,下院非三读程序的议案,从 1547—1558 年的平均 30%—40%,降到 1581 年的 21%,其中还包括恩赐议案、教士补助金议案、宽恕案、剥夺公权和恢复公权等御批议案,这些议案只是走形式,一读就可通过④。就三读而言,一读告知议案内容,二读允许展开辩论,三读进行细节修改,保证文本贴切和整洁。这以

---

① Jennifer Loach, *Parliament under the Tudor*, New York: Oxford University Press, 1991, p. 124
② Ibid. , p. 55.
③ J. E. Neale, *The Elizabethan House of Commons*, London: Jonathan Cape, 1949, p. 370.
④ Stanford E. Lehmberg, *The Later Parliament of Henry Ⅷ, 1536—1547*, Cambridge: Cambridge University Press, 1977, p. 258.

后,程序就不再由任何人所随意决定,包括君主在内。

　　议会由上院、下院和君主共同组成,其中君主的作用是其他两者无法替代的。君主可以通过议长或文书、两院联席会议,甚至亲临议院等方式,恩威并重地干预议会议程。议案在两院通过后,还须经君主的同意与签字才能成为法律。都铎君主对议案可行使否决权,1584—1585 年间,伊丽莎白曾否决 9 个议案;1597 年否决了 12 个议案[①]。虽然君主无需向任何人说明为什么否决议案,但亨利八世通常会批示:"国王会考虑",伊丽莎白也曾在 1571 年向两院说明某些议案被否决的缘由。尼尔曾说:"伊丽莎白女王在每一次议会中都否决议案,但没有证据表明作为一项制度它引起(议员的)评论或者不满"。[②] 君主的否决权表明君主是立法的本体,他可以接受两院的议案,也可以不接受,而没有君主的批准,任何议案都不能成为法律。

　　都铎时期议会的变化,反映了民族国家形成早期的基本特征:专制统治和国家机构的合理性并存,或许,正是专制统治才孕育了现代国家的合理性。都铎君主对议会的组成、程序和决议拥有绝对的支配权,由于对操控议会有完全的自信,都铎王权给议会很多宽容,议会因此才能站在现代合理化的起点上。在都铎王权的专制统治下,议会越来越活跃、越来越规范,其立法功能也越来越大;同时,都铎君主通过议会统治,也达到了强化王权的目的。都铎王权和议会的关系是相辅相成的。

　　"王在议会"对现代英国乃至整个西方的政治制度都产生了深远的影响。都铎君主利用议会维护其专制地位,但恰恰在都铎和议会"合作"的一个世纪,议会一方面服从专制主义,同时也获得了前所未有的政治经验。从都铎之初急于寻求保护,到伊丽莎白后期私下表示不满,议会的变化折射出英吉利民族整合能力的加强和政治远见的拓展,随着议会日益成熟,国家主权终将回归英吉利民族之手,不论采用改革的手段还

---

① Michael A. R. Graves, *The Tudor Parliaments: Crown, Lords and Commons, 1485—1603*, London: Longman, 1985, p. 30.

② J. E. Neale, *The Elizabethan House of Commons*, London: Jonathan Cape, 1949, p. 427.

是革命的手段,结果必定如此。

"王在法下"(King under the Law)是都铎时期又一个政治传统,这个曾经回荡于整个中世纪的宪政理念和都铎专制主义并行不悖,成为英国专制王权的重要特色。按照中世纪的观念,上帝是世界的主宰,他不仅创造万物,而且给世界立法,上帝就是法律本身。除了神法(Divine Law)之外,中世纪还有来自上帝的自然法(Natural Law),它不是普通意义上的法律条文,而是昭示绝对公理和终极价值的正义理念,仅存在于人们的意识中。自然法可以被发现,却不能被创造,它保存于古老的习俗中。君主可以宣布它,必须保护和遵守它①。自然法观念长期存在于基督教欧洲,封建体系就是自然法的出色体现。中世纪时期,多元的权力结构造成了多元的法律架构,每一种管辖权就其自身而言是合法的,但同时也受其他管辖权的法律的约束。任何一种权力只有通过对法律的承认,即承认法律高于他们所有各方,彼此才能和平共存。在这种情况下,虽然没有主权国家,却仍然存在着社会调控的工具,即约束社会各集团、个人、等级、组织的"法",这种法的观念体现并维护着权力的多元化。正是在这个意义上才会有作为中世纪根本大法的自然法,因此法是永恒的,只能被发现、被宣布,而不能被创造和被制定。或者,任何法的制定都不能超过自然法,人和人的权力都在自然法之下,这样就形成了"王在法下"的观念。

宗教改革以后,上帝和神法不再有现实的优越性,"王在法下"的自然法观念却被继承下来,"王在议会"制定的宗教法令不需要再经过宗教会议,而宗教法如果没有被人所制定的法律接受,它就没有合法性。事实上法官承认这一点,1534年,托马斯·莫尔爵士反对宗教改革,认为亨利八世的教会"领袖"头衔根本无效,因为它依据"一个与上帝的法律和

① Fritz Kern, *Kingship and Law in the Middle Ages*, New York: Greenwood Press, 1985, p. 24, 71.

宗教法规相悖的议会法案"①。然而莫尔没有想到,正是根据议会法案,他被送上了断头台。16世纪30年代有许多天主教徒私下赞成莫尔的观点,坚信《至尊法》(*Act of Supremacy*)违背了神圣的教会法,如求恩巡礼领导者罗伯特·艾斯克(Robert Aske)就坚持"宗教事务总应提交给宗教会议而不是议会去讨论"②。然而,当叛乱参加者和莫尔爵士等少数人为宗教的虔诚而被送上刑场时,多数人不愿意步他们的后尘,冒着生命危险去证明这一看法。当大法官托马斯·奥德利(Thomas Audley)询问法官们对莫尔的判决是否正当时,首席法官约翰·菲兹詹姆斯爵士(Sir John Fitzjames)含混地回答:"如果议会的法案不是不合法的,在我的良心上就不是不充分的。"③正如学者罗兹(David Loades)所说:"以法令侵犯了根本的神法而对其进行挑战在理论上仍是可能的,但在实践中已经变得不现实。"④

在都铎立法实践中,君主是立法者,议会是建议者,双方不具备同等地位。根据都铎宪政观念,君主拥有统治国家的特权,他是"正义的源泉和法的给予者"⑤,议会法体现君主的权威和命令。在国事问题上君主可以同议会或枢密院商议,也可以行使独立的决定权。立法问题上除涉及臣民的私产和征税,议会均无动议权。并且,君主既可以通过议会立法,也可以通过枢密院立法。中世纪后期,尽管议会法是王国内唯一受承认的立法形式,但这没有消除君主的立法特权。作为法的给予者,君主可以制定敕令,颁行全国,要求臣民服从。英国法律史学家威廉·霍兹沃斯(William Holdsworth)指出:"中世纪国王所拥有的大量模糊的立法权

① G. R. Elton (ed.), *The Tudor Constitution: Documents and Commentary*, 2nd ed., Cambridge: Cambridge University Press, 1982, p. 244.

② John Guy, *Tudor England*, Oxford: Oxford University Press, 1988, p. 369.

③ William Roper, *The Life of Sir Thomas Moor*, London: Oxford University Press, 1935, p. 96.

④ David Loades, *The Reign of Mary Tudor: Politics, Government, and Religion in England, 1553—1558*, London: St Martin's Press, 1979, p. 43.

⑤ Richard W. Kaeuper, *War, Justice and Public Order: England and France in the Later Middle Ages*, Oxford: Oxford University Press, 1988, p. 1.

从来没有被清楚地确定或限制过,事实上,议会变成了国王在行使立法权威时的伙伴和工具。从 13 世纪末开始有一个情况就很清楚了:根据议会权威制定的法律只能被同样的权威所更改,而改变普通法的古老原则也需要动用议会权威,这在实际上造成对国王立法权的限制,但这是一种间接的并因此是模糊的限制。"①伊丽莎白时代的律师詹姆斯·莫里斯(James Morice)认为,在议会中,国王是事实上的立法者,因为尽管他需要两院的同意和建议,但除非获得国王同意,这些建议不会成为法律;而且,尽管国王受到议会法的约束,但在某些情况下,他依然具有"发布法律的效力和权威",他可以特赦和特许,并在"涉及公共利益和王国财富"的问题上具有"超出于法律的优势"②。都铎时代,这样的宪政观念被人们广为接受。都铎后期,虽说有激进议员试图将自由言论的特权扩展到其他领域,但这只是极其个别现象,并没有获得多数的支持。

　　为了突破中世纪的多元权力格局,都铎君主大力借助君权神授的理论,有学者在比较东西方的法观念时评论说:"国王只要受神的恩宠而在王位上,自然要对神负责,而且必须是为国家而存在。国王应为公而活、为公而死、为公而生。正因为如此,这里虽然具有绝对主义的色彩,但对于同时代人来说并没有意味着专制。而且,国王虽然被从法律中解放了出来,但还是要受神法、自然法、基本法、继位宣誓等的约束。只是由于神法的要求,即王的意思和国家福利一致的要求,允许国王无限制的活动。"③在西方,绝对王权不等于为所欲为和不受限制,而仅仅指不受监督④。法国思想家让·博丹(Jean Bodin)是第一个系统阐述国家主权学说的人,他认为主权是"在臣民之上,不受法律节制的最高权力",是国家

① William Holdsworth, *A History of English Law*, vol. Ⅳ, London: Methuen & Co. Ltd., 1924, p. 101.

② R. W. Heinze, *The Proclamations of Tudor Kings*, Cambridge: Cambridge University Press, 2008, p. 39.

③ 大木雅夫:《东西方的法观念比较》,华夏、战宪斌译,北京大学出版社,2004 年,第 49 页。

④ 伊曼纽尔·沃勒斯坦:《现代世界体系》第 1 卷(16 世纪的资本主义农业与欧洲世界经济体的起源),尤来寅等译,高等教育出版社,1988 年,第 182 页。

的主要标志;主权是绝对的,是无限制和无条件的授权。但这种概念上的主权在被统治者运用时又不能打破自然法的限制,不能侵犯财产权①。哈罗德·J.伯尔曼(Harold J. Berman)认为,一个"绝对的"君主是他的王国里的最高立法者,他同时在所有方面都获得了豁免,包括豁免于他自己制定的法律。尽管没有制度手段来保证他履行这种义务,他却有道德上的义务去遵守神法和自然法②。

依法统治(rule by law)是都铎专制主义的特征之一,也是它同欧洲大陆专制主义的重要区别。都铎君主对自然法、对上帝之法的尊重,没有仅仅停留在主观和道德的层面上,而是表现为尊重普通法、尊重议会,从而表现出强烈的法治特点。一方面,在现代民族国家草创伊始、英吉利民族需要团结的背景下,专制君主大力推动法的统一,建立专门的司法和立法机构,体现主权者的意志,使法律成为专制君主治理国家的一种方式;另一方面,在都铎时期,国家机构尚不完备,专制君主的统治权与司法权、立法权交混,立法与行政没有完全分开,于是在这个官僚体制和军事力量都相对薄弱的国家,都铎君主转向与议会合作。都铎议会的运作极大地提高了都铎王权统治的合法性,在这种情况下,都铎转向议会就不是被迫的,而是主动的。总之,都铎法律不仅是都铎专制的产物,而且是近代早期英国社会广泛整合、王权实行更有效的统治的结果。

都铎依法统治的特点不仅表现在立法上,也表现在司法上。都铎时期司法和特权并举,传统的普通法庭和一系列特权法庭共存,扫荡了中世纪法出多元的现象。中世纪时,英国发展出一套覆盖全国的中央普通法机构,主要包括三大法庭:王座法庭(Court of King's Bench)、财务署法庭、民事诉讼高等法院(Court of Common Pleas)和定期巡回各郡的巡回法庭(Court of Assizes)。尽管在13和14世纪英格兰就出现以普通法为业的职业阶层,并进一步形成了相对独立的普通法职业精神,但法

① 徐大同主编:《西方政治思想史》第3卷,天津人民出版社,2006年,第74页。
② 哈罗德·J.伯尔曼:《法律与革命》第2卷(新教改革对西方法律传统的影响),袁瑜珺等译,法律出版社,2008年,第215页。

官却是君主的臣仆,他们完全由君主任命,并领取君主的薪金。都铎王权建立后不放弃普通法和普通法法庭这些现成的司法机制,但同时也设立多个特权法庭,将其对社会的治理规范化、法律化,给都铎专制披上法治的外衣。除了创建北方事务委员会和威尔士边区事务会(Council of Wales and the Marches)这两个地区性特权法庭外,都铎还建立了一个刑事特权法庭即星室法庭、一个民事特权法庭即恳请法庭(Court of Request)、四个财政特权法庭和两个宗教特权法庭。这里着重介绍星室法庭和恳请法庭,以及中世纪延续下来的衡平法庭(Court of Chancery)。

星室法庭主要受理普通法管辖范围以外或者危及国家安全的重要刑事案件,如非法集会、骚乱、暴动、诽谤、干扰陪审团裁决等,这些案件难以在普通法体系内得到解决,因此交给星室法庭处理。托马斯·沃尔西担任大法官的十多年间,在星室法庭审判的 821 件诉讼中,以叛乱罪起诉的有 572 件。[1] 从理论上说,星室法庭以审理刑事案件为主,但只要某些案件与国家安全及政治稳定有联系,它就有权审理。在审理方式上它采用大陆的审问制(inquisitorial system),而不是普通法的陪审制(jury system),就是由法官对被告进行盘问,进而做出判决。它力求程序简便,从严、从重、从快,经常使用刑讯逼供,处罚也极其严酷。"它可以罚重金、逮捕入狱、鞭笞和断肢,或者在必要时使用侮辱性的方法,如戴枷示众等"[2],在巩固都铎专制主义和重建法律秩序的过程中发挥了重要作用。

恳请法庭是 1493 年从咨议会中独立出来的,针对贵族和基层官员操纵陪审团、干扰司法现象而设,主要受理穷人或者涉及君主的民事案件,如圈地、公地使用等,偶尔也受理伪证、叛乱等刑事案件。恳请法庭开庭时也不用陪审团,仅由恳请主事官(Masters of Request)根据事实和法律进行裁决。农民可以向恳请法庭控告自己的领主,雇工可以控告雇

① 程汉大、李培峰:《英国司法制度史》,清华大学出版社,2007 年,第 50 页。
② G. R. Elton, *England under the Tudors*, London: Methuen & Co. Ltd., 1974, p. 41.

主,所以恳请法庭受到大众的广泛欢迎。

建立衡平法庭,是因为普通法常有僵化。14 世纪时,由于越来越注重程序问题,普通法逐渐失去早期的灵活性,律师宁肯做出有悖于正义原则的错判,也不愿改变或者违反既定的法律原则和诉讼程序。在这种情况下,受害人(比如命案中受害者的家属)直接向"正义之源"——君主请愿,久而久之,为国王收发文件的大法官就承担起灵活判决的任务,发展出解决特别司法问题的法庭。都铎时期,隶属于大法官的衡平法庭管辖信托、合同欺诈、违约、债务抵押等案件,有效弥补了普通法的不足。沃尔西任大法官时期,衡平法庭每年受理案件 500 件以上[①]。衡平法庭不使用普通法程序中的初始令状(original writs),而使用起诉书;庭审采用庭讯制,双方发誓如实回答问题,审判不使用陪审团。

在整个都铎时期,普通法庭和各特权法庭的法官之间关系密切,配合默契,经常聚会共同讨论疑难案件,"两类法庭还经常相互邀请对方法官参与帮助自己法庭的审判活动"[②]。和谐共处的原因主要有两点,一方面,它们都隶属于王权,服从于君主的权威;另一方面,双方并存满足了社会的需求。16 世纪,为从根本上结束分裂割据的局面,君主大力推动法的统一,建立以司法和立法为核心的法律统治渠道。同时也应该看到,法律只是专制君主的一种统治方式,他可以直接以行政方式解决各种问题,也可以通过司法方式处理。在向现代转型的过程中,需要统一的权力和集中的权威,至于是否通过法庭,完全取决于君主的选择。16世纪独特的政治结构和社会需要,使多种法庭的存在不造成司法权之争,形成了所谓的法律和特权和谐共荣的特殊局面。

都铎初期,还遗留有大贵族凭借国王授权在自己领地内开设的特许法庭,包括德拉姆主教领地事务会(Council of Palatinate of Durham)、兰开斯特公爵领地事务会、切斯特伯爵领地事务会(Council of Earldom of

---

① W. S. Holdsworth, *A History of English Law*, vol. I, London: Methuen & Co. Ltd., 1922, p. 410.
② 程汉大、李培峰:《英国司法制度史》,清华大学出版社,2007 年,第 69 页。

Chester)和威尔士边区事务会等,它们独立行使司法权,国王的令状也不能进入。1536年特许法案收回德拉姆主教领地司法权,将其置于北方事务委员会的控制下,同期纳入北方事务委员会管理之下的还有威尔士的各领主法庭。兰开斯特公爵领地事务会和切斯特伯爵领地事务会曾经有完全独立的司法权,但都铎时期其司法功能萎缩,只接受辖区佃户的请愿。兰开斯特公爵领地是英王的直属领地,因此该法庭还负责征收和管理辖区内的税收,成为政府管理机构的一部分。都铎时期,领主的庄园法庭和领主法庭仍然存在,它们使用地方习惯法而不是普通法,是唯一不以国王名义运行的法庭,但它们仅处理日常事务,如地产边界争执、牲畜伤害及损失等,并且习惯法不能违反普通法,当事人如对法庭判决不满,可以向衡平法庭上诉。这表明尽管王室不干预领主法庭或庄园法庭的判决,然而后者却需要服从国王的权威。

都铎时期,王权还实现了对公簿持有农(copyholders)的管辖。虽然从12世纪起,英国贵族就逐渐失去对自由民的司法权,但庄园法庭对维兰(villein)及后来的公簿持有农拥有完全的管辖权,英国法律史学家普拉克内特(T. F. T. Plucknett)指出:"如果我们没有认识到中世纪人口的一大部分被排除在普通法保护和管辖之外这一事实,我们就不会真正理解普通法。"[1]随着公簿持有制的发展和王权的加强,到16世纪50年代,普通法正式确认了公簿持有农对土地的占有权,从而将公簿持有农纳入到王室法院的管辖之下。这是亨利二世司法改革后王权取得的又一次胜利,标志着王国适用的普通法第一次实现了对全体英格兰人的管辖。

宗教改革时期,英国通过议会立法,完成了宗教司法权民族化的任务。1532年,在"蔑视王权罪"(Praemunire)的威胁下,教士们接受了君主对宗教立法的处决权,现存宗教法必须接受王室的审查,未来则须由王室同意。教士们放弃了罗马天主教会(Roman Catholic Church)一向

---

[1] T. F. T. Plucknett, *A Concise History of the Common Law*, 3rd ed., London: Butterworth & Co. Ltd., 1940, p. 481.

坚持的基本原则,即宗教法属于教皇的司法权[①]。1533 年《禁止向罗马上诉法》(*Act in Restraint of Appeals to Rome*,简称《上诉法》)规定英王在国内一切事务中拥有完全的司法权,并禁止就宗教事务向教廷上诉,这就切断了英国和罗马的司法联系。1534 年《至尊法》宣布英王而不是教皇为英国教会的最高领袖,任何否定王权至尊者,都将受到叛逆罪的惩处。为加强对宗教司法的管理,都铎君主新建了高等代理法庭(High Court of Delegates)和高等宗教事务法庭(Court of High Commission),前者由亨利八世建立,主要受理来自两个大主教区法院的上诉案件;后者虽然是初审法庭,却可以受理教会法庭管辖范围内的所有案件。它们在促进宗教改革和镇压天主教势力的过程中表现出了巨大的威力。

在构建现代国家的过程中,专制王权倚仗议会和法律为自己披上了合法性外衣,这种统治方式看似使王权受到了限制,其实却提升了王权的合法性,并降低了统治成本。通过议会和法律,都铎君主可以用薄弱的官僚制度将中央的意志贯彻到地方,不仅弥补了都铎国家专制能力的不足,而且大大强化了政权的基础。这是都铎专制主义的一大特色。它不仅继承传统,也顺应潮流,从而显示出英国人卓越的政治智慧。正是在都铎王权的扶持下,英国的法律离开了上帝,仅仅单纯地体现国家的意志和命令。与法一同迈进现代世界的,还有英国的法治传统,在"王在法下"和"王在议会"的架构中,英国的国家权力与法的关系得到了规范。当立法机构和司法机构都不能遏制王权的无限膨胀时,"王在法下"和"王在议会"就成为英国人维护自身权利的思想武器和动力之源。

---

① G. R. Elton (ed.), *The Tudor Constitution: Documents and Commentary*, 2nd ed., Cambridge: Cambridge University Press, 1982, pp. 340 – 341.

第三章　宗教改革

　　都铎英国的宗教改革是 16 世纪整个欧洲宗教改革的重要组成部分,它结束了中世纪英国二元权威并立的政治、社会结构,实现了英吉利教会的民族化和国家化。在英国宗教改革中,君主始终起主导作用,其宗教信仰与政治取向,决定了其臣民的信仰和宗教改革的方向。

　　英国的宗教改革有深刻的政治与文化渊源。15、16 世纪之交,英国人的民族意识已相当强,对罗马天主教会的干预和控制十分不满,主要原因在于:第一,教会占有大量土地,苛税繁重,谋取暴利。教会地产占全英国的三分之一,年收入达到 2.7 万镑,而同一时期王室的收入只有1 000 镑。圣奥尔本斯(St. Albans)的格拉斯顿伯里(Glastonbury)等大修道院以及温切斯特(Winchester)和德拉姆主教区的收入,都超过最大的世俗贵族的收入。[①] 第二,教会法庭滥用司法权,引起社会的普遍反感。中世纪以来,教会法和普通法并存,教会法庭不仅管辖教士,也管辖平信徒的婚姻、财产乃至生死问题,而政府则无权过问。在民族意识觉醒和民族国家形成的 16 世纪,教会司法权已成为英国国家构建的

---

① G. R. Elton, *England under the Tudors*, London: Methuen & Co Ltd., 1974, p. 103.

巨大障碍。第三,教会腐败加剧了人们的不满。上层教士往往占据多个教职,然后低薪聘人代为管理,自己获取厚利。在林肯主教区,1514年有超过五分之一的俸禄是由多职务人员领取的;与上层教士相反,下层教士生活贫苦,他们缺乏教育,甚至不能用拉丁文做弥撒(Mass),因而难以履行职责,也难以获得应有的尊重。总之,英国在宗教改革前夕弥漫着强烈的反教皇、反教会的情绪,这种情绪为改革提供了坚实的社会基础。

15 世纪以后基督教人文主义者(Christian humanists)逐渐挣脱了经院哲学的束缚,新教(Protestantism)改革家借助于《圣经》的翻译和研究,动摇了天主教的神学基础。16 世纪 20、30 年代,马丁·路德(Martin Luther,1483—1546)的"因信称义"(justification by faith)学说在英国南部和东部迅速传播,以剑桥大学(University of Cambridge)的托马斯·克兰默、罗伯特·巴恩斯(Robert Barnes)、休·拉蒂默(Hugh Latimer)和马修·帕克(Matthew Parker)为代表,形成了新的神学理论群体。由于英王及其宠臣沃尔西对新教持一种敌视态度,所以在罗马教会看来,英国依然是一个虔诚的天主教国家。然而,亨利八世的离婚案打破了英国和罗马教会之间的稳定关系,将英国推向了新教改革。

按照《圣经》的说法,亨利八世娶寡嫂凯瑟琳,这种结合违背了婚姻禁忌,也就是违背了神意,因而无子①,这似乎应验了。在长达 25 年的婚姻中,亨利和凯瑟琳共生育五个孩子,但只有玛丽活下来,而且到 1525年时,凯瑟琳已 40 岁,有七年未曾怀孕。对于从贵族纷争和王室战乱中走出来的都铎王室来说,让一个女性继承人承袭王位是不可想象的。为了确保都铎血统的延续,且不致再发生王位继承纠纷,亨利迫切需要一个合法的男性子嗣。正值此时,他结识了年仅 24 岁的宫女安妮·博林(Anne Boleyn),并开始追求她。安妮是凯瑟琳的侍女,她不愿在没有名

---

① "人若娶弟兄之妻,这本是污秽的事,羞辱了他的弟兄,二人必无子女。"参见《旧约全书·利未记》第 20 章第 21 节。

分的情况下接受亨利的求爱,因此从 1527 年开始,亨利正式开始了与凯瑟琳离婚的程序。不过,由于他们的婚姻曾得到教皇的恩准,他的离婚申请也需要获得教皇的同意。但是,在位教皇克莱门特七世(Pope Clement Ⅶ,1478—1534)却在神圣罗马帝国皇帝查理五世(Charles Ⅴ of the Holy Roman Empire,1500—1558)的控制下,而查理又是凯瑟琳的姨侄儿,克莱门特怕得罪这个当时欧洲最强大的君主,也就不敢轻易批准亨利的离婚请求。面对克莱门特的拖延,性急的英王亨利就在新教改革家的支持下,试图寻找绕开教皇批准的离婚方案,终于启动了英国的宗教改革。

接下来,亨利便以议会为工具,借助于法律程序来达成自己的目的,同时也使宗教改革具有了深厚的政治色彩。从 1529 年 11 月到 1536 年 4 月,亨利共召集七届议会,通过了一系列的改革法令。在第一届“宗教改革议会”(Reformation Parliament)上,他“提请与会者注意,教会法庭如何利用收取丧葬税和遗嘱验讫税对可怜的国民,特别是伦敦市民进行违背人道的敲诈勒索”①。在亨利的压力下,议会通过三项法令,涉及限制神甫收取葬礼费用、规定中等数目的遗嘱查验费和禁止兼任有俸圣职等内容。1530 年 12 月,英国最高法院(Supreme Court)检察总长在亨利的授意下,以蔑视王权罪起诉全体英格兰教士,控告他们非法行使宗教司法权,向其收缴近 12 万镑的罚款。在 1531 年 1—3 月召开的第二届改革议会上,亨利允许对宗教会议施以宽恕。但 1532 年 1 月开始的第三届改革议会,开始全面攻击天主教在英国的教会,并通过了《有条件限制首年俸法》(*Act in Conditional Restraint of Annates*),规定除非得到国王的许可,英国的主教不得向罗马教廷上缴上任的首年俸禄。在英王政府的授意下,议会还攻击英国教会的司法权,指控教会制定的法律没有得到俗界同意,并历数宗教司法的种种弊端。针对教士会议的抗议,亨利向下议员煽动说:教士根本不是“对朕忠贞不贰的臣民,所有高级僧侣

---

① G. R. Elton, *England under the Tudors*, London: Methuen & Co Ltd., 1974, p.125.

45

在接受圣职时都曾向教皇宣誓,将这个誓词和他们向朕宣誓的誓词作比较,就会发现他们对教皇比对朕更加忠诚,由此看来,他们似乎是教皇的子民,而不是朕的子民"①。在国王和下院的巨大压力面前,宗教会议被迫提出一份名为"教士的服从"的文件,事实上撤除了教会的立法功能,承认了英王的最高立法地位。

1533年2—3月,第四届改革议会通过了具有重大意义的《上诉法》,将全部教会司法权转移到英王手中,英国由此摆脱了外来势力对其主权的干预。《上诉法》宣布:"英吉利是一个帝国,它已被全世界所承认……由一个至高无上的国王统治。国王拥有至高无上的权力,能够对包括僧侣和俗界在内的所有人的一切行为进行审判……不受任何来自帝国之外势力的干涉。"②《上诉法》还规定,英王是英国教会与俗界的最高领袖,由教会法庭判决而引起的纠纷不得向罗马上诉,只能向英国法庭上诉,并由其处理。据此,坎特伯雷大主教宣布亨利与凯瑟琳公主的婚姻无效,并承认他与安妮·博林的婚姻。

第五届改革议会于1534年初召开,它通过了新的《绝对限制首年俸法》(*Act in Absolute Restraint of Annates*)、《教士服从法》(*Act of Submission of the Clergy*)、《第一王位继承法》(*Act of the First Succession*)等法案。相较于1532年的《有条件限制首年俸法》,《绝对限制首年俸法》不仅无条件地禁止教士将第一年圣俸上缴罗马,而且禁止英国人接受教皇关于主教授职的训令。《教士服从法》则以法令的方式确认了"教士服从"的具体内容,如规定未经国王许可,教士不得擅自指定与公布新的教规;由国王指派委员会负责审查新颁布的教规,否则不准施行。③《第一王位继承法》确认了亨利新婚的合法性及其后嗣的继承

---

① S. E. Lehmberg, *The Later Parliament of Henry Ⅷ*, *1536—1547*, Cambridge:Cambridge University Press,1977,pp. 150 - 151.

② 24 Henry Ⅷ,c. 12,*The Statutes of the Realm*,vol. Ⅲ,Buffalo,N. Y. : William S. Hein & Co.,INC.,1993,p. 427.

③ 25 Henry Ⅷ,c. 19,*The Statutes of the Realm*,vol. Ⅲ,Buffalo,N. Y. : William S. Hein & Co.,INC.,1993,p. 460.

权,并要求所有臣民宣誓承认该法案全部条款,违者将以叛逆罪论处。

1534年9—12月,第六届改革议会通过了著名的《至尊法》和《叛逆法》(Treasons Act)。①《至尊法》规定:"国王陛下,他的后嗣和继承者,这个王国的诸国王应取得、接受、被称为英吉利教会在尘世中唯一的至尊领袖"②,由此将都铎君主推上了英吉利民族国家主权者的地位。根据《叛逆法》的规定,自1535年2月1日起,蓄意侵犯国王的尊严和称号,否认国王是英国教会的最高领袖,认为国王是异教徒、教会分裂者或暴君者,均属叛逆,将处以极刑③。《乌托邦》(Utopia)的撰写者、接替沃尔西担任大法官的托马斯·莫尔爵士,因拒不承认英王的至尊地位被处死。

1536年春召开第七届改革议会,通过了《解散修道院法》(Act of Dissolution of the Monasteries),这部法律对英国社会产生了重大影响。根据该法,年收入低于200镑的小修道院被解散。1539年春,议会又通过了解散所有修道院的法案。解散修道院的借口是修道院效忠于教皇,违反了《上诉法》和《至尊法》,其实是为了摆脱王室的财政危机。1536—1547年,王室因没收修道院财产获得年均13万镑的收益④,然而由于战争开支等因素,到亨利八世统治末年,只有大约三分之一还留在英王手中,大量被没收的修道院土地流入乡绅和约曼农手中,改变了英国农村的阶级结构。解散修道院还造成修道院院长在上院消失,使上院中世俗贵族居多,宗教势力就大大弱化了。在地方上,官员的举荐也越来越垄断在俗人手中;而在文化上,解散修道院对传统造成了意想不到的冲击。

通过议会立法,亨利八世不仅解决了个人的离婚问题,而且完全控

---

① 中世纪以来,设定叛逆罪的用意是从法律上保护君主。都铎时期,这种罪名扩展到君主需要保护的任意方面,君主等同国家,君主的需要等于国家的需要。

② 26 Henry Ⅷ, c. 1, *The Statutes of the Realm*, vol. Ⅲ, Buffalo, N. Y.: William S. Hein & Co., INC., 1993, p. 492.

③ 26 Henry Ⅷ, c. 13, Ibid., p. 508.

④ David Lindsay Keir, *The Constitutional History of Modern Britain Since* 1485, London: Adam and Charles Black, 6th ed., 1960, p. 68.

制了长期游离于王权之外的英国教会,结束了中世纪形成的政教分离的局面,英国也完成了从封建国家向现代民族国家的转变,亨利取得英吉利民族国家君主至尊的地位。在英国宗教改革中,亨利的作用是不言而喻的。早在1515年,他就倾向于王权至尊,他曾说:"根据上帝的意志和恩赐,朕乃英格兰君主。英格兰的君主在过去除了上帝没有更高者。朕故应保持君主在世俗司法及在所有其他方面的权利。"①不仅如此,这种思想还反映在离婚案前夕他的诸多行为中。1529年10月,他在和新任神圣罗马帝国大使埃斯塔科·查伯斯(Eustace Chapuys)谈话中强调了教会改革的必要性,他认为:皇帝有责任提出改革,"而在他自己的领土上做同样的事是亨利的责任"②。1530年5月,亨利召开由大主教、主教和大学代表参加的会议,听取与会者对英译《圣经》走私入境的看法。就在这个场合,他禁绝了七种图书和圣经的翻译本,并补充说他将让圣经"被博学多识之人虔诚、完整地翻译为英语,以便他可以在合适的时候交给臣民"。一个月后,他发布敕令,重申这一许诺:"如果他的臣民抛开不洁的书籍,他将转而交给他们真理的清泉。"③可见,亨利已经把为其臣民提供圣经译本视为己任。1530年夏末,他开始发表反教皇言论,9月乃命令派往罗马的特使威廉·贝尼特(William Benet)告诉教皇:王权"坐落于荣耀的顶点,世上没有更高者"。他坚持王权至尊,"因为他是王国的最高主人,他规定(禁止或剥夺)下属的权力就是应该的"④。亨利还告诉查伯斯大使,如果教皇不同意将离婚案交给英国法官审理,那么他也不会把它送交给任何的教皇法官,他将"履行其对上帝和自身良心的义

---

① J. A. Guy, "Henry Ⅷ and the Praemunire Manoeuvres of 1530—1531," *HER* (*English Historical Review*), vol. 97, No. 384 (Jul. 1982), p. 497.

② J. J. Scarisbrick, *Henry Ⅷ*, Berkeley: California University Press, 1970, p. 246.

③ No. 122, Paul L. Hughes & James F. Larkin (eds.), *Tudor Royal Proclamation*, vol. 1, New York: Yale University, 1964, p. 181.

④ Joseph D. Ban, "English Reformation, Product of King or Minister", *Church History*, vol. 41, No. 2 (Jun. 1972) p. 192.

务……提请议会作出决定"①。显然,英国自治和帝国荣耀的观念在亨利的心中已经成型,他甚至相信原始的教会和教皇无关,国家事务应该由君主处理。

亨利对教皇的不满,与英国普遍存在的反教会主义相吻合。在他的默许下,反教士情绪在 1529 年底召集的议会上表现得非常明显。下院一开始就提出请愿,恳请国王要求上院中的僧侣贵族就教会的不当行为作出判定。由于政府未加阻拦,请愿迅速转变成议案。时人注意到,下院议员们谈论"以前根本不会触及或谈论的事,除非他们是异端或者(不怕)丢失财产……但现在情形不同了,因为'上帝擦亮了国王的眼睛'"②。1531 年,亨利默许议会通过针对教士的蔑视王权罪指控,对此,斯卡里斯布里克(J. J. Scarisbrick)评论说:"根据这一法案,中世纪教会最为珍视的司法独立在根本上被宣布为非法。"③

在宗教改革过程中,亨利选择托马斯·克伦威尔担任国务秘书,直接推动了改革的成功。亨利早期重用托马斯·沃尔西达 14 年之久,后者在司法、财政、行政等方面都表现出不凡的才能。在司法上,沃尔西不但主持大法官法庭(Court of Chancery),还将星室法庭转变成为遵循固定程序的国家机构。他鼓励诉讼,加快司法程序改革,强调对弱者的保护,以强硬手段惩罚越位的贵族,"教导他们学习星室法庭的法律"④。在经济上,沃尔西是英王征税的得力助手,1513—1527 年间,政府收税41.3 万镑,强行借款 25 万镑;相比之下,1485—1497 年间只收税款 25.8万镑⑤。为了使税务公平,他还于 1522 年重新评估国家的财富和军事资源,以此作为借款和征税的依据。在社会问题上,沃尔西亲自在大法官

① J. J. Scarisbick, *Henry Ⅷ*, Berkeley: California University Press, 1970, p. 294.

② Ibid., p. 250.

③ J. J. Scarisbrick, "The Pardon of the Clergy, 1531," *Cambridge Historical Journal*, vol. 12, No. 1(1965), p. 25.

④ C. R. N. Routh, *Who's Who in Tudor England*, being the fourth volume in the *Who's Who in British History* series, London: Shepheard-Walwyn. 1990, p. 63.

⑤ Ibid.

法庭惩处了 260 起不法圈地,后代历史学家认为这是都铎政府最为有效的反圈地行为。可见,沃尔西在一定程度上顺应了强化王权的趋势,为亨利推行专制主义作出了莫大贡献。但沃尔西的成功,并未脱离中世纪政教分离的二元结构,当英国宗教改革的引火线——离婚问题暴露时,他就显得力不从心了。他虽然一直设法让教皇同意英王的离婚,但未能如愿,终为亨利所抛弃。正如沃尔西在 1529 年 6 月所言:"教皇拒绝了我曾经许诺给国王的所有让步,这就注定了我的毁灭。"①尽管沃尔西以其卓越的政治才能,相当程度地适应了社会转型时期强化王权的时代潮流,但在这最关键的一点上,他没能跟上那个"翻手为云、覆手为雨"的君主,最终功亏一篑,付出生命的代价。

16 世纪 30 年代,克伦威尔成为亨利首选的重臣,他身兼枢密大臣、机要大臣(Clerk of the Hanaper)、掌管王室领地大臣(Master of the King's Wards)、财务大臣和掌玺大臣等要职,全面主持王室政府。他不但促成了英王的离婚,而且精心策划,借助议会之手颁布一系列改革法案,使亨利主张的至尊王权变成现实。在宗教改革过程中,克伦威尔主持了议会立法,推进了英国教会的民族化,确立了王权至尊的地位。他主持实施修道院的解散,创建了增收法庭与首年俸法庭。在政策出台后,他重视政策的执行效果,并发动大规模的宣传攻势,按照宗教改革的新观念塑造公共舆论②。可以说,克伦威尔洞察了英王专制统治的需要,是宗教改革的重要执行者。经过宗教改革,英国形成了独具民族特色的新教,即安立甘宗(Anglicanism, Anglican Church),也称英国国教(Church of England)。

但是,英国国教的保守性从一开始就被宗教改革的发动者决定了。对天主教教义和礼仪,亨利是怀有真诚感情的,他无法全面否定自己早已信奉的天主教。早在 1521 年,他就在剑桥大学校长圣约翰·费希尔

---

① C. R. N. Routh, *Who's Who in Tudor England*, being the fourth volume in the *Who's Who in British History* series, London: Shepheard-Walwyn. 1990, p. 63.

② J. J. Scarisbrick, *Henry Ⅷ*, Berkeley: California University Press, 1970, p. 303.

(St. John Fisher)主教和莫尔爵士的帮助下,撰写了《捍卫七圣事》(*Defense of the Seven Sacraments*)的小册子,公开回应马丁·路德的论文《论教会的巴比伦之囚》(*On the Babylonian Captivity of the Church*),斥责路德为"毒蛇"和"地狱中的狼",①因而被教皇授予"信仰捍卫者"(Fidei Defensor)称号。16世纪30年代初,亨利指示当时是约克大主教(Archbishop of York)的沃尔西驱散路德派团体。即使在英国与罗马教会决裂时,亨利对于天主教的感情也没有发生根本的转变。按照他的指令,1533年有两名宣传新教圣餐礼的教徒被送上火刑柱;两年以后,又有14名新教再洗礼派教徒(Anabaptists)被处以火刑。1540年,三位坚持"因信称义"的人也成为新教殉难者②。在打击新教的同时,亨利竭力维护天主教传统。可以说,通过议会法令维护天主教精神,是亨利利用议会解决宗教问题的唯一办法,所以天主教的教义、礼仪和制度几乎完好无缺地被保留下来。1536年颁布的《国王陛下为基督教安定制定的条款》,即《十信条》(*Ten Articles*),是亨利时期最重要的宗教文件,其中心内容是确认和肯定天主教的教义和礼仪。在这十项条款中,论述教义和礼仪的各占五条,而真正涉及改革的内容微乎其微,连在欧洲大陆已成为新教主要攻击对象的"炼狱"(Purgatory)说和教堂偶像也未被否定。议会秉持亨利的意志,于1539年又通过《六信条法》(*Act of Six Articles*),以法令形式维护天主教的正统地位③。它宣布:凡忽视圣事,或否认圣餐、否定"变体论"(Transubstantiation)的人,都属于异端(heresy),均应没收财产,并处以火刑。该法案颁布仅两周,在伦敦一地就逮捕了500人。人们把这项严酷的法令,称为"六根带刺的血腥之鞭"④。

---

① 布鲁斯·雪莱:《基督教会史》,刘平译,北京大学出版社,2004年,第300页。

② H. O. Wakeman, *The Reformation in Great Britain*, New York: Penguin, 1901, p. 28.

③ 31 Henry Ⅷ, c. 14, *The Statutes of the Realm*, vol. Ⅲ, Buffalo, N. Y.: William S. Hein & Co., INC., 1993, p. 739.

④ Thomas M. Lindsay, *A History of the Reformation*, vol. 2, New York: Charles Scribner's Sons, 1925, p. 348.

　　改革初期的英国，基本上仍然是一个天主教传统国家，只是从政治的角度出发，要求教士服从并服务于作为"英国国教会至尊领袖"（Supreme Head of the Church of England）的英王。此时，新教在英国只是"没有教皇的天主教"而已。在 1539 年"对宗教仪式的规定"中，亨利禁止宗教争论，谴责异类宗教仪式，警告误读圣经的行为①。他把自己看成是英国教徒的管理者，不容他人的染指。继 1539 年 4 月发布"限制对圣经的解释和阅读"敕令之后②，他又于 11 月公布了"经审核的圣经新译本"③。英译圣经一经确定，英王就发布敕令，命令这种得到他认可的圣经要公开放在每一个教堂，否则将受到惩罚④。在确定新版圣经的基础上，他在 1546 年又发布"禁止异端书籍，要求印刷者标注自己、作者的名字及出版日期"的教令，在被禁的书中，包括威廉·廷代尔（William Tyndale）的英译圣经，连阅读禁书的人也将受到"监禁和君主的任意体罚"⑤。

　　离婚案是亨利发动宗教改革的触发剂，安妮·博林则是这场风波的始作俑者。但安妮只在王后的位子上坐了三年（1533—1536），她给亨利生了个女儿，即后来的伊丽莎白一世；亨利对此很不满意，因为他希望有一个儿子，以传续都铎的香火。显然，安妮没能拴住亨利的心。1536 年 5 月，亨利遂以叛逆、乱伦和通奸的罪名处死安妮，并随即迎娶个性温和的简·西摩（Jane Seymour）。简给亨利生了一个王子，即未来的爱德华六世，但不到两周，她自己死于产后并发症。此后，亨利又结过三次婚，

---

① No. 188，Paul L. Hughes & James F. Larkin（eds.），*Tudor Royal Proclamation*，London：Yale University Press，Vol. 1，1964，p. 278.

② No. 191，Paul L. Hughes & James F. Larkin（eds.），*Tudor Royal Proclamation*，London：Yale University Press，Vol. 1，1964，p. 284.

③ No. 192，Paul L. Hughes & James F. Larkin（eds.），*Tudor Royal Proclamation*，London：Yale University Press，Vol. 1，1964，p. 286.

④ No. 200，Paul L. Hughes & James F. Larkin（eds.），*Tudor Royal Proclamation*，London：Yale University Press，Vol. 1，1964，p. 296.

⑤ No. 272，Paul L. Hughes & James F. Larkin（eds.），*Tudor Royal Proclamation*，London：Yale University Press，Vol. 1，1964，p. 373.

都没有产生新的子女;并且,只有最后一任妻子凯瑟琳·帕尔(Catherine Parr)陪伴亨利去世。

亨利曾立下遗嘱,规定他的三个子女都可以继承王位,次序是男嗣优先,女儿以长幼为序。因此 1547 年亨利离世时,王位就由年仅九岁的小王子继承。临终前,他为爱德华指定了一个辅佐班子,其中既有保守派,又有革新派,规定所有的辅佐大臣地位一律平等。但不久,爱德华的舅父赫特福德伯爵(Earl of Hertford)爱德华·西摩就破坏亨利的遗嘱,让自己成为"护国主"(Lord Protector),接受了萨默塞特公爵的称号。萨默塞特公爵是一个激进的新教徒,他认为英国的宗教改革不彻底,信奉的是一种"没有教皇的天主教",因而希望按照大陆模式,把宗教改革推向一个新阶段。在克兰默大主教的帮助下,萨默塞特操纵幼主爱德华六世推动改革,首先于 1547 年 2 月经由议会法案取消天主教色彩浓厚的《叛逆法》、《异端法》(*Act of Heresy*)和《六信条法》,扫除了推进改革的障碍。同年 7 月,议会又接连通过《反对辱骂圣礼者法》(*Act of Against the Revilers of the Sacrament*)和《圣餐礼规程法》(*Act of Order of Communion*),模仿大陆的新教,规定了新的礼拜仪式,同时要求在圣餐礼中使用英语[1]。

1549 年 1 月,在萨默塞特主持下,议会通过《信仰划一法》(*Act of Uniformity*),就是俗称的爱德华六世《第一公祷书》(*Book of Common Prayer*)。该法案第一次将英国的礼拜仪式统一起来,并责成神职人员在做礼拜时宣读钦定的布道书。在推进宗教仪式方面,爱德华时期还颁布了《关于宗教改革的禁令》《停止关于圣礼的争论》《禁止非法布道,尤其是关于重婚和离婚》等敕令;并印发官方下达的《圣经讲道集》(*Homilies*),命令各教堂照样宣读,否则布道者将受到监禁[2]。这些规定

---

[1] No. 287, Paul L. Hughes & James F. Larkin (eds.), *Tudor Royal Proclamation*, London: Yale University Press, vol. 1, 1964, p. 393.

[2] No. 313, Paul L. Hughes & James F. Larkin (eds.), *Tudor Royal Proclamation*, London: Yale University Press, vol. 1, 1964, p. 432.

都很严格,违反者会受到严厉处罚。

1547 年解散小礼拜堂是政府推行教产世俗化的重要措施,像亨利解散修道院一样,其主要目的也是为了满足政府的财政需要。许多天主教团体、医院和慈善组织被解散,与天主教礼仪相关的绘画、雕塑、工艺品和刺绣品被毁或出售,王室从中获利丰厚。与亨利八世时期不同,这一阶段的改革更多依赖新教徒的合作,虽说新教在伦敦等地的势力较大,但从来没有渗透到伦敦以外的大部分地区。不过,没收教产的重要举措,得到了很多利益相关的乡绅和贵族的支持,他们也许不喜欢宗教改革,也不在意改革教义或者礼仪,但是出于世俗利益的考虑,还是对新教改革给予了支持。

1547—1549 年萨默塞特控制着朝政,他虽然野心很大,却是个不高明的政治家。他派兵入侵苏格兰,结果竟使苏格兰与法国结盟,给英国惹出了很多麻烦;他对农民的反圈地暴动表示同情,又得罪了许多大土地贵族,这些人群起反对他,致使局势不稳。1549 年 10 月他被控犯有叛逆罪,于 1552 年 1 月被斩首。沃里克伯爵约翰·达德利(John Dudley)顶替了萨默塞特的位置,很快升为诺森伯兰公爵。此后,新教的改革加速进行。

在诺森伯兰推动下,1552 年 6 月颁布了新教色彩更浓的《第二公祷书》(*Book of Common Prayer*)①,其中对各种宗教仪式,如圣餐礼、临终涂油礼、忏悔,甚至圣坛的位置和牧师的祭服等都作了详细的规定,使之更接近大陆的新教,例如采用会众参与的礼拜仪式即公众集体祈祷,以便于牧师公开宣教;把繁琐的弥撒仪式改造成简单的圣餐礼,摒弃天主教"变体论",采用耶稣受难(Crucifixion)的象征性意义。1552 年 11 月 1 日,全国教堂正式使用新公祷书。至此,英国教会的礼仪改革基本完成了。1551 年,爱德华六世任命一个由 32 人组成的皇家委员会,在克兰默

---

① 5 & 6 Edward VI, c. 1, *The Statutes of the Realm*,vol. Ⅳ, Buffalo, N. Y.:William S. Hein & Co., INC., 1993, p. 130.

大主教的领导下负责教会法和牧师纪律（ecclesiastical discipline）文本的起草工作①。1553年4月，文本草案被提交议会后作了一些修改，但由于爱德华早逝，没能颁布施行。同年6月，英国宗教会议以英王的名义颁布《四十二信条》（*Forty-Two Articles*），全面规范了英国国教的信仰原则。

《第一公祷书》《第二公祷书》和《四十二信条》的颁布，标志着安立甘宗即英国国教的基本成型。爱德华时期的改革，主要集中在教义方面，对主教制度完全没有触及，而主教的权力其实就是王权在英国国教会的延伸。可以说，这是由宗教和政治问题紧密结合的特定社会条件所决定的，也是自上而下都铎英国宗教改革的特点之一。亨利八世时，主教制已成为英国政治制度的一部分，主教由国王指派，并维护王权的利益。当王权和罗马教廷发生冲突时，坎特伯雷（Canterbury）的宗教会议和约克的宗教会议均宣布支持英王，并宣称"在圣经中，上帝并未给罗马教皇较之其他国家主教更大的权力"②。英国教会的这一立场，使王权在宗教改革中没有理由改革主教制，同时主教制作为维护王权的工具，理所当然地会受到保护。

英国宗教改革是自上而下进行的，因此政治权力决定着宗教信仰，亨利和爱德华时期的改革，都反映了当权者的宗教倾向，同时也反映了他们的政治意愿。因此，当玛丽女王登上王位后试图恢复天主教，就不是难以理解的事。

1552年爱德华患病，次年春天濒临死亡。根据亨利八世的遗嘱，凯瑟琳的女儿玛丽应继承王位。但玛丽像她母亲凯瑟琳一样笃信天主教，她继位就意味着宗教改革会翻车，也意味着诺森伯兰公爵有可能垮台、甚至性命难保。为了拯救新教事业，更重要的是拯救自己的地位和性

---

① 后经《殉道史》作者约翰·福克斯编辑，以《教会改革法》（*Reformaito Legum Ecclesiasticarum*）之名出版，并于1571年第二次提交议会。
② T. M. Lindsay, *A History of the Reformation*, vol. Ⅱ, 引自柴惠庭：《英国清教》，上海社会科学院出版社，1994年，第46页。

命,诺森伯兰再次操纵爱德华,在爱德华临终前将王位传给简·格雷郡主(Grey，Lady Jane，1537—1554),并剥夺他两个异母同父姐姐玛丽和伊丽莎白的继承权。简·格雷是亨利八世的妹妹玛丽(Mary Tudor)的外孙女,也是诺森伯兰的儿媳妇,这个特别的身份引发了众多贵族的不满。为了不让诺森伯兰独享大权,东盎格利亚(East Anglia)的乡绅起而反叛,而爱德华的姐姐玛丽则举兵南下,并顺利进入伦敦。枢密院立即宣布,废黜在位仅九天的格雷夫人,都铎王位由玛丽继承。诺森伯兰被送上断头台,格雷夫人被关进伦敦塔(Tower of London),后被处死。

作为阿拉贡的凯瑟琳的女儿,玛丽是个狂热的天主教徒,登基后就把恢复天主教当作施政的首要目标。1553年8月,她发布《关于信仰自由,禁止宗教争论、非法演出和印刷》的敕令①,规定任何人不得就争议性的议题布道、写书,或未经君主允许擅自解释教义或圣经。她授权斯蒂芬·加德纳大主教实施这项敕令,不久,就有人因违反敕令被投进监狱。虽说玛丽以恢复天主教为己任,但她仍然要按照其父亲、兄弟的做法,利用议会来达到目的。她通过议会制定法令,废除了几乎所有的宗教改革律法;她剥夺新教神职人员的职位,逐渐恢复了天主教仪式。这样,自亨利八世以来的宗教改革成果几乎荡然无存。在短短四年中(1555—1558),约有300多名新教徒被烧死②,这些殉道者中包括坎特伯雷大主教克兰默、伦敦主教里德利和伍斯主教拉蒂默。虽然相较于大陆欧洲,玛丽的宗教迫害也许算不上严酷,但如此之多的新教徒遭受迫害,不仅造成英国民众对天主教的深切痛恨,也使她在历史上留下了"血腥者"(The Bloody)的恶名。

但从总体上看,玛丽恢复天主教的努力并不成功,欧文·查德威克(Owen Chadwick)说:"英格兰宗教改革遭受到血的洗礼,将一切有识之

---

① No. 390，Paul L. Hughes & James F. Larkin eds. ，*Tudor Royal Proclamation*，vol. 2，1969，p. 5.

② Sheridan Gilley & W. J. Sheils，*A History of Religion in Britain: Practice & Belief From Pre-Roman Times to the Present*，Oxford & Cambridge: Basil Blackwell. ，1994，p. 156.

士扔进了天主教的绞肉机……五年前,新教改革被许多人视为对教会的掠夺、破坏、不敬和混乱,现在却被视为是美德和对国家的忠诚,因为新教徒反对一个由外国君主和教皇操纵的傀儡政权"[1];"1553 年的英国肯定不是新教国家,但天主教徒玛丽女王的残酷统治却使英国距离新教越来越近了。"[2]这是玛丽失败的一个重要原因。导致玛丽失败的另一个原因是她与西班牙的菲利普二世(Philip II of Spain,1527—1598)结婚。玛丽的母亲是来自西班牙的公主,在英国宗教改革中不仅丢掉王后的名号与身份,也因被休而丢尽颜面。同时,她的女儿玛丽也因此而饱受创伤。为此,玛丽愤愤不平。继位伊始,她就不顾枢密院和议会的劝谏,与西班牙展开婚姻谈判。1554 年 7 月,玛丽与菲利普二世举行婚礼,菲利普与她共同治理英国,英国因此沦为西班牙的附庸。1557 年 6 月,英国应西班牙要求向法国宣战;次年 1 月,法军仅用一周时间就攻陷了英国在大陆的最后据点。加来(Calais)失守,英国举国沮丧,民情大为不满,同时也摧毁了玛丽作为都铎女王的威望。1558 年 11 月玛丽去世,伦敦响起欢庆的钟声。但是,玛丽始终没有弄懂一个问题,就是为什么她进入伦敦时受到臣民的拥戴,而她的统治却遭到他们的唾弃? 其实道理很简单,玛丽把宗教信仰或个人好恶置于政治需要或民族利益之上,就注定了她的失败。虽然都铎是英王国的象征和英吉利民族国家的首脑,但是,都铎君主对英吉利民族利益服从,是他们获得其臣民拥戴的最起码、也是最重要的前提;如果离开了这个条件,那一切就都不存在了。玛丽的所作所为,违背了民意,尤其是将英国置于西班牙控制下,背离了英吉利民族利益,必将受到其臣民的反对。

爱德华六世和玛丽一世十年的统治,使英国在宗教问题上来回摇摆,从一个极端走向另一个极端,结果造成国内政局严重动荡,宗教情绪高度亢奋,天主教和新教两股力量势不两立,随时都有爆发内战的危险。

---

[1] Owen Chadwick, *Reformation*, Baltimore:Penguin, 1964, p. 128.
[2] Ibid., p. 123.

玛丽去世时,自亨利七世以来锻造英吉利民族国家的努力几乎前功尽弃:天主教势力在英国复辟了,英国的内政外交受到了西班牙和罗马教廷的左右。当时,西欧各地都在为宗教问题流血厮杀,英国也逃避不了这一宿命,只不过战场上的血腥冲突要迟至 17 世纪四五十年代才发生。如后人所说:"玛丽悲剧的根源在于:她属意西班牙与天主教,但她的臣民属意英国与新教"。玛丽忘记了都铎君主最重要的特征,就是"善于将自己的抱负、愿望、恐惧、嗜好以及偏见与臣民们共享"。① 此时的英国,已经站在一个危险的十字路口,等待着一位新君主的来临。

---

① 克莱顿·罗伯茨、戴维·罗伯茨、道格拉斯·R. 比松:《英国史》上册,潘兴明等译,商务印书馆,2013 年,第 333 页。

第四章　伊丽莎白时代

　　1558 年 11 月 17 日，即玛丽去世的当日，25 岁的伊丽莎白公主登上都铎王位，史称伊丽莎白一世。面对她姐姐留下的内外困局，伊丽莎白殚精竭虑，试图恢复她父亲创造的辉煌。为了消除内乱的引火线，她颁布了一系列宗教法令和文件，史称"伊丽莎白宗教决定"（Settlement of Elizabeth）。她借助于宗教决定，试图实现国内的政治和解，进而走上民族国家强盛之路。但是，这条和解之路并非一帆风顺，尤其在她继位之初，不得不同时应付来自新教和天主教的压力。一方面，天主教已被多数英国人所抛弃，玛丽的失败表明英国人投下了民族主义的一票，而曾经受玛丽迫害的新教徒正渴望得到公正的对待。① 但另一方面，英国的外部环境又十分险恶，它仍然处于与西班牙结盟、与法国交战的状态，如果贸然转变立场，就可能同时面对法国和西班牙两个强敌。西班牙的菲利普二世就认为，伊丽莎白只有像玛丽一样依靠他，才能应对复杂的国内外形势。可见，内外两方面的压力正考验着这位年轻女王的政治智慧，也决定了宗教问题的解决不能太冒进、太激进。

　　伊丽莎白宗教决定的主要内容，包括两个国家法令《至尊法》和《信

---

① 钱乘旦、许洁明：《英国通史》，上海社会科学院出版社，2002 年，第 126 页。

仰划一法》,还有两个宗教文件《第三公祷书》(*Book of Common Prayer*)和《三十九信条》(*Thirty-Nine Articles*),其中《至尊法》废除了玛丽用以镇压新教徒的《异端法》,恢复了亨利八世的《十信条法》(*Act of Ten Articles*)、《绝对限制首年俸法》、《上诉法》;同时宣布,由亨利八世制定的、后来得到爱德华六世承认的《至尊法》依然有效,只是把其中英王的"英国国教会至尊领袖"称号改为"英国国教会至尊管理者"(Supreme Governor of the Church of England)。它还规定,一切担任教职和公职的人均须以自己的良心宣誓:"女王陛下乃本国唯一最高长官……不论在宗教及教会事务方面,或者世俗事务方面,莫不如此;在本王国境内,任何外国君主、个人、主教、国家或统治者,在教会或者宗教方面均不得享有,也不应享有任何管理权、统治权、领导权或权威"。[①] 由此,教会的司法裁判权复归于英王,英王将监督英国国教会,并更正宗教的异端、陋习及过失。凡拒绝向英王宣誓效忠者,将失去薪俸和职务;坚持教皇权威者,将被剥夺财产;如不改变立场,将按蔑视王权罪严惩;若最终仍不改变立场,将以叛逆罪处以极刑。这样,伊丽莎白通过立法的形式,再次确认了英国的民族国家性质和都铎王权的至尊地位。根据《信仰划一法》,全国教堂都应以《第三公祷书》的规定作为唯一的祈祷仪式,任何违反规定、或怂恿他人这样做、或蓄意损坏《第三公祷书》者,将被剥夺教职或公职;情节严重的将被判处终身监禁。[②]

《至尊法》和《信仰划一法》的颁布,对伊丽莎白渡过难关、阻止英国分裂、巩固英吉利民族国家的地位都非常重要,但两个法案的通过却相当困难。《至尊法》议案在通过下院后立即被上院否决,主教们向宗教会议提出抗议,以捍卫传统的教皇权威。经历了玛丽时期宗教动荡的主教们,甚至考虑将伊丽莎白革出教门。伊丽莎白则对上院采取了两手政

---

① 1 Elizabeth c. 1, *The Statutes of the Realm*, vol. Ⅳ, Buffalo, N. Y. : William S. Hein & Co., INC., 1993, p. 350.

② 1 Elizabeth c. 2, *The Statutes of the Realm*, vol. Ⅳ, Buffalo, N. Y. : William S. Hein & Co., INC., 1993, p. 555.

策,一方面将最顽固的温切斯特主教约翰·怀特(John White)和林肯主教托马斯·沃森(Thomas Watson)送进伦敦塔,削弱了反对派在上院的力量;另一方面,也对议案的内容作适当修改,充分考虑主教们的意见。在制定《信仰划一法》时,也有两点与诺森伯兰时期的《第二公祷书》不同之处:一是吸收了《第一公祷书》中亨利关于教堂装饰与布道礼仪的规定,即教士在主持礼拜时,要站在天主教仪式传统的位置上,这被激进改革家认为是天主教的性质;二是对圣餐礼的用词作了折中处理,将瑞士新教改革家乌利希·慈温利(Ulrich Zwingli)的纪念说(memorial)与天主教的"变体论"予以结合。对这种带有妥协色彩的做法,激进改革派表示强烈不满,而传统力量却予以支持,修改后的议案最终以三票微弱多数在上院获得通过。

由伊丽莎白宗教决定确定下来的教义与礼拜规程,主要体现在1559年的《第三公祷书》和《三十九信条》中。安立甘宗虽然属新教,但在制度上却保留了天主教的主教制,并由《至尊法》予以明确。在礼仪方面,《信仰划一法》保留了大量的天主教残余,也采用了部分新教礼仪。《三十九信条》确立了英国国教的教义,它依据的是宗教会议的权威,而不是国家立法;在政治层面上,都铎王朝重视的是主教制度,所以对礼仪和教义方面它采取了支持甚至放任的态度。正因为如此,安立甘宗表现出相当的保守性,在许多方面有强烈的天主教色彩。安立甘宗的国教地位是主教制度国家化的体现,英国国教的大一统不是宗教本身的专制,而是主教制度掩盖的王权专制。伊丽莎白宗教决定再一次体现了亨利八世以来英国宗教改革中凸显的"政治优先"原则:

第一,国家控制宗教,确定国家主权和公民身份。伊丽莎白宗教决定重新树立了都铎君主的至尊地位,并和亨利八世时期一样采取至尊宣誓制度和叛逆立法等强硬措施,以确保女王的至尊地位。这些举措不仅树立了现代民族国家的主权,而且强行树立了现代英吉利人的国家公民身份。在16世纪动荡的国际竞争中,英国的安全寄托于君主的安全和国内宗教形势的稳定,伊丽莎白宗教决定正是从这两个方面保障了英国安全,从而为英吉利民族国家的持续发展提供了保证。

第二,国家包容宗教,容忍多元信仰。伊丽莎白宗教决定的实施,安立甘宗的国教地位得到了确立,但同时也意味着对其他宗教派别的包容。从此以后,多种教派只要不触及国家利益与民族认同的问题,通常不会受到追究;相反,它们可以非正式地获得政府的宽容。"确实,由于伊丽莎白的折中方案,今天英国的教会开明到包括像'高教会派'(High Churchmen)和'低教会派'(Low Churchmen)这样各种各样的成分,其中前者与罗马的天主教不同之处仅仅是抵制教皇的最高权威,后者则在新教习惯上和大多数其他近代新教派别成员一样彻底。"①著名基督教史学家查德威克教授明确评论道:"伊丽莎白女王和她的幕僚们的目的是达成某种妥协,在那些可能分裂国家的宗教派别之间寻求一条中间道路:'明亮的折中'——就像大主教马修·帕克所说,适度的修正是明智的;或是'晦暗的折中'——瑞士的一些改革宗信徒宁愿这样称呼它,就是'杂乱的混合主义'。"②宗教折中不仅换来统一宗教的法律地位,还赢得天主教徒的有限忠诚,这些对都铎政治都有好处。关于这一点,如果放在欧洲当时的大环境下来审视,就看得非常清楚了。16世纪的欧洲,由于空前惨烈的宗教战争而分崩离析:1562—1598年的36年间,法国发生了八次内战;③而1618—1648年涉及全欧的"三十年战争"(Thirty Years' War),几乎消灭了中欧地区将近一半的人口。④由于充斥着残暴的杀戮,16世纪的欧洲即被称为"严酷的世纪",⑤其间世俗君主试图控制教会,为构建民族国家创造条件,但在多数地区演变成了政治与社会

---

① 罗伯特·E. 勒纳、斯坦迪什·米查姆、爱德华·麦克纳尔·伯恩斯:《西方文明史》第1卷,王觉非等译,中国青年出版社,2009年,第472页。

② Owen Chadwick, *Reformation*, Baltimore: Penguin, 1964, p. 212.

③ 塞缪尔·P. 亨廷顿:《变化社会中的政治秩序》,王冠华等译,上海世纪出版集团,2008年,第100页。

④ 弗里德里希·沃特金斯:《西方政治传统:现代自由主义发展研究》,黄辉、杨健译,吉林人民出版社,2001年,第45页。

⑤ 罗伯特·E. 勒纳、斯坦迪什·米查姆、爱德华·迈克纳尔·伯恩斯:《西方文明史》第1卷,王觉非等译,中国青年出版社,2009年,第489页。

的动乱。英王伊丽莎白则秉承亨利八世的模式,将政治稳定放在第一位,置于信仰之上。她又与亨利八世的无意之举不同,完全是有意而为之,足见女王的英明睿智。

第三,国家整合社会,充分利用宗教资源。虽然女王的和解政策促进了英国的政治稳定和社会转型,但仍有两个问题有待解决。从国家的角度看,实现教会国家化是否意味着同传统教会完全决裂? 如果不是,那么怎样实行对传统教会的改造,使之适应国家的需要? 从社会的角度看,多元信仰是否会引起思想混乱,进而导致社会的动荡? 面对这两个问题,伊丽莎白宗教决定没有将国家和社会分而治之的理念绝对化,而是通过保留主教制,实现对社会的控制。对都铎来说,主教制有这样一些好处:其一,主教制隐含着君权神授的意念,这有利于弘扬都铎的合法性;其二,主教制代表一种等级制度,这与现代早期存在的社会等级制度相协调,有利于维护社会的稳定;其三,保留了主教制,没有破坏原有的教会结构,就可以把多数教士吸收到政府一边,使他们成为宗教改革的支持者甚至推动者,从而减少了社会崩裂的危险。

但恰恰由于和解政策的含糊性,伊丽莎白宗教决定从推行之日起,就受到来自两方面的压力,国内外天主教势力敌视英国国教的和解方案,将矛头直接指向伊丽莎白的人身安全;新教内部也出现了所谓的“清教”(Puritanism),他们希望清除国教保留的天主教残余,将目标指向主教制度,从而威胁到专制王权;国教徒则担心宽容会影响宗教的纯洁性,生怕动摇国教自身的地位。因此有学者甚至说:在几经动荡后确定的伊丽莎白宗教决定,只有女王一个人想保持它。① 不过,她在近半个世纪的统治中,始终坚持和解的基本方向,这一点是确凿无疑的。

伊丽莎白对宗教问题坚持国家化原则,就是保证都铎国家对宗教的控制权。在这方面,她采取了以下一些措施:

---

① G. R. Elton, *The Parliament of England*, *1559—1581*, Cambridge: Cambridge University Press, 1986, p. 200.

　　首先,利用《叛逆法》打击天主教,维护君主的至尊地位。《叛逆法》是中世纪以来英国保护君主地位的国家立法,其中轻叛逆罪指向针对上司的叛逆行为,重叛逆罪专门指向针对君主个人及其权力的叛逆行为。在都铎王权和民族国家权力合二为一的情况下,君主的安全变成了国家的安全。因此自亨利八世起,历代都铎君主都大力推动关于叛逆罪的立法①,叛逆法就成了都铎王室打击敌人、保护自己的有力武器。伊丽莎白时期,国内天主教势力始终是不稳定的因素,他们和罗马教廷及西班牙等国际天主教力量合谋,策划了一系列阴谋活动,企图推翻女王的统治。伊丽莎白自登位之日起直到 1588 年西班牙的"无敌舰队"(Spanish Armada)被击溃,始终处于国内外政治漩涡的中心,随时都有可能被推翻。对于英吉利民族而言,没有女王的平安就没有国家的安全,因此女王的安全及其婚姻和王位问题,遂成为政府和议会关注的焦点。根据 1559 年《叛逆法》的规定,第一次以言辞、祈祷、言论或讨论的方式反对王权至尊的,构成蔑视王权罪,将被终身监禁和没收财产,第二次则构成重叛逆罪;以书面方式攻击王权至尊的,第一次即构成重叛逆罪。② 1563年的法案,扩大了王权至尊宣誓的范围,将其涵盖所有的大学教师、学生、律师、法庭职员,以及所有下院议员;这些人第一次拒绝,被将终身监禁和没收财产;第二次违反者,将以叛逆罪论处。③

　　英王的地位逐渐巩固后,伊丽莎白的新教倾向也日益表露出现,尽管她的和解政策在相当大程度上容忍了天主教,但天主教阵营却不能容忍她的新教倾向。在那个宗教疯狂的时代,这是再正常不过的事情。

---

① 在严峻的国内外宗教和政治局势中,都铎君主根据自身的需要对叛逆罪名进行了各种扩充,只在亨利八世朝就出台了 12 个叛逆法令,在爱德华六世、玛丽和伊丽莎白时期又出现了 17个。Alan G. R. Smith, *The Emergence of A Nation State*, *The Commonwealth of England*, *1529—1660*, London & New York: Longman Group Limited, 1984, p. 431.

② 1 Elizabeth c. 5, *The Statutes of the Realm*, vol. Ⅳ, Buffalo, N. Y.: William S. Hein & Co., INC., 1993, p. 365.

③ 5 Elizabeth c. 1, *The Statutes of the Realm*, vol. Ⅳ, Buffalo, N. Y.: William S. Hein & Co., INC., 1993, p. 402.

1570 年教皇庇护五世(Pope Pius V，1504—1572)发布教谕,将伊丽莎白逐出教会,并号召天主教徒推翻她的统治。为了严防教谕传入英国,防范教皇的反英阴谋,1571 年英国议会创制了"非法持有或接受教皇训令罪",规定非法持有、接受和承认教皇训令的行为均构成叛逆罪。1580年,教皇格雷戈里十三世(Pope Gregory XⅢ，1502—1585)明令暗杀伊丽莎白,鼓励耶稣会士(Jesuits)潜入英国。为对抗耶稣会士的渗透,英国议会于同年规定了"放弃效忠罪",据此,耶稣会士和神学院教士游说英国民众加入天主教会、不服从女王,即构成叛逆罪。① 1581 年法案又规定,企图将女王臣民转变成天主教徒,或接受此游说者,构成叛逆罪。1583年,天主教徒弗朗西斯·思罗克莫顿爵士(Sir Francis Throckmorton)从欧洲大陆返回英国图谋刺杀伊丽莎白,因阴谋败露被处死;第二年,荷兰的新教领袖奥兰治的威廉(William of Orange，1533—1584)被天主教势力所刺杀。这些事件激起了英国民众的恐慌,1584 年底英国议会颁发"天主教信徒非法留居罪"和"海外臣民拒绝效忠罪",规定所有的天主教神父在 1585年议会结束之后,若继续待在英国 40 天以上者,将要受到叛逆罪的严惩。这意味着到伊丽莎白统治末期,如果一个天主教神父出现在英国,都被视为犯有重叛逆罪!

其次,不让议会对属于宗教性质的问题立法,维护安立甘宗的国家化。16 世纪六七十年代的英国,国内外形势异常尖锐,国家控制宗教是一个严肃的政治问题。1566 年 12 月下院提出要给《三十九信条》立法,以授予其议会的权威,但在上院经过一读后,女王即明令予以停止;②这时,15 位主教和两位大主教联名请求通过该议案,他们认为根据女王权威制定的《三十九信条》关系到国人的灵魂救赎问题,将其制定为议会法令有助于加强宗教统一性。女王严厉谴责了主教的行为,指出她认可议

---

① 23 Elizabeth，c. 1，*The Statutes of the Realm*，vol. Ⅳ，Buffalo，N. Y. ：William S. Hein & Co.，INC.，1993，p. 657.

② G. R. Elton，*The Parliament of England*，*1559—1581*，Cambridge：Cambridge University Press，1986，p. 206.

案的内容,但坚持英王对教会的权威,而不是议会的权威。① 1571 年的一个议案涉及国教会的权力和结构,它将国教的礼仪、圣事、教义置于法律的规定之上,并将其执行权给予主教。该议案有利于提升国教的政治地位,如果通过,那么其他宗教将处于非法地位,因此虽然它顺利通过了下院和上院,但依然遭到女王的否决。② 可以看出,女王在宗教问题上坚持君主的最高决定权。

最后,维护主教制度,拒绝清教徒提出的以立法形式改革国教的要求。随着天主教势力日益被打压,从 1580 年代后期开始,清教势力渐有抬头,并在议会中有所表现。1584 年,下议员彼得·特纳博士(Dr. Peter Turner)提出动议,要求以约翰·加尔文(John Calvin)的"崇拜指南"(Directory of Worship)取代国教公祷书,建立一个全国长老会(Presbyterian Church)组织系统,其实就废除了主教制。③ 该议案受到其他一些议员的反对,议会最终"未对动议的支持者作出回答"④,使该议题不了了之。在 1587 年的议会上,牛津郡(Oxfordshire)议员安东尼·科普爵士(Sir Anthony Cope)又提出取消现有教会体制,对此议长则提醒说女王禁止议员讨论与教会有关的事务,并敦促议员不审议这项议案。但是,皮特·温特沃思提出了议会自由的问题,结果他和四位支持者一同被关进伦敦塔,多名政府大臣公开表示,主教制度不可动、教会体制不可动、女王的至尊地位不可动。这样,清教倾向就被压制下去了。

伊丽莎白一向坚持宗教问题是国家的问题,属于英王统治的特权,这一理念在都铎时期是被认可的。在都铎时期,议会是"都铎王朝谦卑的侍女",王权依赖议会实行专制统治,议会则在王权保护下逐渐成熟,王权和议会是互生互荣的关系,彼此形成良好的合作。1572 年,一位匿

---

① G. R. Elton, *The Parliament of England, 1559—1581*, Cambridge: Cambridge University Press, 1986, p. 207.

② Ibid., p. 203.

③ P. W. Hasler (ed.), *The House of Commons, 1558—1603*, vol. 3, London: History of Parliament Trust by H. M. S. O., 1981, p. 534.

④ Ibid.

名作者在日记中曾对女王干预议会做过评论,他说女王"似乎损害了议会的自由",而议会"对此并无异议"。① 对于国家问题,臣民只有请愿的权利,而没有动议的资格。伊丽莎白时期,议会内部尚未形成尖锐且不可调和的矛盾与冲突,国教徒和清教徒之间的分歧仍停留在宗教的层面上,他们对女王的领袖地位并没有异议。研究威斯敏斯特(Westminster)教士会议史的作者米切尔(Alexander F. Mitchell)曾指出:"伊丽莎白时期,很多主教最初都赞同清教徒的主张,如果女王同意的话,他们非常愿意改革那些令人不快的仪式。"②但按照都铎宗教改革的原则,英王是英国国教会的首脑,主教应由英王任命,这就决定了主教对英王的顺从。伊丽莎白很乐意利用教士会议去分散来自议会的压力,把它从宗教改革的对象改变成解决宗教问题的助手。教士会议就宗教问题展开讨论,既可维护国教的地位,又可对议会形成牵制。可以说,正是在既与议会合作,又对教士会议加以利用的过程中,都铎君主实现了自己的愿望,把宗教问题纳入到政府管理的范围,从而最大限度地降低了宗教变革带来的负面影响。埃尔顿认为,伊丽莎白"坚定地维护教会和国家的分离,通过不同的管理渠道统治两者。"③

尽管如此,在那个时代,宗教和政治仍然纠缠在一起,君主的婚姻与王位的继承都是关乎国家命运的大事,它们都和宗教问题牵扯不清,威胁到伊丽莎白的安全与都铎王统的延续。女王的婚姻问题非常复杂,它不仅关系到都铎王统的延续,更关系到英国未来的命运。玛丽一世的失败,在很大程度上是她与菲利普二世的婚姻造成的,由于菲利普既象征

① G. R. Elton, *The Parliament of England 1559—1581*, Cambridge:Cambridge University Press,1986,p. 216.
② Alexander F. Mitchell, *Westminster Assembly:Its History and Standard* 2nd ed., Philadelphia:Presbyterian Board of Publication,1897,p. 5. 引自道格拉斯·F. 凯利:《自由的崛起:16—18 世纪,加尔文主义和五个政府的形成》,王怡、李玉臻译,江西出版集团,2008年,第 108 页。
③ G. R. Elton, *The Parliament of England*, *1559—1581*, Cambridge:Cambridge University Press,1986,p. 216.

着强大的西班牙——英国在欧洲潜在的对手,又象征着天主教在欧洲的
势力——宗教改革的强大敌人,所以在大多数英国人眼里,玛丽体现着
双重的背弃:既背弃英格兰民族,又背弃宗教改革。她的天主教复辟导
致国内教派对抗加剧,她的对外政策又导致国际安全形势恶化。所有这
些,都是伊丽莎白必须尽力避免的,而这就涉及她的婚姻问题。

　　伊丽莎白登位之初,菲利普一度希望续弦这位小姨子,由此可以继
续控制英国,以维护西班牙的欧洲霸主地位。对此伊丽莎白心知肚明,
但玛丽的前车之鉴表明她不能这么做,而且作为具有新教倾向的安妮·
博林的女儿,她也不可能这么做。不过,西班牙作为当时欧洲最强大的
国家,却是英国所不可不认真对付的,菲利普的求婚对伊丽莎白构成重
大的挑战。她采取的基本对策就是"拖",既不说是,也不说不:她让菲利
普抱有希望,却不给他明确的答复。她用"拖"的办法为自己,也为英国
赢得最宝贵的时间,使其得以集中精力先解决最棘手的国内问题,尤其
是宗教对抗。伊丽莎白王位稳定后,又有多国的君主、王位继承人或贵
族显要向她求婚,其中包括瑞典的王储、法王的御弟、德意志的皇子等,
但鉴于欧洲的宗教纷争激烈,战事频繁,伊丽莎白一一拒绝了这些请求,
以避免英国卷入战争。事实上,在那个宗教纷争频仍、战火纷飞的时代,
她与任何外国王室联姻都会给英国带来不可预测的风险,将国家推向无
穷无尽的战争深渊。

　　当然,伊丽莎白也没有在英国的贵族中选择配偶,她与任何贵族的
婚姻,也都可能造成国家的分裂。一方面,她的女王身份让她找不到门
当户对的夫婿,她作为专制君主,凌驾于一切国人之上;另一方面,在英
国的贵族集团中,又没有任何人具有无可比拟的威望,既可被女王选中,
又不会引起其他人的嫉恨。在这种情况下,伊丽莎白最终选择了独身,
由此来维持国内外各种势力的平衡,也保护自己的王位。在那个还非常
传统的时代,女性君主的婚姻实际上没有自由可言,她的姐姐玛丽一世
和苏格兰女王玛丽·斯图亚特(Mary Stuart, 1542—1587)的最终失败,
与她们的婚姻问题也脱不了干系。这是伊丽莎白必须吸取的教训。相

比之下,她父亲亨利八世一生结过六次婚,这就是男性和女性在那个时代的差距。伊丽莎白因此而终身未婚,后被称为"童贞女王"。

但伊丽莎白不婚,即意味着都铎谱系的中断,因此王位继承又成了问题。在这种情况下,玛丽女王成为英国王位的最强大挑战者,但同时也是伊丽莎白人身安全的最大隐患。玛丽是詹姆士五世(James Ⅴ of Scotland,1512—1542)的女儿,而詹姆士五世的母亲就是英王亨利七世的女儿玛格丽特,她嫁给苏格兰的詹姆士四世。这样算起来,苏格兰女王玛丽是亨利七世的外重孙女。由于英国女王一直没有结婚,也就没有子嗣,因此都铎家族不再有直系王位继承人,按照西欧的继承法则,伊丽莎白死后王位应传给苏格兰的玛丽,她是都铎家最亲近的旁系亲属。但玛丽作为苏格兰女王,却遭遇了一系列麻烦。她早年嫁给法国皇太子,即后来的法王弗朗西斯二世(Francis Ⅱ of France,1544—1560),这是萨默塞特公爵入侵苏格兰的后果,为了抗拒英格兰,苏格兰王室将玛丽嫁到法国,加强苏法同盟关系。但因弗朗西斯早逝,玛丽不得已在1561年回国,正式履行她作为苏格兰君主的职责。恰在此时,苏格兰已转变成一个新教国家,激进的新教徒约翰·诺克斯(John Knox)领导了苏格兰宗教改革运动,他属长老会派(Presbyterians)(简称长老派),在教义方面倾向于加尔文学说。长老派遭到苏格兰政府的镇压,他们向英格兰女王伊丽莎白求助;在伊丽莎白的帮助下,苏格兰改革运动取得成功,苏格兰将长老派确立为国教。尽管玛丽是个天主教徒,但她回国后聪明地承认了新教改革以及长老派的主导地位,由此获得臣民好感,似乎为她的统治生涯开了好头。

可是,玛丽女王最终没有能保住自己的王位。她在婚姻问题上一再犯错,终于毁掉了自己的统治。她先嫁给苏格兰的贵族、自己的表弟达恩利勋爵(Lord Darnley),不过很快就发现花花公子达恩利既无才又无德,于是就将大量的国事委托给大卫·里奇奥(David Rizzio)。此人是一个意大利出生的宫廷秘书,玛丽与他来往过密,这引起达恩利的猜疑与嫉妒。1566年,达恩利当着玛丽的面在宫中刺杀了里奇奥。可是第二年,达恩利自己也被人杀害了。玛丽作为丧夫之妻,旋即与博斯韦尔伯爵詹姆士·赫伯恩(James Hepburn, Earl of Bothwell)结婚,而这个贵族却参与了达恩利谋杀案,于是人们认为,玛丽也与谋杀亲夫的事件有牵连。据传,玛丽还以天主教仪式与博斯韦尔伯爵结婚。这样,双重的背叛,谋杀亲夫和背弃新教,使玛丽为人所不齿,苏格兰贵族群起反叛,打败并监禁她,迫使她退位,将苏格兰王位交给她一岁的儿子詹姆士,称詹姆士六世(James Ⅵ of Scotland,1566—1625)。

　　1568年,玛丽从贵族们的监禁下逃出来,逃往英格兰,第二年被伊丽莎白囚禁。玛丽的到来,一方面让伊丽莎白得以控制这位王位最危险的挑战者,但另一方面也对伊丽莎白的人身安全造成巨大威胁。天主教世界一直不承认伊丽莎白,理由是她母亲安妮·博林与亨利八世的婚姻不合法,因此她没有王位继承权。而真正的原因是国内外的天主教势力始终想把英国再转变成一个天主教国家,他们寄望于玛丽·斯图亚特,如果她能继承英国王位,那就可以在英国恢复天主教。当然,玛丽从未承认伊丽莎白的合法性,她自从成为法国太子妃时起,就没有承认这一点。在18年的囚禁生涯中,她成为各种推翻和谋杀伊丽莎白的阴谋的中心,一直被卷入各种各样的阴谋活动。法国、西班牙和教皇都参与了这些阴谋,他们不厌其烦地从事这项"在英国的冒险事业",[1]就是为了推翻伊丽莎白,为此不惜采用暗杀手段。为了确保伊丽莎白的人身安全,同时也为保证英国不受伤害,议会于1571和1572年分别通过法案,其中,"危害王位继承罪"规定,伊丽莎白可以通过敕令宣布王位继承人,否认者即构成叛逆罪,[2]这就使玛丽有可能丧失对英国王位的继承权,因此这是对玛丽的警告。"非法释放在押候审人员罪"则规定,非法释放在押的叛国

---

[1] J. L. 尼尔:《女王伊丽莎白一世传》,聂文杞译,商务印书馆,1993年,第283页。

[2] 13 Elizabeth c. 1, *The Statutes of the Realm*, vol. Ⅳ, Buffalo, N. Y. : William S. Hein & Co., INC., 1993, p. 526.

者,即构成叛逆罪,①此法可以防范天主教分子营救或释放玛丽,有力地震慑了阴谋参与者。在这些阴谋中,英国当时唯一的公爵诺福克因两度参与并卷入,终被处以死刑。

阴谋始终不止,玛丽也决不松手,她一直在编织各种阴谋。只是因为伊丽莎白不愿意背上处死一位女王的恶名,玛丽才能够在英国生存了18年。但是直到 1586 年,当安全首脑沃尔辛厄姆(Sir Francis Walsingham)再一次破获刺杀伊丽莎白的阴谋,并缴获了玛丽直接参与的证据时,玛丽的末日才到来。在议会及民间的强大压力下,伊丽莎白几经犹豫,最后签署了处决玛丽的命令。这样,以刺杀伊丽莎白为主旨的阴谋活动基本告一段落。此后,对英吉利国家的颠覆危险便主要来自于国外,来自于西班牙。

伊丽莎白拒绝菲利普的婚姻请求后,英西关系就日益紧张,许多因素不断加剧两国的矛盾,其中包括海外殖民扩张、英国对西班牙的海盗式抢劫、英西之间的贸易摩擦,以及宗教对抗等等;但根本的原因是一个现有的霸权国家对一个正在崛起的大国有不可抑制的打压欲望。多种矛盾的汇集终于把两国推向战争,1588 年,西班牙派出由 200 多艘战舰组成的"无敌舰队"进攻英国,最终被英国打败,这标志着西班牙的没落,同时也标志着英国的崛起。英国开始走到欧洲政治舞台的中心,伊丽莎白时代也走到它最辉煌的顶点。英吉利民族团结在女王周围,一个新兴的民族国家终于锻造成熟了,它将在以后几百年中发挥重要的世界性作用。在英国历史上,伊丽莎白也因此具有独特的地位。她是一位专制君主,但她标志着英吉利民族国家的成熟,并受到民众的喜爱。诗人埃德蒙·斯宾塞(Edmund Spenser)在他的诗作《仙后》(*The Faerie Queene*,1590)中写道:

---

① 14 Elizabeth c. 2, *The Statutes of the Realm*, vol. Ⅳ, Buffalo, N. Y. : William S. Hein & Co., INC., 1993, p. 589.

> 随他们以俱来，啊光明的女神，
>
> 你是仁爱的影像，威严的象征，
>
> 这最伟大海岛之伟大的女性，你的光明像太阳神的灯，普照大地。①

这里，"仙后"就是指伊丽莎白女王。但在女王统治后期，新的危险出现了，这个危险不来自天主教，而来自于清教，清教徒始终认为英国的宗教改革是不彻底的，时时想将国教中的天主教因素加以"清除"。清教特别反对国教中的主教制，希望按照自己的理念，建立更加平等的教会制度，这就威胁到王权的合理性了。在这种情况下，女王加强了对清教的压制，她将一些反对主教制、主张长老制(presbyterianism)的教士解除职务，并且解散了清教徒的许多活动。一个叫罗伯特·布朗(Robert Brown)的传教士在诺里奇(Norwich)建立了一个独立的教派组织，这些人被称为"独立派"(Separatists)。但伊丽莎白很快就把他们驱逐到国外；他们中有一些人后来去了美洲，建立了马萨诸塞(Massachusetts)殖民地。

1603 年，女王以 70 岁的高龄去世，"好像一轮光辉灿烂的太阳最后落入西方的一朵云里"。② 随她而去的不仅是都铎王朝，也是一个时代。英国将迎来一个新王朝，也跨进一个新时代。这个王朝将无比的动荡，但也把英国推上了欧洲历史的最前列。

---

① 埃德蒙·斯宾塞:《仙后》，中译文参见梁实秋编著《英国文学史》第一卷。
② J. L. 尼尔:《女王伊丽莎白一世传》，聂文杞译，商务印书馆，1993 年，第 430 页。

第二篇

革命年代

第一章　斯图亚特早期统治

斯图亚特时期,内战和革命给英国造成了空前剧烈的大震荡,差不多整个 17 世纪的英国都是在这种社会冲突和政治动荡中度过的。固然,发生在社会转型时期的革命,是都铎末期以来英国社会矛盾发展的结果,但它并不是不可避免的。从长时段来看英国的宪政史,革命不是它的常态,而在很大程度上,17 世纪革命可以说是由许多偶然因素综合作用的结果。如果斯图亚特君主没有继承都铎王位,如果詹姆士一世能像伊丽莎白女王那样把英吉利民族作为自己的依靠,或者,如果查理一世不那么固执地效法大陆欧洲推行绝对主义,在从传统向现代转变的历史进程中,英国或许不会出现这个多事之秋。然而,历史往往不以人们的主观意志为转移,有其发展的规律,因而总是会给我们留下许多值得思索的东西,令人回味不止。都铎王朝终结后,斯图亚特王朝在英格兰确立其统治地位,看上去顺理成章,好像英国的一切还是那么传统。其实不然,此时,英国的政治生态、经济与社会状况,以及它的国际环境,与先前相比,都呈现出巨大的变化,主要表现为民族国家的趋势似澎湃的巨浪,汹涌向前,锐不可当。然而在历史大势面前,斯图亚特早期的君主却逆流而动,站在英吉利民族主义的对立面,就激化了都铎时期被掩盖起来的专制王权与正在兴起的市民阶级(通过议会)之间的矛盾。到 17

世纪中叶,这种矛盾才以极端的形式爆发出来。这就是英国的内战与革命。

斯图亚特王朝始于 1603 年 3 月 24 日。是日凌晨,在泰晤士河(Thames)畔的皇家官邸里奇蒙宫(Palace of Richmond),最后一位都铎君主,年届七旬的伊丽莎白溘然长逝。由于没有子嗣,女王身后留下的王位交给了她的姑母玛格丽特的重孙,来自斯图亚特家族的詹姆士。在国务大臣(Minister of State)罗伯特·塞西尔爵士的精心安排下,英国政府于几个小时后发布公告,宣布英格兰王位由"最被英格兰人看好的"①苏格兰国王詹姆士六世继承。在英国,这位新国王被称为詹姆士一世。这不但开启了英国史上的斯图亚特王朝,使 40 多年来一直争论不休的都铎王位继承问题告一段落②,而且也为 1707 年英苏两国合并埋下了伏笔③。

斯图亚特家族的最早祖先,可以追溯到 11 世纪法国布列塔尼的地方贵族。这个家族原姓"斯图尔特"(Stewart),始于 1371 年,当时第七代苏格兰王室大管家罗伯特·斯图尔特(Robert Stewart)继承其舅父大卫二世(David Ⅱ of Scotland,1324—1371)的王位,史称罗伯特二世(Robert Ⅱ of Scotland,1316—1390)。法国化的"斯图亚特"这一名称,是由詹姆士六世的母亲、苏格兰玛丽女王从法国宫廷带回的。玛丽被推翻后,詹姆士六世继承苏格兰王位,遂将"斯图尔特"改称"斯图亚特"。这就是斯图亚特王朝的由来。

都铎王朝后期,伊丽莎白为了稳定政局,不惜隐藏其根深蒂固的新教信仰,通过实施相对温和的宗教决定和谨慎的外交政策,成功塑造了

---

① Jenny Wormald, "Ecclesiastical Vitriol: the Kirk, the Puritans and the Future King of England", in John Guy(ed.), *The Reign of Elizabeth I: Court and Culture in the Last Decade*, Cambridge: Cambridge University Press, 1999, p. 171.

② W. H. Frere, *The English Church in the Reigns of Elizabeth and James I(1558—1625)*, New York: AMS Press, 1969, p. 286.

③ Allan I. Macinnes, *The British Revolution, 1629—1660 ,* Basingstoke and New York: Palgrave Macmillan, 2005, p. 3.

都铎王权的尊严与威严,有效维护了英国的统一与独立,促进了经济社会与文化的全面繁荣。与都铎王朝民族利益至上的统治方略不同,虽然斯图亚特家族是第一个正式统治大不列颠全岛的王朝,他们还同时支配着英格兰和苏格兰两王国,但斯图亚特君主的专制主义伤害了英吉利的民族情感。他们既脱离实际又一意孤行,不是主张君权神授,就是侵犯"生而自由的英国人"(freeborn Englishman)的权利,伤害了包括国教和清教在内的新教信仰,激化了都铎时期积累并蛰伏下来的种种矛盾,与英国人期待的国富民强的愿望渐行渐远。这是英国革命发生的根本原因。

1566 年,詹姆士出生于苏格兰的爱丁堡,不久在斯特灵堡(Stirling Castle)接受天主教洗礼。他的教母是他信奉新教的表姑祖母,就是后来的伊丽莎白女王。詹姆士童年时期,苏格兰国内处于政治上的极端混乱状态,他出生还不到六个月,他父亲达恩利勋爵就成了一桩谋杀案的牺牲品,而他母亲玛丽竟是重大嫌疑人。苏格兰贵族群起推翻玛丽后,王位就由年仅一岁的詹姆士继承。不过年幼的詹姆士受到新教贵族的控制,一度遭软禁,时间近一年[1]。1583 年获得自由,17 岁亲政后,逐渐加强了在摄政时期失控的王权,实现了对苏格兰的贵族和长老派的控制,因而被称为"苏格兰有史以来最称职、最能干的国王"[2]。詹姆士有一个强烈的愿望,就是时刻想要继承英格兰王位。他有资格这样做,并且在玛丽被处死之后,他在理论上成为英格兰王位的第一顺位继承人。可是有一个不确定因素是他所不能控制的,就是根据 1571 年的议会法案,伊丽莎白可以指定王位继承人,当时是针对玛丽·斯图亚特的,现在却成为詹姆士顺利继位的潜在障碍。为了扫除这个障碍,1586 年他与伊丽莎白一世签订《贝里克条约》(*Treaty of Berwick*),就两国间协同防务问

---

[1] 这是一场由长老派贵族戈里伯爵威廉·吕特温(William Ruthven,c. 1541—1584)策动的政治阴谋,史称"吕特温突袭"(Raid of Ruthven)。

[2] Barry Coward,*The Stuart Age：A History of England，1603—1714*，London：Longman,1980,p. 105.

题达成一致,其矛头直指西班牙。几乎就在同时,玛丽参与谋杀伊丽莎白案件被披露,尽管詹姆士口头上抗议伊丽莎白处死他母亲,但这却使他向英格兰王位又靠近了一步。所以,当他从英格兰政府那里拿到每年4 000英镑抚恤金时,就默不作声了。

伊丽莎白在她生命的最后一刻,将詹姆士指定为继承人。1603年4月5日,詹姆士离开爱丁堡前往伦敦,如愿以偿地登上英格兰王位,称詹姆士一世;他同时依旧还是苏格兰国王詹姆士六世。客观地说,詹姆士从伊丽莎白那里继承的不仅仅是一个王位,同时还有一大堆问题,这些问题涉及各个方面:

第一,王室入不敷出,国王无法"靠自己生活"。都铎君主,除崇尚俭朴的亨利七世[①]外,大多处于财政拮据状态,例如亨利八世在位最初十几年间,英国经常深陷战争泥潭,再加上生活奢华,挥霍无度,他很快就耗尽了他父亲留给他的125万镑(约等于今天的3.75亿英镑)[②]。此后,他想尽各种办法搜刮钱财,如拍卖教产、贬值货币、举借国债、卖官鬻爵等,却仍旧无法平衡收支。直到都铎时代终结,前任英王留给后任的往往是一大笔债务,而不是充盈的国库。这似乎已经成为一种定律:玛丽把6.5万镑的债务留给伊丽莎白,伊丽莎白的债务又累积到36.5万镑,这个数字超过了政府全年的财政收入。詹姆士一世因讲究排场,后宫开支巨大,再加上对西班牙战争的负担,以及通货膨胀的影响,所以到1606年时,王室负债额累计已达到60万镑之巨[③]。斯图亚特的王室府库入不敷出,财政状况极其糟糕。

---

① 亨利七世的收入来源主要有王室领地收入、海关收入、法庭罚金和他作为最高领主的封建特权。"据统计,他的总收入从1485年至1490年,年平均为52 000镑,入不敷出;1504至1509年,平均岁入为142 000镑,岁出为138 000镑。"参见蒋孟引主编:《英国史》,中国社会科学出版社,1988年,第242页。

② Alison Weir, *Henry Ⅷ: The King and His court*, New York: Ballantine Books, 2001, p. 13.

③ 引自钱乘旦、许吉明:《英国通史》,上海社会科学院出版社,2007年,第146页。另一种说法认为,1603年的国债为40万镑,参见肯尼思·O. 摩根主编:《牛津英国通史》,王觉非等译,商务印书馆,1993年,第293页。

第二,宗教矛盾复杂,教派众多,清教徒构成最大的挑战。清教是 16世纪后期和 17 世纪盛行的一种宗教运动,派生于英国国教,他们希望把罗马天主教(Popery,Roman Catholic)残余从英国国教中清除出去,将宗教改革引向深入。但伊丽莎白却坚定地维护安立甘宗即英国国教的权威,她在当政前期,主要打击天主教,因为天主教构成了对国家的威胁;而后期主要是打压清教徒,因为清教反对主教制,对君主的专制权力构成了威胁。她拒绝清教徒提出的改革要求,并利用最高法院和星室法庭迫害极端的清教分子。在政府的高压下,清教徒暂时中止了对国教的反抗;但是当一个从新教的苏格兰来的国王登上英格兰王位时,他们的期待被重新唤醒了。不想詹姆士并不支持他们的要求,他们与詹姆士的矛盾日益激化。

第三,在都铎时期逐渐成熟的议会,不再盲从专制统治。伊丽莎白晚期,议会已经敢于挑战女王的权威,1601 年当她召开治下最后一次议会时,议会对政府提出的专卖品清单大为不满,会场上一片嘘声。仅是因为女王及时做出重大让步,把专卖品砍去一半之多,才避免了冲突的爆发。

詹姆士来自苏格兰,他面对的是一个完全陌生的世界。虽然英格兰与苏格兰同为英伦三岛的新教国家,而且两个王室间还有血缘关系,但在历史上,它们却是各自为政、互不相属而又长期敌对的独立王国,都有自己的政府、议会、司法系统,并且保留着自己的教会组织。詹姆士了解苏格兰的现实,却"不了解英国人,而且不能适应英国的法律和传统"①。由于文化传统和生活环境的差异,詹姆士入主英格兰后,从来没有像他在苏格兰那样受人爱戴,反而常常与英格兰议会发生冲突。对英国人来说,他们只在表面上接受詹姆士,实际上不会轻易受他左右,这本就不是英格兰的传统。

---

① Wallace Notestein,*The House of Commons*,*1604—1610*,New Haven and London:Yale University Press,1971,pp. 504 - 505.

詹姆士继位时面临着都铎时代遗留的许多问题,可是他既不了解英国,也缺乏必要的心理准备,更重要的是他严重脱离实际,去加强虚幻的专制主义,结果招致英国人的普遍不满。虽然他是在严格的加尔文派(Calvinists)思想教育下成长起来的,但"他并不十分喜欢这个教派"①,他统治苏格兰的过程,其实是他不断与长老派贵族斗争的过程。他相信自己是神权国王,这就势必与坚持新教的长老派关于国家治理的理念发生矛盾。事实上,长老派主张由信徒推选长老共同管理教会,把这种主张运用于国家,就与他追求的专制主义目标决不相容了。由于迷恋君权神授,詹姆士曾"以一种神学家的自傲和一个国王的自命不凡"②,相信上帝的赐予是他得以登临君位的基本因素③。早在 1598 年,他在《自由君主之正确的法律》(*The True Law of Free Monarchies*)一文中就极力兜售君权神授论,并以使徒时代的主教神权承袭说,来斥责由苏格兰历史学家和人文主义学者乔治·布坎南(George Buchanan,1506—1582)倡导的社会契约论。第二年,詹姆士在另一篇关于政府的论文中,从基督徒的职责、行政管理的责任和日常行为三个方面,系统阐述了一个专制君主必备的特质。

詹姆士登上英格兰王位后,经常把"君权神授"挂在嘴边,每当英国议会开幕时,他都要重复这样的话:"君主为可见之上帝,上帝为不可见之君主。"④对此,法国启蒙思想家伏尔泰(Voltaire)评论说:"当他被承认为国王以后,他就认为他的君权是神授的。凭这个理由,他以'神圣的国王陛下'自居。"⑤除了论证其王位的正当性和合法性外,他还有更深的含义:他想通过神化王权来强化王权。他一再坚持君权神授,这就在他的专制主义诉求与英格兰人的自由传统之间,划出一条无法逾越的

---

① 温斯顿·丘吉尔:《英语国家史略》上册,薛力敏、林林译,新华出版社,1985 年,第 568 页。
② F. 基佐:《一六四〇年英国革命史》,伍光建译,商务印书馆,1986 年,第 20 页。
③ S. R. Gardiner, *The First Two Stuarts and the Puritan Revolution, 1603—1660*, New York: Charles Scribner's Sons, 1898, p. 13.
④ 引自阎照祥:《英国政治思想史》,人民出版社,2010 年,第 57 页。
⑤ 伏尔泰:《风俗论》下册,谢戊申等译,商务印书馆,1997 年,第 334 页。

鸿沟。

扩张专制权力是导致 17 世纪英国革命的根本原因。詹姆士登上英格兰王位后，既没有替他母亲玛丽雪耻，也没有继承伊丽莎白温和的统治政策，而是一味效法大陆欧洲，追求绝对的君主专制。由于错误估计形势，他的施政一错再错，便恶化了与议会的关系，虽然没有导致议会反对派与王权的武力对抗，但双方的激烈冲突却为日后的革命埋下了伏笔。冲突表现在以下几个方面：

首先，詹姆士利用国教为工具，扩大他的专制权力，引起清教不满。前面已经说过，清教徒一直要求清除英国国教中保留的天主教残余，在伊丽莎白时期，清教遭到女王压制，但并没有消亡。詹姆士上台后，清教徒重新点燃了改革的希望。为了表达自己的愿望，他们提交了一份《千人请愿书》(Millenary Petition)①，要求扫除国教中保留的天主教成分，比如洗礼中不用十字架、婚礼中不用指环、谨守安息日(Sabbath)、减少教士兼职等，从而使国教回归到原始基督教状态。但是清教徒并不了解詹姆士，就像詹姆士不了解英格兰一样。起初，詹姆士的确对清教徒抱有几分同情，所以他在收到请愿书后，于 1604 年 1 月在泰晤士河畔的汉普顿宫(Hampton Court Palace)召集御前会议，邀请清教领袖和国教领袖共同与会，试图调解双方的矛盾②。但他最终还是采取了偏袒国教和维护主教制的态度，以便强化专制统治。在这次会议上，他首次向臣民们阐述了自己的主张：第一，国教的基本内容不容讨论，全国都应该坚持一种宗教和一种仪式；第二，"没有主教，就没有国王"，应该维护主教制；第三，"长老会就像上帝与恶魔不能相容一样，与国王势不两立"；第四，反对取消现行教阶制，捍卫实行主教制的英国国教会③。从这些主张可

① Chris Cook & John Wroughton, *English Historical Facts, 1603—1688*, Totawa, N. J.：Rowman & Littlefield, 1980, p. 102.

② Barry Coward, *The Stuart Age：A History of England, 1603—1714*, London：Longman, 1980, p. 112.

③ W. H. Frere, *The English Church in The Reigns of Elizabeth And James I (1558—1625)*, New York：AMS Press, 1969, p. 287.

以看出：詹姆士是从政治的角度考虑问题的，他认为无论是从神学还是从礼仪上看，清教的要求都与苏格兰的长老派更接近，而与国教会有明显的差异；但由于国教会保留着与天主教一样的主教制度，并支持君主在教会中的领袖地位，所以他还是选择了国教会，让主教们成为他在政治上的盟友。经过一番较量，詹姆士除了同意出版钦定本《圣经》（*Authorized Version*，或 *King James Version of the Bible*）之外，没有答应清教徒提出的任何改革要求①；而国教会则秉持他的旨意，通过新的教会法，要求全体教士承认君主的最高宗教权威，并接受《三十九信条》和经过修订的《第三公祷书》。伊丽莎白的政策导致国教会内部一个反对派即清教的产生，詹姆士则制造了一个宪政反对派即不从国教者，而到查理一世时期，"两者联合了起来，从这种联合之中终于产生了内战"②。

其次，詹姆士干涉下院选举，执意扩大国王的权力和限制议会的权利，因而与议会发生直接冲突。1604 年发生了"古德温当选下院议员案"，詹姆士指认白金汉郡（Buckinghamshire）的议员弗朗西斯·古德温爵士（Sir Francis Goodwin）是个罪犯，并命令大法官法庭宣布古德温的当选无效，他与议会争夺的焦点是国家的最高统治权，导致了严重的宪法危机。在他看来，议会在本质上只是一个低级法院，由议会制定的法律或建议，必须从属于君主的意志。他宣称君主的权力来自上帝，议会的权力则来自国王，因此英国范围内的一切法律，均来自他作为君主的特权。但国王干涉下院选举，涉及特权的性质和议会法案的效力问题，对詹姆士不顾"王在法下"和"王在议会"的宪政传统的做法，下院议员发出了强烈抗议。他们草拟了一份《道歉与补偿文件》（*The Form of Apology and Satisfaction*），称下院因正当的权利而非君主的赐予享有特权，基于这种权利，下院有权决定选举的结果，而不由隶属于大法官

① Chris Cook & John Wroughton, *English Historical Facts, 1603—1688*, Totawa, N. J.: Rowman & Littlefield, 1980, p. 100.
② 查尔斯·弗思：《克伦威尔传》，王觉非、左宜译，商务印书馆，2002 年，第 18 页。

的衡平法庭裁定。面对下院的强烈反弹,詹姆士被迫作出让步,同意由下院决定其选举结果,从而避免了更激烈的冲突。经过这次冲突,议会积累了处理宪政问题的经验,使他们能够在日后反对王权专制的斗争中掌握主动权。这里有两个因素促成了詹姆士的让步,一是他缺乏与英国议会打交道的政治经验,二是他性格上的弱点,他虽说博学多识、能言善辩,却是个"语言的巨人,行动的矮子"。正如伏尔泰所说,"他在每次讲话中炫耀他的威严,但又不能用行动来维护"[1]。詹姆士和议会之间的第一次冲突涉及"神授君权"和"天赋人权"这个根本问题,争执虽然暂时平息了,却没有得到真正解决,这就埋下了彼此的敌意,直至酿成内战。

复次,詹姆士偏袒宠臣、滥用宠臣,置国家利益于不顾,引发民众的反感。斯图亚特早期君主,不论是詹姆士一世还是他的继承人查理一世,都不能像都铎君主那样依靠民族、维护国家利益,他们凭个人的喜好行事,完全不顾人民的意愿。1612 年之前,詹姆士宠幸罗伯特·塞西尔,罗伯特是伊丽莎白的重臣威廉·塞西尔的儿子,他在詹姆士南下继位的过程中为他尽心作安排,使其能顺利进入伦敦。此后在 1603—1605 年的短短两三年时间内,罗伯特便接二连三地获得晋阶,先后得到男爵、子爵和伯爵的头衔。他还从国王那里领到大量赏赐,在赫特福德郡(Hertfordshire)营建辉煌的宅邸。他曾怂恿国王增收关税以增加王室收入,这在客观上加剧了詹姆士与议会的对抗。

詹姆士最大的弱点不在智力上,而在道德和私生活上。他不修边幅,不拘小节,平时深居简出,常常外出狩猎,疏于国务政事,"最使英国人反感的是他对宠臣们的言听计从"[2]。早在青年时期他就形成同性恋癖好,喜欢漂亮英俊的青年男子。23 岁那年,他迎娶小他 8 岁的路德派新教徒,丹麦国王腓特烈二世(Frederick II of Denmark,1534—1588)

---

[1] 伏尔泰:《风俗论》下册,谢戊申等译,商务印书馆,1997 年,第 337 页。
[2] 同上。

的次女安妮公主(Anne of Denmark),但婚姻似乎没能改变他的同性恋倾向。1606年一次马上长枪比武时,有一位叫罗伯特·卡尔(Robert Carr)的青年不慎落马,摔伤了腿。卡尔看上去英俊美貌,气度不凡,据说詹姆士立刻就喜欢上他,赏赐他罗彻斯特子爵(Viscount Rochester)、萨默塞特伯爵等爵位,还有官职与土地。不久,卡尔和他的妻子卷入一桩投毒案,被控毒死了詹姆士宠信的诗人托马斯·奥弗伯里爵士(Sir Thomas Overbury),此人知道卡尔与詹姆士之间不寻常的亲昵行为。虽然卡尔夫妇被判有罪,但是并未受到应有的严惩。

罗伯特·卡尔失宠后,取而代之的是另一个年轻人,他就是法国浪漫主义作家大仲马(Alexandre Dumas)的小说《三个火枪手》中所描绘的那个白金汉公爵,名叫乔治·维利尔斯(Villiers, Sir George, Duke of Buckingham)。乔治出身于小贵族之家,接受过良好的教育,擅长击剑,舞跳得很好,还会讲一点法语。他长得很帅气,仪表堂堂,被人视为"整个英国最英俊的男子"。1614年,当他首次被引荐入宫时,詹姆士对他一见钟情,竟亲昵地称他为"甜点孩子和夫人"。由于受到詹姆士的宠爱,维利尔斯在不到十年的时间,就从英王手中接过了骑士、男爵、子爵、伯爵、侯爵和公爵的头衔,甚至还做过剑桥大学校长,首开英国贵族发迹史之先河。

詹姆士上台之初,即对少数近臣形成依赖。他随意赏赐宠臣和阿谀奉承者,造成腐败贿赂之风盛行。他听信白金汉公爵(Duke of Buckingham)的建议,大大增设枢密大臣,由1610年的19个猛增到1620年的35个,造成枢密机构的臃肿、笨重与无效。另一方面,到1621年,他还把大约700项专卖权赏赐给宠臣,白金汉公爵也利用自己的特殊地位结帮拉派、网罗门人,其中包括弗朗西斯·培根。

培根出生于官宦世家,父亲尼古拉·培根爵士(Sir Nicholas Bacon)是伊丽莎白的掌玺大臣。小培根接受过良好的教育,12岁进剑桥大学三一学院,受到人文主义熏陶。在苏格兰与英格兰合并的看法上,他与詹姆士不谋而合①,因而大受赞赏,并平步青云,当上枢密大臣、掌玺大臣和大法官,先后晋升男爵和子爵。但 1621 年他受到议会弹劾,高等法院(High Court of Justice)以贪污、受贿罪判处他四万镑罚金。后来,虽然罚金和监禁皆得豁免,他却被逐出宫去,不得再担任议员和官职。对于培根来说,政治上的失意或身败名裂却让他因祸得福,从此他不问政事、转向学术,成为著名的哲学家、法学家和文学家,而他完成的《新工具》(Novum Organum Scientiarum,1620)和《散文集》是近代哲学和文学的奠基之作。下院对培根的弹劾,首开议会以不信任案对抗国王的先例,在以后 20 年中,议会用同样手段弹劾了白金汉公爵、威廉·劳德(William Laud)大主教、斯特拉福伯爵(Earl of Strafford),直至把查理一世送上断头台。这种方法有效地抗拒了专制主义,体现着英国议会力量的成长。

再次,詹姆士重申伊丽莎白时期的反天主教法令,压制天主教,激化了天主教徒的对抗情绪。也许由于他母亲笃信天主教的缘故,英格兰的天主教徒对詹姆士寄予厚望,但他却力主国教,对天主教徒无疑是一种当头棒喝。由希望变成了失望,有些极端分子铤而走险,于 1605 年策划了震动全国的“火药阴谋案”(Gunpowder Plot)。一群来自英格兰乡下的天主教徒租用议会大厦下面的一间地下室,从那里挖一条通道直通上院地下,暗中堆放了约 2.5 吨的火药,准备在议会开幕时引爆,刺杀国王和整个议会。阴谋的策划者是罗伯特·卡特斯比爵士(Sir Robert Catesby),协助他的是爆破专家盖伊·福克斯(Guy Fawkes),密谋分子试图将詹姆士的长女、年幼的伊丽莎白公主(Elizabeth of Bohemia)扶上王位,恢复天主教在英国的统治。但密谋者中有一人托马斯·珀西(Thomas Percy)担心他的亲戚也可能被炸死,就写信给蒙梯格尔男爵威廉·帕克(William Parker,Baron of Monteagle),信中说道:“您如果爱

① Allan I. Macinnes, *The British Revolution,1629—1660*, Basingstoke and New York: Palgrave Macmillan, 2005, pp. 23 - 24.

自己的生命,请不要参加议会开幕式……危险将在像您焚毁此信那么短
的时间内消逝"①。罗伯特・塞西尔得知消息后,派人搜查议会地下室,
挫败了这桩可怕的阴谋案。政府旋即实行了更加严厉的镇压措施,"对
天主教徒的罚金更加沉重"②,1606 年 5 月,议会通过《不从国教的天主
教徒之法》(*Popish Recusants Act*),要求所有臣民都必须宣誓效忠王
权。由此案引发的反天主教情绪迅速蔓延,从此天主教势力一蹶不
振。以后,人们都会在每一年 11 月 5 日这一天举行庆祝活动,这就是
著名的"盖伊・福克斯日"(Guy Fawkes Day)的由来。火药阴谋案一
方面激化了英国民众对天主教的仇恨,另一方面又暂时缓解了国王与
议会的矛盾;但詹姆士却是个获益者,他从议会那里获得三笔小额补
助金。不过这对于亏空硕大的王室来说,只能算是杯水车薪。

　　最后,詹姆士在对外关系上犯了许多错误,给英吉利民族国家造成
损害。他上台伊始,就想将苏格兰和英格兰这两个王国结为一体,统一
在一个君主、一个议会、一种法律之下。他的想法被有些学者说成是"疯
狂的幻想"③;也有学者认为那是一个大胆的计划,目的是"倡导不列颠民
族国家的建立"④。但詹姆士的英苏合并计划脱离当时的实际,因此是难
以实现的;而且,他想依照"苏格兰习惯"行事,好像封建领主对待他的采
邑,所以又违背英国人追求民族国家的愿望。三十年战争爆发后,他的
外交政策更受非议。这是一场欧洲国家间争夺利益、谋求霸权的斗争,
战争的一方是新教,另一方则是天主教,詹姆士作为新教英国的君主,理
应支持新教事业,况且新教领袖和波希米亚国王、巴拉丁选侯腓特烈五
世(Frederick Ⅴ of Bohemia, Prince Elector of Palatium, 1596—1632)

---

① 伏尔泰:《风俗论》下册,谢戊申等译,商务印书馆,1997 年,第 335 页。
② S. R. Gardiner, *The First Two Stuarts and the Puritan Revolution*, *1603—1660*, New York: Charles Scribner's Sons, 1898, pp. 23 - 24.
③ B. Bradshaw & J. Morrill(eds.), *The British Problem*, *c.1534—1707: state formation in the Atlantic Archipelago*, London: Macmillan, 1996, p. 154.
④ B. P. Levack, *The Formation of the British State: England, Scotland, & The Union, 1603—1707*, Oxford: Clarendon Press, 1987, p. 4.

还是他的女婿。然而,詹姆士却以和事佬自居,公开宣称要做一个促进
欧洲和平的国王①。于是,英国下院批评他无能,怀疑他事实上想与国际
天主教势力妥协,违背新教英国的民族利益。进而,他有意接近支持他
的和平政策的阿米尼乌派教徒(Arminians)②,以对抗清教反对派。在清
教徒看来,阿米尼乌派宣扬的教义和仪式,阉割了新教的基础,颠覆了宗
教改革的成果,是在为回归天主教铺平道路③。

西班牙作为天主教力量的主心骨,当时仍然是欧洲最强大的国家。
它在得到罗马教皇支持的情况下,根本不理会英国所作的调停,而是径
自出兵波希米亚(捷克),并于 1620 年击败腓特烈五世,占领了巴拉丁选
侯领地。英国议会要求詹姆士发动一场针对传统的天主教宿敌西班牙的
战争,以拯救大陆的新教徒。但他不愿对西班牙宣战,反而让太子查理向
西班牙公主求婚,希望通过联姻方式去感化西班牙人,"使他的女婿至少可
以恢复其世袭土地。"④为了讨好西班牙人,当他听说沃尔特·雷利爵士
(Sir Walter Raleigh)袭击西班牙在美洲的殖民地时,便立即下令逮捕雷
利,宣布维持对雷利的死刑判决。所有这些,都受到了英国新教徒和议
会下院的猛烈抨击,因为他伤害了英国人的民族情感。

当时,下院是英国新兴力量的堡垒,其中云集了乡绅、工商业者,以
及律师等专业人士,他们不但热衷于对外扩张与战争,而且还希望强迫
国王依赖议会,使詹姆士回归宪政传统。在爱德华·柯克爵士(Sir
Edward Coke)的领导下,下院草拟一份请愿书,提出要与西班牙开战、太
子与新教徒联姻和严厉实施反天主教法等要求。詹姆士气极败坏,宣称

① Barry Coward, *The Stuart Age: A History of England, 1603—1714*, London: Longman, 1980, p. 123.
② 雅克布斯·阿米尼乌(Jacobus Arminius, 1560—1609):荷兰的新教神学家,曾任职于莱顿大学,反对正统的加尔文主义,其神学见解奠定了阿米尼乌派派和荷兰改革运动的基础。
③ John Coffey, *Persecution and Toleration in Protestant England, 1558—1689*, London: Longman, 2000, p. 125.
④ Maurice Ashley, *England in the Seventeenth Century*, London: Hutchinson & Co., 1978, p. 61.

下院议员无权过问专属君主的外交事务,否则将会招致惩罚。议会的反应则异常激烈,他们迅速草拟了一份抗议书,指出外交政策和宗教事务都是下院讨论的重要议题。议员不但宣布国王依靠封建特权认可的专利为非法,而且在宗教与外交权限上激怒国王;在白金汉公爵和西班牙大使的怂恿下,詹姆士于1622年1月亲自跑到下院,撕碎抗议书,解散了让他头痛不已的议会。

在财政方面,詹姆士挥霍浪费,开支巨大,背负了沉重的债务。为了增加收入,1608年,罗伯特·塞西尔依据1606年贝茨案件①的判决结果,提交了一份关税新税率书,英国政府将1 400种商品的税率提高10个百分点,即由30%提高到40%,据此,政府一年可以增加7万镑收入,但议会中的清教徒强烈谴责当局的征税行为没有法律依据。詹姆士任意妄为,依靠专制权力来平衡财政收支,违背了自《大宪章》(*Magna Carta*)以来、未经"全国公意许可"不得征税②的传统,而历代英国君主都不敢轻易如此这般。都铎时期,英国的政府机构和国家事务不断扩大,而王室领地和海关的收入却并没有得到相应的增加。尽管如此,没有哪一位都铎君主敢突破传统,用非常手段来平衡政府收支。詹姆士面临的财政拮据,在一定程度上是都铎诸君留下的难题。为了应付财政危机,他想方设法,运用各种手段聚敛财富,包括卖官鬻爵③、征收骑士捐、出售专卖权、开征新税等。不过这些做法却导致他与议会的直接对抗,使原本单纯的财政问题演变成复杂的宪政问题,由此,"冲突不可避免,而且必须引起对宪法的严重挑战。"④1610年,塞西尔提交了一份名为

---

① 约翰·贝茨(John Bates)是黎凡特公司的商人,他拒绝交纳就无籽葡萄干(currants)征收的进口税。1606年财务署法庭法官作出裁定,国王在行使其调节贸易的特权时,可以增加关税。

②《中世纪中期的西欧》(世界史资料丛刊初集),刘启戈、李雅书选译,商务印书馆,1962年,第72页。

③ 仅世袭的准男爵骑士爵位,詹姆士一世就设置了200个。这个荣誉并不高,但每人需要支付2 000镑。参见伏尔泰:《风俗论》下册,谢戊申等译,商务印书馆,1997年,第337页。

④ 温斯顿·丘吉尔:《英语国家史略》上册,薛力敏、林林译,新华出版社,1985年,第570页。

《大合约》(*Great Contract*)的计划,其中提议国王放弃监护权、食物购买权以及其他七项君主特权,以换取每年 20 万镑的永久性拨款①。但在具体的拨款数额问题上,国王与议会互不让步,该计划终未通过。为此,詹姆士于 1610 年和 1614 年两度解散议会,并在其后的七年间不再召集议会。这就造成了国王与议会的更大冲突。

中世纪以来,由国王和议会两院组成的政府架构就具有连续性,三者之间体现为既依存、又牵制的固定关系,而不是完全的排斥或相互对立。都铎君主一般都懂得如何谨慎地运用自己的特权,他们即使在实践中表现出强势,也没有刻意去寻求理论的依据,他们在更大程度上把整个民族视为其统治合法性的基础。詹姆士则不然,他不仅脱离英国的现实,还喜欢夸夸其谈,试图从理论上证明神授君权的合法性。事实上,不论是干涉下院选举,还是越过议会任意征税,涉及的都是国王与议会的关系,或王权的限度、特权的范围等等带有根本性的宪政问题。在这种宪政之争中我们看到了詹姆士的矛盾所在:他在观念上认为君权来自上帝,只有上帝才能解除君权;而在实践上又郑重承诺:须"按照本王国的法律和习俗的来统治英格兰"②。每当他的专制主义主张与英国人的自由传统发生冲撞时,他的理论总是显得那么苍白无力,以致他不得不对议会作出退让。就是说,他一方面坚持君权神授,另一方面又不敢完全无视议会、实行绝对的君主专制。这也难怪他为何能接受柯克爵士的看法,同意由法官充当国王和议会之间的仲裁人。

柯克是 17 世纪著名的法学家和清教理论家,他早在青年时期就扬名律师界;进入议会三年后,即当选为下院议长,1594 年担任伊丽莎白时期的总检察长(Attorney General),后任民事诉讼高等法院首席法官,1613 年出任王座法庭首席法官。柯克"最关心的是正当的法律程序和下

---

① S. R. Gardiner, *The First Two Stuarts and the Puritan Revolution*, *1603—1660*, 1898, New York: Charles Scribner's Sons, p. 19.

② John Morrill (ed.), *The Oxford Illustrated History of Tudor and Stuart Britain*, Oxford: Oxford University Press, 1984, p. 28.

院的自由"①，为此他提出"司法独立"的主张。他认为，人们只能循例去发现和肯定法律，而不能随意杜撰或更改法律；当国王特权与议会立法权发生冲突时，法官可以做出裁决。詹姆士认为法官应倾向于国王，因为他们是国王任命的，所以应该像其他官员那样服从国王而不是议会。但柯克说服了詹姆士；不过，他在表示从此不再亲自充当法官去决断案子的同时，还想对法官施加必要的影响，这说明其专制主义的本质并没有改变。关于这一点，从皮奇姆案（Peacham's Case）中可以窥见一斑。1615 年 1 月，萨默塞特清教传教士埃德蒙·皮奇姆（Edmund Peacham）被关进伦敦塔，案由是他反对巴斯主教詹姆斯·蒙塔古（James Montagu）。但是由于总检察长培根的介入，案件发生重大转折。培根是国王的红人，他与柯克不和，彼此间长期争斗不止。就皮奇姆一案，培根的查证行动非常迅速，他发现皮奇姆家中有一篇未宣读过的讲道稿，并认定其中含有诅咒国王暴死等叛逆罪内容，于是简单的案件被复杂化了。詹姆士让高等法院的四个法官共同决定案件的性质，并要求他们分别向他报告审议结果；他还让培根去做其他三位法官的工作，可柯克拒绝国王的笼络，并坚称未经发表的材料不可能构成叛逆罪。但是，柯克无法改变此案的结果，因为詹姆士已经干预了。第二年，皮奇姆死于狱中。

在同时代的欧洲君主中，詹姆士算得上是一个巧于辞令、能言善辩的学者型君主。围绕着君权神授理论，他写了不少著述，在神学、君主制和王权的性质等问题上都发表自己的看法。许多学者认为詹姆士是一个"外表可笑、笨拙、懦弱、矫饰且愚蠢的学究"，实际上，他是个不折不扣的专制主义者。1621 年当第三届议会召开时，詹姆士在致辞中说议员的特权来自于君主的赐予，随即引起了一场关于"特权来源"的争论。"正是这种不懂策略和在错误的时刻提出正确论点的本领，使他从法国的亨利四世（Henry Ⅳ of France，1553—1610）那里得到'基督教王国中最聪

---

① 阿萨·勃里格斯：《英国社会史》，陈叔平等译，中国人民大学出版社，1991 年，第 163 页。

明的傻瓜'的绰号。"①在推行专制统治方面,詹姆士是心有余而力不足,也许正是这种鲜明而矛盾的性格,决定了他从来不会过分地激怒议会,"并时刻准备撤回那些不得人心的政策"②。牛津大学历史教授约翰·莫里尔(John Morrill)指出:"不论怎样,在詹姆士统治时期,英国政治上逐渐稳定,宗教狂热有所缓和,国内安定,并继续得到国际社会的尊敬。"③

　　晚年的詹姆士疾病缠身,加之其优柔寡断的性格,使朝政为太子查理和白金汉公爵所操纵。1623年,他们二人前往马德里推动与西班牙王室的联姻,却遭到西班牙人的冷遇。当时西班牙国王提出要求:查理在婚后应该生活在西班牙,并在一年之内皈依天主教;此外,英国还必须停止与西属殖民地间的贸易。这般太苛刻的条件,即使查理愿意接受,英国人民也不会允许。玛丽·都铎与菲利普的联姻、英国与西班牙结盟所带来的教训,英国人仍然记忆犹新,更何况他们还担心婚约中包含着令人反感的天主教条款④。联姻谈判失败后,英王宫中弥漫着反西班牙、反天主教的情绪,被激怒的查理和白金汉公爵对西班牙人的态度也发生了一百八十度的转向,要求国王采取谈不成就打的政策,以挽回他们在西班牙丢失的面子。出于无奈,詹姆士只得答应重启已经中止20年之久的对西班牙战争。

　　1625年,詹姆士在内外混乱中病逝,王位由他的次子即查理继承,史称查理一世。相较于詹姆士的机敏、随和、不拘小节和平易近人,查理则完全是另外一个类型,他既孤僻、诡诈,又意志薄弱,而且反复无常⑤。1612年查理的长兄威尔士王子亨利(Henry, Prince of Wales)病逝,查理成为王位继承人。西班牙联姻碰壁后,查理设想构建一个英法联盟,

① 肯尼思·O. 摩根主编:《牛津英国通史》,王觉非等译,商务印书馆,1993年,第328页。
② 安东尼娅·弗雷泽著:《历代英王生平》,杨照明、张振山译,湖北人民出版社,1985年,第274页。
③ 肯尼思·O. 摩根主编:《牛津英国通史》,王觉非等译,商务印书馆,1993年,第330页。
④ S. R. Gardiner, *The First Two Stuarts and the Puritan Revolution, 1603—1660*, New York: Charles Scribner's Sons, 1898, p. 47.
⑤ John Morrill (ed.), *The Oxford Illustrated History of Tudor and Stuart Britain*, Oxford: Oxford University Press, 1984, p. 31.

以对付统治西班牙和神圣罗马帝国的哈布斯堡王朝（Habsburg Dynasty），为此他娶了法王亨利四世和他的第二任妻子玛丽亚·德·美第奇（Marie de Médici）的最小女儿亨利埃塔·玛丽亚（Henrietta Maria of France）。由于亨利埃塔是天主教徒，英国许多人担心这会危害到国教的一统地位。为了取得议会对其婚姻的认可，查理保证说他不会取消对不从国教者的限制。但事实恰好相反，他在白金汉公爵的鼓动下与法国签订一项密约，承诺在英国停止实施反天主教法，并帮助路易十三（Louis XIII of France，1601—1643）对付法国的新教胡格诺教徒（Huguenots）。白金汉公爵遵循查理的旨意答应向法国提供舰船，帮助围攻由胡格诺派占据的法国港口拉罗谢尔（La Rochelle），以此换取法国帮助收复巴拉丁的领地。但是由于白金汉公爵态度暧昧，况且英国舆论普遍支持胡格诺派，法国首相黎塞留（Cardinal-Duc de Richelieu）不信任白金汉，也无意帮助收复巴拉丁。结果，英法这一对传统宿敌不仅没有结盟，反而重新回到了交战状态（1626—1629）。

如果说詹姆士是理论上的专制主义者，那么查理就是实践上的专制主义者。查理既骄横自负，又狂妄固执，在外交事务处理、偏袒宠臣等方面与议会的对立越来越尖锐。关于外交问题，查理根本不与议会商量，他认为这纯属君主的职权范围，不需要议会插手。可是如果议会不拨款，他如何维持在欧洲的战事？于是在冒犯了议会之后，他还是要求助于议会，希望议会批准他的战争拨款。他虽然频繁召集议会，却从来就不想召集，议员们正是利用他的这一弱点，乘机提出一些议案来反制国王的独断专行。查理上台后，最关心的问题是如何处理与欧洲各国的关系，但相较于詹姆士，他受到的牵制较多。一方面，他过于宽容国内的天主教徒，而对遍布朝野的清教徒的迫害更为强烈。另一方面，他对英法结盟心存幻想，将主要精力投入了旷日持久的英西战争[1]。1625年查理

----

[1] Maurice Ashley, *England in the Seventeenth Century*, London: Hutchinson & Co., 1978, pp. 64-65.

的宠臣白金汉公爵派遣雇佣军前去收复巴拉丁,却在尼德兰境内败下阵。议会本来就对白金汉公爵操纵朝政非常不满,现在正好找到了攻击他的机会。除此之外,议会还动用财政审批权,只批准了一项 14 万镑的拨款用于海外战争,这个数字离国王的要求相差甚远。作为一种安慰,下院仅授予查理为期一年的关税征收权,却拒绝了他提出的终身享有关税征收权的要求①。在这种情况下,愤怒的查理于 8 月解散了议会。

平心而论,查理面临的财政拮据不完全是由他个人造成的,而是长期累积的结果,正如法国 19 世纪著名史学家基佐(F. Guizot, 1787—1874)所指出的那样:"帝王们继承了他们的先辈的王位,同时也继承了他们先辈的过错。"②但查理的问题在于他加剧了与议会的冲突。此时,白金汉公爵意识到除非在外交或军事上取得某种成功,否则他便在劫难逃。于是,他又冒险派出一支远征队前往西班牙的加的斯港(Cadiz),试图偷袭西班牙舰船。然而,那支远征队因装备不良,缺乏训练,纪律松懈,结果以惨败而告终。在 1626 年召开的新一届议会上,下院以远征失败为借口,开启弹劾白金汉公爵的法律程序;查理为保护自己的宠幸,反而将白金汉公爵放到牛津大学校长的位置上。这样一来,议员们愈加不满,遂于 6 月 12 日发出抗议,反对国王把议会拨款滥用到有损国家利益的事情上,并要求白金汉公爵停止对于国家大事的干预。为保护白金汉公爵,查理再次解散议会。第二年,法国首相黎塞留派遣军队围困拉罗谢尔的胡格诺教徒,白金汉公爵再次孤注一掷,率领一支由 7 艘舰船、7 000 人组成的海上远征军,驰援拉罗谢尔的新教市民。然而,这种两面出击、同时与西法两国交战的做法,完全背离了都铎均势外交传统,结果还是事与愿违,英军远征又遭败绩,在损兵折将 4 000 人后,不得不狼狈

① Roger Lockyer, *The Early Stuarts: A Political History of England*, *1603—1642*, London: Longman, 1989, p. 240.
② F. 基佐:《一六四〇年英国革命史》,伍光建译,商务印书馆,1986 年,第 30 页。

撤退。这对英国人来说是莫大的耻辱,国内不满情绪也因此达到了高潮①。

新一届议会召开时,议员们还像上次那样,采取不合作的态度,拒绝了国王的征税要求。为了表达对战争的不满,下院再次弹劾白金汉公爵,控告他玩忽职守、指挥失当,致使战事连连失利。但是查理继续偏袒自己的宠臣,不仅声称一切过失由国王本人负责,而且又一次解散议会。不仅如此,他还采取两项反制措施,一是他不需经过议会的同意,擅自向商人征收新税和向乡绅强制性贷款,规定凡拒绝借贷者,即可惩处;二是他指使士兵进驻民房,不需支付费用即可白吃白喝,扰民现象极其严重。由于议会被解散了,白金汉公爵也暂时逃脱了弹劾,但他却在 1628 年夏死于一名刺客之手②,一个叫做约翰·费尔顿(John Felton)的海军中尉在一家酒吧刺死了他。尽管刺客的所为只是出于私人原因,但对于英国民众来说,却不啻为一件大快人心的事情。

为了继续筹措战争经费,查理决定强行贷款。上诉法官兰德尔·克鲁爵士(Sir Randal Crew)因拒绝宣布贷款的合法性,遭到解除职务。查理还下达特别令状,逮捕了 76 个拒绝借贷者;其中,托马斯·达内尔爵士(Sir Thomas Darnel)、约翰·科贝特爵士(Sir John Corbet)、沃尔特·厄尔爵士(Sir Walter Earl)、埃德蒙·汉普顿爵士(Sir Edmund Hampden)和约翰·赫维林汉(Sir John Heveringham)五位乡绅向高等法院提出获释的人身保护令状(Writ of Habeas Corpus),要求政府就他们被监禁的缘由做出解释,但是总检察长答复说他们是依据"国王陛下的特别要求"而被拘押的。1627 年 11 月,高等法院在审理这起"五爵士案"(Five Knights' Case)时偏袒查理,说国王有权逮捕任何人而毋庸说明理由。对此,汉普顿爵士的辩护律师、博学的古代法与宪法学者约

---

① S. R. Gardiner, *The First Two Stuarts and the Puritan Revolution*, *1603—1660*, New York: Charles Scribner's Sons, 1898, p. 59.

② Maurice Ashley, *England in the Seventeenth Century*, London: Hutchinson & Co., 1978, p. 71.

翰·塞尔登(John Selden)议员称国王和总检察长干扰了本案的裁决,与专制王权的对抗明显在加剧。

查理靠强行贷款获得 23.6 万镑,这笔款项仍然无法满足他对外战争的庞大需求。在走投无路的情况下,1628 年 3 月 17 日他召开第三届议会,与会议员中包括先前因拒绝贷款而被囚禁的 27 人。议会固然支持英王反对法国和西班牙的战争,可就是不愿意提供拨款,意欲让查理去做无米之炊。议会开幕后,下院没有像以前那样纠缠于弹劾案,而是通过了一份《权利请愿书》(*Petition of Right*),以此作为考虑国王征收新税的交换条件。他们表示愿意为国王筹集军费,但有一个前提,就是查理必须承认议会具备批准征税的传统权力。这份由柯克爵士等草拟的《权利请愿书》彰显了《大宪章》的精神,在历数查理滥用君权的同时,重申、明确和重新解读了《大宪章》中有关保护公民自由和权利的相关内容,其要点如下:第一,未经议会同意,国王不得征收贡金、贷款、献金和租税;第二,未经法律程序,不得拘捕、监禁、放逐或损伤任何自由人;第三,未经当事人许可,军队不得驻扎民房;第四,和平时期不得实行戒严法。像《大宪章》一样,《权利请愿书》是一份具有重要意义的历史文献,是英国人自由与权利的奠基之作;它不仅体现着英国议会捍卫自由的宪政成果的强烈愿望,还拉开了议会与查理,也就是英国人民与专制王权之间激烈斗争的序幕。

查理因急等钱用,不得不在 1628 年 6 月签署了这份文件,以换取议会同意征税。下院认为这份文件意义重大,坚持将它公之于众,"连同国王最后的答复刊印出来,散发全国。不仅在上下两院备案,还在威斯敏斯特诸法庭备案。"①接下来议会通过拨款法案,支付给查理一世 35 万镑补助金。实际上,查理无意接受《权利请愿书》,更不会去执行它的条文,所以到第二年就开始反悔。他否认自己接受了《权利请愿书》,并试图绕开议会开征新税。为此,他还囚禁了三个拒绝付税的商人,有个下院议

---

① F. 基佐:《一六四〇年英国革命史》,伍光建译,商务印书馆,1986 年,第 48 页。

员因拒绝交付吨税和磅锐,其货物被悉数没收。

议会制是英国的政治传统,白芝浩在《英国宪法》一书中曾深刻地揭示了 16—17 世纪议会与英王的关系。他指出,议会对亨利八世是盲从的,在伊丽莎白时期是窃窃私语的,到詹姆士一世时已有反意,再到查理一世时则开始反抗了。① 在约翰·埃利奥特爵士(Sir John Eliot)和约翰·皮姆(John Pym)的领导下,下院开始发难,批评国王出尔反尔、不经过议会擅自征税。查理把这看作是议会对王权的挑战,于是拘捕了 10 名议员。1629 年 3 月 2 日,议会正在讨论应对措施,查理派传令兵去下院宣布停止会议,一群议员匆忙反锁大门,六个议员冲向议长席,把议长约翰·芬奇爵士(Sir John Finch)按在座位上,延缓散会的动议。这样,下院就以半强制方式宣读了几个并未走完全部法定程序的决议案,并声称:任何企图改变国家的宗教信仰,征收、建议征收或帮助征收未经议会批准的纳税金者,都是对英格兰自由的背离。"这些决议的重要意义不仅在于它是对国王的挑战,而且还在于把它们所指出的那些在宗教上和政治上不满的分子全部联合了起来。"②3 月 10 日查理解散了议会;次日,埃利奥特等反对派议员遭到拘禁。查理在文告中声称:"国王屡次与人民相见,这就表示国王喜欢应用议会办事;尽管如此,近因在召开议会的过程中,议会权力的滥用,暴露了几个不良目的,最近的这种权力滥用,已逼使国王不得不解散议会,因此无论什么人胆敢限国王以召集日期,就将以擅权论处。"③从此以后,查理一世便不再召集议会。这样,他抛弃都铎时期"王在议会"的既有传统,漠视英国人的自由权利,在专制主义的道路上越走越远。

抛开议会之后,查理采用各种手段增加自己的收入:第一,激活了 1279 年公布的、早被遗忘的"骑士身份扣押"法,向那些年收入达到 40 镑而未申请骑士身份的人征收罚款,由此取得 15 万镑罚金。第二,恢复早

---

① 参见沃尔特·白芝浩:《英国宪法》,夏彦才译,商务印书馆,2010 年,第 286 页。
② 查尔斯·弗思:《克伦威尔传》,王觉非、左宜译,商务印书馆,2002 年,第 18 页。
③ F. 基佐:《一六四〇年英国革命史》,伍光建译,商务印书馆,1986 年,第 52 页。

已被废弃的涉及监护权、森林法等等的封建捐税，并制定新的税率。第三，行使君主特权，将明矾、肥皂、煤炭、食盐、砖块、玻璃、皮革、淀粉、火药、麻布、染料、纽扣、酒、啤酒、油脂、针和别针等差不多所有的日常用品的专卖权出售给朝臣、亲信等，由此获得大笔款项。第四，从 1635 年起开征"船税"（Ship Money），以后三年又连年征收，大有把这种历史上存在过的临时性征款转变成固定性征款的倾向。到 30 年代末，随着王室预算获得基本平衡，查理的统治权力也达到了顶峰。

查理绕开议会擅自开征新税，遭到国人的强烈抵制，引发了著名的汉普顿诉讼案。乡绅约翰·汉普顿（John Hampden）来自白金汉郡，他家业丰裕，自己曾两度当选议员，此时却拒绝交纳船税。虽然按照规定他只需要交纳 20 先令税款，完全微不足道，但他援引《大宪章》和《权利请愿书》的内容，认为未经议会批准的船税毫无法律依据。他不但不肯交纳税款，还领头递交联名抗税书，招致国王起诉。1637 年 6 月 12 日法庭就此案进行表决，结果只有四位法官同情汉普顿，法院裁定汉普顿有罪，下令羁押其财产，监禁其人身。国王对这个判决感到满意，认为是他的重要胜利。但事实并非如此，判决结果在全国上下产生了巨大反响："人民虽然失去了希望，却赢得了勇气。……人人嘴里都讲汉普顿，一提起他的名字，人民都表示爱戴与骄傲"。① 由汉普顿抗税案引发了"王在法下"的宪政问题，这是查理所始料未及的。汉普顿抗税的行动受到广泛的同情，人们普遍认为任何捐税都必须有法律的依据，哪怕是专制君主，也要受法律的约束。至此，"王在议会"和"王在法下"两大都铎传统都被查理破坏了。

在宗教问题上，查理试图像詹姆士那样借助阿米尼乌派的力量强化国教统治，他一方面任命像理查德·蒙塔古（Richard Montagu）这样的阿米尼乌派人士出任高级教职；另一方面又在"十一年暴政期"（Eleven Years' Tyranny）重用劳德大主教和斯特拉福伯爵，激化了社会冲突。威

---

① F. 基佐：《一六四〇年英国革命史》，伍光建译，商务印书馆，1986 年，第 88 页。

廉·劳德(William Lard)是个布商的儿子,曾就读于牛津大学的圣约翰学院(St. John's College,Oxford),1601年开始担任教职,由于奉行荷兰新教神学家阿米尼乌的神学思想,深得国王和白金汉公爵的青睐,于1633年出任坎特伯雷大主教一职,开始推行所谓的"宗教革新"。他试图通过重新确定礼拜规程和统一教士服饰,把国教逐步引导到罗马天主教的方向①。他奉行教权主义,强化教士的权力,压制清教,同时又实行严格的书报检查制度,禁止一切不满政府的言论。著名的清教评论家威廉·普林(William Prynne)、宣传鼓动家约翰·李尔本(John Lilbourne)、医生兼作家约翰·巴斯特威克(John Bastwick)和神学家亨利·伯顿(Henry Burton)均曾因"诽谤罪"而被移交星室法庭审判,被定罪、受惩处②。为躲避劳德的宗教迫害,1620—1640年间大约有两万名清教徒逃往海外,寻找信仰自由的新天地。劳德那种带有强烈天主教色彩的所谓革新,使那些对查理抱有幻想的国教徒极为失望,许多人被迫脱离国教会,转向了清教阵营。

在外交问题上,查理也表现出疏离新教国家而接近天主教国家的倾向,他的动机不免让国人生疑③。欧洲三十年战争爆发后,英国人本希望查理能站在新教一边打击天主教,但他于1629年和1630年分别同法国和西班牙休战,退出了战争,这让他们颇感失望;查理不仅没有帮助在战争中支持新教的瑞典国王古斯塔夫·阿道夫(Gustavus Adolphus of Sweden,1594—1632)和出兵反抗入侵荷兰的哈布斯堡王朝,反而允许西班牙经由英国转运金银到尼德兰,以维持当地的一支准备围剿荷兰的天主教军队。加之,由于玛丽亚王后是个天主教徒,于是无论清教徒还是国教徒,都对查理的宗教信仰表示怀疑,他们害怕他把英国重

---

① 参见姜守明:《查理一世的"宗教革新"与英国革命性质辨析》,《北京大学学报》,2013年,第4期。

② John Coffey, *Persecution and Toleration in Protestant England,1558—1689*,London:Longman,2000,p.128;Christopher Hill, *The Century of Revolution 1603—1714*,Edinburgh:Thomas Nelson and Sons,1961,p.13.

③ 参见姜守明:《詹姆士一世专制主义的现实困境》,《史学集刊》,2014年,第2期。

新拉进罗马的怀抱;因此在宗教上,同时也在外交上,查理失去了国人的信任①。

查理在苏格兰的统治也遭遇巨大的失败,直接威胁到他的统治权威。苏格兰在 16 世纪下半叶进行宗教改革,实行长老会统治,成为一个新教国家。出于维护君主制的需要,查理的父亲詹姆士一世曾于 1584年将主教制度重新引入苏格兰教会,他认为长老制与君主制不相容,并提出了"没有主教,就没有国王"的主张。1603 年詹姆士入主英格兰后,增加了国教会的主教人数,并希望通过实施一个野心勃勃的"大不列颠联盟"(Union of Great Britain)计划,加速苏格兰和英格兰的合并。但苏格兰人将其视为民族的灾难,因而极力加以抵制。虽然他一度以"大不列颠、法兰西和爱尔兰王"自居②,可由于不得人心,他最后还是悄悄地放弃幻想,大不列颠联盟也无果而终。而查理尽管生在苏格兰,长在苏格兰,但从 1604 年离开苏格兰后,直到 1633 年才重返故国,还是为了举行苏格兰式的加冕礼。就是说,他在这近 30 年间,从没有造访过苏格兰。可以看出,他与苏格兰的感情是疏远的。不仅如此,他的宗教政策还伤害了苏格兰的民族感情,引起了灾难性的后果。在查理的授意下,劳德大主教向苏格兰引进英格兰圣公会的礼拜仪式,以新版《教规手册》(*Book of Canons*)取代约翰·诺克斯制订的《纪律手册》(*Book of Discipline*),还将圣公会修订版《第三公祷书》引入苏格兰。这些带有强烈英格兰高教会派色彩的所谓"宗教革新",背离了苏格兰人的宗教倾向,得不到根基深厚的苏格兰长老会的认同。究其目的,是为了满足查理扩大专制权力的欲望,却酿成查理时期最严重的过失之一③,诱发了苏

---

① John Coffey, *Persecution and Toleration in Protestant England, 1558—1689*, London: Longman, 2000, p. 121.

② Barry Coward, *The Stuart Age: A History of England, 1603—1714*, London: Longman, 1980, p. 131.

③ Ibid., p. 112.

格兰的民族大起义①。

1637 年 7 月 23 日,星期天,汉普顿抗税案宣判一个月后,牧师约翰·汉纳(John Hannah)在爱丁堡的圣贾尔斯教堂(St. Giles' Cathedral)首次诵读新版公祷书,信众的怒吼声、谩骂声淹没了他的诵读声,宗教仪式很快演变成抗议活动。有一个女商贩名叫詹尼·格迪斯(Jenny Geddes),她大声谴责牧师的诵读,并顺手操起一只踏脚凳向会堂前方掷去,正好击中了汉纳的头部。这件事迅速演变成苏格兰的全国性抵抗运动,各地的贵族、地主、农民、市民、工匠等不同阶层的人,包围了爱丁堡城内的枢密院大厅、地方自治当局等政府机构。第二年 2 月 28 日,苏格兰的贵族、乡绅、教士和许多市民在爱丁堡举行集会,缔结了一份内容激进的文件,即 1581 年《国民圣约》(*National Covenant*)的修订本②。据此,苏格兰人要求一个自由的议会和一个自由的教会,并反对在苏格兰复活天主教。圣约一经提出,就成为绝大多数人聚集的旗帜,六个星期之内,圣约副本已传向四面八方。11 月下旬格拉斯哥宗教大会(Glasgow Assembly)召开,肯定了圣约的权威,同时谴责查理所颁布的全部新法。查理迅速做出反应,他说:"只要这个盟约生效一天,我在苏格兰就无法获得比威尼斯公爵更大的权利,这是我宁死也无法容忍的。"③他要求苏格兰圣约派(Covenanters)放弃他们的主张,否则后果自负。

谈判失败之后,查理决定以武力解决问题。1639 和 1640 年双方进行了两次短兵相接的"主教战争"(Bishops' War),圣约派组成了全国联合会(General Assembly),作为苏格兰长老会的最高权力机构,该联合会宣布废除新版公祷书,恢复《纪律手册》,废黜主教制,代之以长老制。此

---

① John Coffey, *Persecution and Toleration in Protestant England*, *1558—1689*, London: Longman, 2000, p. 129.

② John Coffey, *Persecution and Toleration in Protestant England*, *1558—1689*, London: Longman, 2000, p. 129.

③ 引自查尔斯·弗思:《克伦威尔传》,王觉非、左宜译,商务印书馆,2002 年,第 40 页。

外,他们还组建了一支1.2万人的军队,并号召举行全国起义。主教战争打破了自斯图亚特王朝入主英格兰以来英、苏之间30多年的和平局面。由于缺少经费、缺乏训练和没有信心,加上英格兰清教徒大多同情苏格兰人,查理只好再次与圣约派举行谈判,并签署了《贝里克条约》(*Treaty of Berwick*,1639)。根据该条约,双方同意各自遣散军队,苏格兰人归还他们夺取的国王城堡,国王则承认格拉斯宗教大会通过的所有决议。这意味着苏格兰人有权召集自己的议会和宗教大会,由议会解决苏格兰的国务问题,由全国联合会解决苏格兰的宗教问题。第一次主教战争就这样结束了。查尔斯·弗思(Sir Charles H. Firth)评论说,这是"一个莫大的喜剧"①。

但矛盾并未得到真正解决,甚至连缓和的迹象也未出现。一方面,苏格兰人没有解散其武装力量,反而迅速补充兵源。他们进而在格拉斯哥再次召开宗教会议,通过了否认查理统治权的决议,同时还在爱丁堡召开苏格兰议会,选出了事实上的苏格兰政府——享有全权的代表委员会。另一方面,查理高调作出的让步也只是缓兵之计,他签订《贝里克条约》只是为了赢得时间。一个月后,他从爱尔兰召回托马斯·温特沃思(Thomas Wentworth),问计于这位爱尔兰总督(Lord Lieutenant of Ireland)。早年的温特沃思,曾作为约克郡(Yorkshire)代表入选下院,他站在查理和白金汉公爵的对立面,一再反对与西班牙开战,并竭力维护下院的权利;后来,他转而坚决反对国王强行摊派借款的措施,成为《权利请愿书》的有力支持者。国王在实行无议会统治前夕,开始拉拢部分议会领袖,温特沃思则成为他拉拢的对象。对温特沃思来说,这是个天赐良机,他希望借着查理的恩宠获得政治升迁。就这样,温特沃思从一个议会反对派,转变成一个忠心耿耿的王党分子(Royalists)。此后,他的仕途可谓是一帆风顺:1628年7月晋升为男爵,12月再加封子爵称号,并升任北方事务委员会主席,进入政府核心机构枢密院。在政治变节之

---

① 引自查尔斯·弗思:《克伦威尔传》,王觉非、左宜译,商务印书馆,2002年,第41页。

初,温特沃思说他既要维护君主的特权,又要维护臣民的自由,这种两面讨好的动机,其实只是一厢情愿,结果造成了他的自我毁灭。

　　很快,温特沃思成为查理实行个人统治的得力助手。他在出任爱尔兰总督期间(1632—1640),把爱尔兰当作实验场,因手段专横而获得了"黑汤姆暴君"(Black Tom Tyrant)的绰号。1640 年 1 月他晋升为斯特拉福伯爵,查理将他召回伦敦,让他为解决苏格兰问题出谋划策。斯特拉福伯爵认为,在苏格兰甚至爱尔兰发生叛乱的危急关头,英国议会是不会拒绝战争拨款的,因而建议查理召集议会,通过议会来筹措军费。于是,被中断 11 年之久的议会于当年 4 月 13 日重新召开。但是斯特拉福和查理都失算了,议会并不合作,议员拒不批准查理的拨款请求,以约翰·皮姆为首的反对派还重新提出 1628 年议会中的问题。查理认为这些要求不能接受,于是在 5 月 5 日解散议会。由于这届议会只存在了三个星期,故称"短期议会"(Short Parliament),短期议会的召开,标志着"无议会统治"的结束,并预示着一个革命时代的到来①。

---

① Maurice Ashley, *England in the Seventeenth Century*, London: Hutchinson & Co., 1978, p. 80.

第二章　17世纪英国革命

　　长期以来,英国君主以贵族作为自己统治的基础,而贵族则把国王视为他们的代言人,等级君主制的格局形成于13世纪初期,一直维系到15世纪末。由于旧的军事领地贵族在红白玫瑰战争中被消灭殆尽,因此都铎王朝得以从社会中间等级中提拔出一批新的贵族,让他们成为新建立的官僚机制的中坚力量,这些人作为英国历史上所谓的新贵族,构成了都铎专制统治重要的阶级基础。无论都铎之前还是都铎之后,议会传统一直是不可背离的:等级君主制时期,议会是贵族们抗衡国王的场所;都铎君主专制时期,议会被看作是民族的象征、"公议"的代表,专制君主利用议会,议会在专制统治的框架内逐渐成熟,慢慢地以为自己就是人民的代言人。斯图亚特入主英格兰之后,继任国王开始破坏都铎传统,挑战议会在英格兰根深蒂固的权利,从内部撕裂了统治集团。期间,议会成为反对国王的中心,贵族则一分两半,整个国家濒临内战的边缘,最后只有诉诸内战或革命来解决宪法危机。

　　在1640年4—5月召开的短期议会上,查理一世由于没有得到他想要的军费,便轻率地解散了议会,这一粗暴行径却使他在随后出现的宪政危机中彻底丧失了获取议会支持的希望①。此时,苏格兰军队已越过苏英边界,击败英军,轻而易举地攻占了英格兰北部的诺森伯兰郡(Northumberland)、德拉姆郡(County Durham)等,在毫无抵抗的情况下长驱直入,直抵港口城市纽卡斯尔(Newcastle)。查理在"贵族大议事会"(Great Council of Peers)的敦促下与苏格兰人签订《里彭条约》(*Treaty of Ripon*),承诺英王政府向苏格兰支付两笔战争赔款,一是苏格兰军队占领诺森伯兰、德拉姆和纽卡斯尔的开支,每天 850 镑,直到在伦敦召开新一届议会最终批准该条约为止②;二是在苏军撤出英格兰之前,向他们支付作战费用。为了筹集战争赔款,同时也是为了缓解来自各方的压力,查理不得不下令召集新的议会。由于选举是在群情激愤的情况下进行的,王党候选人几乎在所有地方都落选了,而原参加短期议会的 439 名议员中有 294 名再次当选③,其中包括皮姆、汉普顿等反对派领袖。1640 年 11 月,新议会召开了。由于这届议会会期漫长,一直延续到 1653 年,遂成为英国历史上有名的"长期议会"(Long Parliament)。

长期议会召开后,通过了一系列不利于斯图亚特王朝统治的决议:首先,它否决了查理征收军费的诏令,宣布造船税、强制封爵、恢复古代森林法的行为均属非法。其次,它一方面通过《三年法》(*Triennial Act*),规定每三年必须召开一次议会,会期至少 50 天④;另一方面,又规定本届议会若不经过该议会自身的同意,永远不得解散。这些规定当然是自相矛盾的,但从法律上阻止了查理任意解散议会、实行无议会统治的可能性。再次,它取消了象征着君主暴政的国王特权法庭,如星室法庭、上诉法庭(Court of Appeal)、北方事务委员会、威尔士边区事务委员

① Barry Coward, *The Stuart Age: A History of England*, *1603—1714*, London: Longman, 1980, p.154.
② Allan I. Macinnes, *The British Revolution*, *1629—1660*, Basingstoke and New York: Palgrave Macmillan, 2005, p.134.
③ 温斯顿·丘吉尔:《英语国家史略》上册,薛力敏、林林译,新华出版社,1985 年,第 622 页。
④ Allan I. Macinnes, *The British Revolution*, *1629—1660*, Basingstoke and New York: Palgrave Macmillan, 2005, p.128.

会等,确认了 1628 年《权利请愿书》中提出的未经法庭判决任何人不得被任意逮捕的权利,并释放了被查理逮捕的人,包括激进派领导人约翰·李尔本、威廉·普林等。最后,它迫使查理逮捕那些曾经积极帮助他推行个人统治的人,如劳德大主教、斯特拉福伯爵、掌玺大臣约翰·芬奇爵士、国务大臣弗朗西斯·温德班克爵士(Sir Francis Windebank),以及六个主教、几名神学家,还有六个法官。后来,这些人都受到了应有的惩罚,劳德大主教和斯特拉福伯爵先后被处死。

弹劾斯特拉福伯爵的议案是由皮姆提议、下院立案、上院受理的。下院以一项在英国法制史上前所未有的罪名"累积叛国罪"(Cumulative Treason)起诉,斯特拉福伯爵则以"没有法律就无所谓犯罪"为辩词,反驳来自下院的指控。他说:"议员先生们……如果你们的敌人出来作证,如果敌人不是根据法律而是根据事情的后果和罗织的罪名把你们的言论、意图和所处的环境定为叛国的罪状,那么你们本人、你们的财产和后代就会处于极大的危险之中。请先生们考虑一下,这些危险的做法会引起什么样的后果呢?"①由于弹劾缺乏足够的证据,而且没有适当的法律可以援引,由 80 位上院贵族充当法官的案件审理无法作出人们期待的裁决。值此之际,成千上万的伦敦市民竟然一连两天包围议会,他们高声喊叫,表示支持议会,并强烈要求处死斯特拉福伯爵。在这种情况下,下院以《剥夺公权法》(Bill of Attainder)取代"累积叛国罪"提出诉告;一位经验丰富的莱斯特郡(Leicestershire)议员亚瑟·哈斯勒利格爵士(Sir Arthur Haselrig)提议:议会可以用决议的形式判定被告有罪,因为在他身上体现出专制暴政的意图。此后,形势果然发生逆转,下院以 204 票对 59 票的绝对优势通过该案②,判处斯特拉福伯爵死刑;但上院却质疑下院滥用立法权,指责承审官不依法办事。可是大众的政治热情已被激发出来,如同冲出闸门的洪水不可阻挡。在各方的压力下,上院最终

① 参见温斯顿·丘吉尔:《英语国家史略》上册,薛力敏、林林译,新华出版社,1985 年,第 627—638 页。
② Christopher Hill, *The Century of Revolution, 1603—1714*, London: Routledge, 2002, p.119.

以 26 票对 19 票的表决结果,通过褫夺斯特拉福伯爵公权案。曾经在约翰·汉普顿拒绝交纳船税案中担任辩护律师的奥利弗·圣约翰爵士(Sir Oliver St. John),从法律与革命的关系的角度提出议会判决的正当性。他说:议会的唯一出发点是人民的利益;作为从国王到乞丐的所有英国人的代表,议会可以不受现有法律的束缚,有权根据形势的需要制定新法律。他还生动地比喻说:"打碎狐狸和狼的脑袋从来就不算是残忍或者不合理的行为,因为它们是猛兽。"[1]查理虽然有心拯救自己的宠臣,但他的一切努力都徒劳无益,最终不得不在议会法案上签字。

随后,下院激进议员把关注点从世俗领域转移到宗教领域,他们希望通过废除主教制,进一步限制王权,并扩大议会权力。在皮姆的鼓动和指使下,由 15 000 名伦敦市民签名的《根枝请愿书》(*Root and Branch Petition*)送达议会[2],它构成了《根枝法案》(*Root and Branch Bill*)的基础。1641 年 5 月,由奥利弗·圣约翰起草的《根枝法案》被引入议会,其中提出将主教制度"连根带枝"地予以废除。可是议会在讨论该议案时却发生了意见分歧,虽然很少有人捍卫主教制度,但是很多人愿意保留礼拜仪式。议会中出现了以卢修斯·卡里(Lucius Cary)和爱德华·海德(Edward Hyde)为首的王党。王党又称"骑士党"(Cavaliers),因他们仿效中世纪骑士戴假发、佩长剑的式样而得名。他们的对手议会党被称为"圆颅党"(Roundheads),这个名称与一些清教徒把自己的头发剪得很短有关。激进的议会派(Parliamentarians)谴责主教制堕落,企图回归罗马的统辖;他们强烈要求彻底改革英国教会,"连根带枝"地拔除主教、主牧、教士大会等天主教色彩浓厚的制度。经过激烈的辩论,《主教排除法》(*Bishops Exclusion Act*)于 12 月获通过,并于次年 2 月生效,主教因此被逐出议会上院。几年以后,即 1646 年 10 月,议会又通过条例废除英格兰和威尔士的大主教和主教,并将他们的土地和财产转归革命中形

---

[1] 温斯顿·丘吉尔:《英语国家史略》上册,薛力敏、林林译,新华出版社,1985 年,第 629 页。

[2] John Coffey, *Persecution and Toleration in Protestant England*, *1558—1689*, London: Longman, 2000, p.135.

成的新政权使用,从而达到了《根枝法案》的主要目标。

　　1641年8—11月,在皮姆的提议下,议会草拟204条《大抗议书》(*Grand Remonstrance*),其中列举了查理统治以来国家遭受的一切灾难,涉及外交、财政、法律与宗教等各个方面,但它并没有把种种诟病都归咎于查理,而是强调了主教、天主教徒、王党、廷臣和顾问们所起的消极作用。尽管如此,抗议书还是浸透着反教权主义、反专制主义的精神①,如要求政府对议会负责,国王只能从议会所信任的人中选择官员;废除封建特权,自由发展工商业;废除主教制,改革礼拜仪式,建立长老会制等。值得注意的是,它第一次提出了君主立宪的主张,以取代现有的君主制。由于议会派和王党严重对立,到11月22日夜,下院才以11票的微弱多数(159:148)通过《大抗议书》②。对此,奥利弗·克伦威尔(Oliver Cromwell)豪情激扬地说:"如果大抗议书被否决的话,我将把我所有的一切都变卖掉,并永远不再见到英国。"③

　　12月1日《大抗议书》送交国王,查理采取拖延的办法不予回应。一个多月后,他接受宠臣乔治·迪格比(George Digby)的建议,于1642年元月4日率领亲兵卫士等三四百人,去议会所在地抓捕皮姆、汉普顿等五名反对派议员。这个做法是前所未有的,且被认为非法。五名议员得到报信,便事先逃脱,躲进了伦敦商业区。几天以后,他们在民团的护送下像英雄一般回到威斯敏斯特宫(Palace of Westminster)。这件事使查理的威望受到严重打击,他失去了政治上的公信力④。对于议会的步步紧逼,查理根本无力抗拒,皮姆等清教领袖则以胜利者的姿态、以国王的名义发号施令。查理感到既无权、又无势,甚至他和他的家人以及随

① John Coffey, *Persecution and Toleration in Protestant England, 1558—1689*, London: Longman, 2000, p. 137.
② S. R. Gardiner, *The First Two Stuarts and the Puritan Revolution, 1603—1660*, New York: Charles Scribner's Sons, 1898, p. 126.
③ 查尔斯·弗思:《克伦威尔传》,王觉非、左宜译,商务印书馆,2002年,第57页。
④ Allan I. Macinnes, *The British Revolution, 1629—1660*, Basingstoke and New York: Palgrave Macmillan, 2005, p. 146.

从的安全都失去了保障,于是准备离开伦敦,去组织一支军队,用武力镇压不听话的议会派。元月 10 日查理退出伦敦,然后慢慢朝北方退去。随他而去的是议会中将近一半的议员,他们组成王党中的中坚力量。8 月 22 日,查理在诺丁汉城堡岩石(Castle Rock)上举起皇家的旗帜,宣布议会叛乱,正式向人民宣战①。就这样,英王亲手引发了英国现代史上的暴力革命——英国内战或革命。

英国革命的核心问题是争夺国家最高主权——主权属于国王,还是属于议会? 这是一场由政治对立引发的内战,也是自玫瑰战争以来持续时间最长的一场武力冲突。战争爆发时,议会和王党的地域分界和宗教分野都非常清楚。从地理上看,王党力量主要分布在北部、西部地区,议会力量则主要分布在东部和南部地区。一般来说,东部和南部地区经济更加发达,农业生产条件比较好,商业、手工业也更加集中;而北部和西部地区则恰好相反。但这种情况并不绝对,北部、西部也有很富裕的工商业市镇,南部、东部也有贫穷的农村。一个地区究竟归附议会还是追随国王,往往取决于当地士绅(gentry)的政治倾向。当时,贵族和乡绅对地方社会有很大的影响力,他们的意愿决定一个地方的政治态度。进而,有些地方既不支持议会也不支持国王,对双方的争斗持中立态度,这也取决于当地士绅的选择。从宗教上看,凡支持国教的人都站在国王及王党一边,不从国教的清教徒则站在议会反对派一边。这种信仰上的划分,使英国革命形成一个显著的特点,即宗教热情与各自的政治主张紧密结合在一起,因此有人把这场革命说成是"清教革命"(Puritan Revolution)②。但议会阵营其实又有不同的宗教态度,"长老派"在教义和组织结构方面都接近大陆的加尔文派,他们要求废除主教制,主张由

① S. R. Gardiner, *The First Two Stuarts and the Puritan Revolution*, 1603—1660, New York: Charles Scribner's Sons, 1898, p. 132.

② 不同的观点可参见 Christopher Hill, *Puritanism and Revolution: studies in interpretation of the English Revolution of the 17 th century*, London: Secker & Warburg, 1958; S. R. Gardiner, *History of the Great Civil War*, 1642—1649, vol. I, London: Longmans, Green, and Co., 1886, p. 9.

选举出来的"长老"(Presbyter)来管理教会;在政治上,他们比较倾向于
寡头治国①,精英政治更符合他们的政治理想。

"独立派"无论在宗教倾向还是在政治倾向方面都更加激进,他们认
为各地的教众都可以自由组成独立的宗教团体,不承认全国性的宗教权
威②,由此而被称为独立派。相应地,在政治制度上,他们倾向于主张废
除君主制,甚至不承认贵族统治的合理性。在宗教上,由于提倡各自独
立的组织形式和礼拜活动,所以独立派内部分成很多宗派,有些派别相
对温和,比如浸礼派(Baptists)、公理派(Congregationalists)、教友派
(Quakers)③等,他们有相对安静、理性的宗教仪式;有些派别则异常激
进,比如"第五王国派"(Fifth Monarchists)和"震颤派"(Shakers),这些
派别相信上帝将派遣救世主来拯救每一个人,世界也将在毁灭中得到再
生。他们在政治上也很激烈,希望彻底摧毁现有的制度,建立人人平等
的新秩序。这样又出现一个比独立派更加激进的派别"平等派"
(Levellers),他们的理想是建立民主政治,人人都参加国家的治理。事
实上,政治理想和宗教倾向相对应的特点看起来很奇特,有点令人费解,
不过这种现象其实又不难理解,因为在英国革命中,宗教倾向对各政治
派别而言扮演了意识形态的角色。

这种情况又造成英国革命的另一个特点,即政治分裂并不显示阶级
的分野,两个阵营在社会结构方面没有太大区别,即双方队伍中都有贵
族,有乡绅,也有富商和小商人,还有小土地所有者和手工工匠,又有佃
农。进而,各社会集团在两个阵营中所占的比例也大体相当,并且与整
个英国的社会结构基本吻合,这种情况使内战中阶级的分野十分模糊,
很难用阶级的概念来判断双方的属性。有一种说法认为 17 世纪英国革

---

① Christopher Hill, *Society and Puritans in Pre-revolutionary England*, New York: Schocken Books, 1976, p.27.

② George Darke, "The Ideology of Oliver Cromwell", *Church History*, vol. 35, No. 3 (Sep., 1966).

③ 基督教新教分支之一。17 世纪中期兴起于英国及其美洲殖民地,由乔治·福克斯创立,又称"贵格派"。

命一场是"资产阶级革命",英国史学界曾就这个问题展开过长期的讨论。这种看法的最大缺点就在于,根本说不出谁是真正的资产阶级,如果不存在资产阶级,那么"资产阶级革命"一说又如何成立呢?现在一般认为,资产阶级在当时还没有出现,因此资产阶级革命说当然就受到了挑战[①]。

内战爆发不久,议会就集结了大量武装力量,包括 5 000 名骑兵和 25 000 名步兵,并控制了海军、重要港口和贸易航线。议会军由埃塞克斯伯爵罗伯特·德弗罗将军出任总司令,他曾参加三十年战争中保卫巴拉丁的英军远征行动。查理在对议会宣战时,只有 800 名骑兵和 300 名步兵,但到 1642 年 9 月底,已分别增加到 2 000 人和 6 000 人,再过几星期,其数量又激增一倍多。1643—1645 年间,英格兰十分之一的成年男性参加了军队[②]。

1642 年 10 月 23 日两军在沃里克郡(Warwickshire)南部边山(Edge Hill)附近发生第一场激战,虽然不分胜负,但双方共有约 5 000 名士兵战死沙场[③]。边山战役后,查理进入泰晤士河谷地区的主要城市牛津(Oxford),从此这里就成为他的大本营。11 月,王军解除议会军对约克的威胁,并占领英格兰北部五郡。1643 年 5 月,王军又在康沃尔郡(Cornwall)的斯特拉顿(Stratton,Cornwall)战斗中击败议会军,并向威尔士进军。到秋天,拉尔夫·霍普顿爵士(Sir Ralph Hopton)从西部、卡文迪什(William Cavendish)从北部、查理本人从牛津三个不同的方向全面进军伦敦,造成议会控制下的东南部形势趋紧。幸亏首都市民奋起抵抗,议会军的险恶处境才得以缓和。这时,王军已控制了英格兰的大部分,国王眼看成功在即。而议会虽坐拥许多有利条件,却在战争初期遭到一连串败绩,其原因主要有二:一方面,战争是由查理挑起的,议会仓

---

① 参见钱乘旦、许洁明:《英国通史》,上海社会科学院出版社,2002 年,第 158—159 页。

② John Morrill (ed.), *The Oxford Illustrated History of Tudor and Stuart Britain*, Oxford: Oxford University Press, 1984, pp. 44 – 45.

③ 温斯顿·丘吉尔:《英语国家史略》上册,薛力敏、林林译,新华出版社,1985 年,第 642 页。

促应战,拼凑起来的队伍战斗力不强,整体实力不如王军。虽说议会军在数量上占有优势,装备方面也比王军强得多,但他们缺乏训练,没有作战经验。王军的主要优势在骑兵,骑兵指挥官是查理的外甥、莱茵选侯之子鲁珀特亲王(Prince Rupert of the Rhine)。这是一位具有丰富实战经验的将军,他曾参加大陆反西班牙的尼德兰战争和反哈布斯堡家族的三十年战争。另一方面,议会军内部混乱,战略目标模糊,没有统一的指挥中心。相反,查理作为一国之君,拥有天然的统帅权。君主的至上地位是议会军强大的心理障碍,他们对拿起武器对抗国王的正当性心存怀疑,以至于东部联军指挥官曼彻斯特伯爵爱德华·蒙塔古(Edward Montagu,Earl of Manchester)就这样说过:如果我们打败国王99次,他仍然是国王,他的后代也都是国王;但如果国王只打败我们一次,那么我们就统统都要被绞死[①]。在这种心理障碍的影响下,议会军放不开手脚,也不敢打败国王。

为扭转战场上的不利局面,议会尝试与苏格兰结盟反对查理。其实,英国革命是以苏格兰反抗为导火线的,现在他们与苏格兰结盟也符合逻辑。1643年8月双方签订了长老会色彩十分浓厚的《神圣同盟与誓约》(*Solemn League and Covenant*),据此,苏格兰人答应出兵英格兰,以武力帮助英国议会;英方则承诺向苏方提供每月3万镑军费,并在苏格兰、英格兰与爱尔兰组建统一的教会——长老会。为了执行盟约,双方建立"两王国委员会",以便在战争中协同行动。对于这个同盟,英苏各有所需,正如苏格兰牧师罗伯特·贝利(Robert Baillie)所说:"英格兰人追求的是建立一个世俗的同盟,我们的目的却是建立一个宗教同盟。"[②]当议会与苏格兰结盟时,查理则把目光投向了爱尔兰的天主教。当时天主教徒发动叛乱,尽管性质是反对英国统治的,但由于查理的阿米尼乌式国教高教派理念与天主教之间存在着某种互通关系,这就给双方的结

---

① 引自王觉非主编:《近代英国史》,南京大学出版社,1997年,第53页。
② Barry Coward, *The Stuart Age:A History of England,1603—1714*,London:Longman,1980,p.183.

盟提供了基础。9 月 15 日,爱尔兰总督奥蒙德伯爵(Earl of Ormonde)奉查理之命与爱尔兰天主教联盟(Catholic Confederation)签署协定,双方实行停火。由此,查理从爱尔兰前线抽回 10 个团的兵力投入战斗,"不仅原来在爱尔兰服役的许多英国兵为他效劳,而且大批爱尔兰人也参加了他的军队"①。

尽管如此,王军却逐渐失去战场上的主动权。1644 年初,苏格兰2.1 万名士兵渡过特威德河(Tweed)赴英参战,有效地牵制了英格兰北方的王党军队。7 月 2 日,英苏联军与王军之间展开马斯顿荒原战役(Battle of Marston Moor),这是内战爆发以来规模最大、最残酷的一场战争,也是第一次内战的转折点。从晚上 7 点到 10 点,在约克郡西部广阔无垠的马斯顿荒野上,双方经过三个小时的鏖战,联军战胜了由鲁珀特王子和纽卡斯尔侯爵(Marquess of Newcastle)指挥的王军,缴获 16 尊大炮、100 面旗帜、6 000 支毛瑟枪,歼敌 3 000 人,俘获 1 600 人。此后,议会控制了战争的走向。

在马斯顿荒原大战中奥利弗·克伦威尔脱颖而出。克伦威尔是亨廷顿郡(Huntingdonshire)一个新教乡绅,亨利八世的重臣托马斯·克伦威尔是他的舅太公。按奥利弗自己的说法,他"是个绅士,虽生活并不格外好,但也不是卑微之辈"②。18 岁那年进入剑桥大学,他在清教思想影响下成为坚定的清教徒③。1628 年他开始进入下院,先后参加过"短期议会"和"长期议会"。战争爆发后,他回家乡组建了一支 80 人的骑兵队,这些人都是宗教信仰虔诚的普通农民,后来竟成为赫赫有名的"铁骑军"(Ironsides)的核心。克伦威尔具有非常清晰的军事理念,他曾说过:宁愿要一个有坚定宗教信仰、懂得为上帝而战的普通人担任军官,也不

---

① 伏尔泰:《风俗论》下册,谢戊申等译,商务印书馆,1997 年,第 350 页。

② S. R. Gardiner, *Oliver Cromwell*, London, New York, etc., Longmans, Green, and Co., 1901, pp. 1 - 2;参见 Thomas Carlyle, *Oliver Cromwell's Letters and Speeches*, London: Chapman and Hall, 1897, Vol. 3, p. 133.

③ John Coffey, *Persecution and Toleration in Protestant England, 1558—1689*, London: Longman, 2000, pp. 147 - 149.

要没有信仰、不懂为谁而战的贵族来指挥军队。他治军极严,要求士兵在战斗中英勇顽强,不怕牺牲,为上帝的事业献出自己的生命。不仅清教是他的意识形态基础,而且他的军队也有极高的思想觉悟,都自觉地为"自由"的事业冲锋陷阵,由此凝聚了极强的战斗力。在与王军的交战中,克伦威尔"显露出在那些勇敢的骑士和'跃马扬威前进'的乡绅中极为罕见的指挥骑兵队的本领"[1]。后来,王军统帅鲁珀特送给他一个"老铁骑"(Old Ironsides)的绰号,"铁骑军"的名称也由此而来。1644 年 1 月,他被任命为东部联军的副帅。

马斯顿战役后,议会军未能乘胜追击,致使王军摆脱了覆没的危险。同时,议会军自身也暴露出不少问题,如指挥不力、协同无方等。为把这支其实是地方民团性质的武装,改造成一支有统一领导、服从共同指挥的正规军,议会采纳克伦威尔的建议,组建"新模范军"(New Model Army)。这包括两方面内容:其一,发布《自抑法》(Self-denying Ordinance),规定两院议员在战争中不再担任军职。该法案旨在排除在军队中担任高级军官的贵族,他们作战不力,不愿与国王彻底决裂。1645 年 4 月《自抑法》获通过,其后 40 天内两院议员退出军队,包括埃塞克斯伯爵、曼彻斯特伯爵等军队前领导人。其二,授权克伦威尔组建新军,以"铁骑军"为模板建设正规军,司令官由第二代费尔法克斯男爵斐迪南多·费尔法克斯(Ferdinando Fairfax, Baron of Fairfax)出任,步兵由菲利普·斯基朋(Philip Skippon)少将指挥;克伦威尔以中将军衔统领骑兵并任全军副司令,地位仅次于费尔法克斯。《自抑法》通过前,克伦威尔正在战场上追击敌人,此后又战事不断。由于他战功卓著、指挥出色,深得下院信赖,所以尽管他也是议员,照理应该退出军队,但他的指挥权却一再获得延长,并在事实上控制了议会军的统帅权。这样,克伦威尔成为议会阵营中唯一一个既担任议员、又指挥军队的人,集军政大权于一身,为他成为真正的革命领袖创造了条件。

---

[1] 查尔斯·弗思:《克伦威尔传》,王觉非、左宜译,商务印书馆,2002 年,第 88 页。

"新模范军"由 11 个骑兵团(每团 600 人)、12 个步兵团(每团 1 200 人)、1 000 名龙骑兵(Dragoon)和一小队炮兵组成,总共约 2.2 万人。步兵中约有一半是现役军人,另一半则由各郡行政长官强行征召;骑兵的一半是从原来的东部联军中抽调来的,克伦威尔原来的团也被一分为二。这是英国历史上的第一支常备军,也是英国创建现代陆军的起点。士兵都是职业军人,不是以往那种兼职民团,他们主要来源于自耕农和手工业者。军官也是职业军官,依战功而不是出身或地位获得擢升。按照克伦威尔的军事理念改造的新军,摆脱了地区性、非专业性和派系性的缺点,军人多是虔诚、严肃的清教徒,"不是为了钱,而是把公共幸福当作他们的目标,他们在作战中表现得更为勇敢。"这样,克伦威尔就"实现了他对汉普顿许下的诺言,即征召绝对不在敌人面前后退的人入伍,培养他们遵守纪律,使他们成为不论在营地还是在战场上的楷模。"①

为了适应战场形势,王军也进行相应的整编,包括在布里斯托尔(Bristol)和牛津分别设立独立的统帅部。1644 年 11 月,鲁珀特出任王军总司令,这样却造成了他与查理的顾问们之间的紧张关系。次年年初,查理的多数谋臣建议向西进攻尚处在整编中的新模范军,鲁珀特则倾向于朝北行进,收复英格兰北部,与蒙特罗斯侯爵(Marquess of Montrose)领导的苏格兰王军会师。查理将部队一分为二,虽然弥合了王军内部分歧,却分散了兵力。同时,整编后的新模范军放弃救援萨默塞特郡的汤顿(Taunton,Somersetshire)小镇,转而围困王军的指挥中心牛津。在这种情况下,查理一世不得不离开大本营向东突围,途中又与追击而来的新模范军发生遭遇。6 月 14 日,王军与议会军在纳西比(Naseby)附近发生激战。这是一次决定性战役,王军由国王和鲁珀特王子亲自率领,投入约 7 500 人;议会军由费尔法克斯和克伦威尔指挥,其人数达到 1.35 万人,几乎是王军的两倍。也可以说,新军的建立对这次

---

① 查尔斯·弗思:《克伦威尔传》,王觉非、左宜译,商务印书馆,2002 年,第 81、89 页。

战役产生了决定性影响①,战斗结束时王军伤亡惨重,有 5 000 人被俘,几乎是全军覆灭。溃败之后,查理由两三千名骑兵作护卫,几乎是马不停蹄地逃跑,最后在 8 月 29 日退回牛津。

1646 年春议会军已胜利在望,王军则完全失去了反击的能力。查理走投无路,于 4 月 27 日午夜经过一番化装后,带着几个近臣逃出受困的牛津城。在极度绝望中,他于 5 月 5 日进入英格兰中部纽瓦克镇(Newark)苏格兰军营,寻求苏格兰人庇护。6 月 24 日,牛津投降,第一次内战结束。

接下来,苏格兰人、英国议会与国王三方进行谈判,时间过去了几个月。苏格兰人曾向英国议会提供帮助,共同打败了国王,但这些帮助都是有条件的,他们除了要求将长老会立为英国的国教外,还要求补偿战争经费②。为了战胜国王,英国议会接受苏格兰人的条件,承认苏格兰的《神圣同盟与誓约》,据此苏格兰的长老会就成了英国国教。苏格兰人控制查理后,也希望从他那里得到同样的承诺,毕竟查理仍旧是苏格兰国王,并且斯图亚特家族起源于苏格兰。于是,苏格兰人向查理提出赴苏格兰避难的条件:接受苏格兰的长老会盟约,并答应在英国推行长老制。但是,查理并没有兴趣,他只想在苏格兰人那里找个临时落脚点而已。事实上,他不但与法国人暗中往来,还寄希望于爱尔兰人能向他提供军事援助。正因为这样,苏格兰人在与他进行了长达八个月的谈判后便决心放弃他,1647 年 2 月 9 日,在一个骑兵队的监护下,查理被转交给英国议会。于是,议会又与国王进行谈判。

内战刚刚结束时,议会曾答应恢复查理的王权,但必须满足《纽卡斯尔建议》(Newcastle Propositions)所开列的条件:第一,废除主教制,建立长老会;第二,议会掌握军事力量,包括海军、陆军和民团;第三,由议

---

① Christopher Hill, *The Century of Revolution*, *1603—1714*, London: Routledge, 2002, p. 111.

② Allan I. Macinnes, *The British Revolution*, *1629—1660*, Basingstoke and New York: Palgrave Macmillan, 2005, p. 152.

会任命国家的主要行政官员和法官;第四,向爱尔兰开战,由议会控制指挥权;第五,惩罚内战中的王党分子;第六,严格实施反天主教法。查理无法接受这些条件,因而就尽可能地拖延答复,而且还希望利用长老派和独立派的矛盾①,谋取利益。

查理在逃出牛津的前几天,就表达过这样的想法:"我要诱致长老派和独立派与我联合,以借此叫两派互相消灭,我是决不放弃这样干的机会的,那样一来,不久我又是国王了。"②自内战爆发以来,议会阵营中的长老派和独立派既有斗争又有合作,前者的源头主要是苏格兰长老会,后者的信仰则来自于逃亡到荷兰的清教徒。后者反对长老制,就如同反对主教制一样,其立场十分坚定。他们认为真正的教会应当是信徒们的自愿组合,因而反对长老派组建全国性教会的主张。相应地,在政治上,他们既反对国王专制,也反对贵族擅权,更希望看到在各地乡绅主导下的地方自治。当查理向议会宣战、宣布议会叛乱时,英国议会是被迫应战的,虽然独立派和长老派的政治态度相左,宗教信仰不一,但他们只能通过联合的行动来迫使国王就范,否则就意味着在英国已经存在了近四百年的议会传统的完全中断。

但问题在于,长老派和独立派的合作并非出于长久的考虑,只是一种权宜之计。当胜利的曙光初现时,双方在对待国王以及苏格兰人的问题上发生了分歧。独立派特别担心长老派与国王结盟,也害怕苏格兰与英格兰的长老派真的联起手来,他们深知英格兰议会中的长老派与国王、与苏格兰人之间的共性,远大于彼此间的分歧,甚至完全可能相互妥协。如果长老派与国王以及苏格兰人最终达成一致,那么,独立派在战场上的一切努力就都化为乌有——不可忘记,议会军实行重组后,军队事实上控制在独立派手里。由于战争主要是由独立派打赢的,他们当然要维护胜利的成果。相反,《自抑法》通过后一度失势的长老派却重新得

① Allan I. Macinnes, *The British Revolution*, *1629—1660*, Basingstoke and New York: Palgrave Macmillan, 2005, pp. 171-173.
② F. 基佐:《一六四〇年英国革命史》,伍光建译,商务印书馆,1986 年,第 327 页。

势,还占据了下院多数,于是独立派和长老派的斗争就表现为军队和议会的斗争,双方在新模范军的去留问题上矛盾十分尖锐。许多议员提出:战争既然结束,军队就失去了存在的理由。1647 年 3 月议会通过一项决定,规定除向爱尔兰派出一支军队并保留部分军队维持治安外,其余军队全部解散。关于军饷问题,下院表示可以支付 6 周欠款,但步兵已经 18 周、骑兵已经 43 周没有领取军饷了。

然而,军队不能接受议会的决定,它自己建立了一个委员会,由高级军官和每团两个军官、两名士兵组成,负责与议会谈判。该委员会向议会呈交请愿书,要求补足军队的欠饷。议会不仅宣布军队的请愿为非法,甚至打算派人去苏格兰,请查理率领一支苏格兰军队入侵英格兰。这样,军队被激怒了。6 月 3 日,在克伦威尔授意下,四百名铁骑军将查理从霍尔登比城堡(Holdenby House)①押解到纽马克特(Newmarket),置于军队的控制下。8 月,新模范军开进伦敦,武力占领议会大厦,力量的天平开始向军队倾斜。但是此刻,军队内部独立派和平等派的矛盾却凸显出来。在内战中,平等派作为一个政治派别,深受陆军中校约翰·李尔本的影响。李尔本拒不承认《神圣同盟与誓约》,坚持宗教自由,主张扩大选举权,人人享有充分的政治平等,因而获得了"生而自由的约翰"(Freeborn John)之称②。他的政治宣传赢得普通百姓和士兵的支持,却遭到对手的攻击,屡次被捕。他认为自己是为"生而自由的权利"(freeborn rights)而呐喊③。平等派与独立派的矛盾发生后,李尔本成为平等派的旗手。

查理被押解回王宫后,却受到了不一般的礼遇。克伦威尔和高级军官们对他寄予希望,他们公布了一份与国王谈判的《建议要点》(*Heads*

---

① 坐落于英格兰中部北安普敦郡霍尔登比教区。Holdenby 有时拼作 Holmby。

② J. T. Peacey, "John Lilburne and the Long Parliament", *The Historical Journal*, vol. 43, issue 03,(sep. 2000), p. 642.

③ Allan I. Macinnes, *The British Revolution, 1629—1660*, Basingstoke and New York: Palgrave Macmillan, 2005, p. 185.

of Proposals),其基本精神是建立有限君主制,实现军队、议会和国王三者对国家政治权力的分享。在宗教方面,它主张对所有新教派别实行宽容,国教和清教都能够合法存在,不得强制阅读公祷书,不得强迫参加长老会的祈祷活动。它还主张可以保留国教会的主教制度,但必须限制主教的权威。在议会制度方面,它要求解散长期议会,重新划分选区,扩大选举权,两年召开一次议会,会期限定在 120—240 天之间;议会控制国家官吏和高级军官的任命权,为期十年。查理不接受《建议要点》中关于限制王权的条款,他指望继续利用议会与军队的分歧;但高级军官的态度激化了军队内部独立派和平等派之间的矛盾,平等派指责独立派向国王妥协。为缓解分歧,1647 年秋,军队在伦敦西南部的普特尼(Putney)召开全军会议,围绕战后重建尤其是国家政治体制问题展开激烈的辩论。独立派坚持《建议要点》,主张保留君主制和上院,平等派则提出激进的政治纲领《人民公约》(*An Agreement of the People*),提出废除君主制和上院、建立一院制议会的要求。辩论的焦点集中在选举权问题上,高级军官认为选举资格只能给予有财产的人,只有财产才能保证对国家的忠诚,才能创造负责任的选民。平等派则反驳说:生活在英国土地上的所有居民,包括最穷的人和最富的人,都应当享有与生俱来的天赋权利,应该实行成年男子普选权。他们甚至提出:即便最穷的人也有他的财产,那就是他的劳动[1]。辩论从 10 月 28 日持续到 11 月中旬,最终未能达成妥协。克伦威尔认为继续辩论会非常危险,便决定强行终止辩论。11 月 15 日,他命令全军在鲁易斯利普荒野(Ruislip Heath)、金斯顿(Kingston)和魏尔(Ware)三个地点接受检阅,并签署声明效忠最高司令官和军队委员会(Army Council)。平等派的三个团擅自前往魏尔,不仅赶走了大部分军官,还在自己的军帽上别上《人民公约》,上面写着"英吉利的自由,士兵们的权利"(England's Freedom, Soldiers' Rights)。克伦

---

[1] A. S. P. Woodhouse, *Puritanism and Liberty*, Chicago: University of Chicago Press, 1951, pp. 62 - 63.

威尔亲自去魏尔压阵，逮捕那些同情平等派的中下级军官和士兵，还当众枪决了带头滋事的二等兵理查德·阿诺德(Richard Arnold)。平等派被压制下去了，高级军官控制了全军。

恰在此时，国内形势发生了剧变。11 月 11 日查理逃离汉普顿宫，逃往距汉普郡(Hampshire)南部海岸几英里之外的怀特岛(Isle of Wight)。在那里，他仍然与各派周旋，试图挑拨议会与军队的矛盾。但他的出逃，却使议会和军队都失去对他的信任，并促成军队独立派与平等派的重新联合。议会也以最后通牒的形式向他提出四项条件，包括由议会控制陆、海军事力量 20 年，及自行决定休会时间和开会地点等①。对于这样的苛严条件，查理予以拒绝，并很快转向苏格兰人，于 12 月 26 日与之签订《密约》(*Engagement*)，承诺将在三年内强行推广长老派，镇压独立派和其他异端团体②。苏格兰人则同意派遣一支军队帮助他与英军作战，并恢复他的王权。

1648 年 1 月，内战再起。王党在多地发动暴乱，包括南威尔士、北威尔士、北安普敦郡(Northamptonshire)、诺丁汉郡(Nottinghamshire)、肯特郡(Kent)、诺森伯兰郡、埃塞克斯郡(Essex)、坎伯兰郡(Cumberland)等。议会军中有叛变，海军也有舰船参加。参与暴乱的力量很庞杂，包括议员、地主、商人、伦敦市民和乡民、主教和长老派，以及苏格兰人、威尔士人，这是第一次内战时不曾有的情形。面对严峻的形势，军中独立派和平等派迅速恢复团结，克伦威尔向平等派作出让步，表示愿意考虑他们的要求，在战争结束后取消上院、审判国王、释放魏尔事件中被捕的军官。平等派接受了克伦威尔的让步，双方重新合作，并很快平息了各地的暴乱。8 月 17—19 日，克伦威尔率 8 600 人的议会军，在兰开夏郡普雷斯顿(Preston, Lancashire)附近与苏格兰-查理联军进行决战，尽管联军有 2 万人，数量上远远超出议会军，但议会军纪律严明，指挥统一，

① 查尔斯·弗思：《克伦威尔传》，王觉非、左宜译，商务印书馆，2002 年，第 162 页。
② S. R. Gardiner, *The First Two Stuarts and the Puritan Revolution, 1603—1660*, New York: Charles Scribner's Sons, 1898, p. 147.

装备先进,作战英勇,最终消灭联军2 000人,俘获9 000人,他们自己仅仅损失约100人,可谓大获全胜。至此,第二次内战基本结束。

在战争中议会长老派与苏格兰人及王党暗中勾结,军队和议会之间的裂痕进一步扩大。战争结束后,为阻止议会同查理往来,军队再次开进首都,并将司令部设在王室的白厅宫(Palace of Whitehall)内的国王官邸;同时,将查理从怀特岛押解到英格兰南部海岸一个荒凉海角,囚禁在一间黑屋里。军队要求议会停止与查理谈判,并将他作为一切灾难的罪魁祸首交付审判。但议会继续与国王来往,于是就发生了著名的"普赖德清洗"(Pride's Purge)事件。12月6—7日,奉军队委员会之命,托马斯·普莱德(Thomas Pride)上校率军占领威斯敏斯特宫,将140名长老派议员驱逐出议会。至此,英国议会原有的近500名议员中,已经有一半在内战爆发时加入王党,剩下的一半现在又有二分之一被清洗,余下者受独立派主导,于是就获得了"残缺议会"(Rump Parliament)的称呼。军队对议会的清洗,反映了在权力斗争的天平上,暴力更有力量。在凡是发生革命的地方,出现这种情况相当正常,因为革命就是暴力的权威,服从暴力则是革命的逻辑。

几天以后,查理被转移到伦敦附近的温莎堡(Windsor Castle),准备接受审判。为此,下院设立一个特别法庭,由3名法官和150名陪审员组成。本来,叛逆罪是指臣民危害国王的人身安全及其统治权的行为,但残缺议会现在宣称国王犯了叛逆罪,因为他"发动战争反对议会和英格兰王国"。[1] 准确地说,查理由于其行为构成了对国家安全的威胁,因此犯了叛国罪。上院否决了下院设立特别法庭的决议,理由是国王是英国法院的最高长官,不可能对他进行审判。于是下院就成立一个仅以下院名义设立的法庭,其成员减少到135名。1649年1月20日审判开始,由法官约翰·布雷德肖(John Bradshaw)主持。查理认为法庭非法因而拒绝辩护,但法庭仍然判他有罪。1月30日,查理被处决,罪名是"暴君、

---

① 引自查尔斯·弗思:《克伦威尔传》,王觉非、左宜译,商务印书馆,2002年,第186页。

叛徒、杀人犯及国家的敌人"。

　　查理的悲剧在于，他自始至终都坚信君权神授，而不明白他的权力的终极来源是英吉利民族。英国议会正是以英吉利民族的代表自居，举起了反抗专制王权的大旗。议会相信自己是人民的代言人，在 1649 年 1 月彻底战胜国王之时，它通过决议说："在上帝之下，人民是一切正当权力的来源；在议会里集会的英国下议院是人民选出并代表人民的，在本国有最高的权力"①。尽管查理的死，后来引起许多同情，但他逆历史潮流而动，无法不被历史所抛弃。这是历史的辩证法，这是历史的必然性。

① 引自阿·莱·莫尔顿：《人民的英国史》上册，谢琏造、瞿菊农等译，三联书店，1976 年，第 336 页。

第三章　共和国与护国政治

随着战争硝烟的消散和查理一世被处死,残缺议会在独立派的主导下行使权力。根据下院的决议,人民是上帝之下一切权力的源泉,由人民选举产生并代表人民的下院,拥有国家的最高权力。这个决议是独立派对平等派让步的结果。然而最具讽刺意味的是,此时下院的代表性最无法令人信服:1640 年 11 月长期议会召开时,共有 490 名议员;普莱德清洗后,剩下的议员总数不到 90 人。尽管形式上已经不具合法性,这个残缺议会还是于 1649 年 2 月通过决议,取消了只剩下 16 名贵族的上院,同时废除了徒有虚名的君主制。5 月 19 日,它正式宣布建立"英吉利共和国"(Commonwealth of England),称其为一个"联邦和自由的国家"(Commonwealth and Free State),自称议会代表人民掌握最高权力,统治这个国家,并以人民的名义,指定和组成隶属于自己的军政长官。它把国家行政权交给一个由 41 人组成的国务会议(Council of State),大部分成员为独立派领袖人物,其中 10 人同时也是议会成员,包括克伦威尔在内。这样,英国改变了它自身的外在形式,由王国变成了共和国,英国革命也由此达到了顶点。

英吉利共和国,有学者认为属于英国的宪政实验①。这个时期可以划分为共和国(1649—1653)和护国政治(1653—1660)前后两个阶段。但无论在哪个阶段,军队都是真正的掌权者,因为军队战胜了国王,议会遭到了清洗,长老派已被驱逐,独立派掌握着革命的领导权,而以军队为基础的独立派是用枪杆子进行统治的。人们从英国内战或革命中看到,革命就是使用暴力,革命的成功必须有赖于战争的胜利,既然军队在战场上打了胜仗,自然也就取得了革命的领导权。由于军队作为"枪杆子",是一种工具,是一种政治斗争的工具,它要让自己走上政治的前台来进行合法的统治,这对于素有议会传统或宪政传统的英国来说,显然是困难重重的。于是就发生了有趣的一幕:军队并不喜欢议会,却又离不开议会,因为议会的存在可以使军队的统治合法化,而不管这种议会本身是否合法。无论是处死查理还是撤销上院,抑或是废除君主制,还有取消安立甘宗的国教地位,这些非同寻常的政治实践都需要借助议会这种所谓的"合法"形式来进行。在理论上,残缺议会在伸张人民主权的同时,将立法、行政、执法三项权力都置于自己的控制下,它第一次公开宣布了议会的最高权力,并将其诉诸文字,从而对后来西方的宪政发展产生了巨大影响。但从实质上看,英吉利共和国是军人统治的共和国,这种政体形式后来在世界其他许多地方都出现过,发生革命的国家似乎都要出现军人政权,这好像成了铁律,而英国是其中的第一个。英吉利共和国成立后,克伦威尔一手拿宝剑,一手拿圣经,与残缺议会共同构建了一个军人统治的清教共和国②。其中,剑是统治的物质武器,圣经是统治的精神工具。

英吉利共和国自建立之日起就面临着许多危险,受到国内外敌人的围剿。这些危险既有王党叛乱,又有长老派和平等派的反抗,还有与查

---

① John Morrill (ed.), *The Oxford Illustrated History of Tudor and Stuart Britain*, Oxford: Oxford University Press, 1984, p. 54.

② Christopher Durston & Jacqueline Eales (eds.), *The Culture of English Puritanism*, *1560—1700*, London: Macmillan, 1996, p. 211.

理一世有亲戚关系的欧洲各宫廷的敌视。在国内,王党已被击垮,正处于极端惶恐的状态之中,但仍有不少王党分子甘愿冒险,准备与共和国再作一搏。同时,长老派和平等派不满独立派对政府的操纵,他们与王党分子一起,构成了反对共和政府的力量。"作为一个集团,英国的长老派几乎没有明确的政治理论。他们的观点主要是主张贵族政治,因而是保守的,也肯定是保王派的……他们主要希望在议会里推行长老会教义,一般来说,他们希望通过国王而不是反对国王来实现这一点。"①虽说长老派与独立派在战争时期走向联合,并共同推翻了君主制,但共和制度作为革命的成果,仅仅体现了独立派的政治诉求,与长老派的主张无涉,因而长老派试图与王党联合起来反对新政府。当然,长老派和王党的分歧也十分明显。王党分子主张恢复在革命前就已存在的君主制,长老派则无法接受这一点,所以双方合作的可能性就相当有限。平等派与长老派联合的可能性也不大,平等派比长老派更激进,他们要求通过改革来实现绝对的民主,比如成年男子普选权、每年召开一次议会、实行宗教自由等。因此,虽然共和国面临的困境极其巨大,但由于独立派不仅掌握着一支 4.4 万人的军队,还控制着所有的政府部门,加上反对他们的力量并不团结,他们就能以充沛的精力与高昂的斗志去应对各种危险,保卫革命成果。

当时,欧洲大陆对不列颠岛上的事态深感震惊,不论是新教国家,如荷兰、瑞典、丹麦等,还是天主教国家,如法国等,都与英国的关系迅速恶化了,这就使新生的英吉利共和国在外交上处于孤立无援的境地。这倒给爱尔兰人创造了机会,他们一方面试图摆脱英国的控制,另一方面又打起维护天主教的旗帜,公开对抗英吉利共和国。这样,爱尔兰和英格兰的民族矛盾,就与天主教和新教的宗教冲突纠缠到一起,爱尔兰人宣布无条件拥立查理一世的儿子小查理为新国王,称其为"查理二世"(Charles Ⅱ of England),他们支持斯图亚特王室的统治,不承认共和

---

① 乔治·霍兰·萨拜因:《政治学说史》下册,刘山等译,商务印书馆,1986 年,第 502 页。

国。为了消除来自爱尔兰的威胁,残缺议会任命克伦威尔出任爱尔兰远征军总司令,并由他率领一支由万余人组成的精锐部队,于1649年8月踏上了爱尔兰的土地。

这场战争打得非常残酷,爱尔兰人在很多地方进行激烈抵抗,英国军队则残暴地屠杀当地人,德罗赫达(Drogheda)屠城行动就是典型例子:英军破城之后,克伦威尔下令处死城内所有男子,甚至连教士和修士也不能幸免。1652年5月,当新模范军击败爱尔兰天主教徒和王党分子,实现对爱尔兰的重新征服时,英国开始全面实施爱尔兰殖民计划。议会颁布法令,对5种人,计8万多人,处以死刑或没收财产,其他参与反抗的人三分之二的失去土地,剩下三分之一者必须到离家乡很远的地方去才能得到补偿。1653年,爱尔兰已变成英格兰的一块殖民地,许多跟随克伦威尔去爱尔兰打仗的士兵,在当地获得土地,成了爱尔兰的地主。有学者评论说,克伦威尔在爱尔兰的滥杀行为亵渎了上帝,他个人的军事才华也因此失去了应有的光辉[1]。英国前首相丘吉尔(Sir Winston Churchill,1874—1965)这样评论说:"克伦威尔在爱尔兰拥有压倒一切的力量,他以卑鄙的手段残忍地运用这些力量,践踏了人类的行为准则,有意对人类的历程投下阴影。"[2]

当爱尔兰尚未完全被征服时,苏格兰问题又被提上日程。虽然苏格兰人也反对查理一世的专制统治,但他们却不能接受英格兰人处死国王,就在查理死后的第六天,苏格兰议会便宣布他的儿子为新国王。1650年英苏战争爆发,查理二世从荷兰来到苏格兰,不久就亲自指挥苏格兰军队。当然,苏格兰人拥立查理二世并不是无条件的,他们就曾向查理一世提出过这些条件,即不但要改宗长老派,而且无论在英格兰还是在苏格兰,都要奉行圣约派和长老派的制度。虽说圣约派是查理一世的敌人,也是查理二世的敌人,但为了恢复两个王国的王位,查理二世便

---

① Allan I. Macinnes, *The British Revolution, 1629—1660*, Basingstoke and New York: Palgrave Macmillan, 2005, p.190.

② 温斯顿·丘吉尔:《英语国家史略》上册,薛力敏、林林译,新华出版社,1985年,第687页。

接受了圣约派条件,这样英苏对抗就变得不可调和了。

1650 年 6 月克伦威尔奉英国议会之命率军平定苏格兰。他曾公开指责苏格兰圣约派支持斯图亚特君主,现在则希望他们"虔诚信服上帝"。7 月底,他率领 1.05 万名步兵、5 500 名骑兵向苏格兰进军。当时,苏军占有数量上的优势,步兵和骑兵分别达到 1.8 万人和 8 000 人;苏军统帅纽瓦克勋爵大卫·莱斯利(David Leslie, Lord Newark)采取坚壁清野战略,不与英军直接对阵。由于粮食匮乏和疾病流行,到了秋天,英军已减少了约 5 000 人。尽管如此,克伦威尔还是凭借多年的战争经验,利用苏军的战术错误,以 1.1 万名士兵迎战 2.1 万人之敌,在距离爱丁堡 45 公里的邓巴(Dunbar)大败苏军,杀敌 3 000 人、俘虏 1 万人,取得了英苏战争的决定性胜利。邓巴战役之后,克伦威尔又巧妙地利用苏格兰内部政治和宗教上的分歧,持续用兵,最终占领爱丁堡,以及苏格兰低地的整个东部地区[①]。

1651 年 7 月,查理二世亲自率领一支 1.6 万人的军队向英格兰发起进攻。他特别希望英格兰的王党分子能闻风而动,投奔他来;但王党分子由于受到共和政府的打击,不是心有余悸就是噤若寒蝉,响应者寥寥无几。9 月 3 日,查理与克伦威尔正面交锋,克伦威尔利用英军数量上的优势,将 2.8 万名英军分兵两路,夹击查理所在的伍斯特(Worcester),结果彻底击溃苏军。战斗结束后,查理冒险逃出陈尸遍野的战场,经过六个星期的颠沛流离,化妆成难民,才最终逃到法国,此后就一直流亡在欧洲大陆。对苏格兰而言,伍斯特战役(Battle of Worcester)的失利意味着苏格兰独立的停止,1654 年它被强行并入英国,议会也被取消,虽然"苏格兰人是反对这种联合的……就像一只可怜的小鸟落入老鹰之口而被吞食一样"[②]。

苏格兰战争结束后,军队与议会之间的矛盾开始尖锐化。革命时期,双方曾协同合作,完成了推翻王权的任务。但是,独立派和长老派之间的矛盾致使 1648 年普莱德清洗的发生,此后只剩下一个"残缺议会"。

---

① Barry Coward, *The Stuart Age: A History of England, 1603—1714*, London: Longman, 1980, p. 216.
② 查尔斯·弗思:《克伦威尔传》,王觉非、左宜译,商务印书馆,2002 年,第 251 页。

尽管其中都是军队所中意的人,军队还是嫌它碍手碍脚,不让议员们放开手脚做事。说实话,此时的残缺议会,已经变成一个利益集团,坐在其中的大约90名议员,有些是极端的共和派(Republicans),他们坚守共和国理想,倡导信仰自由,而实际上,他们也知道多数英国人并不赞成共和制度,如果举行议会选举,他们会被赶出议会。所以这些共和派议员宁愿维持议会的残缺局面,使自己可以永久坐在里面。不过,这就违背了他们所倡导的"自由"原则。另一部分人则是纯粹的投机派,他们希望永远坐在议会中,舒舒服服地吃一辈子议会饭,因而最不愿意看到重新选举,也就最希望残缺议会永远存在。但一个议会永远地存在,就违背了议会的本意,如此一来,残缺议会越来越不得人心。另一方面,军队也变成为利益集团,它在爱尔兰战争中变了质,军队烧杀掳掠,抢夺战利品,许多士兵得到了土地,政治理想逐渐淡漠,职业利益日益增强。垄断政治权力成为军队维护自身职业利益的重要保障,而残缺议会的存在,又使它感到束手束脚。军队需要解散议会,残缺议会也失去了人民的支持。

1653年4月20日克伦威尔带一队士兵进入议会大厦,命令议员离开会议大厅:"你们不再是议会,我说了,你们不再是议会,我要停止你们的会议。把他们叫进来,把他们叫进来。"[1]士兵们应声走进大厅,将议员们逐出会场。这是世界近代史上的第一次军事政变,军队用武力驱散了所谓的人民代表。克伦威尔说话的语气,仿佛他就是一个国王,不免让人联想起当年的查理一世。虽然政变没有引发政治风波,人民已对残缺议会不抱好感,但是,由军队和议会共同拱卫起来的共和体制却遭到了无情的嘲弄。后来很多国家都发生过类似事件,当革命遭遇到通过正常途径无法克服的政治危机时,它经常会使用军事政变的手段来解决问题。钱乘旦教授深刻地指出:"自此后,英国革命就迷失了方向:革命是以维护议会的自由权利开始的,反抗国王的专制统治;但现在国王被处

---

[1] Christopher Hill, *God's Englishman*, *Oliver Cromwell and the English Revolution*, New York: Harper Torchbooks, 1972, p. 136.

死了,议会却也失去了权利,起而代之的是一个强制的力量,它完全以武力为后盾。革命背离了出发点,相反却走向了反面。这以后革命就走下坡路了,一直走到它的失败。"①

残缺议会被解散后,一部分军官主张将权力交给一个由十多人组成的委员会,该委员会得到了由选举产生的议会的协助,这两者的权限均须由一部成文宪法予以规定;另一部分军官则受第五王国派的影响,主张将权力交给一个由 70 人组成的委员会,在这个方案中却没有议会的地位。克伦威尔采纳折中的办法,他规定经由军官委员会(Council of Officers)从各地独立派教团提出的建议名单中选出 140 名"忠于上帝事业的人",由这些人组成一个"小议会"(Little Parliament),其中包括英格兰议员 129 人、苏格兰议员 5 人、爱尔兰议员 6 人。克伦威尔作为军队总司令,向每位议员颁发了经他签署的委任状。由这个方案产生的新制度,已经出现克伦威尔个人独裁的端倪。

"小议会"是一个清教徒的寡头集团,由清一色的清教徒构成。其中有一个皮革商,名叫"赞美上帝·拜尔朋"(Praise-God Barbon);这是个革命的姓名,这届议会也因此被称为"拜尔朋议会"(Barebone's Parliament)。7 月 4 日,小议会在伦敦开幕,议员们不断提出激进的变革主张,涉及政教分离、取消教会什一税、撤销大法官法庭、通过公证结婚、废止庇护制等,极端者甚至要求以犹太先知摩西(Mose)的法律取代英国习惯法,这些都背离了克伦威尔提出的实行温和统治的劝告。此外,小议会在给养问题上损害军队利益,引起了军队的极端不满。于是,在温和派议员和军队将领的导演下,这个既没有威信又缺乏能力的小议会,在维持了五个多月后,不得不以"自动退职"的形式,于 12 月 12 日宣告解散。同一天,克伦威尔从军队手中接受了英国史上绝无仅有的成文宪法《政府约法》(Instrument of Government),这份文件是由军官委员会起

---

① 钱乘旦、许洁明:《英国通史》,上海社会科学院出版社,2002 年,第 167 页。

草的,源于1647年独立派高级军官制定的《建议要点》①。该文件提出建立护国主制(Protectorate),规定由克伦威尔出任护国主,由选举产生的议会行使立法权;护国主被赋予行政权,他通过国务会议进行统治;议会可以驳回护国主否决的法案,使某项法律生效,除非该法案与宪法相抵触。它还承诺宗教宽容(religious tolerance),但罗马天主教不在被宽容之列,这反映了独立派的宗教主张。为防止议会或护国主独裁,国务会议委员实行终身制,其权力比1649年的国务会议大得多,其中包括选择护国主的继承人。通过这种安排,可以使护国主、议会和国务会议三者之间达到权力平衡。

12月16日克伦威尔就任护国主,这是一个终身职务。随着护国政治的建立,英吉利共和国事实上已寿终正寝。1654年9月,选举产生了第一届护国制议会(Protectorate Parliament),尽管军队操纵了选举,但议会召开后,立即暴露出更加强硬的共和派倾向。大约有100名议员不肯宣誓效忠克伦威尔政府,并且以咄咄逼人的姿态攻击《政府约法》和宗教宽容,攻击庞大的常备军。军队感到非常震惊,于是当议会正忙于起草一部新宪法试图取代《政府约法》时,克伦威尔于1655年1月解散了它。紧接着,他陆续镇压了一些王党分子的叛乱,遣散了1 000—1 200名新模范军士兵,还减少了军饷。约翰·兰伯特(John Lambert)和约翰·德斯巴勒(John Desborough)等将领建议,将整个英国划分成11个区,每区派一名陆军少将进行管理。少将既有军权又有民权,既有宗教权又有司法权。这样,从指挥民兵、维持治安、逮人判案,到整肃市镇、摊派征税,再到推行宗教宽容,监督社会道德,禁止斗鸡、赛马,一切事务都由少将决定②。在军事管制下,军政府对地方上的一切进行监管,包括道德生活、文化生活、宗教生活。他们还对教士的活动严加管束,其目的并不是"为了建立某种形式的宗教统一",而是为纯洁教会、提高神职人员的传

---

① Allan I. Macinnes, *The British Revolution*, *1629—1660*, Basingstoke and New York: Palgrave Macmillan, 2005, p. 209.
② Ibid., pp. 214-215.

教水平,以防止谋反的发生①。少将们要求严格执行清规戒律,沿街巡逻的士兵个个都是荷枪实弹,令人望而生畏。

赤裸裸的军事独裁激起了民众的反感,也遭到第二届护国制议会的反弹。虽然议员仍旧是在军队控制下产生的,但他们一旦开会,就不服从将军们的意愿,抗拒政府,像第一届护国制议会一样要求修改宪法。在此背景下,前伦敦市长克里斯托弗・帕克爵士(Sir Christopher Packe)代表一些共和派议员草拟了一份《谦恭请愿与建议》(*Humble Petition and Advice*),于 1657 年 2 月发布,其中劝谏克伦威尔接受国王称号,建立世袭君主制②。其他条款则提议设立议会"另一院"('Other House' of Parliament)即上院、每三年召开一次议会、征税权归议会、设置国王咨询委员会、削减军队规模等。究其实质,这份文件并不是要加强克伦威尔的权力,而是想通过建立君主制来限制护国主。这是颇具讽刺意味的。在英国人看来,君主的权力是有限的,护国主则是人们所不知道的东西,人们宁要一个可以受约束的君主,也不要一个在军队支持下不受约束的军事独裁者。由于克伦威尔必须依靠军队才能进行统治,他在犹豫了两个多月后,明确拒绝了王冠的诱惑,然而却得到了护国主职务可以世袭的保证。到 1658 年夏,这种制度达到登峰造极的地步。伏尔泰评论说:在克伦威尔统治时期,"他虽然不称国王,但比任何一位国王享有更大的权力和更多的荣华富贵"③。在护国主身上,人们看到了詹姆士一世和查理一世的影子,正是在这个意义上,英国革命从反抗君主的个人统治开始,转了一圈之后,又以护国主的个人统治结束。这样,历史似乎又回到了原点。

"假如克伦威尔满足于别人对他的政策的默认和政治上的最低限度

---

① John Stoughton, *Ecclesiastical History of England*, *1640—1660*, vol. 2, London: Hodder and Stoughton, 1867, p. 114.

② Allan I. Macinnes, *The British Revolution*, *1629—1660*, Basingstoke and New York: Palgrave Macmillan, 2005, p. 217.

③ 伏尔泰:《风俗论》下册,谢戊申等译,商务印书馆,1997 年,第 363 页。

的顺从的话,他可能已建立一个稳定而持久的政权。但是他信仰强烈,充满激情,渴望建立一个更能领悟上帝事业、更愿服从上帝旨意的国家。"作为一个虔诚的清教徒,他为了上帝的事业殚精竭虑,不懈奋斗了一生。但是,他只是从形式上"把自己与建立在过去基础上的政治权威的正当性决裂开来"①,并将宗教上的激进主义同政治上的保守主义结合在一起。这样看来,克伦威尔是一个十足的矛盾体,他既反对个人专制,又实行个人集权,既追求变革,又崇尚传统。当他认可《政府约法》,并在威斯敏斯特接受"护国主"称号时,另一种形式的个人统治——护国政治似乎获得了合法性。但是如此回归原点,也许这正是英国革命的必然逻辑:克伦威尔的经历并不是他一个人的故事,而是一个民族的历程。当英国人用革命的暴力来推翻君主专制时,军队接管政权就已经确定:军队推翻了君主,接管政权的当然应该是军队。

1658年1月,议会在半年休会后复会,克伦威尔把他的亲信塞进了"另一院"。但下院的共和主义者拒不承认"另一院",对他们来说,"另一院"等于否定他们在内战中所做的一切,包括他们自己和他们所坚持的人民主权。激烈的争论立即开始了。2月4日,克伦威尔解散了这个喋喋不休的议会,他说:"我认为这是结束你们的会议的最好时刻,我宣布解散这个议会。让上帝在你们和我之间作出裁决。"②他原本准备再召开新的议会,但9月3日却因患热症去世。随后,他的儿子理查德(Richard Cromwell)继任护主。

新护国主一开始就面对两个难题:一是他既涉世不多又无战功资历,军队将领都是他的长辈,根本不买他的账③。二是政府财政拮据,到1659年春已累积175万镑的债务,超过政府一年的可支配经费。为了摆脱财政危机,枢密院决定召开新的议会,即第三届护国制议会,它由温和

---

① 肯尼思·O. 摩根主编:《牛津英国通史》,王觉非等译,商务印书馆,1993年,第351页。
② 引自查尔斯·弗思:《克伦威尔传》,王觉非、左宜译,商务印书馆,2002年,第363页。
③ Barry Coward, *The Stuart Age: A History of England, 1603—1714*, London: Longman, 1980, p. 235.

的长老派、秘密的王党分子和少量的共和派组成。1659 年 4 月 18 日,议会投票通过决议,规定军官委员会开会必须经过护国主和议会的同意,所有军官必须宣誓不得以武力解散议会。但五天以后,军官们便迫使理查德解散了议会;又过一个月,他们就把理查德·克伦威尔赶下台。这样,存在了五年多的护国政治寿终正寝。

处死国王查理一世后,英国已尝试过多种政治制度,包括共和国、护国政治、议会政治、军事管制等等,但无一成功。至此,一切政治实验都走投无路了。英国革命出现的问题,是它没有能建立一种新的制度取代被推翻的君主专制制度,所以尽管革命本身是胜利的,因为国王已被处死,但革命却因为不能创造新的政治制度而走进了死胡同。克伦威尔凭借自己的威望控制住局面,可是他的统治只是君主个人统治的翻版,传统的惯性并未使英国跳出旧的运行轨道;相反,英国只是在革命的狂风巨浪中转了一个圈,又回到了原点。

接下来就是军官们的天下了。为了掩饰军人专政的本色,他们恢复了残缺议会,但残缺议会不仅没有表现出顺从的意愿,反而试图夺权,以煽动请愿为借口,解除约翰·兰伯特和其他几位军官的职务。于是,兰伯特就在 10 月干脆解散了议会。军官之间开始争权,谁都想顶替克伦威尔的空缺。兰伯特和军队总司令、理查德·克伦威尔的妹夫查尔斯·弗利特伍德(Charles Fleetwood)尖锐对立,而苏格兰驻军司令乔治·蒙克(George Monck)则以保卫残缺议会为借口,率领 6 000 名军人南下,在未遇到任何真正抵抗的情况下进入伦敦。蒙克感到没有足够的力量去控制局面,于是就召回了 1648 年普莱德清洗中被驱逐的长老派议员,恢复了长期议会。接着,他又让长期议会自行解散,并通过召开“非常议会”(Convention Parliament)的决议。一个英国代表团被派往荷兰,与流亡的查理二世进行谈判,就斯图亚特复辟问题达成了妥协。特别有趣的是,率领代表团的正是当年新模范军的主帅费尔法克斯。这样,在当年的革命军队的力主之下,斯图亚特王朝名正言顺地复辟了。

第四章　从复辟到光荣革命

1660 年 4 月 4 日,查理二世在荷兰发布《布列达宣言》(*Declaration of Breda*),这是由他的主要谋臣克拉伦登伯爵(Earl of Clarendon)等人起草的,承诺对以前的革命者予以赦免,实行宗教宽容,维持革命中土地的变更局面,并支付拖欠的军饷。《布列达宣言》为王朝复辟扫清了障碍。5 月 5 日,查理在多佛港(Dover)登陆回到英国,5 月 29 日进入了阔别已久的首都伦敦。这一天,恰好是他的 30 岁生日。

复位后,查理承认非常议会的合法性,并宣布他的统治始于 1649 年 1 月 30 日,即查理一世处死的日子。由此,革命期间的王位虚悬(Interregnum,1649—1660)从官方文件中被一笔抹去,好像历史上没有出现过克伦威尔。可是同时,1640 年开始的长期议会及其制定的律法条文也获得了合法地位,所以像星室法庭、高级专员委员会这一类专制统治的工具就不能再恢复,被取消的封建关系,如封建义务、土地监护权等,也不可复返了。革命时期被没收的土地应归还原主,但因出售而转手的除外;解散军队,却保留了一支 5 000 人的常备军。查理二世同意放弃许多捐税,作为补偿,议会同意提供一笔年金,每年 120 万英镑,查理可以享用终生。但是后来的事实却证明,该款项不足以维持国王的花销。尽管《布列达宣言》称:"广大臣民在长期的悲惨生活之后,要求我们通过和平的手段取得权力,尽量少流血,少给臣民带来危害"①,但查理二世没有完全信守承诺,他对"弑君者"加以惩处。当年有57人在查理一世的死刑判决书上签字,其中三分之一已经离开人世,另有三分之一逃往国外,在剩下的人中,最后有11人被处死,奥利弗·克伦威尔、他的女婿亨利·艾尔顿(Henry Ireton)②和审判查理一世的特别法庭庭长约翰·布雷德肖则被掘棺鞭尸,以示泄愤。至此,非常议会完成了自己的使命。

1661年4月23日,查理的加冕礼在威斯敏斯特大教堂(Westminster Cathedral)举行,新的议会也随即召开。这是英国历史上存在时间最久的一届议会,一直延续了18年。由于以前的王党分子和坚定的国教徒在其中占据多数,故有"骑士议会"(Cavalier Parliament)之称。它迅速废除《神圣同盟与誓约》,恢复国教的地位,恢复主教的职务及其在上院的席位,使安立甘宗重新成为英格兰的官方宗教。为了削弱独立派和长老派的势力,它还于1661—1665年连续通过了一系列法案,合称《克拉伦登法典》(Clarendon Code)。其中,1661年的《市政法》(Corporation Act)规定,所有市政公职人员均须宣誓效忠国王,保证不以武力反对国王,并根据国教仪式做礼拜。该法旨在清除不从国教者,将市政机关控制在政府手中。1662年的《信仰划一法》要求在礼拜仪式中使用国教《第三公祷书》,所有神职人员,还有大学教师和中学校长,都必须遵照执行。由此,约2 000名教士因拒绝宣誓而离开国教会,国教会内部的同一性就被破坏了。1664年的《宗教集会法》(Conventicle Act)禁止非来自同一家庭的五人以上的非国教徒进行非国教的宗教活动,违者严惩。由此,宗教宽容政策已不复存在。1665年的《五哩法》(Five Mile Act)规定,不接受《信仰划一法》的神职人员,都须宣誓不反对国王,不企图改变国教会或国家的统治;凡拒绝宣誓者不得进入其传教或生活的市镇五英里范围之内。该法之目的在于斩

---

① J. P. Kenyon, *The Stuart Constitution*, *1603—1688: Documents and Commentary*, Cambridge: Cambridge University Press, 1986, p. 331.
② 英国内战时期的议会军将领。

断反对派牧师与拥护者之间的联系,杜绝清教传播的途径①。《克拉伦登法典》试图通过严格限制宗教上的反对派来防范革命的再次发生,因为在英国革命中,革命者正是以清教作为意识形态工具的。但是,随着一个不从国教者群体的出现,从都铎朝开始试图将所有新教徒结合在同一个统一的英格兰教会中的努力宣告失败。

复辟初期,外交事务是查理二世面临的又一个棘手问题,当时克拉伦登伯爵是他处理内外政策的主要谋臣。克拉伦登本名爱德华·海德,曾参加短期议会和长期议会,并对专制王权有过温和的批评,但后来转向王党,追随查理一世与议会党人对抗。他还随查理二世流亡海外,是查理二世的主要幕僚。复辟后,他连续获得晋升,并因女儿安妮·海德(Anne Hyde)与御弟、王位继承人约克公爵詹姆士·斯图亚特(James Stuart,1633—1701)的婚姻关系,进一步巩固了自己的政治地位。由于他的穿梭努力,1662 年 5 月,查理二世与布拉甘萨的凯瑟琳(Catherine of Braganza)结婚,实现了英格兰与葡萄牙两个王室间的政治联姻。这样,英王收获了 80 万镑嫁妆费,英国也获得了非洲北部港口丹吉尔(Tangier)和印度的孟买(Bombay),英国势力从此进入了东方。为了减轻政府的财政负担,也是为了集中力量反对海上劲敌荷兰人,克拉伦登还以 37.5 万镑的价格,把克伦威尔时期夺取的欧洲战略要地敦刻尔克(Dunkirk)卖给了法国人,但他的动机遭到了国人的怀疑。

克伦威尔时期执行重商主义(Mercantilism)政策,把争夺海外贸易和殖民地作为主要的外交目标,其间爆发了第一次英荷战争(1652—1654),以缔结《威斯敏斯特条约》(*Treaty of Westminster*)而结束。战后,荷兰被迫承认英国的《航海条例》(*Navigation Act*),其海上霸主地位受到了削弱。1664 年,英国占领荷兰在北美的殖民地新阿姆斯特丹(New Amsterdam),即后来的纽约,第二次英荷战争(1665—1667)爆发。英军在法国、丹麦、挪威、荷兰四国联盟的打击下遭到重创,并根据 1667

---

① Antonia Fraser, *King Charles Ⅱ*, London：Weidenfeld & Nicolson, 1979, pp. 218 - 220.

年的《布列达条约》(*Treaty of Breda*)，在贸易权问题上向荷兰作出让步，承认荷兰占领南美洲的苏里南(Surinam)，即荷属圭亚那(Dutch Guiana)。这件事直接导致了克拉伦登的倒台。敦刻尔克转手后，还发生了 1665—1666 年伦敦大瘟疫(Great Plague of London)、1666 年 9 月伦敦大火灾(Great Fire of London)，人们把这一连串的挫折联系起来，认为都是克拉伦登的过错。甚至于，人们还怀疑克拉伦登的国教信仰，说他是个天主教徒，因为他曾劝说查理二世为实现国内的政治和解而放弃国教。查理为了安抚民怨，不得不把克拉伦登当作替罪羊①。还有议员在下院提出弹劾案，控告他曾违反人身保护令状，将没有经过审判的囚犯直接发配到英吉利海峡中的泽西岛(Jersey Island)。也许因为害怕，克拉伦登于 1667 年 11 月逃往法国，在流亡中度过余生。在身后，他留下了一部史学著作《英格兰叛乱与内战史》，即著名的《大叛乱史》(*History of the Rebellion and Civil Wars in England*)，对于后人研究那段历史具有重要的参考价值。

克拉伦登倒台后，英国形成了五位大臣先后掌控行政权的局面。由于他们的姓名首字母放在一起，恰好拼成"Cabal"这个词，意为"阴谋集团"，就获得了"卡巴尔内阁"(Cabal Ministry)的称号，他们是克利福德男爵托马斯·克利福德(Clifford, Thomas, Baron of Clifford)、阿灵顿伯爵亨利·贝内特(Bennet, Henry, Earl of Arlington)、第二代白金汉公爵乔治·维利尔斯(Sir George Villiers)、第一代沙夫茨伯里伯爵安东尼·阿什利·库珀(Anthony Ashley Cooper, Earl of Shaftesbury)和第一代劳德代尔公爵约翰·梅特兰(John Maitland, Duke of Lauderdale)。此时，查理的外交政策存在着明显的矛盾：一方面，1668 年他与瑞典及先前的敌手荷兰结成新教三国同盟；另一方面，1670 年他又与法王路易十四(Louis XIV of France, 1638—1715)签订《多佛条约》(*Treaty of*

---

① George Clark, *The Later Stuarts*, *1660—1714* (*Oxford History of England*), Oxford: Oxford University Press, 1956, p. 77.

Dover），其公开的说法是获取法国资助、摆脱英国的财政危机，但其中包含查理会在适当时候宣布自己是天主教徒的秘密条款。对此，除了克拉伦登和查理本人外，还有阿灵顿和克利福德两人知道。根据这份密约，英国将派遣60艘军舰进攻荷兰，法王则允诺向英军提供每年25万镑的战费，向英王提供16.7万镑的补助金，并在需要时派遣军队前去镇压那些反对查理转变信仰的英国人。条约细节虽然一直没有公布，但已引起很多人怀疑，并引发了第三次英荷战争（1672—1674）。

　　法国的路易十四是一位野心勃勃的天主教国王，竭力谋求欧洲霸权。在得到英国的保证后，他于1672年3月向荷兰宣战，英国随即跟进，新的英荷战争爆发。开战前，查理二世公布了一个《信仰自由宣言》（Royal Declaration of Indulgence），表示对一切非国教徒，包括新教徒和天主教徒，实行宗教自由[1]。但是，查理有"三个倾向"：一是倾向天主教，二是倾向法国，三是倾向法国式的专制统治。这与英国人的"三怕"相冲突：一怕天主教复辟，二怕天主教法国，三怕专制制度重新回来。可见，《多佛条约》和《信仰自由宣言》恰恰揭露了英王与其臣民之间的对立，于是议会与查理的冲突也就不可避免了。

　　下院把查理的举动看作是对议会立法权的挑战，声称国王无权中止议会法律，并要求撤回《信仰自由宣言》，否则不批准荷兰战争拨款。查理被迫让步，撤销《信仰自由宣言》，还批准议会通过的《宣誓法》（Test Act），从而避免了与议会的直接对抗。《宣誓法》规定：一切公职人员都必须宣誓效忠作为国教会的至尊管理者的英国君主，必须服从国教礼仪领取圣餐，并斥责天主教的圣餐变体说[2]。《宣誓法》获得批准后，查理的弟弟约克公爵不但拒绝宣誓，还公开了自己的天主教身份，因而不得不辞去海军大臣（Lord High Admiral）职务；克利福德辞去财务大臣职务，

---

① Andrew Browning（ed.），*English Historical Documents*，*1600—1714*，London & New York：Routledge，1996，p. 77.

② George Clark，*The Later Stuarts*，*1660—1714*（*Oxford History of England*），Oxford：Oxford University Press，1956，p. 80.

阿灵顿和白金汉公爵则被免职。卡巴尔内阁受重创后，沙夫茨伯里则转变成为议会中坚定的反对派领袖。政府受到了《宣誓法》的巨大冲击，随后四分五裂。议会批准了查理的 124 万镑军费，英荷战争得以继续。但战事不如预期顺利，法国连遭四次海战挫败，于 1673 年 8 月退出战争。查理也是一无所获，议会以此为借口，拒绝提供追加拨款。查理无奈，只能在 1674 年 2 月与荷兰再次签订《威斯敏斯特条约》，结束第三次英荷战争。克利福德去职后，托马斯·奥斯本（Thomas Osborne）接任财务大臣，他不久晋升为丹比伯爵（Earl of Danby）。这样，就出现了以丹比为首的宫廷派和沙夫茨伯里为首的反对派之间的长期对峙。

英荷战争结束后，丹比想与信奉加尔文教的荷兰执政、奥兰治亲王威廉（William Prince of Orange，1650—1702），即未来的英王威廉三世（William Ⅲ of England），保持友好关系，旨在建立新教联盟，共同对抗天主教法国。他提议将约克公爵詹姆士的长女，即未来的英国女王玛丽二世（Mary Ⅱ of England，1662—1694）嫁给威廉，当时荷、法对抗，威廉是路易十四的死对头。查理二世同意了这桩婚姻，暂时平息了议会的怨气，但同时也埋下了 1688 年"光荣革命"（Glorious Revolution）和 1701 年《王位继承法》（*Act of Settlement*）的伏笔。但是丹比无法阻止查理与路易十四因《多佛条约》而建立的联盟关系，民众中的反天主教情绪在各地蔓延，这样就衍生出了一个"天主教阴谋案"（Popish Plot）。1678 年夏，一个叫做泰特斯·奥茨（Titus Oates）的人报信说，天主教耶稣会士制定了行刺国王计划；如果事情败露，凯瑟琳王后的私人医生将会把国王毒死。根据奥茨的说法，约克公爵夫人的私人秘书爱德华·科尔曼（Edward Colman）也参与了这一暗杀计划，因此这件事就牵涉到查理的弟弟詹姆士。出于对天主教、对法国以及对专制王权的恐惧，英国人宁愿相信奥茨的说法，既然詹姆士已经公开了他的天主教身份，他们就特别担心詹姆士继承王位的可能成为现实。尽管后来议会的调查证明奥茨作了伪证，所说不实，但天主教阴谋案带来的影响一直在发酵，引发出了一连串政治事件，包括复辟政体的动摇、骑士议会的解散和丹比伯爵的下台①。议会反对派利用拉尔夫·蒙塔古（Ralph Montagu）对丹比的指控，说他促成了英法秘密谈判，签订对法国有利的条约，继而罗列出多种罪名，包括侵吞国库、阻挠议会议程、隐瞒天主教阴谋案、擅自组建常备军等，并以叛国罪对他提出弹劾②。为了拯救丹比，查理于1679年1月解散了骑士议会，可是就在此前，第二部《宣誓法》在议会获得通过，它规定只有国教徒或接受国教仪式的人才有资格担任公职或接受国王的任命，矛头直接指向了詹姆士。

天主教阴谋案激起了国内强烈的反天主教情绪，人们对詹姆士继承王位的担忧也与日俱增。查理二世有多个私生子，却没有合法的嫡出子嗣可以继承王位，詹姆士按照继承法则是合法的王位继承人，但他的天主教身份却引起国人的恐惧。于是，议会反对派就着手准备剥夺詹姆士的王位继承资格。1679年3月新的议会召开，反对派随即提出《排斥法案》（Exclusion Bill），准备把詹姆士排斥在王位继承者之外。7月12日，查理将议会解散，反对派则抢先一步通过了一部《人身保护法》（Habeas Corpus Act），规定由国王、枢密院等下令而遭监禁的任何人，都可向法庭申请人身保护令状，要求说明被监禁的理由；并重申，不经法庭出示拘捕证，任何人不得被逮捕，不经法庭调查审判，任何人不得被监禁。虽然这些条文都只是重复过去的传统说法，但对反对派来说，他们的活动却受到了法律的保护。1679、1680和1681年，《排斥法案》连续三次被提出，但终未成功。围绕着这一法案，议会分成了以沙夫茨伯里为首的排斥派和由丹比的门徒组成的反排斥派。两派互相讥讽，并给对方扣上难听的名称，沙夫茨伯里派被称为"辉格"（Whig，在苏格兰指"反叛者"），丹比派则被称为"托利"（Tory，爱尔兰语中"匪帮"的意思）。这样发展下去，两个政治派别后来竟成了议会中的两个党派。但在当时，查

---

① Tim Harris, *Politics under the Later Stuarts: Party Conflict in a Divided Society, 1660—1715*, London: Longman, 1993, p. 80.

② George Clark, *The Later Stuarts, 1660—1714 (Oxford History of England)*, Oxford: Oxford University Press, 1956, p. 97.

理利用这种局面去拉托利打辉格,将托利变成宫廷党,辉格就成了在野党。在他的统治结束之前,混乱局面已经得到了有效控制。1681 年 3 月他解散了只存在一个星期的第三届议会,从此便不再召集,就像他父亲查理一世曾经所做的那样,实行无议会统治。沙夫茨伯里及一部分辉格派反击后,遭到查理的起诉,沙夫茨伯里企图发动武装反抗,也没成功,他只得出走国外,后于 1683 年死于荷兰。至此,辉格派近乎解体。

　　辉格派由于内部分裂,沙夫茨伯里出走,以及同一年发生"黑麦仓阴谋案"(Rye House Plot)①的影响,其对抗王权的力量大为削弱。这样,查理一世被处死后,英国居然又出现了一个前所未有的专制政体。从复辟到现在,历史似乎转了个圈,革命留下的问题并没有得到解决,但复辟这种解决方案也明显失败了。不过,对于专制王权的再次回归,英国人很难接受。临终前,查理接受了天主教弥撒,人们直到这时才知道他是一个秘密的天主教徒。1685 年 2 月,约克公爵继位,称詹姆士二世(James Ⅱ of England,1633—1701)。詹姆士在登基典礼上表示要以查理为榜样,"继续维持依法创建起来的现存的国教会和政府的统治"②,但人们对这位公开的天主教徒的诺言心存疑虑。很快,苏格兰发生叛乱,第九代阿盖尔伯爵(Earl of Argyll)阿奇博尔德·坎贝尔(Archibald Campbell)声称詹姆士是篡位者,查理的私生子蒙默思公爵(Duke of Monmouth)才是王位的合法继承人。阿盖尔在自己的旗帜上写下了这样的口号:"反对教皇,反对暴君,反对专制政府和国家至上主义,为上帝和宗教而战"。起义失败了,阿盖尔被处死。6 月 11 日,蒙默思公爵打着新教的旗帜,在英格兰西部多塞特郡(Dorsetshire)登陆后,发动了推翻詹姆士统治的暴动,卷入暴动的是一批追随他的辉格派人士。由于王权的力量已经强大,暴动就被轻而易举镇压了,蒙默思被处死,辉格反对派

---

① 1683 年有人试图在赫特福德郡的黑麦仓刺杀查理及约克公爵,后因人告密而失败,许多辉格党人遭到诛杀。

② Peter Earle, *The Life and Times of James Ⅱ*, London: Weidenfeld & Nicolson, 1972, p. 142.

则被冲击得七零八落,溃不成军。在詹姆士的授意下,第一代杰弗里斯男爵(Baron of Jeffreys)在暴动地区开始了有名的"血腥审判"(Bloody Assizes),将大约 300 名暴动参加者处以绞刑,另有八九百人被流放海外。杰弗里斯的杀戮受到詹姆士的赏识,他旋即被提拔到大法官的位置上,但是却被民众称为"绞刑法官"(hanging judge)。

詹姆士自认为自己的地位已得到巩固,就加速强化专制统治,主要表现如下:第一,扩充常备军。英国本没有建立常备军的传统,革命时期建立的新模范军可以说是英国历史上的第一支常备军;查理二世时期常备军控制在 5 000 人左右。詹姆士登位后,伦敦周围驻扎了一支 1.6 万人的正规军,"1688 年 10 月人数据说可能达 4 万"①,这让人怀疑他要用军队进行统治。第二,恢复天主教的合法地位。自亨利八世宗教改革以来,天主教就被看作是国家的敌人。斯图亚特王朝早期在这个问题上一直处理不好,而复辟王朝时期,恢复天主教的步伐越来越大。如果说查理二世到临终前才宣布他已皈依天主教,那么,詹姆士二世本身则是个顽固的天主教徒。在上台之前,他的天主教身份已经公开,他甚至确信:"一旦取消对罗马天主教的禁令并废除对天主教徒的公民权和宗教权的禁令,千万人必然会恢复对天主教的宗教信仰。"②所以,他在继位后的第二个星期天,就高调参加天主教弥撒,后来又在宫中公然接待罗马教廷的公使、耶稣会士以及其他天主教人士。他还擢拔重用天主教徒,任命他们担任文职和军队官员。到他统治后期,军中的天主教徒已达到 1 200多人③。约翰·莫里尔对此评论道:詹姆士"一直想为他的同教派的教徒们争取宗教的和公民的平等权。这意味着不仅使他们摆脱刑事法(处罚那些不出席英国国教礼拜仪式的人)和宣誓法(禁止他们担任国

---

① 威廉·约瑟·斯佩克:《1688 年革命》,引自王觉非编《英国政治经济和社会现代化》,南京大学出版社,1989 年,第 165 页。
② 肯尼思·O. 摩根:《牛津英国通史》,王觉非等译,商务印书馆,1993 年,第 360 页。
③ John Childs, *The Army, James Ⅱ, and the Glorious Revolution*, New York: St. Martin's Press, 1980, p. 21.

王统治下的所有官职和支付薪俸的职位）所规定的处罚和无权状态，而且允许天主教把教堂建立在英国国教教堂旁边"①。第三，发布《信仰自由宣言》（Declaration of Indulgence）。詹姆士打着给不从国教者（nonconformists）②以信仰自由和平等权利的旗号，于1687年发布《信仰自由宣言》，承诺让所有基督教徒都能享受充分的宗教自由，可以在自己的教堂，甚至在家，按照自己的方式做礼拜。他本以为这种做法很巧妙，可以得到不从国教者各派的拥护，不想此举一出，即遭到强烈抵制，长老会领袖甚至说，他们"宁愿继续被迫害而不愿意接受一个非宪法的宽容"③。1688年4月，詹姆士在重新发布《信仰自由宣言》后命令所有教堂连续两个礼拜日宣读这份宣言，结果引发了著名的"七主教案"（Seven Bishops）。5月18日，以坎特伯雷大主教威廉·桑克罗夫特（William Sancroft）为首的七名主教联名呈递请愿书，"谦卑而诚挚地"恳请国王收回成命，并重新审查其宗教政策④。詹姆士气愤至极，把他们全部关进了伦敦塔。6月末，高等法院经过九个小时审判，裁定主教们无罪，并予以当庭释放。消息迅速传遍全伦敦，"群众大声叫喊、教堂钟声齐鸣、人们鸣枪并点燃烽火以为庆祝"⑤。

七主教案是通向"光荣革命"的重要转折点⑥，它表明詹姆士的宗教政策彻底破产。国教会本是专制制度的支柱，主教们则是王权的坚定支持者。当主教们也起来反抗詹姆士时，便形成了新的革命形势。的确，"詹姆士二世由于某种不可思议和顽固的蠢举不仅激怒了那些一直与他父亲为敌的阶级，而且惹怒了曾经与他父亲为伍的那些人"⑦。恰在这

---

① 肯尼思·O. 摩根：《牛津英国通史》，王觉非等译，商务印书馆，1993年，第359页。
② 包括天主教徒和新教中的非国教派。
③ 迈克尔·马莱特：《詹姆士二世与英国政治》，林东茂译，上海译文出版社，2001年，第72页。
④ Andrew Browning (ed.), *English Historical Documents*, 1600—1714, London & New York: Routledge, 1996, p. 84.
⑤ C. 罗伯茨、D. 罗伯茨：《英国史》上册，贾士蘅译，五南图书出版公司，1986年，第535页。
⑥ Tim Harris, *Politics under the Later Stuarts: Party Conflict in a Divided Society*, 1660—1715, London: Longman, 1993, p. 128.
⑦ 沃尔特·白芝浩：《英国宪法》，夏彦才译，商务印书馆，2010年，第288页。

时,出现了压垮骆驼的最后一根稻草:一个小王子出生了。本来,多数英国人尽管心怀不满,他们却愿意等待,因为詹姆士的两个女儿都是新教徒,等詹姆士去世后,新的王位继承人都能够保卫英国国教,并可以改变詹姆士的专制主义做法。然而,小王子的出生却使这种期待落空了:他母亲是意大利人,他自己将在天主教的环境中长大。对天主教和专制制度的恐惧,使议会中的两个政治派别暂时摞下分歧,采取共同、一致的行动。就在七主教案宣判的同一天晚上,海军少将托灵顿伯爵亚瑟·赫伯特(Arthur Herbert, Earl of Torrington)受七名密谋者的委派,化装成一名普通水手,秘密离开伦敦前往海牙(Hague),将一封由他们共同署名的信件交给荷兰政府,内容是邀请荷兰执政,奥兰治的威廉,要他率军前来帮助英国人,捍卫他们自古就有的自由和财产权利。在七位密谋者中,有三位是托利派人,三位是辉格派人,另外一位是伦敦主教。这些人冒着生命危险邀请威廉来英国,既想改变现状,又想避免再发生几十年前那样的暴力革命。威廉是查理一世的外孙,他的妻子玛丽正是詹姆士二世的长女,威廉和玛丽是表兄妹关系。如果不是小王子的突然降临,玛丽原本是王位的第一继承人,现在由她和威廉出面驱逐詹姆士,既能够维护斯图亚特王朝的延续性,又能够中止愈演愈烈的天主教回潮,将"王位的正统原则和新教原则最充分地结合在一起"[1]。

　　1688 年 11 月,威廉在 49 艘战舰的护卫下,率领步兵 1.1 万人、骑兵 4 000 人,分乘 200 艘运输舰在英国登陆。起初很少有人愿意投奔威廉,原因是他登陆的地点,正是詹姆士二世继位时"蒙默思起义"(Monmouth Rebellion)的发生地,人们对杰弗里斯的血腥镇压还记忆犹新。但不久之后,越来越多的头面人物开始背弃詹姆士,投奔威廉,其中约翰·丘吉尔(John Churchill)[2]的变节对国王的打击最大。丘吉尔男爵是詹姆士

---

[1] 钱乘旦、许洁明:《英国通史》,上海社会科学院出版社,2002 年,第 183 页。

[2] 约翰·丘吉尔的父亲是温斯顿·丘吉尔爵士(Sir Winston Churchill, 1620—1688),第二次世界大战时期的温斯顿·丘吉尔首相和后来的戴安娜王妃(Diana, Princess of Wales, 1961—1997)都是他的后裔。

的宠臣,他作战骁勇,又因其夫人萨拉·詹宁斯(Sarah Jennings)侍奉安妮公主(Anne of Great Britain,1665—1714),而与宫廷关系密切。镇压蒙默思叛乱时,他率领皇家龙骑兵立下战功,但在与威廉对阵时竟率领400名军官投向威廉,拱手交出了英军指挥权。威廉三世(奥兰治的威廉)和安妮女王当政时,他一再获得升迁,直至成为马尔博罗公爵(Duke of Marlborough)。

天主教复辟和专制统治的梦魇太可怕了,英国人决定抛弃他们的国王。詹姆士已经众叛亲离,不仅军队离他而去,连他二女儿安妮也背叛了他。1649年的变故让詹姆士记忆犹新,"由于害怕像他父亲一样上断头台"①,他选择了逃跑,便轻而易举地丢掉了自己的王位。结果路易十四收留了他,他靠着法王提供的养老金过活,在法国度过余生。

1688年的"光荣革命"是一场"不流血的"的宫廷政变。无论克伦威尔时代还是王朝复辟时期,议会经常成为"宫廷集团玩弄手段争权夺利的场所",但随着光荣革命的发生,议会战胜国王,确立了自己的主权地位,解决了长期困扰英国人的国家最高权力归属的问题。据此,辉格派史学家认为,"光荣革命是詹姆士一世继位以来开始的这出戏剧的最后一幕"②。1689年1月新议会在伦敦召开,它宣布詹姆士"废弃国王与人民之间订立的原初契约……离开了王国,退出了政府,因而王位虚悬"③。有鉴于此,议会将王位授予他的女婿和女儿——威廉和玛丽;但在登上王位之前,他们需要签署一份"权利宣言",后来又改称《权利法案》(*Bill of Rights*),其中谴责了詹姆士二世滥用王权的种种表现,如迫害七主教、建立常备军等,同时又重申英国人自古就有的权利与自由。它的内容主要包括:第一,国王无权停止法律或停止法律实施;第二,征税权属于议会;第三,臣民可以自由请愿;第四,议员可以自由发表政见;第五,

---

① 安东尼娅·弗雷泽编:《历代英王生平》,杨照明等译,湖北人民出版社,1985年,第297页。
② 威廉·亚瑟·斯佩克:《1688年革命》,引自王觉非编《英国政治经济和社会现代化》,南京大学出版社,1989年,第159、162页。
③ 同上书,第170页。

反对酷刑和重税;第六,议会须定期召开。此外,它还规定今后不允许天主教徒登临英国王位,也不允许英国君主嫁、娶天主教配偶。通过这些规定,消除了在英国产生专制政体和出现天主教君主的可能性。

《权利法案》是伊丽莎白统治结束后、斯图亚特王朝以来英国一系列宪政冲突的最终结果[1]。它颠倒了国王与议会的关系,君主不能再凌驾于议会之上,而必须受制于议会和法律。此后,君主不再享有传统特权,而议会则成为最高主权。事实上,新的国王是由议会确立的,议会打破王位继承顺序,将詹姆士及其男性后裔排除于继承权之外,这成为一种新的定制,也即形成了一种新的宪政传统。"通过'光荣革命',英国完成了从绝对君主专制向多元寡头政制的转化,克服专制的任务,在这场不流血的'革命'中成功地完成。"[2]从这个意义上来理解,这是一次真正的革命。此后,议会又陆续通过几个文件:1689 年颁布《兵变法》(*Mutiny Act*),议会由此控制了军权;同年颁布《宽容法》(*Toleration Act*),规定宗教宽容;1694 年颁布《三年法》,规定每届议会最多为时三年,且每三年必须改选议会;1695 年颁布《叛国法》(*Treason Act*),为反对派提供法律保护;1701 年颁布《王位继承法》,规定威廉、玛丽若无子女,由安妮公主继位,安妮若无子女,王位转给詹姆士一世的外孙女索菲亚(Sophia of Hanover)及其后代,这就是后来汉诺威王朝(House of Hanover)统治英国的法律依据。从这些文件可以看出,议会的地位已经确定了,英国创造了一种新的政治制度,即君主立宪制。"随着君主立宪制的建立,英国作为一个整体,它不再属于君主个人,而是属于整个民族。这样,真正意义上的英国民族国家终于确立了起来。"[3]

---

[1] Barry Coward, *The Stuart Age: A History of England, 1603—1714*, London: Longman, 1980, p. 305.

[2] 钱乘旦、陈晓律:《在传统与变革之间:英国文化模式溯源》,浙江人民出版社,1991 年,第 67 页。

[3] 姜守明:《英国民族国家形成过程中的宗教因素》,《世界历史》,2008 年,第 3 期。

第三篇

农业社会

第一章　城市与乡村

就 16—17 世纪而言,人们普遍认为都铎时期是传统社会的黄金时代,而彼得·拉斯勒特(Peter Laslett)则把 17 世纪称为"传统社会正在逝去的时代"。其实,16—17 世纪的英国既是农业社会的巅峰,也是工业文明孕育的开启。16 世纪,都铎王朝国力鼎盛、群星璀璨,同时却伴随着贫苦流民的声声哀号与农民起义的风起云涌,都铎君主为应对贫困而不断出台济贫法,有识之士为应对人口爆炸而鼓吹进行农业改革。17 世纪,当 1603 年詹姆士一世风尘仆仆地赶到伦敦即位时,人们曾祈祷他能像伊丽莎白女王一样和平奋进、民族至上。尽管都铎君主辜负了国人对他们的期待,把英国变成一个动荡的国家;但英国的 17 世纪辉煌并不亚于 16 世纪,已经进入现代社会的转型期。它的乡村是一派农业改良的气象,社会流动生生不息,社会呈现高度的分层,城市和手工业正在发展,风俗改革与大众文化蓬勃变化。

伦敦是英国民族国家的中心。6—7 世纪盎格鲁-撒克逊(Anglo-Saxon)时期,伦敦只有 1 万—1.2 万人口。9 世纪它惨遭维京人(Vikings)的劫掠。11 世纪,伦敦作为正在统一的英格兰的最大城市、最重要的商贸中心和政治中心,得到再度发展的机会,尽管此时它面临着原盎格鲁-撒克逊人的首都、威塞克斯王国的中心城市温切斯特的竞争。"忏悔者"爱德华

（Edward the Confessor，1002—1066)重建威斯敏斯特修道院（Westminster Abbey）和特别行政区，使之成为离伦敦老城十分靠近的王室居住地。1066年圣诞节，威廉一世（William the Conqueror，c. 1028—1087）在威斯敏斯特修道院加冕，此后他用石材建立了伦敦塔，这是英格兰第一座诺曼底城堡。1097年，威廉二世（William II of England，c. 1056—1100）开始兴建威斯敏斯特大厅，使之成为新王宫。12世纪时，英格兰国王把国库从温切斯特搬到威斯敏斯特，一直在王国各地游走的王堂（Curia Regis，King's Court），也开始以威斯敏斯特为据点，形成了稳定的政府机构雏形。随着威斯敏斯特作为政治中心的发展，伦敦作为英格兰独一无二的首都地位，最终得以确立。从1100年到1300年，伦敦人口从1.8万人发展到10万人，但在14世纪中叶横扫欧洲的黑死病的侵袭下，这里的人口减少近三分之一，并在1381年又受到瓦特·泰勒（Wat Tyler）起义的冲击。

伦敦的发展，与英格兰羊毛业和纺织工业的兴起密不可分。都铎王朝早期，走私船从伦敦出发，把英国纯色羊毛布运往低地国家（Low Countries），然后通过安特卫普（Antwerp），转运到富裕的意大利等地中海沿岸国家和阿尔卑斯山周边的富裕国家。亨利八世时期，伦敦人口是诺里奇的5倍，1600年时则是诺里奇的12—14倍。1565年，尼德兰重新对英国船只开放，促进了伦敦商业活动的大发展，伦敦交易所（Royal Exchange）正是在这个时期建立的。此后在重商主义的指导下，随着东印度公司（East India Trading Company）等垄断机构的建立、对新世界商业贸易的蓬勃开展，伦敦变成大西洋沿岸和北海的重要港口，其人口规模已从1530年时5万人，发展到1605年时22.5万人。然而从占地面积看，伦敦城直到都铎王朝结束时，其结构仍然紧凑、小巧。

1665—1666年伦敦受到大瘟疫的洗劫，丧失了10万人，占伦敦总人口的五分之一。1666年，从布丁巷（Pudding Lane）燃起的伦敦大火在全城蔓延，烧毁了其中绝大多数木质建筑，重建工作至少花费了十多年。其中，由克里斯托弗·雷恩爵士（Sir Christopher M. Wren）设计的圣保罗大教堂（St. Paul's Cathedral），直到1708年才竣工。尽管如此，伦敦仍然是英国经济发展的火车头。1600—1650 年间,英国的人口没有太大增长,但是伦敦人口却增长一倍,总数达到了 40 万之众[1]。伊丽莎白统治初期,伦敦只是英格兰的时尚和政治中心,但一个世纪后,它已发展成为世界贸易的中心和全球金融的枢纽。毫无疑问,经过 16—17 世纪的发展,伦敦已是欧洲的第一大都市,而同一时期英格兰的其他城市的发展却受到阻碍。

费希尔(Frederick Jack Fisher)教授指出,17 世纪下半叶英国的对外贸易,从出口导向转变为进口导向,主要是再度出口方面的商业贸易。在这种对外贸易的模式中,英国转口贸易的对象即欧洲国家起了消费导向的作用,而伦敦就是这种转口贸易的中转站。当时,沿着泰晤士河谷,以及在其他地区,出现了与伦敦的发展密切相关的市场,如纽卡斯尔向伦敦提供燃料,谢菲尔德(Sheffield)的刀片是伦敦刀具业的基础,遥远的兰开夏郡也为伦敦钟表业的发展提供了一部分条件。同时,由于伦敦附近食品价格和劳动力价格上扬,以及伦敦附近的燃料和材料耗尽,原来分布在伦敦附近的对劳动力附加值和原材料要求较高的冶铁等工业,开始向英格兰北部和西部转移。这样伦敦自身的存在和发展,不仅受到地区发展专业化的推动,反过来也推动英国民族国家经济的一体化[2]。另一方面,在整个 17 世纪,不断膨胀的伦敦既是英国财富的中心,也是拥挤不堪、混乱肮脏和充满危险的地方。1603、1625 和 1636 年,这里先后三次发生流行病,并且发生过火药阴谋案、大瘟疫和大火灾这样一些天灾人祸。根据同时代人塞缪尔·佩皮斯(Samuel Pepys)的记载,由于大瘟疫的缘故,伦敦城的每个人都在谈论死亡,喧嚣之声犹如海涛;安东尼·伍德(Anthony Wood)记载说,瘟疫和火灾加在一起,使这个城市陷入贫困交加、愤懑起伏、饱受磨难和濒于崩溃的境地。然而,火灾后很快就进行了重建,在大火烧毁的 86 座教堂中,有 51 座是由皇

---

[1] 阿萨·勃里格斯:《英国社会史》,陈叔平等译,中国人民大学出版社,1991 年,第 184 页。

[2] Paul S. Seaver, *Seventeenth-Century England*, New York: New Viewpoints, 1976, pp. 13-17.

家学会(Royal Society)会员雷恩爵士负责重建的①。新建的圣保罗大教堂,以雄伟庄严的气势震慑世人,而现代伦敦城的轮廓,就是在火灾后废墟上形成的。

　　这一时期,尤其是17世纪,伦敦人生活在喧嚣吵闹、熙熙攘攘的快速发展中。1650年,英国第一家咖啡馆在伦敦开业,它取代英格兰传统的交际场所教堂与酒吧,成为伦敦人社交会晤的新型空间,不久后,其他市镇也相继模仿。1660年,皇家学会在查理二世的祝福下成立,把艾萨克·牛顿爵士(Sir Isaac Newton)这一类杰出人物吸引到首都,欧洲大陆国家也纷纷仿效。1694年,英格兰银行(Bank of England)在借鉴荷兰人经验的基础上在伦敦成立,它使英国的公共借贷经常化成为可能,并为政府的财政活动提供了稳定的基础。后来亚当·斯密(Adam Smith)写道:英格兰银行不是作为一个普通银行,而是作为国家的大蒸汽机在起作用。

　　尽管如此,16—17世纪伦敦的大发展却是在牺牲其他城镇的利益并以乡村为基础发展起来的。那时,"大伦敦、小城镇、广阔的乡村"成为英格兰经济与人文地理的特征。之所以说伦敦是庞然大物,就在于它吞噬了其他大大小小的城镇,尤其是那些港口城市。17世纪初,刚刚登上英格兰王位的詹姆士一世抱怨说,"不久的将来,伦敦就会成为整个英格兰"②。事实证明,詹姆士的说法并非言过其实。到17世纪中叶,巴黎拥有35万居民,是法国、也是欧洲大陆最大的城市,鲁昂(Rouen)和里昂(Lyon)是法国的第二、第三大城市,分别有10万和8万人。在欧洲大陆,人口超过25万的城市有5个,超过5万的城镇有100多个,这样的比例相对平衡。而在1640—1660年,伦敦人口超过50万,相比之下,英格兰的第二"大城市"纽卡斯尔、布里斯托尔和诺里奇却只有2.5万人,伦敦的人口比英格兰其他50个城镇的人口总和还要多。16世纪,英国出

① 阿萨·勃里格斯:《英国社会史》,陈叔平等译,中国人民大学出版社,1991年,第184页。
② 同上书,第154页。

口贸易的很大部分必须取道于伦敦；17 世纪，英国新兴的转口贸易也集中到伦敦，它把殖民地进口的原料如糖和烟草等，经过加工运往欧洲大陆。17 世纪初，每 20 个英格兰人中有一人住在伦敦；17 世纪 40 年代，每 10 个英格兰人中就有一人居住在伦敦，每 6 个英格兰人中会有一人部分时间居住在伦敦；而到 1690 年，在英国最富有的人中，有 100 个是最有钱的伦敦人[1]。在海外贸易及随之兴起的早期银行业的发展方面，伦敦对其他城市的发展所产生的钳制作用，在漫长岁月中才渐渐得到缓解。

那么，为什么伦敦在都铎和斯图亚特两朝能获得如此巨大的发展呢？这与英国人口在 16—17 世纪的变化密切相关。"如果说这个时期是英国历史上的黄金时代，这主要是因为从 1500 年到伊丽莎白去世英国人口的迅速增长并没有超过资源所能容忍的程度，尤其是没有超过粮食的供给限度，因此没有导致马尔萨斯理论中的人口危机。饥荒和疾病无疑严重破坏和影响了都铎王朝的经济发展，但是并没有像 14 世纪那样彻底地摧毁都铎王朝的经济基础。更有积极意义的是，随着人口的增长，劳动力和社会需求的增长刺激了经济的发展和农业生产的商品化过程，促进了城市和贸易的复兴和发展……使得英国人尤其是伦敦人的生活方式发生了变化。"[2]

前工业社会经济的复兴过程，基本上是人口重新增长的过程。在亨利七世开启都铎王朝之前的一个世纪中，与其他西欧国家尤其是法国相比，英国不但人口稀少、发展缓慢、交通闭塞、社会落后，而且在治愈 14 世纪黑死病创伤的速度上，较之于法国、德国、瑞典和意大利，也都要缓慢。从黑死病发生到亨利八世在位，英国人口增长基本上停滞不前。1525 年之后，其人口增长的曲线走出低谷，从 1525 年的 226 万增长到 1601 年的 410 万。此间，甚至出现了 1525—1541 年的"人口爆

---

[1] 肯尼思·O.摩根主编：《牛津英国通史》，王觉非等译，商务印书馆，1993 年，第 314 页。
[2] 同上书，第 239—240 页。

炸"和1551—1561年小幅回荡。同时,威尔士人口从1500年的21万,上升到1603年的38万;苏格兰和爱尔兰的人口,到1603年也达到150万;而到17世纪中叶,英格兰人口将近530万,又一次达到新的高峰。整个不列颠的人口,从1600年的600万,增长到17世纪中叶的770万。此后,英国的人口增长基本上稳定下来。当然,由于1700年以前英国的人口是通过后来的历史学家和人口学家推测得来的,并不确定;所以,表1从不同的资料整理出来的人口增长情况,只能供参考。尽管如此,"大伦敦和广阔的乡村"这种现象在社会结构与人口结构上仍然彰显无余。

表1　1300—1665年大不列颠人口统计(单位:万人)

年代	英格兰	威尔士、苏格兰与爱尔兰	伦敦
1300			10
14世纪黑死病爆发前	400—500(含威尔士)		因黑死病减少近1/3
1377	250(含威尔士)		
1530?			5
1525	近226		
1541	277		
1551	301		
1561	298		
1581	360		
1601	410	190	
1603		63(仅威尔士)	瘟疫减员3
1605			22.5

（续表）

年代	英格兰	威尔士、苏格兰与爱尔兰	伦敦
1625			瘟疫减员 3.5
1636			瘟疫减员 1
17 世纪中叶	近 530	220	
1665			46(1665—1666年瘟疫减员 1/5)

作者整理,资料来源:肯尼思·O. 摩根主编:《牛津英国通史》,王觉非等译,商务印书馆,1993 年,第 240—241 页、第 307 页;Wikipedia, the free encyclopedia, "Great Plague of London"(last modified on 21 March 2013 at 11:21);"London"(last modified on 21 March 2013 at 19:33).

历史是人类创造的,而人类创造历史的过程,客观上受到山脉、沼泽、荒地、河川、海岸、气候等自然环境的制约,人们正是在特定的物质条件和外部环境中发挥自身的潜力而创造历史的。英国著名诗人威廉·考珀(William Cowper)写道:"上帝创造了乡村,而人类创造了城镇"。不过在农业文明的末期,16—17 世纪,绝大多数英格兰人尚未完全脱离托马斯·霍布斯(Thomas Hobbs,1588—1679)所说的"恶劣、野蛮和贫穷"的生活环境①。16 世纪下半叶,曾经作为王国政治重心和国库重地的温切斯特城,已经有好几个世纪在走下坡路,而宗教改革后一度没落的林肯(Lincoln)、约克和诺里奇又获得了新的职能:约克是北方事务委员会所在地,诺里奇是新式呢绒业生产中心,林肯作为大主教驻地仍然不可小视。另外,纽卡斯尔、曼彻斯特(Manchester)等新兴城市正在发展,前者是煤炭交易港口,后者则是发展最快、人口最多的"外省城市"。尽管如此,除了庞大的伦敦,英国的城市无论是郡县首府还是地方经济中心,其生活方式和城市景观都大同小异:一方面,城市中心人口稠密,"不同社会等级的人毗邻而居,形形色色的社会活动在教堂与市场、住宅

---

① Royle Edward, *A Social History:Modern Britain*,*1750—1985* , London:Edward Arnold,1987, p. 3.

与货栈、商店与妓院之间进行着"①;另一方面,这里仍然具有浓郁的乡村气息,菜圃果园比比皆是,牛羊猪鸡沿街游荡。都铎王朝时期各种各样的职业、行业、个体经营、家庭手工业已在乡村兴起;除了伦敦市区外,大多数城镇居民还种菜养禽、酿造啤酒。②

当时,英国社会主要由数千个小小的农村共同体组成,小城镇和屈指可数的"城市"只是星星点点地散布在广袤的乡村社会中。英国社会的人文地理,虽然由村庄、城镇、教区、郡县共同构成,它们作为各级社会单元,都有各自的完备性;但乡村与教区始终是为数最多,也是最为基层的社会组织。村庄与庄园、牧场与农场,不仅是地理学和行政学的单位,而且也是地方社会的基础。在乡村,人们分享着共同的关系,关注着共同的事物,使用着共同的方言,有着共同的思想观念、行为方式和法权义务,这些都对地方意识的产生起着作用。地方意识不仅是民众认同的向心力,而且是英国社会中强烈的地方忠诚性的成因。在 16—17 世纪的英国,地方主义既是一种社会经验,也是一种思维模式。当然在不同的社会群体中,在不同的具体目的下,地方主义的意义又各不相同。同时,各个层次、形形色色的地方社会,终究被包裹在民族国家这个统一体的框架内。这种状况在广袤的乡村也得到充分的体现,正如地方史专家阿兰·艾维里特(Alan Everitt)所指出的那样,即便全国性的精英,即那些在议会有席位的绅士(gentility),也在乡间邻居中择偶婚配。直到 1640 年,约克郡绅士中只有 20 户在伦敦有住宅。当然,乡村的地域差异也很大,1640 年,肯特郡的绅士家庭有 90% 来自于本郡中世纪的自由持有农(freeholders),或都铎时代的约曼农;汉普郡只有 50% 的绅士家庭起源于本郡;而白金汉郡和拉特兰郡(Rutlandshire),1522 年每 10 个村庄中只有一个乡居绅士,1680 年三分之二的村庄有一个以上的乡居绅士。在盛行敞田制(Open Field System)和以谷物种植为主的村庄,乡居绅士

---

① 钱乘旦、许洁明:《英国通史》,上海社会科学院出版社,2002 年,第 139 页。
② 肯尼思·O. 摩根主编:《牛津英国通史》,王觉非等译,商务印书馆,1993 年,第247 页。

的庄园大院是社会治理的中心,在庄园作用弱小的畜牧地区,存在着大量的约曼农场主,却很难找到乡居绅士。

若以农业经济模式进行观察,16—17 世纪的英格兰可以分为下列两种类型:(1) 农田区或者纯粹农业种植区,如英格兰东南部,农业生产中已部分出现了向资本主义农场过渡的迹象,其社会共同体主要是以教堂和庄园为中心的村落或者村落群,社会结构由互惠的邻里关系、稳定的传统习俗、自治的乡绅管理紧密地束缚着。(2) 畜牧奶肉生产区,主要分布在草原和森林地带,在这类地区,每个教区在地理上覆盖着更大的地域,居民居住在分散的、孤零零的茅舍中,远离绅士和教区牧师的监督,民众在行为和观念上都更为自由,村社也无力阻止外来移民的迁入,农牧产品商品化和农村手工业的发展,对牧区居民和外来居民都有强烈的吸引力。

15 世纪末到 17 世纪初,英格兰乡村社会的生活景观,基本上是一幅自给自足的画面:农民饲养家畜、拥有宅边地,一方面为自己提供食物,另一方面也把小量剩余产品拿到市镇,去交换自己无法生产但必不可少的物品。牲畜把粪便排泄于自家的耕地或休耕地,使土地肥力自然增长,冬天圈养时则形成畜粪堆肥,春天开犁前把这些自然发酵的农家肥运往田地。在大西洋暖流的影响下,英格兰的天气多是连绵细雨,而无酷暑寒冬,这既有利于谷物的种植,又有利于牧草的生长,更有利于牛、羊、猪、鸡的繁殖。那时,宅边种菜植果、家里养猪喂鸡的现象十分普遍,奶蛋菜蔬自给自足是寻常事,养羊取毛则是赚钱的经济作业。家庭毛纺织业在工业革命前是一种劳动密集型产业,投入大、产出少,以至于普通农民一生只穿两三件羊毛衣裤。而且,只有大地主才有财力和人力去喂养大批的羊群和马匹。为了保持土地的肥力,不仅需要在土地上放牧牲口和喂养家禽,把人畜粪便和植物肥料铺洒在土壤上,还需要在同一块土地上轮换种植小麦、燕麦、黑麦、大麦以及其他作物,以便让土壤经常保持适合植物生长的养分。那时,人们对于细菌和水处理一无所知,由于饮水本身不安全,啤酒就成为通常的饮料,男女老少都大量饮用啤酒。

种植大麦主要为了酿造啤酒,有时用来制作粥类食品;燕麦、黑麦和小麦主要用于制作面包和其他食品,有时也用其颗粒制作浓汤,而这种由时令蔬菜、大量麦粒和些许肉末烹制的浓汤却是穷人的主食。

在农场和村庄,居民大都有自家园地以种植蔬菜,农民大都用自己种植的饲料或制作奶酪剩下的奶渣、碎屑等养猪,到秋天用橡树果实催肥,然后宰杀。农户也喂养鸡鸭,为自己提供禽蛋、禽肉。夏天家禽在广阔天地自觅食物,冬季则需要人工喂食。饲养奶牛能提供牛奶与牛肉、畜皮与畜力,养羊则主要为获取羊皮、羊肉、羊奶及羊毛。在英国,饲养家畜家禽的主要困难在于冬季缺乏足够的饲料,在中世纪晚期,寒冬是压力重重、危机四伏的季节,地里寸草不生,屋里则储粮不多,一家人和各种家养动物不得不靠少量的粮草来维持生命。初冬,人们要把家畜、家禽宰杀或出售,以应付冬季粮食和饲料的短缺。为了熬过漫长的冬日,人们要腌制肉类、储存干菜,用畜皮制造各种御寒衣物。整个冬季人们都依靠谷类、薯类、腌肉和咸鱼为生,以及少得可怜的蔬菜,如洋葱和卷心菜,鲜奶和奶酪则十分稀少。冬季享用新鲜蔬菜是一种奢侈,奶和肉的产量与其他季节无法相比。早春时节,人们仍然要依靠单调乏味、十分有限的食品来度日;如果遇到天灾人祸、收成减产,冬天就更加难挨了。为了尽可能填饱肚子,农民很少有足够的种子储备以满足来年春天种植的需要。

尽管如此,乡村生活中的等级差异仍然十分明显:绅士用小麦制作面包,穷苦的邻居则食用黑麦或大麦制成的面包,饥荒岁月甚至用燕麦①或豆类制作面包。在穿着方面,上等人穿戴呢绒、优质亚麻,而下等人则穿戴粗革便帽和褴褛衣衫、鞋袜。对于乡绅而言,他们"人人都是自己的建筑师",大兴土木、自建豪宅、造园设景;对普通劳动者而言,他们居住在以木材与泥土营造的陋室敝屋内。悠然自得的贵族与乡绅们少食多餐,进餐时间要早于忙忙碌碌的商人;农人到正午时分才得空正正经经

_____

① 在英国,传统上燕麦(oat)是用于喂养马匹等牲畜的。

地进餐,晚上七八点因劳累和饥饿而狼吞虎咽。当然,更穷的人也许谈不上何时进餐,他们大多数时间饥肠辘辘,有餐可进时也是忙中偷闲草草了事①。不过,这样的景观也在变化,到亨利七世时期,英国经济进入农业和手工业并行发展的时代,农民兼作手工业已较为普遍,在威尔特郡(Wiltshire)和萨福克郡(Suffolk)的高地,他们纺织羊毛,在康沃尔郡和德文郡(Devonshire)则开采锡矿,在英格兰北部,他们掘地挖煤,在米德兰(Midland)西部则制造铁钉。当然,在农村手工业中,最主要、最普遍的还是家庭羊毛纺织业的兴起。

17 世纪 30 年代,英国农业改革的效果开始表现出来。此后,实际工资的上升、国内交通的改善、海外市场的扩大等因素,都增加了对制造业产品的需求,带来了工业就业人数的增长。然而,这些进步是以大量穷人的出现为代价的,"羊吃人"的圈地运动(Enclosure)便是其中最重要的表现之一。何为"圈地"? 它意味着教区居民对土地的公共权利的消失,以及以"敞田"为特征的分散的土地持有方式的废除。圈地者将原本分散在许多地块上的小块持有地集中在一起,连成大块,再用树篱、栅栏、石块、土埂等圈围起来,这就为大土地所有者排他性地使用土地创造条件。盎格鲁-撒克逊人入侵不列颠时,带来了日耳曼人古老的土地公共使用权,直到 18 世纪,这种制度仍然在英国有所遗存。总体而言,公共权利包括三方面内容,一是庄稼收割后所有土地可以用作牧场,一切教区居民都可以在其上放牧;二是森林、草地等对教区居民开放,他们可以采摘野果、斫取柴火,以及饲养猪羊等等;其三,居民可以利用村庄周边的沙石地、沼泽、泥潭、荒山和陡坡,进行放牧、采集、掘炭、采石等活动。在"圈地"过程中,这些公共权利全都消失了,受伤害的主要是贫苦的小农。

圈地运动有两部法律规定作为基础,揭开了圈地运动的序幕:其一,1235 年的《默顿条例》(Statute of Merton)宣布:"鼓励庄园领主在荒地

---

① 阿萨·勃里格斯:《英国社会史》,陈叔平等译,中国人民大学出版社,1991 年,第 134 页。

上为佃户留下足够牧场的前提下,对剩余的荒地进行围圈,但领主必须证明佃户们有足量的牧场可资利用"①。其二,1285 年的《威斯敏斯特条例》(*Statute of Westminster*)规定:"在没有颁布特别的公共放牧权的前提下,鼓励那些庄园荒地被邻近庄园用作牧场的领主们进行圈占,以对抗邻近庄园的侵入"②。此后,在整个中世纪晚期,零星的圈地时有发生,庄园主、大地主和小地主们把相邻的条地围圈起来,使之与公地分离,而大规模的圈地活动则是王室和贵族为了建立鹿苑而兴起的。到都铎时期,圈地运动迅速展开,多数是由领主或大地主单方面进行,无须事前协议。在很多地区,圈地的主要目的是将农用土地转变为牧用土地,用于发展养羊业,由此而出现了所谓"羊吃人"的现象。此时的圈地,往往伴随着普通农民公地使用权的丧失,以及一个个村庄的完全毁灭。都铎时期圈地运动迅猛发展的原因,可以归结为以下几点:第一,14 世纪中叶黑死病横扫欧洲,使英格兰与威尔士的人口锐减,有些庄园的土地因缺乏租地农和农工而不得不长年抛荒。在这种情况下,随着农用劳动力的严重短缺以及农业劳动力价格(工资)的大幅度上涨,圈占农用土地改为牧场可以盈利更多。第二,15 世纪末 16 世纪初,由于新航线的开通和新大陆的发现,英国的对外贸易迅速增长,刺激了羊毛出口业和毛织业的发展,致使羊毛价格不断上涨,圈地养羊便成为获利丰厚的行当。第三,在都铎朝和斯图亚特朝早期,英国仍存在大量森林、草地、沼泽和荒地等公共土地,没有明确的主人,一些贵族地主希望利用自己的政治影响力和经济实力将其变为私有土地,故而使圈地行径随即发生。第四,贵族地主同时看到,把土地租给新兴的农业资本家(即农场主)比租给个体小农更有利可图,所以,圈地成为增加财富的重要途径。

　　圈地运动的起落与羊毛价格的涨跌有密切关联,因为羊毛开始成为

---

① A. E. Bland,P. A. Brown and R. H. Tawney(eds.),*English Economic History Select Documents*,London:G. Bell and Sons,Ltd.,1914,pp. 87 - 88.

② D. C. Douglas(ed.),*English Historical Documents*,Vol. Ⅲ:1189—1327,London:Eyre & Spottiswoode,1975,pp. 455 - 456.

最有利可图的商品。羊毛价格的上涨引起 16 世纪初一二十年代牧羊业的大发展,也带来了 15 世纪末 16 世纪初第一次圈地运动的高潮。1520年有一首民谣唱道,"如今大人物青云直上,竟在教堂里筑起了羊栏"。那时候,"在所有的家畜中,只有养羊获利最为丰厚"——1579 年费策贝特在《家政书》中曾这样说道。尽管罗马天主教会公开指责,且反圈地的政府法令也屡屡颁布,但圈地运动却屡禁不止,到 16 世纪 50 年代又出现一次高潮,可以听到民众这样的控诉:"他们夺走我们头顶上的房屋,强买我们手里的地产,提高租金,滥征高额罚金,圈占我们的公地。任何习俗、任何法律、任何规章都不能抑制他们对我们的欺压。"[1]由于公共权利丧失殆尽,贵族地主贪婪之心已经超越了改良土地的愿望。

就都铎和斯图亚特两朝而言,圈地运动开始于工商业发达的英格兰东南部,贵族地主最初圈占公有土地,进而圈占小农的租用地和公簿持有农的份地。宗教改革时期,亨利八世把没收的教会领地赐给亲信宠臣,卖给乡绅、土地投机家、市民、商人和工场主,这些人变成新贵族后,也迅速加入了圈占农民土地的行列。根据 1630 年和 1631 年的调查报告,莱斯特郡在两年内有 10 万英亩土地被圈占,约占该郡土地总数的2%,其中大部分变成了牧场。乡绅是主要的圈占土地者,1485—1550年,他们在莱斯特郡圈占的土地占该郡圈地总面积的 60%。在这种形势下,大批农民被迫出卖土地,或远走他乡,或到处流浪,失地农民陷入极端悲惨的境地。莫尔爵士认为,该时代英格兰的许多社会问题,尤其是偷盗倍出,与圈地运动密切相关。在《乌托邦》中,他以自己与红衣主教对话的形式,描述了"羊吃人"的残酷现实:羊群"一向是那么驯服,那么容易喂饱,据说现在变得很贪婪、很凶蛮,以至于吃人,并把你们的田地,家园和城市蹂躏成废墟。全国各处,凡出产最精致贵重的羊毛的,无不有贵族豪绅,以及天知道什么圣人之流的一些主教,觉得祖传地产上惯例的岁租年金不能满足他们了。……因此,佃农从地上被撵走,为的是

---

① 阿萨·勃里格斯:《英国社会史》,陈叔平等译,中国人民大学出版社,1991 年,第 148—149 页。

一种确是为害本国的贪食无厌者,可以用一条栏栅把成千上万亩地圈上。有些佃农则是在欺诈和暴力手段之下被剥夺了自己的所有,或是受尽冤屈损害而不得不卖掉本人的一切"①。亨利八世颁布过反圈地法令,但只是徒有形式而已,因为实际上相关的法规并没有得到执行。

随圈地运动而来的,不仅是对农业劳动力的损害,还伤及诸如磨坊主之类的以初级农产品加工为生的人群。17 世纪初,英格兰的著名旅行家法因斯·莫里森(Fynes Moryson)在他 1617 年出版的《旅行日记》(An Itinerary)中指出:

> 英国盛产玉米、小麦和其他可以运输的谷物,当一夸脱谷物以 20 先令或不足 20 先令的价格出售时,这些粮食不仅提供给普通英国人,也提供给在爱尔兰作战的英格兰人。人们还将大量谷物出口国外。然而,上帝怜悯吧! 近十年来英格兰粮食短缺,使之不得不进口国外玉米。……必须承认,大量玉米日复一日地减少,是因为自私自利的人们发现放牧羊群、喂养牛群比需要众多人手的耕田犁地、种植粮食更有商品价值,对于将谷物田地转变为围圈的牧场并没有法律进行约束,特别是因为那些大人物正是带头破坏法规的人。②

圈地运动的结果之一,是使大批丧失土地和家园的农民,成为一无所有的雇佣劳动者。这虽然是资本原始积累的重要手段之一,但是让圈占的公地变成为从事养殖业的牧场,以及接踵而来的村民被驱离家园、失去生计,就造成了都铎时期最突出的社会问题。1489 和 1516 年,都铎政府曾两度颁布反圈地法令,客观地反映了王室对待圈地的态度,其目的在于阻止结构性的农田荒芜,以及随之而来的王室税收

---

① 托马斯·莫尔:《乌托邦》,戴镏龄译,商务印书馆,1982 年,第 21—22 页。
② David R. Holeton, "Fynes Moryson's Itinerary: A Sixteenth Century English Traveller's Observations on Bohemia, its Reformation, and its Liturgy", in *The Bohemian Reformation and Religious Practice*, Prague, pp. 379 - 410.

减少、军队征召困难、下层人民反叛等问题。16世纪，没有稳定收入的人会成为贫民，而失去土地就意味着变成流民——这两者与犯罪都只有一步之遥。因此，都铎政府十分紧张，尤其是早期都铎君主，他们眼看着土地被圈占和村庄被灭绝的结果是流民和盗贼大量增加，从亨利七世朝起，议会就出台相关法案，如1489年的《禁止圈占农田和拆毁村庄的法令》，下令停止圈地，但圈地现象仍然不可遏制。1485—1500年，在北安普敦、沃里克、牛津、白金汉和伯克（Berkshire）等郡，共圈占了1.6万英亩土地，其中1.3万英亩被用作牧场①。在1489年后的150年间，涉及反圈地运动，英国至少出台了11个议会法案和8份委员会调查报告。最初，王室政府并不把圈地本身算作犯罪，但它一旦伴随着毁坏房屋，圈地的收益就应该有一半要上缴王室，直到被毁坏的房屋得到重建。1536年通过的《反圈地法令》规定，所有持有20英亩以上土地并在过去三年内从事农耕的人，必须保留耕地；如果领主对变耕地为牧场的人不进行起诉，则允许将圈地所得收益的一半上缴王室，直至实行退牧还耕时为止。这类法案对阻止圈地运动的发展，还是起到了一定的作用。红衣主教托马斯·沃尔西在1517年成立一个专门委员会，负责通过调查而决定哪些圈地行为属于犯罪，并有权确保圈地所得收益的一半为王室所有。

　　亨利八世时期，随着人口的增长，通货膨胀又成为圈地运动发展的重要促进因素。由于亨利七世的勤勉和节俭，1509年亨利八世继位时，都铎王室财政状况运转良好。但是，亨利八世花费巨资对苏格兰和法国进行战争，很快使王室的开支翻了一番。为了敛财，他还在1544年将新币的含银量减少50％，同时又从美洲弄来大量的贵金属，增加英格兰的货币供应量，导致通货膨胀愈演愈烈，严重地威胁到贵族地主对财富的实际占有。他们感到只有借助于圈地，才能有效地抵销财富的流失。直

---

① Clayton Roberts & David Roberts, *A History of England：Prehistory to 1714*，Vol. 1，Englewood Cliffs，N J：Prentice Hall，1991，p. 223；钱乘旦、许洁明：《英国通史》，上海社会科学院出版社，2002年，第120页。

到爱德华六世时期,萨默塞特公爵才认识到圈地运动与通货膨胀的因果关系,意识到货币贬值是通货膨胀之因,因而也是圈地运动之因;直到伊丽莎白时期,财务大臣威廉·塞西尔才对货币贬值采取行动,以图扼制圈地运动的发展,但为时已晚。在英格兰的苍茫大地上,正酝酿着反圈地的农民运动,似箭在弦上。

16世纪20年代到50年代,英格兰土地租金上扬很快,该时代的诗人罗伯特·克劳利(Robert Crowley)在其创作中发出了关于"苛刻地租"的抱怨。当时,自发拆除圈地围栏的做法很普遍,愤怒的佃农不能容忍地主开辟新的牧场,感到无法无天的圈地运动正在毁坏他们的耕地。人们十分怀念往昔的公地制度,散布在全国的暴力活动就表达了这种意愿。无论在乡村还是在城市,区域性骚乱屡屡发生,间或发生大规模的起义。1536—1537年间,以林肯郡叛乱为开端的求恩巡礼运动,一时间使英格兰北部的贵族、乡绅、自耕农、自由小农和呢绒商联合在一起,而且很快使约克郡发展成这一活动的中心。1549年,同时存在着两股互不相属的起义大军,其中一股位于英格兰西部,他们是德文与康沃尔的起义民众,叫做"祈祷书叛乱"(Prayer Book Rebellion)另一股则是东盎格利亚的罗伯特·凯特(Robert Kett)领导的起义大军,他们敦请政府赈济"贫困的平民百姓"。五年以后,当官方宣布玛丽女王与菲利普二世的婚姻时,托马斯·怀亚特爵士(Sir Thomas Wyatt, the Younger)[1]举起义旗,率领义军从肯特出发,在金斯敦(Kingston)渡过泰晤士河之后,抵达伦敦城。"1596年,在伦敦城学徒工匠起而反对市政当局的同时,牛津郡又爆发了反对圈地的乡村暴动。"[2]在这种周期性起义中,起义者强调英国人民尤其是自由约曼农的传统权利,而这种对权利的强调是现代人权观念的先声。

在16和17世纪初反圈地暴力行动中,规模最大的是发生在诺福克

---

① 他是著名诗人托马斯·怀亚特爵士(Sir Thomas Wyatt, the Elder, 1503—1542)的儿子,他们父子同名。
② 阿萨·勃里格斯:《英国社会史》,陈叔平等译,中国人民大学出版社,1991年,第126页。

郡"凯特起义"（Kett's Rebellion）。1549 年 6 月 8 日，温德汉姆镇（Wyndham）的一群公簿持有农和租地农，挺身拆毁富裕地主约翰·弗劳尔杜爵士（Sir John Flowerdew）建造的篱笆围墙。这个由律师转变为乡绅的圈地者在当地十分不得人心，他与罗伯特·凯特一向不和而凯特是当地一个很有影响的富裕农场主，弗劳尔杜向骚乱者许诺给每人支付 40 便士，让他们去反对已经 57 岁的凯特。凯特听完了人们对圈地的抱怨后，不仅同意拆毁他自己的圈地藩篱，还支持那些造反者。与罗伯特·凯特一起参加起义的还有其长兄威廉·凯特（William Kett），起义军在凯特兄弟的领导下，从乡村公簿持有农和租地农中征召兵源，最多时达到1.6 万人。他们在诺里奇城东北部的穆斯霍尔德荒野（Mousehold Heath）安营扎寨，并由凯特和其他百户区代表一起签署了呈交爱德华国王的《陈情书》（29条），内容大致如下：第一，不允许地主过多占用公地来放牧他们的牛羊，或圈占公地作为己用；第二，对于圈围土地用于农耕，起义军抱怨不大，但是如果圈围土地用于建设牧场或放牧羊群，并因此减少了普通农民放牧的机会，却是不能容忍的；第三，降低地租，并把侵占田地和毁坏房屋的罚款保持在 1485 年的水平；第四，降低教士的俸禄，以现金而不是实物支付什一税，每个教区必须有一个定居的牧师为大家服务，让大众参与至今仍然只有乡绅才能参与的地方政府的管理。在失业居民的支持下，6 月 21 日，起义军攻占了英格兰第二大城市诺里奇。8 月 1 日，他们打败了由北安普敦侯爵威廉·帕尔（William Parr）率领的 1 500 名政府军。8 月 27 日，在杜辛代尔战役（Battle of Dussindale）中，起义军被约翰·达德利率领的 1.4 万人政府军击败。在这次战斗中，达德利仅损失 250 人，而被杀害的起义战士约有 3 000 人。凯特兄弟被俘并囚入伦敦塔，后于 12 月 7 日以叛逆罪遭处死。四百年后，即 1949 年凯特兄弟起义纪念日，诺里奇人修复了城堡，以纪念这两位为普通大众的自由、公平、生存而斗争的领袖。

　　1607 年 5 月，在英格兰中部的北安普敦郡哈兹尔比奇（Haselbech）又发生"米德兰起义"（Midland Revolt），同样是由圈占公地而引起，并迅速席卷沃里克郡和莱斯特郡。起义领导者是德斯巴勒的补锅匠约翰·雷诺兹(John Reynolds of Desborough),他说自己得到国王与天主的授权,要用自己的布袋——其实是补锅匠的工具包,来摧毁圈地运动,由此,时人称之为"布袋头"(Captain Pouch)。起义得到周边民众的响应,沃里克郡的希尔默顿(Hillmorton)有3 000人参加,莱斯特郡的科茨巴赫(Cotesbach)有5 000人加入抗议者队伍。如此一来,莱斯特市政当局不得不实行宵禁,以防止市民出城响应,同时还竖起绞刑架,准备杀鸡儆猴。米德兰起义达到高峰时,演变成所谓的"牛顿起义"(Newton Rebellion)。1607年6月初,当詹姆士一世颁布镇压米德兰起义的公告,并命令北安普敦郡守平定起义时,上千人聚集在凯特林(Kettering)附近的牛顿,连妇女儿童都出动了,人们拆毁树篱,填埋沟壑,抗议特雷瑟姆(Tresham)家族在牛顿城及其附近的拉什顿(Rushton)地区肆意圈占公地。郡守爱德华·蒙塔古(Edward Montagu)几年前曾在议会反对圈地,现在却站在特雷瑟姆一边。当地武装和民兵拒绝镇压起义军,贵族只好使用家丁,经过一番酣战,起义者最终失败,其首领要么处绞刑、要么遭监禁,但特雷瑟姆家族也元气大伤,很快陨落。

　　上述两次规模较大的反圈地起义,主要是反对上层阶级对公共土地的圈占,试图保持传统的生活方式和对公地的使用权;另一些原因包括通货膨胀、失业、地租上涨、工资下降等,这些因素都加重了民众生活的艰辛程度。当然,每一次起义都会有一些地方因素。例如,凯特起义除了受到附近的阿特尔伯勒(Attleborough)前些时候发生的拆毁圈地栅栏的骚乱影响之外,也与温德汉姆镇每年6月6日举办的纪念圣托马斯·贝克特(St. Thomas Becket)的节庆活动有关。1538年亨利八世下令把贝克特从教会历法中除名。1549年6月6日,小镇居民在举行纪念活动后,拆毁了约翰·弗劳尔杜爵士的树篱和栅栏。他们反对弗劳尔杜,不仅因为他疯狂圈地,还因为他在亨利八世解散修道院时,一度充当政府监察,拆毁了温德汉姆修道院,非常不得人心。

　　在农民起义的打击下,圈地运动一度有所收敛。都铎与斯图亚特早期,王室政府出于对兵源、财政和社会治安诸因素的考虑,基本上采取了反圈地政策。1515 年,亨利八世限令在一年之内对已圈占并改建为牧场的土地实行退牧还耕,使农耕土地得到一定程度的恢复。但这类法令的实际效果有限,1601 年的颁布《伊丽莎白济贫法》(*The Elizabethan Poor Law*)从侧面证明了这一点。它规定在各教区开征济贫税,并对在本教区居住一定年限、曾从事体力劳动的失业者提供救济,其目的之一是把失地的农民束缚在教区内,不让他们四处流荡。16 世纪末 17 世纪初,英国城市人口日益增多,工场手工业发展很快,市场对谷物、肉类的需求大大增加,一度陷入低谷的圈地运动又重新抬头。1593 年,英格兰议会废除反圈地法令,直接引起圈地狂潮,数年之间有大量耕地被改为牧场,当然在 1597 年因连续四年的农业歉收,议会又被迫恢复了反圈地法令。1601 年都铎时期的最后一次议会中,议员们却倾向于彻底废除反圈地法令。此后,圈地运动逐渐得到王室的支持和议会的认可。1640年革命爆发后,议会不再通过反对圈地的法令。光荣革命以后,政府改变政策,公开支持圈地运动。随着廉价的美洲小麦进入英国,英国人开始认为英格兰凉爽潮湿的气候条件更适合种植牧草,本土粮食生产的重要性日益降低。这时,贵族地主改变经营方式,纷纷用积土、石堆等方式筑起矮墙,将自己的地产加以圈围。到 18 世纪初,尽管英格兰仍有五分之三的耕地未被圈围,但旧有的共耕制农村公社已被彻底摧毁。

1688 年光荣革命后,英国的工场手工业得到发展,城镇人口急剧增长,对农产品的需求更加迫切,贵族地主为生产肉类和粮食以满足市场需要和谋取利润,扩大了对农牧业的投资,并设法改善土地肥力,同时也加速围田圈地,以便进行大规模的农业改革。这时,政府通过各种议会立法,使圈地运动合法化。贵族地主利用他们所控制的国家机器,强迫农民服从一个一个圈地法案。尽管那些地方性的圈地申请都得到相关土地持有者的认同,但其实只是当地大土地所有者的意志的体现,小农民因无力负担圈地的费用,或因失去公地使用权而难于维持生计,不得不出卖自己的土地。大规模的农业生产技术革新也在客观上促成了圈地运动的发展,具体来说,新农业器械的出现、新耕作方法的推广,都要求农用土地连成大片,中世纪一直存在的敞田制成了制约农业发展的障碍,于是到 1801 年圈地运动终于彻底合法化了。

从客观上说,圈地运动为 18 世纪的"工业革命"(Industrial Revolution)创造了条件,它提高了农牧业生产的产量,同时又为获得充足的劳动力和工业原料提供了机会。被剥夺土地的农民不得不投入工商业活动,也在一定程度上改变着英国人的就业结构。值得注意的是,圈地运动最早从工商业相对发达的英格兰东南部开始,也在这片区域达到顶峰。乡绅是圈地运动的主力军。以莱斯特郡为例,1485 至 1550 年间,乡绅圈占的土地占圈地总面积的 60%;1630 和 1631 年的调查报告表明,莱斯特郡有 10 万英亩土地被圈围,占该郡土地的 2%,其中大部分变成了牧场,主要的圈占者是乡绅。但圈地运动又不是一下子就触及整个英格兰,而是在相当长的时间内一地一地、一庄一庄出现的。肯特郡很早就不再有敞田制,苏塞克斯郡(Sussex)和萨福克郡则早已遍布养牛场和养猪场,这些地方都不需要圈地运动。托马斯·莫尔所说的"羊吃人",主要发生在英格兰中部地区,即从莱斯特郡到沃里克郡南部,然后穿过北安普敦和牛津,到达伯克郡这一地带。其中最典型的是莱斯特郡,它是历史上实行敞田制的中心,其土地有 95% 是农耕地,在该郡被圈围的土地中,48% 发生在 1485 年之前,43% 发生在 1485—1530 年之间,9% 发生在 1530 年之后。可见,1510 年前后是该郡圈地的高峰期。在整个圈地过程中,仅有十分之一的农耕地被转用为牧场;370 个村庄中,有 140 个受到圈地的影响,其中有 40 个村庄的良田全部荒芜,牧草茵茵而生[①]。尽管圈地为农业发展创造条件,但它伴随着失地农民的累累白骨与声声哀鸣。经济转型使一些村庄湮没、社区解体,使一些农民流落他乡、无家可归,所以,圈地运动构成了 16—17 世纪英国流民问题的重要原因。

---

① 钱乘旦、许洁明:《英国通史》,上海社会科学院出版社,2002 年,第 121 页。

第二章　济贫法与农业改良

　　在人们的想象中,流民是"外来人",含有"他者"的意思,是被不屑一顾、不予信任的对象,当然,也可以是需要施以救援和爱心的被动接受者。在中世纪欧洲的童话故事中,乞丐有诅咒对其出言不逊且吝啬小气的人的神奇能力。但究竟何谓流民? 牛津辞典给出的定义是:"无家可归且通常没有工作的人,他们从一个地方流浪到另一个地方,并通常以乞讨为生"①。在中世纪的英格兰,流民一词除了上述含义外,还含有犯罪或潜在罪犯的意思。当然,也有人把流民看作为亡命之徒、不法分子,认为这些人通过偷盗、威胁和恐吓而维持生存。在英国历史上,都铎王朝是农业社会的巅峰时期,但同时也是历史上流民最多、社会问题最大的时期。当时,许多人沿着大街小巷或者村村寨寨,挨门挨户地乞讨,这些人也容易被认为是"巫"(witch)。"有充分证据表明,16 世纪的乞丐和流浪汉在英国人口中所占的比例比此前此后都要大"②。究其原因,除了上文提到的圈地运动外,还与价格革命(Price Revolution)、人口增长、修

---

① Definitions from Oxford Dictionaries online, http://oxforddiction aries. com/definition/english/vagrant.

② F. B. Aydelotte, *Elizabethan Rogues and Vagabonds*, Oxford: the Clarendon Press, 1913, p. 3.

道院解散、封建家臣流散、瘟疫肆虐和农业歉收等因素有关联。当然,圈地运动或许是最为重要的原因,1517—1519 年都铎政府圈地调查委员会的报告就提供了若干实例:多塞特侯爵(Marquis of Dorset)在莱斯特郡圈地 500 英亩,在沃里克郡圈占 200 英亩,有 60 个被剥夺土地的农民无家可归;在北安普敦郡,罗伯特·马洛里(Robert Malory)一次圈占耕地 494 英亩用作牧场,又圈占 324 英亩牧场和草地,使 62 个农民被驱离家园;白金汉郡的托马斯·彼戈特(Thomas Pigott)在多德希尔教区圈地 960 英亩,破坏了 24 个庄园宅院,赶走了 120 个农民,又在其他两个教区圈占 1 141 英亩土地,将 149 个农民逐出庄园;柴郡(Cheshire)利斯科米乡村教区 1506 年有 20 个农民因圈地而成为"游手好闲"的人。①

都铎时期,英国流民主要有以下几个来源:首先,圈地使农民与土地相分离,而纺织业和其他工业以及新式农牧业又不足以吸收那些与土地发生分离的人口,"失去土地又不能转化为雇工的农民就成为流民"②。其次,1511—1550 年,粮食价格大约上涨 60%,此后十年内又上涨 55%;而工资上涨幅度在 1550 年只是大麦上涨幅度的 15%,1550—1560 年则是 30%,所以工资的上涨低于粮食的上涨几乎 50%③。在这种情况下,托马斯·莫尔说:"粮食腾贵的结果,家家尽量减少雇佣。请问,这些被解雇的人不去乞讨,或不去抢劫……还有什么办法呢?"④贯穿一个多世纪的价格革命,造成劳动者贫困化,这与流民问题的产生及其严重性密切相关。又次,1450 到 1640 年英国人口大约增加一倍半,16 世纪中叶至 17 世纪中叶是其高峰期。这个时期,英国人口年龄结构的特点是 15 岁以下的少年和婴幼儿占 38%,而养活这些无劳动能力的人,就给无地少地的贫困家庭带来难以承受的压力,许多家庭因此而离乡背井、四处乞讨,成为流

---

① 陈曦文:《英国 16 世纪经济变革与政策研究》,首都师范大学出版社,1995 年,第 195—210 页。

② 尹虹:《16、17 世纪英国流民产生的原因》,《首都师范大学学报(社会科学版)》,2001 年,第 4 期。

③ E. M. Leonard, *The Early History of English Poor Relief*, London: Frank Cass and Co., 1965, p. 16.

④ 托马斯·莫尔:《乌托邦》,戴镏龄译,商务印书馆,1996 年,第 23 页。

民。复次,1536—1539 年间共计有 608 个修道院被解散,修道院每年的年收入总计 13.7 万英镑,其中相当一部分用于救济贫民,修道院不存在后,传统上依靠救济的贫民也加入了乞讨和流民大军。再次,亨利七世于 1504 年颁布《取缔家臣法》(Statute of Liveries),通过褫夺兵权的办法来削弱贵族,而一部分以前的家臣和私家武士也同样沦为流民。最后,15 世纪末至 17 世纪初,英国平均每四年发生一次农业灾害和粮食歉收,饥荒与瘟疫这对孪生子也成为制造贫困和流浪的帮凶。[①] 这样,以乞讨为主的流民,就成为 16 和 17 世纪上半叶下层民众贫困化加剧的必然结果,年轻人、妇女、儿童都可以成为其中的重要组成部分。

流民大多由农业社区,或者就业不足的小城镇,向森林、荒野和沼泽地流亡,在漫无目的地四处迁徙后,又不得不向较为富裕的城镇和农业区回流。流民队伍的扩大成为都铎政府无法消除的心头之患,“在 16 世纪以前,乞丐只是偶尔让人闹心,现在他们却成为慢性的瘟疫。他们中既有四处流浪的‘游丐’,也有在本教区坐等施舍的‘坐丐’;既有身体残疾或有疾病的‘病丐’,也有身体强壮或装病或巧取豪夺的‘恶丐’;既有暂时为生活所迫而临时乞讨的‘陌生丐’,也有以乞讨为业的‘职业丐’。”[②] 詹姆士·克罗夫特爵士(Sir James Croft)在 1569 年的信中写道,英国有 1.3 万人无家可归。威廉·哈里森(William Harrison)在《英格兰叙事》(Description of England)中说,英格兰有 1 万人流落在外。另据 16 世纪末萨默塞特郡治安法官爱德华·赫克斯特爵士(Sir Edward Hext)估计,每个郡的流浪者,加上吉卜赛人,大约有三四百人,“因此,A. L. 贝耶尔估计此时英格兰和威尔士的流浪汉在 1.5 万—2 万人之间”。历史学家托尼(R. H. Tawney)说,“16 世纪的人们是生活在对流浪汉的恐惧中的”,流民的艰辛使他们很容易加入偷盗、抢劫的行列,他们不一定是行为失范的主体,却很容易成为某些犯罪的嫌疑者,如果得不

[①] 尹虹:《16、17 世纪英国流民产生的原因》,《首都师范大学学报(社会科学版)》,2001 年,第 4 期。

[②] 张佳生:《十六世纪英国的贫困问题与民间济贫》,中国社会科学出版社,2012 年,第 87 页。

到救济和善待,就极可能成为男盗女娼的行为不轨者。16世纪60年代,在伦敦的布赖德韦尔拘留所(Bridewell Prison)逮捕的不正当性行为者中,流浪者占16%;到1601—1602年,这个比例上升到62%[①]。

与城镇发生联系的流民,也不可忽视。尤其在经济低迷、物价蓦然飙升的时刻,失去劳动机会的城镇穷苦人更容易走上流浪的道路。虽说城市的空气是"自由"的,但也更容易使人成为一无所有的穷光蛋。旱涝、瘟疫等灾害发生时,乡村穷人依靠土地的恩赐,好歹也能应付一下,而在寸草不生的城市,穷人要想度日就愈加困难。同时,16世纪是一些古老小城镇衰败的时期,昔日的工匠、手艺人、工资劳动者因失去工作而沦为乞丐。根据亨利·阿星顿的记载,1597年牛津城及其郊区有很多穷人,他们在街上无所事事地游来荡去,四处乞讨,甚至破门闯户、偷盗扒窃。埃塞克斯的城市财务总管在1575年说,成群结队的孩子,尤其是男孩子,他们和成年人一起在城市的每个角落游荡。宗教改革后,城镇兴起啤酒馆,其取代教堂成为普通民众尤其是劳苦大众的公共空间,却也是流民惯常去乞讨或滋事的地方。当时,孤儿几乎占未成年人口的五分之一,特别是那些居无定所的流浪孤儿,已成为英国最大的社会问题。1576年对诺里奇的调查表明,在总数2 342名穷人中,成年男女为1 335人,儿童就有1 007人。根据约翰·豪斯的统计,16世纪50年代,在伦敦需要救济的2 160人中,有300个孤儿,还有350个需要负担众多孩子的穷苦父母。一部分孤儿能够被亲戚领养,更多的则被抛向社会成为少年流民。伦敦的情况更是如此。虽然早在1518年伦敦就出台了镇压流民和控制慈善的法令,但随着16世纪30年代以后英国的人口大爆炸,伦敦的流民数量大幅增长。伦敦的城市感化院(City Bridewell)负责惩处流民,1560—1561年该院惩处的流民为69人,1578—1579年上升为209人,1600—1601年又增加到555人。其间伦敦人口增长不到3倍,而城市感化院收容的流民增加了7倍。

[①] 张佳生:《十六世纪英国的贫困问题与民间济贫》,中国社会科学出版社,2012年,第88—90页。

17 世纪初,人口增长使英格兰的失业现象极为普遍。农业仍然是主要的就业部门,但由于田间劳作的季节性,在农闲时节,帮工面临失业危险。纺织业是最大的制造业,但长期存在着半失业现象。农业和家庭手工业中就业的不足,迫使人们流入城市,伦敦是他们的首选地。可是城市的就业机会更加变幻莫测,短工、零工、季节工随处可见,结果许多的家庭尽管竭尽全力,也无法保持收支平衡,贫困问题带来了巨大的社会压力。例如,在赫特福德郡的奥登汉姆(Aldenham),十分之一的家庭经常需要救助,还有四分之一到二分之一的家庭也时常需要救济物资以渡过难关。各种因素叠加在一起,使救济成为 16、17 世纪王国政府不可回避的问题。

英国的济贫法制度,可以追溯到中世纪晚期那些应对乞丐和流浪者的法规。但是直到 16 世纪,济贫法才逐步走向制度化、规范化。都铎早期,修道院和其他宗教团体仍然是实施济贫行为的主体。宗教改革时期,修道院被解散,慈善事业的主体发生变更,济贫不得不从一种自愿性、民间性和以教会为核心的旧体系,走向一种世俗性、法制性和强制性的国家行为。虽然这时的慈善事业仍然以教区为单位,但国家出面制定法规,以教区为单位强征济贫税,这已经形成为新的制度体系。这是都铎制度建设的一大成就。

亨利七世时期,议会于 1495 年通过《反流民与乞丐法》(*Vagabonds and Beggars Act*),授权地方官员抓捕懒惰无业和形迹可疑的流浪者,先将其拘留三天三夜,其间,只供应面包和饮用水,释放前责令其离开流浪的市镇或乡村,回到出生地。实际上,这个法规并不能解决贫困和流民问题,它没有发展出救济和防范的功能,只是迫使流民从一个地方转移到另一个地方;并且该法规没有区分流浪者和失业者,而是简单地把他们归为一类人而加以惩罚。在亨利八世统治下,政府于 1530 年发布公告,把懒惰描述为"所有恶习的根源",并责令用鞭打取代临时收容来惩罚流浪者;第二年政府又在无劳动能力者和顽固的乞丐之间做出区分,允许老人、病人和残疾人乞讨,但必须持有政府颁发的许可证,这就是 1531 年的《处罚乞丐与流民条例》(*Statute Punishment of Beggars and*

Vagabonds）。1535 年议会提出法案，主张创建公共工程系统来解决失业问题，并通过征税来资助该项工程。爱德华六世统治时期，对于身体健全的贫困人口来说，生活变得更加艰难了，1547 年通过的《合法安置条例》（*Statute of Legal Settlement*）对流浪者作出了更加严厉的刑法处置办法：第一次因流浪而获罪，要接受两年的劳役，并由治安法官烙上"V"字作为标志；第二次流浪获罪要烙上"S"字，并处以终身奴役；第三次再获罪则被处以死刑①。1549 年在对该法进行修订时，废黜了关于将流浪者罚为奴隶的规定，但关于少年流浪者要被强制性地变为学徒的规定仍继续有效。玛丽一世时期，政府已经开启了救济与惩罚并重的济贫发展方向。例如，1555 年法令规定：对于体弱的乞丐，倘若本教区无法充分供养，那么在认真核实后，可发给带有明显标记的衣服，如此穿着者即被允许出外进行乞讨；对于拒绝承担贫困捐助的人，若劝说之后仍不愿履行义务，则可以处以罚款。

伊丽莎白时代是济贫制度最终形成的时期。1563 年政府颁布的《济贫法》（*Poor Law*）规定，对无视济贫责任的官员和教区济贫专员及牧师等实行罚款。1572 年《济贫法》（*Vagrancy and Poor Relief Act*）规定对乞讨初犯者穿耳为记，对屡教不改的乞丐处以绞刑。该法还首次区分"职业乞丐"和迫不得已的失业者，除了强调征收济贫税以补助贫困家庭、尽可能给他们安排工作之外，还规定具有良好职业的人可经过向议会提出申请，把贫困的儿童带去工作。1576 年的《安置穷人工作法》（*Act For Setting the Poor on Work*）则明确要求，各郡均需设立感化院，对有工作机会而不事劳作的人实行强制劳动。1597 年《济贫法》（*Act for the Relief of the Poor*）是女王政府制定的第一个较为完备的济贫法，其中对哪些人属于"值得帮助的穷人"以及如何向穷人提供工作机会，做出了详细的法律规定；法案还规定设立贫民监督办公室，以征收济贫税的方

---

① 参见维基英文网和张佳生《十六世纪英国的贫困问题与民间济贫》，中国社会科学出版社，2012 年。

法为健康的穷人提供工作。这些条款最终在 1601 年《济贫法》(*Poor Relief Act*)中得到了完整的体现：对那些因生病或年老而不能工作的人，即所谓"无劳动能力的穷人"，要么通过提供"教区面包"和衣物等救援物资给予户外救济，要么把他们安置到教区，或通常是私人设立的布施院(Charity of Hospital)；对那些身体健全的乞丐，如果他们拒绝参加工作，则要被强行安置到感化院，甚至遭受鞭打。该法还创造了一种由地方税支撑、基于教区管理的济贫体系，它对英格兰的济贫制度的形成起了重要作用，首先它明确要求对穷人提供救助，发放济贫金；其次它要求以教区为单位强化社会治理，管理好穷人；再次它扩展了教区作为社会单元的济贫责任，负责征收济贫税；最后在稳定社会秩序的同时又确保社会的等级差距。

直接促使伊丽莎白济贫法出台的催化剂是 16 世纪下半叶英格兰经济环境的日趋恶化。在此后的两个多世纪中，尽管又颁布过不少济贫法，但 1601 年《济贫法》的基本原则一直沿用了下来。当然，1601 年《济贫法》也有许多不足。第一，它要求家长和孩子要互相承担责任，年迈的父母必须和子女住在一起。这样，只要某个家庭或因父母年迈而丧失劳动力，或因孩子太多而生存无继，就不得不全家住进济贫院，结果既使年幼的孩子心灵遭受创伤，又让成年的父母倍感侮辱。第二，以教区为基础的治理系统无法防止济贫法执行者和监督员的专横无理，它要求执行者和监督员熟知其社区内的穷人，能够区分"值得救助"与"不值得救助"的人，并且判定他们应该接受院内救济还是院外救济，这就使执法者的主观性变得很强。第三，这个法案的主要目标是制止流民，维护社会秩序。在那个时代，人们把"好逸恶劳"看作是贫困的原因，认为厌恶劳动的人才会贫穷，所以把惩罚流浪作为手段，强迫所有的人都去劳动。但失业经常是结构性的，人们还不知道失业是一种社会现象。然而，在人口不多、人人都彼此认识的一个个小小的农村社区，伊丽莎白《济贫法》是能够运作的，那时的人际关系相对简单，法案在操作中难度并不大。直到 1750 年之前，这一制度对维护社会稳定都起了良好作用，但那以后它就需要不断地调整，以适应工业社会的兴起。

到斯图亚特王朝时期，英格兰每个郡都设立了感化院。这种制度不等同于济贫制度，它的基础是将"定居"穷人与"流浪者"作了严格的区分。执行 1601 年《济贫法》时存在着一种倾向，就是让最贫穷的人迁往富裕教区，通常迁往城镇教区，结果导致了《安置和迁移法》（*Settlement and Removal Act*）的出台。该法也称 1662 年《济贫法》（*Poor Relief Act*），它规定只能对通过出生、婚姻和学徒的途径在教区内定居的居民施与救济；它不鼓励穷人离开家乡寻找工作，而是鼓励工商业雇主与受雇者签订短期合同解决就业问题，这就在某种程度上限制了劳动力的自由流动。据此，乞丐要申请救济，就必须证明自己是"安居乐业"的人，否则就必须迁徙到与自己出生地点最近的教区，或者能够证明与自己有联系的地方。这样，有些贫民被迫远途迁徙，而途中经过的教区对他们不负有责任，只向他们提供食物、饮料和歇息一夜的住所。1697 年通过《克雷迪顿济贫院法》（*Crediton Workhouse Act*）要求乞丐在右肩佩戴由自己所在教区提供的红黄两色"P"字标记，不过这种做法很快就被废弃了。

16 世纪末期的济贫法制度，不仅推动了慈善院的设立，也促进了富裕教区对穷困教区的援助。1578 年，剑桥郡（Cambridgeshire）成立了第一所政府创办的慈善院。1596 年，在伦敦的 102 个教区中，有 70 个富裕教区对 21 个贫困教区提供了济贫资金支持。17 世纪末普遍开展的建立济贫院运动，是追随布里斯托尔穷人协作所（Bristol Corporation of the Poor）的成立而开始的济贫活动，其法律基础是 1696 年的一项议会法案。布里斯托尔穷人协作所建立的济贫劳动院，由一个小小的劳动教养所以及相应的住房和设施组成。以布里斯托尔为例，在此后的 20 年间，大约有 12 个城市建立了类似的机构。这些机构一般都需要地方性的立法给予支撑，小城镇和教区就不适合建立这类机构。从 15 世纪末到 17 世纪初，英国总共通过了 61 部济贫法，这种都铎王朝和斯图亚特王朝时期的父权制庇护主义的产物，却成为 20 世纪现代福利国家的先导。

从 15 世纪起，英国经历了持续的农业改良过程，包括生产力的提高、净产量的增加、粮食短缺问题的减缓,以及随着农业资源增长而带来的人口增长。农业改良的关键是保持和改进耕地质量,在更大的范围内开垦耕地,种植更多、收益更大的农作物,并且设法减少劳动力的投放量,使用富有成效的劳动工具和农业器械,来产出更多的农产品。农业改良需要科学技术的普及,到18世纪又受到工业革命的影响。从长时段看,农业改良、工业革命和技术革命这三者之间呈相辅相成的关系:没有农业方面的大量增长,工业革命和技术革命就不可能发生;同样,若没有科学技术革命带来的新知识和新发明,以及与工业革命相关的大量资本、金属工具、新兴农产品市场的发展,农业改良也不可能持续。从新大陆引进的新品种,如马铃薯等,也提高了农用土地的产出率,尽管这看起来只是一个偶然因素。

农业改良在很大程度上得益于有限君主制的政治发展。1535年前后,亨利八世使英格兰教会脱离教皇,造成英国史上最大的一次土地所有权转手,从而出现了一个强大的乡村士绅阶层。在17世纪中叶的英国革命中,克伦威尔带领新模范军击败查理一世,取缔了大约700项王室垄断的专利权(patent)。光荣革命后,威廉三世和玛丽二世同意废除剩余的王室垄断权,并签署了1689年的《权利法案》,规定在未履行法律程序的情况下,任何人都无权没收他人的财产和土地。政府还取消了炉灶税,开始征收统一的地产税。加之,英国的议会和君主在新的政治框架下分享权力,发展出了地地道道的君主立宪制。这些变革虽然长达一个多世纪之久,但它们导致了对财产和自由的尊重,创造了一种宽松的环境,让发明家、改革家和投资人能够安全地建立新型农业,成为鼓励人们推动农业改良的政治与社会因素。

同时,宗教改革提高了英格兰人的识读阅读能力,印刷术的引进则成为16—17世纪农业改良的文化推动力。到17世纪30年代,至少有30%的男性已具备识读能力,1700年至少有10%的女性可以读书认字。活字印刷使"农业指南"一类的通用书籍因售价低而得到广泛的传播,而报纸杂志的出现,又为初具识读能力的人获取诸多信息,如新技术、新方法、市场盈亏、价格涨落之类,带来了极大的方便。这些是英国农业改良主要的科学技术因素。

英国在农业改良方面走在欧洲前列,与其岛国的自然地理环境不无关系。马克思说,"外界自然条件在经济上可以分为两大类:生活资料的自然富源,例如土壤的肥力,鱼产丰富的水域等等;劳动资料的自然富源,如奔腾的瀑布、可以航行的河流、森林、金属、煤炭等等。在文化初期,第一类自然富源具有决定性的意义;在较高的发展阶段,第二类自然富源具有决定性的意义。"[1]作为一个岛国,"海"在英国人的生活中起着巨大作用,海对英国的气候、植被与农业生产,都有直接或间接的影响。尤其是这个高纬度的国家还受到北大西洋暖流的惠顾,因而成为欧洲雨量最丰富的地区之一。那时,英格兰的年平均降雨量为 1 000 毫米,雨天的正常数值是每年 204 天[2]。在地理上,英国与 16—17 世纪农业生产技术发达的佛兰德斯(Flanders)靠近,也是它汲取农业先进技术的得天独厚的条件。中世纪晚期和近代早期,佛兰德斯的商业经济十分发达,人口密度在世界上数一数二,这使得土地的价格十分昂贵,从而发展出世界上最早的集约化农业经济。由于受到天主教西班牙的残暴统治,佛兰德斯大批新教徒流亡英国,这也让先进的农业技术随之而来[3]。

农业改良的主要内容之一是把两圃制(two field system)变为三圃制(three field system)。为保持地力以增加产量,16—17 世纪成为轮作制(Rotation System)发生重要变化的时期。轮作制是一种在人类历史上实行了很长时间的农业种植方式,它指在同一块土地上在不同时期种植不同类型的作物,这样通过连续性的轮换耕作,不同作物对土壤产生不同效应,使之达到保持地力和改革肥力的效果,尽可能地提高产量和有效利用土地。轮作还能够打断病虫害的繁殖链,以减少病虫害的发生。此外,通过浅根系作物和深根系作物的轮换种植,还能使各种作物

① 《马克思恩格斯全集》第 23 卷,人民出版社,1965 年,第 560 页。

② 道布罗夫:《英国经济地理》,王正宪译,商务印书馆,1959 年,第 24 页。

③ 许洁明:《殊途同归:近代欧洲工业文明的兴起》,云南人民出版社,1998 年,第 12 页。

在同一块土地的不同土壤层充分吸收天然肥料,改善土壤结构,并使土地肥力不断得到恢复。

中世纪的英格兰主要使用两圃制,土地通常被分为两部分,总是有一半土地在休耕,或转用为牧场,第二年轮换,以恢复地力。而三圃制则将土地分成三部分,一部分在秋天种冬小麦或黑麦,另一部分来年春天种植其他作物,如豌豆、扁豆、大豆,第三部分休耕。三个部分轮流转换,每三年一个轮回,每块土地都可以得到休养生息。两圃制与三圃制的区别在于前者使一半土地处于休耕状态,而后者的休耕土地仅占三分之一,这样,就能在同一块土地上获得更多的农产品,并种植出更多的品种。两圃制改为三圃制以后,人们在以前是休耕的土地上种植豆科植物,这些植物有固氮作用,氮又随土壤中的空气上升到土壤表层,这样就达到了恢复地力的目的。在三圃制下,英格兰农民主要种植燕麦、黑麦、小麦、大麦和豆科植物,16世纪以后的农业产量增长很明显(参见表2)。

表2　13世纪中叶到17世纪末英格兰农业净产量(蒲式耳/英亩)及增长率

年份	小麦	黑麦	大麦	燕麦	豆类	增长率(%/年)
1250—1299	8.71	10.71	10.25	7.24	6.03	−0.27
1300—1349	8.24	10.36	9.46	6.60	6.14	−0.32
1350—1399	7.46	9.21	9.74	7.49	5.86	0.61
1400—1449	5.89	10.46	8.44	6.55	5.42	0.08
1450—1499	6.48	13.96	8.56	5.95	4.49	0.48
1550—1599	7.88	9.21	8.40	7.87	7.62	−0.16
1600—1649	10.45	16.28	11.16	10.97	8.62	−0.11
1650—1699	11.36	14.19	12.48	10.82	8.39	0.64

资料来源:Alexander Apostolides, "English Agricultural Output and Labor Productivity, 1250—1850:Some Preliminary Estimates", 26 November 2008, File:AgricLongRun4.doc;表中农业产量的年平均增长率是以每个农业劳动者计算的结果。

农业改良的又一个内容是排干沼泽,开垦新的可耕地,并且进行相关的水利建设。科尼利尔斯·费尔默伊登爵士(Sir Cornelius Vermuyden)是尼德兰的一位工程师,他把这种开垦荒地的方法介绍到英格兰。1621—1623 年,他在泰晤士河上完成了来到英国后的第一批工程,即在伦敦东部修筑了达格南墙(Dagenham Wall)用以阻挡海浪,并在苏塞克斯的肯维岛(Canvey Island)上开垦荒地。后来,他在温莎(Windsor)的工作引起了英王的注意,1626 年,查理一世委任他负责对阿克斯霍姆岛(Isle of Axholme)的哈特菲尔德(Hatfield)皇家猎苑进行疏浚和排沼工作。这项工作工程巨大且耗资不菲。为了筹集资金,费尔默伊登把自己应得的那片"未来的可耕地"以股票形式出售给其他投资者,最终完成了工程。费尔默伊登因功勋卓著,于 1629 年受封为骑士,1633 年被授予英格兰公民身份。

17 世纪 30—50 年代,剑桥郡和诺福克郡也实施了排涝工程,力图使"大沼泽"(Great Fen)变成"大平地"(Great Level)。费尔默伊登参加了该工程第二阶段的工作。宗教改革时期修道院被解散,这里的沼泽地处于无人管理状态。人们希望疏浚其上密布的河流沟渠,来达到排干沼泽的目的。最初的排干计划是约翰·亨特(John Hunt)在 1604—1605 年提出的,该计划要求修建一条 21 英里(约 34 公里)长的河道,从伊里斯通往丹佛,以大大缩短大乌斯河(The Great Ouse)的长度。这项工程需要足够的资金支持,在第四代贝德福德伯爵弗朗西斯·罗素(Francis Russell, Earl of Bedford)的参与下,河道修建工作于 1637 年基本完成,同时还改造了 8 条渠道。后来,人们用伯爵的名字来称呼这个地区,称其为"贝德福德平地"(Bedford Level)。但是,人工河与改进的渠道只达到了有限的目标,工程效果十分有限,形成了"夏日干地"与"冬季汪洋"的局面。国王为酬谢参与工程的贵族、商人和冒险家,曾答应给他们 9.5 万英亩(约 384 平方公里)的土地。但这个决定受到了干扰,一方面,不间断的反圈地运动阻碍了这个决定的执行;另一方面,国王也撤销了他与贝德福德签署的协定,声称自己才是该项目的负责人,因此强行占去 5.2 万英亩(约 210 平方公里)土地,只留下 4 万英亩(约 160 平方公里)

的土地给其他的工程参与者。

至此,科尼利尔斯·费尔默伊登爵士才应英王招募,去参与大平地工程建设。对于排干沼泽,他提出了两项创新方案,一是使用洼地把气候恶劣时无法排入大海的多余之水加以蓄取,二是在沼泽东部边缘修建一条截水沟。这样,洼地建设成为大平地工程第二阶段的一部分,但截水沟的兴建却到20世纪60年代初才被执行。1639年,英王任命费尔默伊登为大平地工程的总代理人,但不久国王与议会的冲突爆发,查理一世的王位岌岌可危。尽管如此,费尔默伊登仍然坚持到1642年5月。内战期间,排水工程停顿下来,原来聚集在弗朗西斯·罗素旗下的一批金融家,开始寻求议会的支持,希望讨回查理于1630年许诺给他们的土地。1649年5月,议会颁布后来被称为"伪法案"(*The Pretended Act*)的法律,恢复了他们排干大沼泽的圈地活动。排干沼泽和清除森林的活动侵犯了公地的使用权,侵犯了下层人民的利益,但在客观上也促进了农用土地的增加,构成了英国农业改良的一个部分。

农业改良的第三个内容是新品种的培育和耕作技术的改进。其中,最重要的是马铃薯、三叶草、蛇麻草(Common Hop)、芜菁等新作物的引入,以及条播机、除草机、铁马掌等新器具的使用。新作物中最重要的是芜菁,在休耕地种植芜菁可以大大减少闲置的土地。据统计,1700年,英格兰休耕地达到20%,到1871年就只有4%了。有证据表明,早在1638年,萨福克郡巴勒(Borough)城堡乡绅波普已经发现,芜菁可以用作动物饲料,只是他的发现没有得到推广。后来到18世纪20—30年代,唐森德(Charles Townshend)才把芜菁的种植推广开来。17世纪时,英国农民开始种植三叶草,而在此之前,已经种植牧地香豌豆之类的山黧豆属植物,这些都成为非常重要的牲畜饲料。

早在伊丽莎白时代,由于粮价上涨幅度超过了羊毛,圈地养羊的速度放慢了,人们开始热衷于改进耕作技术,越来越多的农民大量使用泥灰土等肥料,加快了休耕地与农作地的轮换频率。还有人把土地圈围起来精耕细作,以增加农作物的产量。据当时地产测算员约翰·诺登

(John Norden)的估计,有围栅的农地与敞田相比,前者产量是后者的
1.5倍。由于农业技术受到重视,农业家图塞(Thomas Tusser)的押韵
长诗《务农五百要诀》(*Five Hundred Points of Good Husbandry*)在
1557—1580年间印刷了五版。这一时期,农作物产量普遍提高,13世纪
时,小麦产量是每英亩6—12蒲式耳,到伊丽莎白时代产量达到了16—
20蒲式耳。据威尔士王室地产统计资料显示,1500年平均一只羊重28
磅,一头牛重320磅,1610年分别达到46磅和600磅。如果没有农业技
术的改进,人口增长一定会使都铎时期的英格兰出现后来马尔萨斯
(Thomas Robert Malthus,1766—1834)所说的资源危机。①

斯图亚特时期,人口增长超过粮食增长,造成了某些地方的粮食短
缺,这推动了物价的普遍上涨,并使农业种植尤其是粮食生产变得有利
可图。由此也带动了农业技术的进步,特别是新工具的使用。即便在17
世纪中叶的革命时期,战争也没有破坏农业生产,相反,政府一直在注意
农业发展。在政府的鼓励下,森林被砍伐,土地被围圈,沼泽被排干,耕
作面积增加了,但这些成就都是由大土地所有者完成的,因为需要大量
的资金投入。这一时期,新的轮耕制也提高了土地利用率。很有趣的
是,东南部的军事胜利反而造成西北部的经济繁荣。到复辟时代,地主
用改进农业生产方式的办法来弥补其损失,新的租佃方法与新的耕作方
法被广泛采用,缩短租期、不断提高租金成了一种流行的做法。为市场
而生产成为农业经营的目标,为此引进了新的作物和新的品种,使用了
新的农业技术,人们砍伐森林、排干沼泽,农业生产明显发展。为增加土
地收入,贵族和乡绅的议会禁止谷物的进口,并且给小麦等出口提供价
格补贴。议会还制定狩猎法(Game laws),禁止少地无地农民打猎,连在
自己的土地上打野兔山鸡都不可以,违者严惩。

17世纪,在早期农业机械化方面,条播机是英格兰人的重大发明,它
的发明者是伯克郡的杰斯罗·塔尔(Jethro Tull)。他曾因病赴欧洲大陆

---

① 钱乘旦、许洁明:《英国通史》,上海社会科学院出版社,2002年,第131页。

治疗,回国后带回了许多先进的农业耕作知识,经过长期的试验,他于1701 年发明了由马牵引的条播机,使过去那种广种薄收的撒播,变成了可以控制行距、深度和速度的条播,大大提高了种子和土地的利用率。后来,他又发明了用马拉的除草机和骅犁,使耕地速度提高了 50%。根据 30 多年的使用经验,塔尔于 1733 年出版《马耕作业》(*Horse Hoeing Husbandry*)。17 世纪末到 18 世纪初,出生于约曼农家庭的亚伯拉罕·达比(Abraham Darby)发现可以使用鼓风炉和焦炭生产生铁,从而降低了生铁、熟铁和钢的价格,为广泛使用金属农具创造了条件①。尽管全面的农业机械化是 18 世纪 50 年代以后的事,但不能不说 17 世纪下半叶的农具改良是农业机械化的先导。

---

① 许洁明:《殊途同归:近代欧洲工业文明的兴起》,云南人民出版社,1998 年,第 13、21 页。

第三章　社会分层

    16、17 世纪的英国人，以及研究英国近代早期的历史学家，都认为那时的英格兰是一个高度分层的农业社会。1577 年，威廉·哈里森把英格兰人分为四个等级：第一等级总称"绅士"，包括贵族、骑士、准骑士及乡绅，其总体标志是血统世系和人品素养，显得高贵，且众望所归。第二等级为城市自由民和享有公民权的市民，凭职业地位和身份地位而身列其中。第三等级为乡村的约曼农，他们是年收入达 40 先令的自由持有农、地产承包人和普通人心中的孚众望者。第四等级包括工资劳动者、穷苦农夫、手艺人和仆役，他们是默默无闻的被统治者。① 社会史学家劳伦斯·斯通（Lawrence Stone）指出，16 世纪和 17 世纪初，绅士和非绅士是英格兰社会的最基本分层，普通家庭要进入绅士行列，须经三代"血统整肃"，比如商人购买土地后，必须等到孙辈才会进入绅士阶层，并得到纹章局（Heralds' College）的认可。斯通进而把英格兰人分为六个等级：第一级是公、侯、伯、子、男有爵衔贵族，第二级是包括从男爵（baronet）、骑士和准骑士（paladin）的郡县社会上流，第三级是教区小乡绅，第四级为小康人家的约曼农、工匠、小商和农夫，第五级是以体力换取工资的人，第六

---

① Keith Wrightson, *The English Society*, *1580—1680*, London：Hutchinson, 1986, p. 19.

级是依靠救济和施舍为生的人，包括寡妇、孤独老人、失业者、学徒和仆役。斯通认为，17世纪初，四、五、六三个等级合计占人口总数的90％—95％，是绝大多数；可见在16—17世纪，90％以上的英格兰人以体力劳动为生，且大多居住在农村①。表3提供的数据基本上印证了斯通的估计。

表3　1600—1801年英格兰人口城乡分布表(％)

年份	城镇人口	不事农业的乡村人口	从事农业的乡村人口
1600	8％	22％	70％
1700	17％	28％	55％
1800	28％	36％	36％

资料来源：E. A. Wrigley, *People, Cities and Wealth：The Transformation of Traditional Society*, Oxford：Blackwell, 1987, p. 170.

耶鲁大学基思·赖特森(Keith Wrightson)教授指出，斯图亚特时代，英格兰社会是一个由各种等级地位之人组成的职业身份集团堆积的等级体系，人的地位取决于几个变量，比如出身、头衔、财富、职业、生活方式和权势占有等。这些变量相互影响，其中财富是取得优越地位的必要、但并非充分的条件。他指出大的分层体系下还可划分出亚分层，并勾勒了17世纪英格兰社会分层的结构图：贵族和乡绅统称为绅士，以代表两者社会地位的同质性和社会利益的统一性，并且有别于其他人。在绅士内部，又可自上而下地划分为有爵位继承权、可以进入上院的公、侯、伯、子、男诸等"爵爷"。詹姆士一世时期开始加封的从男爵，位于爵爷之下、骑士之上，其年收入须在1000英镑以上。为王室服务有功者，可获骑士称号。但事实上，伊丽莎白和詹姆士一世时期被封骑士的，大多出于居郡县领导地位的家族。无封号的准骑士包括贵族长子外的男性继承人及其后裔、骑士的男性继承人、治安法官等；绅士包括准骑士的

———

① Lawrence Stone，"Social Mobility in England 1500—1700", in *Past and Present*, No. 33 (Apr., 1966), pp. 16 - 55.

非长子、兄弟及其继承人。

紧跟绅士的社会阶层，包括一切准备或可能取得绅士资格的人，即乡村中的约曼农、城镇的富商和专业人士。约曼农是辛勤耕作并受人尊敬的富裕农民，除自由持有农外，还包括某些租地农和公簿持有农，他们的土地持有量一般在 50 英亩以上，年收入最低在 40—50 英镑，能维持较好的生活水平，有剩余资金可供扩大生产。约曼农之下是农夫，其耕种的土地在 5—50 英亩之间，年均农业纯收入为 14—15 英镑，能维持正常生活，并稍有节余。农夫之下，是为他人做工换取工资来维持生活的茅舍农和农业工人，英格兰三分之二的茅舍农有茅舍和宅旁园地，幸运者还有一二英亩土地，并能从使用公地中获得一些收益。绝大多数的农业工人，其年均收入在 9—10 英镑①。

当时，乡村工匠和小商人之间缺乏明确的区分。在莱斯特郡的大威格斯顿（Wigston Magna），磨坊主、面包师、肉店老板、木匠、铁匠和造车匠同时又是小农。17 世纪初，约曼农和手艺人、农夫和工匠都可以一身兼任多职。被称为"穷人"的无产者处于社会最低层，贫困是很多人的生活常态。穷人若居有定所还能勉强度日，他们依靠伊丽莎白济贫法，在一定程度上能得到教区的救助；但流浪者情况则很不妙，他们从英格兰西北部向东南部、从乡村向城镇，或在城镇之间流动，尽管某些流民偶尔也能找到季节性零工做，但经常是衣不掩体、食不果腹。

讨论 16—17 世纪英格兰的社会分层时，最好把贵族与绅士分开。英格兰 1600 年前后有 61 个"爵爷"，1642 年有 136 个，这些人与他们的亲属门客、上层管家一起构成贵族等级，于是"构成了一个无形而有力的、能够延续下去的社会集团"。② 根据统计学和谱系学家格雷戈里·金（Gregory King）的统计，在英格兰和威尔士，1680 年这个集团总人数为

---

① Keith Wrightson & David Levine, *Poverty and Piety in an English Village: Terling, 1525—1700*, New York & London: Academic Press, 1979, p. 40.

② 钱乘旦、陈晓律：《在传统与变革之间：英国文化模式溯源》，浙江人民出版社，1991 年，第 366 页。

6 920 人,他们在政治权力、生活方式、婚姻范围、亲属关系、庇护网络方面都具有"全英格兰"的性质。17世纪下半叶,绅士上层与贵族逐渐融合起来,而此前两者间的区别很明显。17世纪的英格兰仍然是农业社会,而贵族→绅士→约曼农→农夫→农业工人/茅舍农→靠他人赡养者这样的等级顺序很正常;但随着伦敦和其他城镇的大发展,大量人口流入城镇,就形成了商人、律师、牧师和官吏这样四个具有半独立等级身份的职业集团。在其下是小店主、小商人和工匠,他们中有些人兼具农工双重身份,所以还不是独立的职业集团。再往下是人口众多的市镇穷人,他们构成社会的底层(参见图1)①。

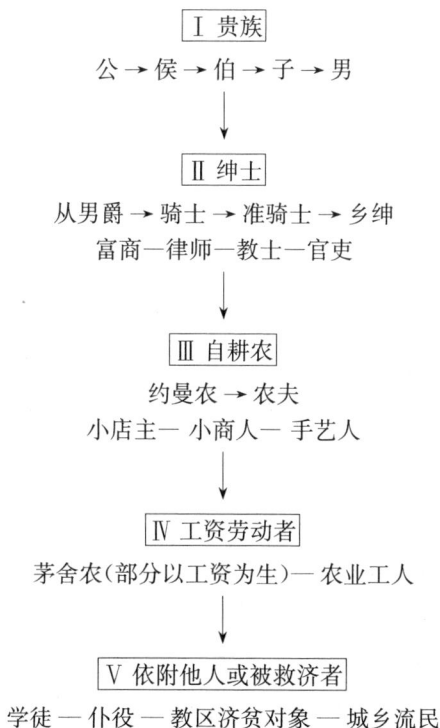

Ⅰ 贵族
公 → 侯 → 伯 → 子 → 男
↓
Ⅱ 绅士
从男爵 → 骑士 → 准骑士 → 乡绅
富商—律师—教士—官吏
↓
Ⅲ 自耕农
约曼农 → 农夫
小店主— 小商人 — 手艺人
↓
Ⅳ 工资劳动者
茅舍农(部分以工资为生)—农业工人
↓
Ⅴ 依附他人或被救济者
学徒 — 仆役 — 教区济贫对象 — 城乡流民

图1 自上而下的农业社会分层系统

① 许洁明:《十七世纪的英国社会》,中国社会科学出版社,2004年,第25—37页。

这里需要说明的是,上述的社会分层并不存在法定的意义,它只是一种分析体系而已。尽管有这种明显的分层结构,但 16—17 世纪英格兰社会的流动性却很大。由于各阶层间存在着婚姻、亲戚、友邻、庇护等关系,以及职业间的互动交流,社会的纵向流动较为常见。总之,此时的英格兰是一个"开放的等级社会"。威廉・哈里森注意到,一个人可因其血统和出身而成为先天的绅士,也可因其品质和财富而成为后天的绅士;绅士身份既可以通过继承获得,也可以通过接受大学教育、担任重要公职、增加财富收入,而被人承认是绅士。时人哈里森和托马斯・威尔逊爵士(Sir Thomas Wilson)都认为英格兰社会流动不息[1],斯通把英国的上流社会称为"开放的精英"。可见,社会流动是英格兰社会的结构性特征。但是,流动并不否定社会等级分层的重要性,相反却凸显了社会的差别,只是这种差别并不固化,而是处在不断的变化之中,约曼农的消失就提供了典型例子。

伊丽莎白时代和斯图亚特王朝早期,约曼农是英格兰乡村中一个显著的阶层。按古谚说:"宁为约曼之首,不做乡绅之尾"。文学作品在描写这个"半绅士半农夫"的阶层时说:"约曼的马儿忙得团团转,工作时间拉犁耕田,闲暇时候载主人游玩。"[2]也就是说,约曼农既能躬耕田亩,又能享受闲适。斯图亚特初期,法学家爱德华・柯克爵士认为,约曼农必须是拥有年收入 40 先令以上的自由持有农。当代历史学家米尔德里德・坎贝尔(Mildred Campbell)指出,柯克爵士基于先他一个世纪的作者莱特顿的论文《论土地所有权》,为约曼农提出了一个 16 世纪的界定。但托马斯・盖斯福特于 1618 年写的《英格兰的荣光》和托马斯・韦斯科特的《1630 年德文郡见闻》,都认为约曼农应包括公簿持有农在内。这两种提法有明显的差异,说明从 16 世纪初到 17 世纪初的 100 年中,社会流动已经使

---

[1] Keith Wrightson, *The English Society 1580—1680*, London: Hutchinson, 1986, pp. 20 - 22.

[2] Mildred Campbell, *The English Yeoman under Elizabeth and the Early Stuarts*, New York: Augustus M. Kelley Publishers, 1968, p. 21.

一部分租佃农进入了约曼农行列。到斯图亚特早期,有一部分约曼农甚至没有土地,他们从大地主手中租借土地,因而在身份上只是佃户,但由于他们的租佃量大且经营得当,其实际收入和生活状况与富裕的自由持有农不相上下。然而,就是这样一个在伊丽莎白时代还心满意足、斯图亚特早期还不断扩大的阶层,到1688年格雷戈里·金统计英格兰与威尔士人口与财富时,却已不存在(参见表4)。

表4 格雷戈里·金对英格兰和威尔士的人口和财富统计(1688年)

阶层	家庭总数	家庭人口	人口总数	家庭年收入(£)	家庭年支出(£)	阶层总收入(£)
世俗贵族	160	40	6 400	2 800	2 400	448 000
教会贵族	26	20	520	1 300	1 100	33 800
从男爵	800	16	12 800	880	816	704 000
骑士	600	13	7 800	650	598	390 000
准骑士	3 000	10	30 000	450	420	1 350 000
乡绅	12 000	8	96 000	280	260	3 360 000
上层牧师	2 000	6	12 000	60	54	120 000
下层牧师	8 000	5	40 000	45	40	360 000
法律人士	10 000	7	70 000	140	119	1 400 000
科艺人士	16 000	5	80 000	60	57.10s.	960 000
上层官吏	5 000	8	40 000	240	216	1 200 000
下层官吏	5 000	6	30 000	120	108	600 000
海军军官	5 000	4	20 000	80	72	400 000
陆军军官	4 000	4	16 000	60	56	240 000
普通士兵	35 000	2	70 000	14	15	490 000
自由持有农(上)	40 000	7	280 000	84	77	3 360 000
自由持有农(下)	140 000	5	700 000	50	47.10s.	7 000 000

(续表)

阶层	家庭总数	家庭人口	人口总数	家庭年收入（£）	家庭年支出（£）	阶层总收入（£）
农场主	150 000	5	750 000	44	42.10s.	6 600 000
工资劳动者和仆役	364 000	3.5	1 275 000	15	16.2s.	5 460 000
茅舍农和穷人	400 000	3.25	1 300 000	6.10s.	7.6s.3d.	2 600 000
工匠与手艺人	60 000	4	240 000	40	38	2 400 000
外贸大商人	2 000	8	16 000	400	320	800 000
商人	8 000	6	48 000	200	168	1 600 000
小贩/店主	40 000	4.5	180 000	45	42.15s.	1 800 000
普通海员	50 000	3	150 000	20	22.10s.	1 000 000
流民			30 000	2	3	60 000

注:(1) 本表取自 Peter Mathias, *The First Industrial Nation: An Economic History of Britain, 1700—1914*, London: Methuen and Co., 1983, p. 24. (2) 国民总收入为 44 735 800 英镑;国民总支出为 43 150 600 英镑;能够增加国民收入的人口为 2 675 520 人;减少国民收入的人口,即表中用楷体标出的 5 类人口,也是格雷戈里·金认为的贫困线以下人口,为 2 825 000 人。

那么,约曼农是如何消失的呢? 部分约曼农向小店主、手艺人等新兴职业集团作水平流动,是约曼农消失的第一个原因。约曼农以农耕为生,从土地获取利益,但他们又常常兼顾小商业和手工业,一旦其工商业收入在维持生计中起了更重要的作用,人们就不再认为他们是约曼农,而认为他们是面包师、呢绒商、工匠等等。约曼农消失的第二个原因是内部分化以及被社会其他阶层吸纳。约曼农本来就有"大"、"小"之分,他们之间的收入差距不断拉大,比如据米尔德里德·坎贝尔估计,小约曼农年收入为 40—50 英镑,大约曼农年收入达到 100—200 英镑,肯特郡个别约曼农年收入甚至有 1 000—1 500 英镑①。而兰开夏郡彭德尔林区(Pendle Forest)17 世纪财产目录分析表明,有 45％的农夫财产清单总值超过 50 英镑,而 14％的约曼农低于 50 英镑,有一半约曼农的财产清单总值超过 100 英镑,农夫最高者也达到了 87 英镑②。这样,富裕的约曼农向乡绅流动,较穷的约曼农则流动到地位相对低的层次上去,于是在垂直流动与水平流动的共同作用下,17 世纪初仍然是英格兰社会一大阶层的约曼农群体逐渐消失了,到世纪之末它已经不存在。第三个原因是农业商品化和市场经济的发展。随着人口增长和物价上涨,市场经济带来各种机遇也带来许多压力,由于约曼农早已不是自给自足的农民,他们的命运与商品经济有密切的联系,不同的人对这些变化会作出不同的反应,于是就造成不同的结果。在英格兰,发财快的约曼农一般是经营大块土地的自由持有农,他们不会因地租上涨而受太大的影响,对市场价格的变化也有比较强的应对能力,这些人最终变成充满进取心的小农业资本家,有些人甚至变成了小乡绅。经营土地较小的约曼农就没有这么幸运,他们可能在社会等级的阶梯上向下流动,沦落为农夫、茅舍农和工资劳动者③。

从 16 世纪宗教改革,到 17 世纪革命,这一个世纪见证了"乡绅的兴起"。这里所谓的乡绅,主要指土地阶级中地位低于贵族的小地主,也就是都铎和斯图亚特时期社会地位在贵族之下、约曼农之上的那个特定阶层,尤其指借助于宗教改革和农业改良而发迹的那些人。在牛津郡斯温布鲁克(Swinbrook)的埃德蒙·福特普莱斯爵士(Sir Edmund Fettiplace)的墓志铭上,人们可以看到这样的铭文:"埃德蒙无愧于他的身份地位和家族荣耀。他为公私事务呕心沥血,他热爱上帝、严谨朴素、克己奉公、公平正义。他善待上下,忠诚笃信"。上述铭文反映了乡绅的人生观,也表现了时人对

---

① Mildred Campbell, *The English Yeoman under Elizabeth and the Early Stuarts*, New York, 1968, p. 217.

② Keith Wrightson, *The English Society 1580—1680*, London: Hutchinson, 1986, p. 33.

③ 许洁明:《十七世纪的英国社会》,中国社会科学出版社,2004 年,第 54—61 页。

乡绅的素质要求。斯图亚特时代法学家约翰·塞尔登(John Selden)说过,在其他国家,缙绅以特权著称,而在英格兰,乡绅是受到尊敬并在王室花名册上有名的人。另有同时代评论家认为,乡绅并非贵族,但有司法权。英国逻辑学家威廉·坦普尔爵士(Sir William Temple)说"权力随土地产生",威廉·哈里森则认为"无须从事劳动而悠闲地以土地为生"是乡绅的标志。① 上述诸看法表明,在 16—17 世纪的英格兰,乡绅是占有地产、具有司法权又有舒适生活条件的人,他们在王室纹章局登记备案,被绅士群体所认同。

16 世纪以来,国家管理机能的扩大、修道院的解散和土地市场的活跃为乡绅的兴起创造了条件,英格兰和威尔士的乡绅家庭数量的增加,超过了同期人口增长的速度。在约克郡,1558 年有乡绅家庭 557 户,1603 年上升到 641 户,1642 年为 679 户;在萨默塞特郡,1502—1623 年乡绅的家庭增加了三倍;在沃里克郡,1500 年有乡绅家庭 155 户,1642 年为 288 户。当然也有乡绅家庭数量减少的地区,如在 16、17 世纪之交,兰开夏郡乡绅家庭从 763 户减少到 662 户;亨廷顿郡小乡绅家庭,从 1613 年的 60 户减少到 1684 年的 53 户。但总趋势是乡绅家庭数量在增长,据威尔逊爵士统计,1600 年英格兰有 500 家骑士、1.6 万家准骑士和乡绅;格雷戈里·金在 17 世纪末的统计为 780 家从男爵、620 家骑士、3 000—3 500 家准骑士和 1.2 万—2 万家乡绅②。赖特森说,1611 年詹姆士一世首次册封 200 家从男爵,1641 年出于财政需要扩大到 400 多家;而 1688 年金的统计为 800 家左右③。

乡绅的兴起,不仅表现为数量的扩大,在土地为中心的财富占有方面也更加突出。根据 1436 年的国家税收评估登记表以及 1688 年的统计表,1436—1688 年间,乡绅占有土地的面积从占全国的 25％上升到接

① Head Felicity, *The Gentry in England and Wales*, *1500—1700*, Stanford: Stanford University Press, 1994, p. 7.

② Ibid., p. 11.

③ Keith Wrightson, *The English Society 1580—1680*, London: Hutchinson, 1986, p. 24.

近一半。阿兰·艾维里特对 1640 年肯特郡的研究表明,从男爵、骑士和乡绅占有该郡财富总量的 32%,而贵族只占有 5% 的财富。从实际收入看,1642 年约克郡共有 679 家乡绅,其中 362 家(占总户数 53.3%)年收入低于 250 英镑,244 家(占总户数 35.9%)在 250—999 英镑之间,73 家(占总户数 10.8%)超过 1 000 英镑。同一时期,肯特郡教区乡绅的年收入为 200 英镑左右,最富裕的上层家庭则达到 1 万英镑①。

时人认为,根据财产占有和社会地位,士绅阶层可以区分为骑士、准骑士和乡绅三个类别。在权势方面,上层乡绅构成郡级统治集团,其经济利益并不限于一个地区;下层乡绅很少担任官职,但积极参与基层社会管理,其经济利益限制在一个村庄或一个教区内。尽管如此,三个亚群体在价值观念上的认同不可忽视,虽然教区乡绅和郡县乡绅处于不同的社会环境,但他们在家庭与亲属、邻里与门客、庇护与服从等价值观念方面,以及自愿担任公职、热衷公共事务方面的特点,则没有很大区别。共同的文化特征使人们感觉到,在 16—17 世纪的英格兰,的确存在一种"地主"的共同观念,由于追求土地财富和社会地位,乡绅在政治方面产生了共同的信念,这就是英格兰社会以地产作为身份地位的重要标识,因而热情地参与各级政治管理。同时,乡绅共同性又因为共同的道德标准和文化习俗而得到加强,这些与乡绅家庭的教育背景和生活方式密切相关。查理一世时期的诗人布莱斯维特(Richard Brathwait)认为,德行和教养因出身高贵和悠闲生活而获得,"绅士凭着对天国的希望,为王国和公共社会服务的热忱,虔诚的宗教行为和优雅的生活方式,坚定地立足于自己的土地上。"

16—17 世纪,乡绅在英格兰兴起了大建乡村豪宅的热潮。从历史上看,11—15 世纪时,贵族建造厅堂组合式宅邸和古城堡;到 16 世纪,他们的建筑理念和建筑风格发生变化:在功能上,从以军事防御为主,转变为

---

① John T. Cliffe, *The Yorkshire Gentry from the Reformation to the Civil War*, London: Athlone Press, 1969, p. 29.

以居家生活为主;在心理上,从相互模仿到别具一格;在风格上,从追求高耸,到喜欢广袤。都铎时期,随着乡绅的兴起,乡村出现大量的豪宅,取代中世纪城堡,成为大兴土木的新成果。这些庄严、美丽、宜居的新式建筑,是都铎时代与斯图亚特早期社会宁静的产物,更是乡绅的尊严与威仪的外在标志。16世纪下半叶,乡绅建造一种不设防的私人府邸,占地面积大,加上花园可达上千公顷。乡绅大兴土木的主要原因有两个方面:其一,1538—1553年,都铎君主为筹集军费和争取支持,一次又一次大规模地出售教会土地,使英格兰大约四分之一的土地所有权发生转移,有些归属于都铎新贵,有些落到了发迹乡绅的手里,地主们因此获得了大建豪宅的地产资源。其二,16世纪英国经历了一场建筑材料的革命,以前所需要的砖块要从荷兰进口,现在本土已能制造;同时,玻璃制造业和制铁业也在英国兴起,大面积的铁框玻璃窗墙,取代阴暗厚重的古堡墙壁,带来了建筑风格的重大革新。那些修筑于16—17世纪的乡绅豪宅,已经成为这个岛国的特色之一,并发挥着重要的功能:一方面,豪宅是经济和社会管理中心,豪宅的主人往往管理着成百上千顷土地,依靠土地租金维持豪宅的存在。宅邸内大都设有财务室以收取租金、保管账册;档案室用来珍藏地产契约、法律文件和家谱文书。17世纪后半期,乡村宅邸大都建有毗连的作坊,生产食物和饮料,供家人、亲属、仆役们消费。另一方面,小贵族的乡村宅邸成为他们显示权威的展台,这些建筑的规模和风格,尤其是内部装潢与外部设施,足以给人留下不可磨灭的印象。那时,英国贵族的奢华排场在乡村而不在伦敦,这与巴黎王宫的灯红酒绿不一样,爱德华·吉本(Edward Gibbon, 1737—1794)指出,法国的贵族在城市挥霍财富,英国的贵族在乡间展示权威。法国人德·索尔热也说:"奇怪的现象是许多英国贵族拥有巨大财富,在城市的生活却十分俭朴。他们宣称在乡下花掉更多金钱,大宴宾客、豢养犬马、培植花卉、尽享安逸,奢华的生活像一个小小的国王"。

　　17世纪英国建筑业的辉煌,以古典主义(Classicism)建筑师伊尼戈·琼斯(Inigo Jones)为代表。他曾两度前往意大利学习,带回了帕拉迪奥式建筑风格（Palladianism），今天仍然矗立在英伦大地的赫特福德宅邸（Hertford Mansion）、格林威治宫（Greenwich Palace）、伦敦白厅等，就是琼斯的传世杰作。在建筑学上，琼斯爱好简单的块状结构，喜欢各向度间简单的比例关系。他认为房屋在高度与宽度相等、长度是宽度的两倍时，最能给人愉悦感。在威尔特郡（Wiltshire）的威尔顿宫（Wilton Palace），琼斯按照这个理念设计出单立方间和双立方间，使其扬名英伦。

乡村贵族出于政治目的而建造大型豪宅，主要集中在两个高潮期：一是 1570—1615 年间，伊丽莎白和詹姆士一世的重臣为接待国王巡访，而建筑豪宅；二是 17 世纪 80 年代到 18 世纪 30 年代，建筑豪宅的主要是辉格党人。在政党政治起步阶段，私宅宴客是政客们营造政治势力的常见手段。因此，德文郡伯爵（Earl of Devonshire）建造了查兹沃斯宅邸（Chatsworth Mansion）和霍顿庄园（Houghton Hall），18 世纪的首相罗伯特·沃尔波尔爵士（Sir Robert Walpole）曾在这里大宴宾客，举国上下的政坛盟友云集于此，郡内乡绅也来凑热闹，霍顿庄园甚至被戏称为小"议会"。即使没有政治需要，新发家的中小贵族也要建造漂亮的私人宅邸，传记作家罗杰·诺思（Roger North）说，凡拥有自己事业的英国绅士，都渴望有一座宽敞明亮的私人宅邸。

乡绅建筑豪宅时，首先要关心外观壮丽，从 16 世纪起，贵族宅邸大都建在小山包上，从远处看去蔚为壮观，从里往外看，也是将山下美景尽收眼底。都铎时代的塔楼式大门，取代了中世纪城堡的防御性大门；进入门内，逶迤而上的楼梯，把人带到由高大立柱装饰的古典式门廊，从而大大提升了造访者的敬畏感。随后，高大的门厅映入眼帘，这是宅邸的主体，它像剧院舞台那样，能够举行大型社交活动，承载着主人的盛情和客人的敬意。主人寝室的两侧是阁楼、地下室，然后是仆人的住房和工作坊，体现着等级意识。除此之外，辅助性的建筑设施，如畜棚、酿酒坊、奶品房、鸽舍、谷仓等，也必不可少。这样看来，豪宅就是一个小社会。17 世纪后期，英国社会攀比之风盛行，豪宅既是贵族、乡绅炫耀尊荣的场所，也是社会分层的集中体现。

第四章　地方治理和风俗文化

在 16—17 世纪的英格兰,教区、村庄和庄园是三个不同概念:教区是由牧师管理、传播信仰和救济慈善的教会基层单位;村庄作为一个地理概念,是农民居住的基本聚落;庄园则是以贵族或乡绅为核心的领地管理中心。一个教区可以包含数个村庄,一个村庄有时并非属于同一教区;同样,庄园和村庄也不一定拥有相同的地理边界,"一个村落可能分属于两个或更多的庄园,一个领主的庄园也可能分散在几个村落"①。造成这种情况的原因在于,中世纪时,庄园是领主的保有产业,领主对其庄园实行统一的经营管理,而庄园通常都是包括若干甚至许多的村庄。在社会生活方面,教区与庄园都对民众起控制作用。16—17 世纪,教区在管理居民精神生活和救济事务方面起的作用更大。并且,教堂是教徒参加宗教仪式的场所,能够起到团结村民、巩固等级秩序的作用。

16—17 世纪的英格兰,没有常设的地方政府,只有常驻的乡绅,他们提供的是自愿服务。乡绅自治与伦敦中央政府的联系比较松散,而且更多地依赖人与人的关系。就是说,这是一种以地方主义为中心、以传统

① 阿萨·勃里格斯:《英国社会史》,陈叔平等译,中国人民大学出版社,1991 年,第 69 页。

文化和习俗为纽带、由乡绅自愿担任公职进行管理的社会治理方式。从教区和村庄，到郡县，甚至到王国，社会治理大多由治安法官和巡回法庭来实现，处处体现着乡绅的社会责任，以及王国政府对地方精英的高度依赖。

在基层社会管理体系中，教区小乡绅和约曼农担任治安法官、教区高级巡捕和巡回法庭陪审员等职务，并参与议会的选举；即便财产不多、社会地位不高的农夫和手工业者，也有可能担任低级巡捕、教堂执事、济贫干事等，或多或少地参与社会管理。高级巡捕由治安法官和巡回法庭指定，任职 3—10 年，而充足的空余时间及殷实的家底是充当高级巡捕的基本条件。这一职位通常由富裕的约曼农和小乡绅充任，其主要职责是：收集情报提交各种委员会，调查偷窃、通奸、打架等不良行为，监督教区管理人员的工作，出席巡回法庭，并向治安法官报告道路维修、酒店管理、不从国教者的活动和流民乞丐等问题，有时还负责征收税款并上缴郡长。① 低级巡捕基本上是一年一选，没有薪酬，他们直接面对普通民众，负责监督乡亲邻里的社会行为。巡捕不是执法者，而是人际关系的协调人。在与居民的关系中，他们首先是亲属邻里，其次才是某种意义上的管理者，这种亲属、邻里、朋友的多重身份，强烈影响着他们在协助治安法官执法时的方式，执法带有较强的人情味。

教区牧师在基层的作用与巡捕相似，但是巡捕侧重俗务，而牧师重在教化，他们还负责结婚登记、洗礼丧葬、宗教教育、道德教化等事务。牧师们也协助巡捕维护地方治安，诸如处理私生子养育、偷窃者赔偿、人身伤害补偿等杂务。无论巡捕还是牧师，都必须既执行王国政府的法律，又维护乡邻关系的和谐，当然他们经常会处于这两者矛盾之中。

在郡县一级的管理与控制中，治安法官组成的治安委员会及其运作

---

① D. E. Underdown, *Revel*, *Riot and Rebellion*: *Popular Politics and Culture in England*, *1603—1660*, Oxford: Oxford University Press, 1985, p. 10.

机制——巡回法庭起重要作用。19 世纪英国历史学家梅特兰(Frederic W. Maitland)说:"治安委员会是纯粹英国式的,也是英国政府结构中最具特色、最杰出的部分。"[1]现代英国史学家埃丝特·莫伊尔指出:"在英国历史上,这个由乡绅自愿担任公职的机构,从 14 到 19 世纪,共存在六个世纪之久,其价值观念深深地根植于英国历史之中,至今仍有深刻的影响。"她还总结道:"对绝大多数英格兰人而言,治安法官才是英国政府的真实体现,伦敦政府与他们没有关系。17 世纪中叶的历史教训是地方社会必须由郡县绅士管理。……治安法官的力量来自其自然产生的基础,这不是纯粹和一般的政治和行政术语可以表达清楚的"[2]。(参见表 5)

表 5　17 世纪特林村各阶层居民担任教区公职情况统计

职务	统计年代	社　会　等　级										总计	
		I 乡绅和大农场主		II 约曼农与富裕小商人		III 农夫与手艺人		IV 穷苦劳工		V 其他不明身份者			
		人数	%	人数	%	人数	%	人数	%	人数	%	人数	%
教堂执事	1590—1699	9	9.7	52	55.9	19	20.4	1	1.0	12	13.0	9.3	100
巡回法庭陪审团	1590—1689	9	8.3	60	55.0	26	23.9	1	0.9	13	11.9	109	100
巡捕	1630—1699	4	11.8	13	38.2	17	50.0	0	0.0	0	0.0	34	100
教区副执事	1596—1612	0	0.0	5	33.3	9	60.0	0	0.0	1	6.7	15	100
济贫干事	1660—1699	6	23.1	15	57.7	4	15.4	0	0.0	1	3.8	26	100

[1] H. A. LFisher (ed.), *Collected Papers*, vol. 1, Cambridge: Cambridge University Press, 1911, p. 470.
[2] Esther Moir, *The Justice of the Peace*, Harmondsworth: Penguin Books, 1969, pp. 9 - 10.

职务	统计年代	社会等级											总计	
		Ⅰ乡绅和大农场主		Ⅱ约曼农与富裕小商人		Ⅲ农夫与手艺人		Ⅳ穷苦劳工		Ⅴ其他不明身份者				总计	
		人数	%	人数	%	人数	%	人数	%	人数	%			人数	%
教区委员会委员	1660—1699	14	35.9	20	51.3	5	12.8	0	0.0	0	0.0			39	100
庄园法庭陪审团	1601—1701	1	1.9	26	50.0	19	36.5	3	5.8	3	5.8			52	100

注：（1）本表出自 Keith Wrightson and David Levine，*Poverty and Piety in an English Village：Terling 1525—1700*，New York & London：Academic Press，1979，p. 105；（2）职务中最重要的是教堂执事、大陪审团成员、教区委员会委员和济贫干事，他们大多由约曼农和富裕小商人担任；（3）担任巡捕比例最高的是农夫和手艺人；（4）17 世纪庄园法庭很少举行会议，只负责对土地交易进行登记。

　　在英格兰地方社会治理中，治安法官逐渐成为行为主体。1590 年，都铎王朝制定治安委员会职责，要求各地治安法官定期举行会议，与陪审团一起，对各种犯罪行为进行调查、审讯和处理。1603 年，英格兰已有 309 条法律涉及治安法官的职责，其中除司法工作外，还包括许多地方性事务，诸如保证市场供应、推动教堂礼拜、取缔混乱酒店、平息民众骚乱、惩治强盗抢劫、处置流民乞丐，以及路桥维修、济贫赈灾等。1600 年英格兰、威尔士有 1 200 名治安法官，英格兰各郡县都设有治安委员会。各地的治安委员会经大法官授权，由荣誉治安法官和执行治安法官组成，前者是指参加巡回法庭活动的枢密院法官，一般是大贵族，在伦敦政府与郡县政府之间起媒介作用，极少参与郡县的实际管理；后者指在地方上承担具体工作的治安法官，他们自愿承担大量繁重的管理工作，以乡绅为主。

　　在地方治理工作中，绅士集团的内部合作十分重要。由于历史传统不同，各郡治安法官间的社会纽带也不尽相同。斯图亚特早期，埃塞克斯郡治安法官在巴宁顿(Barrington)家族的带领下,由梅纳德勋爵(Lord Maynard)、哈博特·格里姆斯顿爵士(Sir Harbottle Grimston)等六人起重要作用。在东苏塞克斯郡(East Sussex),朋友关系和亲属纽带把托马斯·佩勒姆爵士(Sir Thomas Pelham)、安东尼·斯特普利(Anthony Stapley)、亨利·谢利(Henry Shelley)和托马斯·帕克爵士(Sir Thomas Parker)联系起来,使郡治安委员会在轻松和谐的气氛中开展工作。在格拉摩根郡(Glamorganshire)的 26 个治安法官中,有 11 人出自曼塞(Manser)、刘易斯(Lewis)和卡恩(Calne)三大家族①。萨默塞特郡的 35 个治安法官,由其父辈、祖父辈的婚姻关系联系在一起。肯特郡治安委员会中,一个由 20 多家小乡绅组成的集团起主导作用,他们都是从 13、14 世纪起就开始经营农业的。但是,在更多的郡县,治安委员会由一个家族起支配作用,如兰开夏郡的德比家族(Derby Family),萨福克郡的纳撒尼尔·巴纳迪斯顿爵士(Sir Nathaniel Barnardiston)一家等。②

　　詹姆士一世和查理一世时期,支配郡治安委员会的主要是郡一级绅士,即全郡知名的望族大家。与这些家族的继承人结婚,或购买大量地产成为乡绅者,有时也能担任治安法官。在各郡治安委员会中,还有一些是主教区法官、主教大教堂牧师、副主教,以及某些有影响的教区牧师。1626 年肯特郡和北安普敦郡各有五名神职人员担任郡治安法官,1636 年伍斯特郡(Worcestershire)治安法官中有 18% 是教职人员。1625—1640 年,在苏塞克斯郡治安法官中,35% 是有爵衔者,而兰开郡有爵衔者仅占 20%③。家族集团和相交甚笃的乡绅共同担任地方公职,自然存在着一种协调一致和努力进取的意识,他们以经验丰富、任职长久

---

① A. J. Fletcher, *A County Community in Peace and War : Sussex 1600—1660* , London & New York: Longman, 1975, pp. 48 - 49; pp. 220 - 222; A. J. Fletcher, *Reform in the Provinces : The Government of Stuart England* , New Haven, Conn. : Yale University, 1986, pp. 144 - 145.

② Esther Moir, *The Justice of the Peace* , Harmondsworth: Penguin, 1969, p. 56.

③ A. J. Fletcher, *Reform in the Provinces : The Government of Stuart England* , New Haven, Conn. : Yale University, 1986, pp. 31 - 32.

和富有智慧取胜。

郡县治安委员会的功能在巡回法庭开庭期间表现得最淋漓尽致。巡回法庭定期到某些地方巡回开庭,处理该地事务。休庭期间出现的行政和司法方面的问题,由不定期的治安会议处理。17世纪上半叶,由于行政、司法事务不断增多,即决法庭(Petty Sessions)在各郡兴起,分担巡回法庭的日常工作。但巡回法庭仍然最重要,其出庭者包括治安法官、郡长、副郡长、验尸官、高级巡捕、低级巡捕、大陪审团成员,以及被告和原告等。开庭时,巡回法庭对各地的司法、治安等问题进行集中处理,同时也体现了乡绅的地方自治倾向。"作为个人在司法方面占统治地位的标志,绅士出席巡回法庭比出席伦敦议会更重要"①。巡回法庭会期一般为两三天,这通常是郡县政治生活中的重大事件。在巡回法庭会议上,司法与行政工作并没有严格区分,一些日常事务,如确定工资定额和啤酒的价格,也属于巡回法庭处理的范畴,并且治安法官在修桥铺路方面的过失,也会引起巡回法庭的注意。巡回法庭开庭后,先处理犯罪案件,然后处理民事问题,其中包括济贫救灾、非婚生养、酒店管理、地方税收、修桥铺路、监狱感化院、流民乞丐等。

在都铎与斯图亚特两朝,不存在庞大的官僚机构,君主对地方社会的控制,依赖不取俸禄的绅士,中央政府对郡县地方政府,主要起协商、监督作用。郡县政府受到一批在历史上形成的、在地方生活中起主导作用的大家族控制,他们对伦敦政府下达的指令执行到什么程度,取决于双方达成共识的程度,并践行协商的原则。直到17世纪上半叶,王国政府仍然没有强制性的武装力量,也没有现代意义上的警察,甚至连国王的护卫队也是到复辟时期才最终创建。遇有急事,地方政府临时征集民兵来维护公共秩序,但民兵只在每年夏季接受一两次军事训练,平时则是一盘散沙,而且一般不会被派到县外去执行任务。在这种情况下,地

---

① C. S. Russell, *Parliaments and English Politics*, *1621—1629*, Oxford: Clarendon Press, 1979, p. 337.

方社会就要由不支薪的自愿"官员"来管理。17世纪初,英格兰和威尔士的50多个郡掌握在3 000个"杰出"的乡绅手中;到世纪末,主要掌握在5 000个乡绅手中。当时,社会管理机构由王室政府、郡县政府和教区三个层次构成,以中间一层最为重要。在松散而没有现代国家机器的情况下,郡县治安法官既是王室政府代理人,也是地方社会代言人,这种双重身份使他们在英格兰的社会管理中发挥着关键作用。

文化传统是形成乡绅自治的基础。在英格兰社会中,绅士阶层自古以来就踊跃担任公职,他们认为对自己负责就要努力成为有权参与行政管理和司法裁决的人,同时他们对国王的忠诚又因其宗教热忱而受到鼓舞。当然,乡绅热衷公共事务也与个人前途常常纠结在一起,因为治安法官等职位的确可以给个人带来荣耀和权力。地方社会的管理,既是乡绅对权位的占有形式,也是其生活方式,更是地方社会复合性角色的体现。担任治安法官,使一个人同时具有小地主、好主人、行善者的多重社会角色,又具有行政长官、刑事法官、治安委员等复合性的政治角色,而绅士的个人声望则是担任地方长官的基础。

地方自治与英格兰农业社会的分散性有关,乡绅就体现着这种分散性。17世纪上半叶,各郡绅士阶层中只有少数人具有在伦敦长期居住的经济基础,准骑士中只有四分之一到过伦敦。1640年,与伦敦紧邻的肯特郡有800多个绅士,其中只有20来人在伦敦有住房,20人是议员,30—40人是王室骑士。也就是说,充其量只有十分之一的绅士与伦敦有密切的联系。在以伦敦为圆心的15英里范围内,自耕农和其他劳动者仍然是彻头彻尾的乡下佬,他们的生活、劳作、嫁娶和买卖,基本上都在本村或本地进行,伦敦似乎与他们无关①。在更广袤的农村,弥漫着不同于伦敦文化的郡县乡土情。斯通说:"17世纪英格兰基本上是个地方观念占主导地位的社会……当人们说'My Country'时,通常是指自己居住

① E. W. Ives (ed.), *The English Revolution, 1600—1660*, London: Edward Arnold, 1968, p. 49.

的郡县"①。阿兰·艾维里特指出:"尽管有一个古老的中央政府,但在1640 年的英国,许多方面仍然像一个半独立的郡国联合体,这些郡国都有各自独特的精神气质和自我信念"。彼得·拉斯勒特认为,那时的英国是一个"由郡县社会中心形成的、围绕欧洲第一大城市伦敦的偏远乡村的社会网"②,乡绅自治正是"大伦敦与广阔乡村"在政治上的反映。

对"巫"的迫害,是与治安有关的社会现象。在西方文化中,巫与宗教不同,宗教是人与神的关系,巫术(witchcraft)则强调魔力,这在教会看来是忌讳的事情。教士的服务对象是信众,巫师的服务对象是嘱托人。尽管 16 世纪发生了宗教改革,新教一般来说更具有理性精神,但民众中仍然流行巫术和魔法,它们作为非主流文化,在民间有广泛的影响。阿兰·麦克法兰(Alan Macfarlane)在《都铎和斯图亚特时代的巫术》(*Witchcraft in the Ages of Tudor and Stuart*)一文中指出,在英格兰,1560—1680 年是对"巫"进行迫害的活跃期。基思·赖特森指出,1584年仍有报告说三分之一的民众还和"旧迷信"有紧密联系。所谓的旧迷信,是指老百姓到宗教之外去寻求精神解脱,或者去解释一些无法理解的现象。这不仅是习俗的延续,也是对宗教缺乏足够信心的表现。在使用 1560—1680 年间各种法庭留下的档案对埃塞克斯郡进行研究后,麦克法兰指出,当时英国人把全国性的灾难理解为上帝的惩罚,而用巫术去解释个人的不幸。比如,1616 年,金斯利恩的玛丽·史密斯(Mary Smith)被邻居伊丽莎白·班库克(Elizabeth Bancorke)指为偷鸡,玛丽遂诅咒伊丽莎白会得天花,几小时后伊丽莎白真的就病倒了,并卧床数周。其父向智者请教,智者说他的女儿被施了巫术;给伊丽莎白解法之后,她果真恢复了健康。但是,后来玛丽又与伊丽莎白的丈夫争吵,而伊丽莎白又旧病复发,于是就向法庭指控玛丽施用妖术。玛丽在邻居中名声本

① L. Stone & J. F. Stone, *An Open Elite? England, 1540—1880*, Oxford: Oxford University Press, 1986, p. 27.

② Peter Laslett, *The World We Have Lost: Further Explored*, London: Routledge, 1983, pp. 55 - 56.

不好，1617年，她被作为巫受到绞刑。被指为女巫（Sorceress）的人，通常是社会地位低下的中老年妇女，多为已婚者和丧偶者，在因为社会经济压力而产生人际摩擦时，她们很容易受到灭巫浪潮的迫害。大众一般不把风暴、沉船、瘟疫和歉收等归咎于巫的作祟，而把人际麻烦、意外灾难、邻里事端等归咎于巫。在乡野大众中，还存在"白巫"（White Witch）的说法，说他们在民间行医，帮助人们找回失物，为人算命预测未来，还能提供驱逐妖魔鬼怪的办法。

指人为巫，常常与富裕村民不肯向穷苦邻人提供帮助有关。穷苦之人一旦被拒绝，便恶言相向，出言诅咒，而又确实出现了意想不到的灾难，就容易被人指为行巫。当时，英国正处于人口爆炸、穷人激增的时代，富裕的农民经历着良心的转换。传统的互助习俗正在消失，制度化的济贫体系正在形成，富人不愿再向邻人施与恩惠，但在道德上又面临困惑：一方面为没有尽到传统的义务而感到负疚，另一方面又要为自己寻找开脱。于是，在不知不觉中把愤懑的邻人指认为巫，由此而规避良心的谴责。因此，对巫的迫害与更加广泛的经济与社会变化相关。在这种文化结构中，"白巫"成了济世英雄，"黑巫"（Black Witch）则成了魔鬼代言人。麦克法兰指出，在1560—1680年，埃塞克斯郡发生过473起灭巫事件，肯特郡132起，赫特福德郡81起，苏里郡（Surry County）71起，苏塞克斯郡33起，米德尔塞克斯（Middlesex）63起。他还指出，埃塞克斯巡回法庭的样本表明，此阶段被指控为巫的女性比例高达92%，巫的受害者和见证人也以女性居多。1560—1680年，在埃塞克斯因"巫害"致死的321人中，有男性148人和女性173人。女性之所以容易被人指为巫和指他人为巫，是因为她们对社会经济变化的感受更加强烈，而低下的社会地位又使她们处于更容易被迫害的地位；女性身份使她们与邻里有更多的接触，并且更多地承担着借钱讨债的角色，加上她们善于感情用事、喜欢闲聊，这一切均容易造成女性间的争吵频繁，社会对其不稳定的情绪也倍感焦虑。从年龄结构看，被指为"巫"者，大多在50—70岁；而指人为巫者，则相对年轻。这表明16—17世纪普遍存在歧视丧失了生育能力的老年妇女的现象,她们被置于更加凶险的生存环境。

　　自宗教改革以来,原有的社会下层的文化习俗受到地方政府和新教牧师的干涉,这种干涉本是西欧的普遍现象,不论在天主教国家还是在新教国家都是如此。在民间流传的各种风俗、礼仪、活动与庆典等"大众文化",是一种无形的人间纽带,能把社会联系在一起。15世纪,英格兰已形成十分丰富的大众文化,切斯特(Chester)、考文垂(Coventry)、约克等城都有自己的宗教节日,如圣乔治节(Saint George's Day)、仲夏夜游行(Midsummer Night's Parade);在乡村,同样也有丰富多彩的节庆活动,如开犁节、复活节(Easter Sunday),还有祈祷丰收的巡回游行,它们可以缓解人们劳作的辛苦,使乡邻间在共同的欢庆中加强认同与和谐相处。康沃尔的魔术表演十分盛行,即便在小村庄也有一年一度的狂欢活动。1578年,马尔博罗镇(Marlborough)拨出13镑8先令作为庆典活动中放烟花的费用;1590年,诺福克郡举办过假面舞会和哑剧演出;17世纪初,布尔弗德(Bulford)的居民在仲夏之夜舞龙戏凤、狂欢街头;1603年,萨福克的丰收对唱回荡在夏夜长空中。1605年,普利茅斯(Plymouth)举办欢快的五朔节莫里斯化装舞会(Mayflower Morris Dance);1604年主显节(Epiphany)后的星期日,威尔特郡的青年人餐后在教区牧师的住所聚会,使教堂变成了欢快之地。在德文郡布劳恩镇(Braun),教区居民甚至到1614年还对公共娱乐时的教堂钟声念念不忘;17世纪30年代,诺里奇市民仍然为种花节的来临而充满喜悦。乡村的传统节日,如狂欢盛宴、圣诞唱诗、仲夏篝火、收获节庆等都与农事活动紧密相连;而斯塔福德郡(Staffordshire)的竹马舞会、音乐相亲、奔牛狂欢等活动,一直延续到王权空位期。直到内战爆发前,教会举办的淡啤酒节和宗教巡游都在延续,即便在清教主义盛行的东益格利亚,民间的俗事也不时浮出水面。

　　随着宗教改革的推进,也出现了风俗改革运动。20年代和共和国时期形成了17世纪风俗改革的两个高潮,其中心内容是严守安息日和禁止民间娱乐活动,如五月花舞蹈、球类和节日庆典等。新教法庭限制"天主教的迷信残余",参与迫害巫术和魔法,并尽量把教会活动与大众节庆相分离。1626 年,在兰开夏郡埃克莱斯顿(Eccleston)教区,新教法庭迫害那些居民,指控他们礼拜日玩保龄球、以"迷信"方式点燃蜡烛、给小孩施再洗礼、拒绝接受圣餐。1640 年代清教革命胜利后,又开始了新一轮风俗改革。与 1620 年代不同,共和国时期则更多使用了政治力量,长期议会曾出台一系列法律,打击通奸、乱伦、酗酒、诅咒和亵渎。1647 年又颁布法令,指责戏剧活动有害无益,甚至将圣诞节等宗教节日斥责为迷信,并下令取缔。1653 年革命政府否定了教会在缔结婚姻中的作用,并禁止斗鸡、赌博、决斗和赛马,还关闭了一部分酒馆。这些严厉的极端措施,严重伤害了英国民众的风俗习惯与传统文化,后来成为清教衰落的因素之一。

当然,风俗改革在各地的进展并不一样,东盎格利亚的清教教区成为虔信的楷模;埃塞克斯特林村的布道牧师由于取缔周末舞会和酒吧闹事,提高了教会礼拜的出席率。相反,在威尔特郡克威尔(Keevil),1624年星期天祷告后,人们仍然围着凉亭跳舞。在新森林区(New Forest),1634 年人们去酒吧的次数十倍于去教堂祷告。从表面上看,宗教改革的虔诚理想和风俗改革的各种运动受到社会各阶层欢迎,但实际上,只有乡绅、约曼农、手工业者、城市商人和少数工匠构成风俗改革的支持者,其核心则是中等阶层中虔诚的清教徒。他们进行家庭祈祷,签名反对不敬上帝的种种活动,支持对不敬上帝者的迫害,但是他们在多数场合下都是少数。

革命时期,风俗改革推动了清教在地方上的发展,并因此获得了更多的皈依者。但清教徒把英国变成上帝圣城的期待却没有实现,原因是清教并没有把自己与普通民众的传统文化进行对接,大众在文化的深层次上,仍然缺乏宗教信仰的支撑作用。虔诚的清教牧师理查德·巴克斯特(Richard Baxter)认为,布道失败的原因主要是教育水平低下,劳苦大众不能阅读圣经,即便通过宣讲,他们也很难弄懂抽象的概念,而只能依据传统的习俗生存。在巴克斯特的影响下,自 1650 年代后期起,英格兰一些地区开始进行教义问答活动,即在布道中通过对宗教问题的一问一答来传播福音知识。但这种做法的效果有限,革命时期人们看到英国并没有成为"圣徒之国、世界圣地",相反,清教分裂为许多不同派别,相互竞争,削弱了对抗世俗社会的力量。埃塞克斯郡艾尔斯·科尔尼(Earls Colne)教区牧师拉尔夫·乔斯林(Ralph Josselin)在日记(1641—1683)中提到:1650 年代其教众可区分为三类:第一类主要是教区富有居民,他们笃信宗教,常常聚会演讲和讨论宗教原则,他称之为"我们的团体";第二类是占教会活动参加者多数的信众,他们被称作"打瞌睡的听众";第三类是所谓的"很少听讲布道的家庭",但他们的人数也不少。可见,牧师的布道只对少数人有效,民众多数并不受益。同时,1656 年在兰开郡的奥尔瑟姆(Altham),在每 20 个居民中,只有一人参加教堂的主日礼拜活动,其余人则都留在自己家中。

随着王朝复辟的到来,激进的风俗改革结束了。当时不少牧师一觉睡醒却发现草地上又竖起五朔节花柱(Maypole)。复辟时期,人们重建了国教会权威,恢复了国教仪式,再次出现安立甘派一教独尊的局面。在诺丁汉郡的克莱沃斯(Clayworth),公开的不从国教者似乎不存在了,教堂又成为社区活动的中心。在 1676 年复活节,236 个居民中有 200 人参加了圣餐礼,而结婚、洗礼和葬礼也都到教堂办理。不过,正式参加宗教活动的人数量仍旧有限,1680 年有人向肯特郡的苏通(Sutton)教长报告说:不算不从国教者,下层民众中仍有许多人不参加礼拜活动。

总之,17 世纪是大众文化发生重要变化的时期。如果说 16 世纪末大多数民众尚无识读能力,但到 17 世纪末,只有穷苦阶层不识字;16 世纪末,英国大众文化以酒吧豪饮、五朔节(May Day)跳舞和乡野庆典为特征,而到 17 世纪末,这种文化的残存已为上流社会所不容,沦为了"乡巴佬"和"粗人"的遗产。民众识字率的提高、传统文化的改造与发展,已改变了普通民众的文化倾向,同时也加深了上层文化和大众文化之间的鸿沟,就社会学层面而言,穷人不仅是物质的匮乏者,也成了精神上的"文化异类"。与大众文化形成对照的是,上层社会文化也发生了明显的变化,16世纪英国进入文艺复兴(Renaissance)高峰期,到17世纪末已发展到全盛时代。例如绘画风格发生的变化:16世纪贵族的画像表现得道貌岸然、威严傲慢,仿佛是"圣像",安东尼·范·戴克爵士(Sir Antony van Dyck)的作品就反映了这种心态;而17世纪下半叶贵族的画像,一方面显得高贵骄傲,另一方面则充溢着自鸣得意。同时,散文风格也在变化:17世纪初,宫廷推崇的散文风格以情趣横溢、玄奥抽象而著称,如主教兰斯洛特·安德鲁斯(Lancelot Andrewes)和大教长约翰·多恩(John Donne)的作品那样;17世纪后期,大主教约翰·蒂洛森(John Tillotson)则使用一种清教布道和皇家学会式的平实流利、亲密直率的笔风。同时,人们对社会秩序的看法也变化了:17世纪初,詹姆士一世把国王定性为"天国力量在人间的象征",世间等级井然有序;到17世纪末,威廉·配第爵士(Sir William Petty,1623—1687)则认为:"作为一种政治算术的样本,我希望用数字、质量和重量的术语表达自己"。如果数字、质量和重量的新哲学摧毁了旧的世界观,它就为另一个更加简单、更少人世色彩的世界,即牛顿爵士的世界开启了道路。

总之,16—17世纪的英国是一个高度发达的等级制农业社会,到18世纪时仍然如此,但它已经走到了农业社会的尽头,其内部发生了很大的变化,孕育着现代工业社会的胚芽。宗教和风俗的变化就体现了这一点:文盲总数减少了,虽说只在社会顶层才得以根本清除;清教加强了风俗的改造,虽说到1680年代,新观念对大众百姓的影响仍然很有限。新的风俗和宗教观念能否在村社占据统治地位,主要取决于教区的"上等人",即小乡绅和大约曼农转变的程度。当传统大众文化受到教区与村社上层的排斥而有所变化时,这个体系的根基并没有发生变化。虽然革命和清教主义留下了平等的烙印,但从主体上看,英格兰仍然强调人与人之间的等级差异,这就是16与17世纪的英国社会。

第四篇

英国与欧洲

第一章 小荷初露

　　作为现代民族国家,英国必须具备两个最重要的因素,即国家主权与民族一体性①。英国的国家主权是在同罗马天主教势力和国内地方割据势力的斗争中逐渐确立的。在中世纪漫长的岁月里,英国同其他欧洲国家一样,封建割据势力十分强大,教廷的影响无孔不入,以教皇为中心的罗马教会作为国际性的宗教和权力组织,其权力超越一切世俗权力,时常干涉各国的内政。英王爱德华三世就曾抱怨教皇:"耶稣十二使徒的后继者,应受托引导主的羊群走向草原,而非剪取其毛。"②中世纪后期,英国的经济获得长足进步,农业变革,城镇扩展,人口增加,这一切都加强了国内各地区之间的联系,推动着经济统一的过程。随着经济发展,英国市民阶级的力量逐渐壮大。出于自身利益的考虑,他们与王权形成了紧密的联合,共同反对封建割据势力和罗马教皇势力。从 14 世纪中叶起,英国议会就连续颁布相关法案,对教皇干涉英国教会的权力进行限制。在反对封建割据势力和罗马教皇的过程中,英国王权得到扩充并形成专制体制。就当时的英国现实来看,专制王权的确立是英国社

---

① 钱乘旦主编:《现代文明的起源与演进》,南京大学出版社,1991 年,第 96 页。
② 威尔·杜兰:《世界文明史》第 6 卷(宗教改革)上,台湾幼狮文化公司译,东方出版社,1999年,第 9 页。

会政治经济发展的必然趋势,和历史的进步,因为强大的王权成为正在
形成的民族国家的象征,正如美国学者萨拜因所指出的,在封建领主制
下,国家权力的概念含糊不清,并且权力本身从来不曾完全集中于国王
一人之手,当国王变得专制的时候,现代国家就开始出现①。

　　由于王权代表着正在形成的民族国家,因此,"在封建主义表层下形
成着的一切革命因素都倾向王权,正像王权倾向它们一样"②。以王权为
中心,英格兰人逐渐形成了共同的经济和政治生活,并拥有了共同的民
族语言——现代英语。14 世纪时,英语无论是在官方还是在民间,都已
得到了普遍使用。到 15 世纪,英国的语言、文学、艺术及思想习俗,已在
英格兰人身上烙下深深的印记。共同的语言促进了民族情感与民族意
识的产生与发展,而共同的历史、共同的荣辱和共同的利益将英吉利民
族紧紧地维系在一起。都铎王朝建立后,英国人的民族意识迅速觉醒。
人们普遍感到,英格兰已不再是一个分裂动荡的地理区域,而是一个统
一的民族国家,生活在这一地域的外来人均被同化在英吉利民族之中,
英语是他们的共同语言。他们强烈地意识到,自己已成为一个统一的英
语民族,民族自信心和民族自豪感随之而生。亨利七世时期,一位前来
英格兰的威尼斯使节这样描述道:"他们认为除了他们自己以外就没有
别人,除了英格兰以外就没有别的世界,而当他们见到一位漂亮的外国
人时,他们便说'他长得像个英格兰人'",并为他不是英国人而深感
惋惜。③

　　这种民族认同最强烈地反映在英国人的帝国意识上。进入 16 世
纪以后,他们的帝国思想开始萌发。在一些重要的外交场合,特别是
那些英国的上层人士,时常会有意无意地宣称英国是一个帝国。据
说,英国诺福克公爵曾专门向法国大使出示所谓的"亚瑟王大印",以

---

① 乔治·霍兰·萨拜因:《政治学说史》上册,刘山等译,商务印书馆,1986 年,第 267 页。
②《马克思恩格斯全集》第 21 卷,中共中央马克思恩格斯列宁斯大林著作编译局译,人民出版
　　社,1965 年,第 453 页。
③ 肯尼思·O. 摩根主编:《牛津英国通史》,王觉非等译,商务印书馆,1993 年,第237 页。

表明"亚瑟王曾经是不列颠、高卢、日耳曼和丹麦的皇帝"①。这意味着,亨利八世作为亚瑟王的后裔,完全有权继承其先辈的遗产,重建帝国。实际上,此时英国人所谓的帝国,主要指的就是独立的、拥有主权的民族国家,它反映出英国人对长期以来英吉利民族受制于罗马教皇,并被神圣罗马帝国皇帝和其他强大君主欺辱的不满与愤怒。当然,它也隐隐约约透露出英国人对外扩张的野心,尽管这种野心在当时根本无法实现。在这种强烈的民族意识的驱使下,都铎君主开始了轰轰烈烈的宗教改革。

亨利八世宗教改革的实质,在于确立英国完全的民族主权国家的地位,而要达成这一点,其关键是摆脱教皇对英国的控制和掠夺,与罗马教廷彻底决裂。自14世纪约翰·威克里夫(John Wycliffe)倡导民族教会主张和罗拉德派(Lollards)运动以来,英国人从未停止过反对教皇的斗争。长期的斗争尽管使教皇在英国的权力有所缩小,但罗马天主教会对英国的影响依然存在,许多权力依然得以保留。亨利七世创建都铎王朝时,英国仍然属于二元政治模式,即世俗的最高权力归英王,而宗教的最高权力归教皇,这不能不表明国际天主教势力在英国仍居于举足轻重的地位。在宗教上,英国高级教职的推荐权虽然归属英王,但最终仍需教皇以敕书的形式加以批准,所以英国主教所行使的一切权力,在理论上仍然来源于教皇;在经济上,受辖于罗马教廷的英国寺院拥有大片土地,教产是英王国境内最大的财产之一;在政治上,高级教职人员是英国封建特权阶层中的重要组成部分,他们拥有许多特权,对王国的利益构成严重危害,特别是教皇经常通过教会干预英国朝政,甚至是国王的私事。在这种极为复杂的背景下,要想最终建立独立的民族国家,英国人就必须首先彻底打破国内教权的独立性,确立英国宗教的自主性,从而完全摆脱教皇对英国事务的干预和控制。

亨利八世当政后,开始对天主教势力进行打击,推行了自上而下的

① J. J. Scarisbrick, *Henry Ⅷ*, London: Penguin Books, 1981, p. 272.

宗教改革,导火索是亨利个人的婚姻问题。1527 年起,亨利担忧凯瑟琳王后无男嗣而以后有可能发生王位继承纠纷,以他们的婚姻有违上帝的意志为由①,向教皇提出要解除其与王后婚姻的要求。凯瑟琳是西班牙国王兼神圣罗马帝国皇帝查理五世的姨母,在查理的压力下,教皇克莱门特七世拖延批准亨利的请求。于是,英王决定摆脱教皇的控制以达到离婚的目的。为此,他搜集了一些史料来证明:在英国史上,把自由和财产赋予英国教会的是第一个信奉基督教的不列颠王卢修斯(Lucius of Britain)。公元 2 世纪,当卢修斯写信给教皇埃留提利乌斯(Pope Eleuterus)请他到英格兰传授罗马法(Roman Law)时,教皇回信说卢修斯不需要罗马法,因为他已经有了不列颠法律②。亨利八世据此宣称,教皇在英国不存在最高权威,英王才是英国教会的统治者。在英国议会的支持下,1529—1536 年,亨利走上与教皇彻底决裂的宗教改革之路。从表面上看,宗教改革只是亨利摆脱教皇控制、解决凯瑟琳离婚案的一种手段,但 16 世纪英国乃至欧洲风云变幻的历史,却赋予了这个改革以特殊的时代精神,使其"不再是一种从属于国王个人意志的孤立现象,而成为一种国家的行为、一个体现了这个民族集体意志的行动"③。亨利"以其坚强的个性,展现了一个年轻的民族国家正在上升的强有力的自信;他坚持和维护这个新生的民族国家不可分割的政治权力"④。

　　一方面,宗教改革打破了教皇对英吉利王国的控制,建立了国家对外的主权。1529 年亨利亲自主持召开议会,免去罗马教廷在英国的代表、约克大主教兼大法官托马斯·沃尔西的职务,剥夺其公民权,没收其财产,由此揭开了宗教改革的序幕。同年颁布的法令规定,罗马教廷关于教士兼领圣俸和不居住教区的特许无效;若有教士继续接受教廷的特

① 参书本文第一篇第三章。

② 钱乘旦、许洁明:《英国通史》,上海社会科学院出版社,2002 年,第 114 页。

③ S. T. Bindoff, *Tudor England*, London：Penguin Books, 1985, p. 100.

④ A. L. Rowse, *The Spirit of English History*, London：Longmans Green & Co., 1943, p. 50.

许,将被处以罚款。1533年制定并颁布著名的《禁止向罗马上诉法》,宣称:"本英格兰是一个帝国,并一向为世界所承认,受一最高首脑国王之统治","国王拥有至高无上的权力,能够对包括僧侣和俗界在内的所有人的一切行为进行审判","在国王之下的僧侣和世俗人组成政治社会,各自在宗教领域和世俗领域享有司法行政权,不受任何来自帝国之外势力的干涉"[1]。该法还明确规定,有关遗产继承及婚姻方面的案件,不得从坎特伯雷大主教法庭或约克大主教法庭呈送教皇法庭。这样,英国首次以法律形式指出主权国家及主权在王的概念。这里的"帝国",实际上指的是一个不隶属于任何外来权威、独立自主的民族国家,而不是后来那样超越于民族之上的殖民帝国。显然,亨利提出"英格兰是一个帝国"的主张,鲜明地表达了英国人捍卫国家利益、追求民族独立和平等发展的强烈愿望。据此法令,"主权在王"构成了专制王权的基本特征,教会的地位被废除,罗马教皇对英国教会行使的一切司法审判权被否定。因此,此项法令是英国摆脱教皇权力、寻求民族独立的决定性和革命性的措施[2]。1534年,英国又颁布停止向教廷交纳岁贡的法令,从而否定了教皇向英国教职界征收岁贡的权力,并否定了与此征收有关的发放教士任职敕书的权力。1536年英国通过相关法令,彻底清除了教皇在英国的各种权力,包括解释《圣经》的权力。

另一方面,宗教改革重新确立了教会与国家之间的新关系。1534年议会通过《至尊法》规定,"国王陛下以及他的后嗣与继承者,应取得、接受名为安立甘教会的英格兰教会在世间唯一的至尊领袖"之称号,享有纠正异端、革除流弊等全权[3]。实际上,《至尊法》是英国的世俗君主和世俗国家的"独立宣言"。通过此法,英国比法国和西班牙更明确地否定了

① G. R. Elton（ed.）, *The Tudor Constitution: Documents and Commentary*, Cambridge: Cambridge University Press, 1960, p. 353.

② G. R. Elton, *England under the Tudors*, London: Routledge, 1978, p. 133.

③ G. R. Elton（ed.）, *The Tudor Constitution: Documents and Commentary*, Cambridge: Cambridge University Press, 1960, pp. 364 - 365.

教皇在基督教世界的至尊权威,完全打破了昔日在二元政治体制下国王与教会各有其主、在权力与财富等方面激烈争斗的局面,使得英王成为英国教会的最高首脑,英国教会的民族属性得以确认,从而使教会转而成为专制君主的工具。此后,英王又依据宗教改革议会陆续通过的相关法案,没收大批教会土地及其他财产,从根本上打击了宗教贵族,使英吉利国家真正建立在坚实的民族基础上。

如果说宗教改革确立了国家的外部主权地位和对国内教会的权威的话,那么,亨利八世时期由托马斯・克伦威尔所实施的"都铎政府革命",则是确立起国王的最高统治权和强化国内统一的重要举措。都铎朝之初,由于旧贵族锐减,亨利七世抓住时机,通过加强中央集权以扩展王权。宗教改革后,英国的政府机构发生了很大变化,政府事务日益增多,也日趋复杂。在克伦威尔的精心策划下,英国进行了广泛而深入的行政改革,涉及内容相当丰富,主要包括:将原来咨议会中的核心组织改组为枢密院,使其成为国家行政管理的核心机构,其成员包括教会、司法、财政、军事、王室等机构的要员,且多数由非贵族出身的人担任;将原来只为国王管理信札文书等事务的国务秘书提升为首席国务大臣(Chief Minister of State),使其成为政府机构的首脑。作为枢密院的主要人物,首席国务大臣不但是枢密院的总督导,而且监管外交、外贸、地方政府等事务;改革财政,将原属内廷的一部分财政管理权划分出来,设置六个平行课税的法庭或部作为政府部门,分别管理各种财政收入,这样就健全和完善了财政机构与财政体系。经过行政改革,原作为政府主体的内廷,此后成为主要为国王个人服务的机构,就完全改变了过去分散重叠的旧国家机构,形成了以国王、首席国务大臣、政府各部门首脑参与的枢密院为主体的政治架构,从而有利于加强中央集权和提高办事效率。埃尔顿认为,克伦威尔推行"都铎政府革命"的1530—1540年是一个真正变化的时期,此间产生了英国现代主权国家。他说:"都铎建立的是一个民族君主国,这在一定程度上对于英格兰是新出现的。在表面上强调君权的同时,实际上已经强调了民族国家的性质。"①

在中央行政改革的同时,亨利八世明显加强了对地方的控制。对于某些地方出现的离心倾向,中央政府采取了一系列措施予以打击和消除。1536 年,克伦威尔起草了一项关于特许地和自由区的法令,明确规定只有国王拥有签发对叛逆罪和谋反罪免予追究的权力,王国内任何地方的司法裁判权只能由国王授予,郡和自治领的伯爵,必须以国王的名义行事②。此法令的颁布实施,取消了几乎所有特许地的封建特权。1537 年,英国专门设立了由中央直接控制的常设机构北方事务委员会,对北方实施强有力的管控,使之真正成为英格兰王国的有机组成部分。1543 年英国议会通过法案,在威尔士实行英格兰的行政、司法制度,并让威尔士选派议员出席下院,由此正式完成了英格兰与威尔士的合并。至此,中央与地方的关系才得到重新确定,中世纪英王的宗主权最终变成了统一的政治权力,英国成为一个真正的统一体。这样,都铎国家获得了对内的最高统治权和对外的完全独立权,成为具有现代意义上的民族国家。

随着民族国家的建立与民族意识的发展,英国具备了制定和实施独立外交政策的基本条件。在与欧洲其他强国的争斗中,英国进行了积极主动的外交活动。此时,由于加强王权、统一国家是英国面临的首要任务,所以英国的外交活动完全是为王权的巩固服务的,外交活动成为巩固国家统一和提升英国的国际地位的重要手段。亨利七世时期,英国在欧洲的地位相当低下,百年战争和玫瑰战争使其元气大伤,与法国、西班牙等国相比,它在国际舞台上势单力孤,只是一个二流国家。在经济上,它甚至不如意大利、荷兰。"在 16 世纪上半叶,西欧列强的势力均衡发生了彻底改变。前一时代英国侵略的对象——西班牙、法国均成为充满

---

① 伊曼纽尔·沃勒斯坦:《现代世界体系》第 1 卷 (16 世纪的资本主义农业与欧洲世界经济体的起源),尤来寅等译,高等教育出版社,1998 年,第 300 页。

② G. R. Elton, *England under the Tudors*, London：Routledge，1978，pp. 175 – 176.

活力、咄咄逼人的王权国家——突然之间,英国被它们抛在后面。"[1]面对严峻的局势,英王开始全面调整内外政策。鉴于英国当时面临的主要任务是消灭王位觊觎者,加强和巩固王权,建立国内统一秩序,亨利七世确定了对外政策的基本目标,就是通过外交活动为英国的经济发展与政治统一营造有利的国际环境,进而逐步提升综合国力及国际地位。为此,他确定了外交政策的基本原则:"在非常关注自己的国际声望的同时,尽量避免不必要的战争损害自己的利益"[2]。因此,英国对于欧洲大陆的事务不过多介入,除非它的利益受到了直接威胁。

　　亨利七世从现实主义出发,积极推行"和平外交",尽量避免卷入国际纷争特别是欧洲纷争,努力改善与欧洲国家的关系,以提升英国的国际地位。都铎初创期,西班牙与法国之间的关系决定着整个西欧的国际格局,自然成为西欧外交的枢纽,英国等国的对外政策均须以此为转移[3]。因此,如何处理与法国、西班牙的关系是英国能否打开外交新局面的关键,而能否赢得法、西两强的承认则是英国在欧洲立足的关键。就英法关系而言,亨利七世即位之初,英法保持着相对平静的状态,但不久,这一状态就被布列塔尼公国问题打破。位于法国西北部而又独立于法国的布列塔尼,与英国隔海相望,不仅其战略位置十分重要,而且与英国的经济联系非常密切。查理八世当政后,法国开始谋求吞并布列塔尼,借以实现自身的完全统一。经过充分准备,查理八世于1486年开始进攻布列塔尼。一旦布列塔尼被法王收入囊中,法国的实力就可大大增强,而且对英国的利益构成直接威胁。显然,这是英国不愿看到的。为了避免与法国的直接对抗,亨利七世曾试图通过和平调解的方式,使法国放弃对布列塔尼的吞并,但没有成功。1488年,英王派兵进攻法国,以

---

[1] 佩里·安德森:《绝对主义国家的系谱》,刘北成、龚晓庄译,上海人民出版社,2001年,第121页。

[2] Susan Doran & Glenn Richardson (eds.), *Tudor England and its Neighbours*, New York: Palgrave Macmillan, 2005, p. 6.

[3] G. R. Elton, *England under the Tudors*, London: Routledge, 1978, pp. 23-24.

阻止其对布列塔尼的吞并。不过英国用兵失败后,法国遂正式合并布列塔尼。此后,英王虽然在国内反法势力的推动下不得不继续大规模派兵,并包围了法国的布洛涅,但考虑到和平更利于英国王权的稳定,且法国的综合实力又远在英国之上,于是亨利七世与查理八世签订《埃塔普勒条约》,约定英国终止对法国王位和领土的要求,彼此保证不支持对方的敌人;允许两国臣民平等通商,法王为英王偿付对布列塔尼的债务,并在未来 15 年中每年支付英王 5 000 英镑年金①。此条约虽然默认了法国对布列塔尼的合并,但都铎王朝的合法性也得到了法王的认可。

为了有效遏制法国这一主要对手,亨利七世对欧洲大陆另一强国西班牙采取结盟政策,并将王室联姻作为密切英西关系的重要手段。1488 年 3 月,英西就亨利七世之子亚瑟与斐迪南二世(King Ferdinand II of Aragon,1452—1516)和伊莎贝拉一世(Queen Isabella I of Castile,1451—1504)之女凯瑟琳的婚姻问题,举行专门谈判。1489 年 3 月,英国与西班牙签订同盟条约,规定两国人民的交往不受任何限制;两国之间互为盟友,共同反对法国,并对法作战,任何一方不得与法国言和、结盟或签订和约;两国君主共同承诺互不支持对方的叛乱分子;亚瑟与凯瑟琳订立婚约等②。但是婚后不到半年,年仅 15 岁的亚瑟因病去世了。为了维持英国与西班牙的联盟,亨利七世在西班牙君主的同意和教皇的默认下,让亚瑟的弟弟亨利续娶凯瑟琳。与西班牙王室的联姻,不仅使英国人获得了在西班牙经商的优惠条件,而且使都铎王朝首次得到了欧洲强国的承认。

此外,亨利七世又于 1502 年与苏格兰签订永久和平条约,希望双方化干戈为玉帛;他还让长女玛格丽特同苏格兰王詹姆士四世订婚,以此制约苏格兰与法国的传统联盟关系,且为日后的不列颠统一创造了条件。1507 年,亨利再施婚姻外交,安排自己最小的女儿玛丽同神圣罗马帝国皇帝马克西米连一世的长孙,即后来的查理五世订婚。此外,他还

---

① 钱乘旦、许洁明:《英国通史》,上海社会科学院出版社,2002 年,第 111 页。

② Eric N. Simons, *Henry Ⅶ: the First Tudor King*, London: Muller, 1968, p. 123.

适当调整了对威尔士和爱尔兰的政策,采取和缓谨慎的策略,尽量满足当地人诉求,避免矛盾激化,以图实现两地的稳定。总之,亨利的"和平外交"使英国逐渐摆脱了国际孤立环境,大大提高了都铎王室在欧洲的地位。

亨利七世根据重商主义的原则,积极推动英国的商业发展与贸易扩张。自中世纪后期以来,商业活动已经成为英国经济生活的核心内容,然而,由于长期的战争与内乱,英国的商业发展受到极大的影响,英国商人在英国及国际市场上不具有竞争力,以致像汉萨同盟(Hanse)等外部商业势力在英国境内拥有特权,并挤占了英国本国商人的市场份额。在亨利看来,发展英国的商业和贸易不仅是巩固王权、稳定政局的需要,而且是提升英国国家地位的前提。贸易与海权是英国未来发展的根本依赖。[1] 为此,他当权后采取了一系列措施,推动英国的商业与贸易发展。一方面,他通过颁布相关法令限制外来竞争,保护英国的商业发展,比如1486 年颁布、1489 年修订《航海条例》,对外国商人在英国的经营活动及货物的装运进行限制;另一方面,他积极主动地推动本国商人的对外贸易,通过与西班牙、丹麦、尼德兰及佛罗伦萨等政府缔结商约,为英国商人在这些地区的经商活动创造便利条件。

对于英国商人和冒险家的海外市场拓展和探险活动,亨利七世予以积极支持。1496 年他向威尼斯航海家约翰·卡伯特(John Cabot,c.1450—1499)颁发探险特许状,授权其将发现的新土地纳入英王的领地并以英王的名义进行统治。此后,卡伯特进行了两次北美航行,抵达新大陆的拉布拉多(Labrador)等地,此举为英国向北美扩张的开端。卡伯特返英后,亨利将海军将领称号授予这位效力于英国王室的外国探险家,并赐予奖励。1505 年英国政府颁发特许状,改组英国"商人冒险家公司"(Company of Merchant Adventurers),使它的权力及特权得到加强与扩大,这不但推动了它的发展与繁荣,同时也使之成为后来英国所有

---

① J. A. Williamson, *The Tutor Age*, London: Longman, 1979, p. 36.

新贸易公司的典范①。亨利还通过对新造船只发放补贴等方式,积极支持航运业和造船业的发展,为英国的对外贸易与殖民探险创造条件。他的重商主义政策使英国的对外贸易取得了明显发展,在他统治时期,进口税收入由 32 000 镑增加到 42 000 镑。②

作为都铎王朝的开创者,亨利七世的对外政策完全符合民族国家尚未最终成形时英国的实际情况,其作用非常明显。它一方面使英国获得了相对和平的国际环境,国内经济得到发展,王权得到加强;另一方面又使英国在欧洲乃至世界的地位得到承认和提高。到亨利七世去世时,英国不仅经济开始繁荣,而且成为欧洲政治秩序最好的国家之一,从而为英国民族主权国家的形成以及未来英国参与欧洲和国际竞争,奠定了初步的基础。

亨利八世 18 岁那年即位,这位新君主的个性极为张扬。他不但得益于其父的丰厚遗产,而且在任期间对其父的外交政策进行了重要调整和改变。一方面,他通过自上而下的宗教改革,加强都铎初期开始确立的专制王权,同时树立英国在欧洲的大国形象和独立自主的地位;另一方面,他实行进攻性的对外政策,积极主动地卷入欧洲纷争,以攫取更多的民族利益。如果说亨利八世在其统治中期热衷于宗教改革,那么他在统治的初期和晚期,则主要致力于对外战争。当政之初,他因与西班牙王室存在的联姻关系,所以继续维系着英西同盟。当时,德、法为争夺意大利在欧洲闹得不可开交,导致教皇及许多国家纷纷卷入这种争夺。作为西班牙国王的女婿,亨利八世于 1511 年加入了由教皇、西班牙、威尼斯及瑞士人组成的反法联盟,共同对法作战,旨在将法国赶出意大利。1513 年,英王以保护教皇的名义,联合西班牙进攻法国,并亲自指挥、占领了法国北部的两个小镇,同时还在北部打败了作为法国盟友的苏格兰军队。对外战争的小胜使亨利更加雄心勃勃,并萌生出要左右欧洲大局的念头。1518 年,他在伦敦主持召开了旨在调解欧洲列强关系的国际会

① E. Lipson, *The Economic History of England*, Vol. 1, London: A. & C. Black, 1937, p. 572.
② Clayton Roberts & David Roberts, *A History of England: Prehistory to 1714*, Vol. 1, Englewood Cliffs, N J: Prentice Hall, 1991, p. 224.

议,签订了维护欧洲和平的《伦敦条约》(*Treaty of London*)。尽管该和约只是一纸空文,但它在一定程度上满足了亨利的虚荣心。1520年,他又两度与当时既是西班牙国王又为神圣罗马帝国皇帝的查理五世举行会晤,旨在谋求共同对付并征服法国。1521年,亨利在加来主持会议,调解法国与西班牙的关系。随后,他两次推荐国务大臣沃尔西出任罗马教皇,由此,亨利的野心昭然若揭。1522年,他再次与查理五世结盟对法作战,1523年甚至逼近巴黎,但结果却因英军缺乏斗志和查理五世未能及时救援而失败。巨额的军费开支和民众的强烈反对,终于迫使英王违心地停止了对法战争;而查理五世则捷报频传,他先是在意大利战争中大败法军,后又控制了教皇,乘机掌控了欧洲事务的主动权,反而将英国孤立起来。

此后,亨利八世利用欧洲相对和平的机会,在国内推行宗教改革。通过改革,他基本上消除了教皇对英国国内事务的干涉,促进了英国民族国家的完全形成,从而大大提升了英国的国际地位。宗教改革基本完成后,随着王权的逐步稳固,亨利重新把注意力集中于对外战争。由于改革导致教皇与英国的关系破裂,教皇不仅宣布革除英王的教籍,而且鼓动法国等大陆国家对英国采取联合行动。为了稳固后方、避免两线作战,亨利采取了一系列措施,营造有利于同法国作战的周边环境,以解除后顾之忧。其政策的重点是加速对威尔士、爱尔兰和苏格兰的吞并与征服,以实现不列颠的空间整合,壮大英国的整体实力。相对而言,威尔士问题的解决比较顺利。1536和1543年,英国议会先后制定新法案,废除威尔士旧法律,在威尔士实行英格兰的法律及郡县制,并在英国议会中为威尔士的代表分配了24个席位,基本实现了对威尔士的合并。

爱尔兰"一直是反对新兴都铎王朝的舞台"[1]。为了防止外来势力利用爱尔兰进攻英格兰,亨利八世政策的基调是加强对爱尔兰的政治控制

---

[1] 艾德蒙·柯蒂斯:《爱尔兰史》上册,江苏师范学院翻译组译,江苏人民出版社,1974年,第280—282页。

并推进同化政策。1541 年 6 月,受英国操纵的爱尔兰议会宣布亨利八世为爱尔兰国王,并规定"爱尔兰与属于英王的英格兰领土永远联合、合并且联结在一起"[①]。从此,在爱尔兰政府中的爱尔兰人的地位更加微不足道,爱尔兰议会为英国所遥控,一切大权都掌握在来自英国的总督手中,英格兰法律也成为爱尔兰的法律。随后,使爱尔兰"英国化"的政策相继出台,其内容主要包括:(1) 按照英国模式改革爱尔兰议会,在宗教信仰上保持天主教教义,在管理制度上则全归英王统辖。(2) 英王的意志至高无上,由英王代表取代当地领主统治爱尔兰。(3) 以条约的形式确定英王同爱尔兰贵族和诺曼贵族的关系,英王在降服这些贵族的条件下,保留他们的领主权和土地。(4) 提倡英国语言和"礼教",禁止使用爱尔兰语言和文化,严惩违禁者,努力将爱尔兰改造成第二个英格兰[②]。亨利推行的"英国化"政策,初步割断了爱尔兰对罗马教廷的从属关系,建立了英国对爱尔兰的新宗主国地位。亨利统治时期,爱尔兰有 40 个最大的首领和领主归顺英王,英国将其统治权扩展到爱尔兰东部的伦斯特(Leinster),并逐步逼近南部的芒斯特(Munster),英、爱一体化取得了重要进展。

英格兰与苏格兰作为两个分治的王国,曾长期处于敌对状态。1513 年 9 月,亨利八世北征苏格兰,引发了一场自爱德华一世以来最为残酷的英苏大战。不断的敌对与战争状态,为外来势力,特别是法国势力插手英苏矛盾提供了机会。詹姆士五世成为苏格兰国王后,先后娶法王弗朗西斯一世(Francis Ⅰ of France, 1494—1547)的女儿马德琳(Madeleine of Valois)、吉斯公爵(Duke of Guise)的女儿玛丽(Mary of Guise),进一步拉近了与法国的关系。1542 年詹姆士五世去世,出生仅六天的公主玛丽·斯图亚特继位,成为苏格兰最年幼的君主。为了确保对法战争胜利,亨利八世乘机于 1543 年强迫苏格兰人签订《格林威治条约》(*Treaty of*

[①] 艾德蒙·柯蒂斯:《爱尔兰史》上册,江苏师范学院翻译组译,江苏人民出版社,1974 年,第 318 页。

[②] 同上书,第 320 页。

Greenwich)，企图通过爱德华六世王子与玛丽女王联姻的方式，实现英苏两王国的联合。一切准备就绪后，英王与西班牙约定在 1544 年春共同发动对法战争。不料，西班牙却与法国签订和约，迫使英国不得不硬着头皮单独对法作战。1546 年，由于法国作出让步，承认《格林威治条约》，英法战争宣告结束。但是，亨利在苏格兰问题上至死都未能降服苏格兰人。因此，丘吉尔曾作出这样的评论："亨利在苏格兰一无所获，他不愿意宽宏大量地同苏格兰人和解，又没有力量强迫他们服从自己的意志。在以后的 50 年里，他们给亨利身后的几代国王增添了许多烦恼。"[1]

出于对外战争与殖民争夺的需要，也为了真正实施《航海条例》，亨利八世开始大规模发展海军。他不仅将亨利七世开辟的朴次茅斯（Portsmouth）船坞加以扩建，而且在泰晤士河开辟海军基地，兴建船厂，大力建造新型舰船。此时，英国的战舰设计走在世界的前列。"亨利八世是第一个有力量能够建造一些专门供作战使用的国有舰船的英国君主。从他开始，造舰同研制装前式舰炮几乎是同时进行的。"[2]在亨利八世统治的几十年间，英国共建造了 47 艘军舰，其中排水量最大的达到1 200吨[3]。为了提升海军战斗力，亨利对海军的行政管理进行改革，设立了海军事务委员会等机构，使海军官员在海军大臣的领导下各司其职，海军建设逐渐走向正规化和制度化。另外，他还通过颁布和实施航海条例，发展英国的航运业，为英国海军的发展提供了物质支持。亨利八世对海军发展的重视，奠定了未来英国海军力量发展的基础，因而获得了"英国海军之父"的美誉。

亨利八世的对外政策，特别是他的战争政策备受质疑。连续不断的对外战争，不仅没有取得任何实质性的成就，反而劳民伤财，致使英国出现严重的财政危机和通货膨胀。据统计，1511—1547 年间，亨利在同法

① 温斯顿·丘吉尔：《英语国家史略》上册，薛力敏、林林译，新华出版社，1985 年，第 514 页。
② E. B. 波特主编：《海上实力》，马炳忠等译，海洋出版社，1990 年，第 22 页。
③ David B. Quinn & A. N. Ryan, *England's Sea Empire*, *1550—1642*, London: George Allen and Unwin, 1983, p. 46.

国、苏格兰战争中的花费达到了2 134 784英镑①,引起了国内的强烈不满,甚至出现地方性叛乱。对英王卷入欧战的外交政策,就连他的重要谋臣克伦威尔也提出了批评②。这表明,民族国家刚刚形成的英国,尚不具备参与欧洲争霸的条件。然而客观地说,亨利采取的对外政策,绝非是他个人心血来潮的结果,而是民族国家形成时期英吉利民族意识发展的反映,表明民族国家刚一形成,英国就将欧洲乃至世界作为自己活动的舞台,而这种强烈的独立自主、称霸扩张的意识对日后英国发展道路的选择产生了重要影响。所以,有人这样评价亨利八世:"历史上没有哪一位统治者在他所处的时代留下如此深刻的影响,以及激情做事的程度和长期遭受的争议。"③

---

① W. G. Hoskins, *The Age of Plunder: King Henry's England, 1500—1547*, London and New York: Longmans, 1979, p. 210.
② P. S. Crowson, *Tudor Foreign Policy*, New York: Octagon Books, 1973, p. 34.
③ A. F. Pollard, *Henry Ⅷ*, London: Longmans, Green and Co., 1919, Preface.

第二章　羽翼渐丰

亨利八世的宗教与内政改革，使英国确立了统一正常的社会秩序，并作为一个完整的主权国家出现于欧洲和世界的舞台。但是，都铎前期的这一成果在爱德华六世和玛丽一世软弱甚至错误的统治中，几乎丧失殆尽，这表明英国民族国家形成之初不稳固，专制王权尚未强大。

爱德华六世时期，幼主统治，王权旁落。当时，一系列错误的内外政策的推行，导致社会稳定遭到破坏。对外关系方面，法国不但插手苏格兰事务，而且和苏格兰联合向英国发动战争。英国陷入长期战争后，爱德华六世时期国家海上力量的发展被忽视，海军发展滞后，甚至连皇家海军的给养都得不到保证。英国还实施战略收缩，撤回驻守苏格兰的军队，同意法国赎回布洛涅，不向加来港提供援兵。而这一切退让的结果，致使英军受到严重削弱，大大降低了英国在国际事务中的作用。玛丽一世时期，英国的情况更糟。玛丽缺乏政治远见和魄力，她为了加强统治，不是注重加强英国的经济与政治地位，而是采取亲近罗马的政策，全面地在英国恢复天主教，放弃了英王作为本国教会最高首脑的地位，重新承认教皇的宗教权威。她还不顾国人的反对，极力投靠西班牙，竟然同西班牙菲利普二世结婚，将英国置于西班牙的附属地位，并把英国拖入了一场无意义的西班牙对法国的战争，结果使英国丢掉了在大陆欧洲的最后堡垒加来。在完全丧失了先王开创的独立自主的政治局面后,英国的宗教矛盾与民族矛盾日渐加深,国内政局不稳,诺福克郡和西部地区先后发生骚乱,中央权威难以发挥作用。由于连年应付欧战,王室财政陷入捉襟见肘的境地,到玛丽去世时,王室债务已高达 20 万镑①。

　　能否再度排除罗马教皇的权威,以及能否重建专制主义的政府体制,关系到英国作为一个主权独立的民族国家能否真正确立与巩固、英国在对外关系中能否恢复独立自主的主体地位,这一历史的使命落到了玛丽的妹妹身上。1558 年伊丽莎白继位后,面对内战分裂、外战严峻的形势,励精图治,承继父业。她首先实施"宗教决定",其实质是恢复被玛丽中断的宗教改革,在英国重建至尊王权。1559 年加冕后不久,她命令议会重新通过《至尊法》,在法律上再次确认君主在宗教与世俗事务上的最高权威。根据伊丽莎白时期的《至尊法》,英王在宗教和世俗方面都是英王国唯一至尊领袖,在英国境内,"任何外国君主、个人、主教、国家或统治者在教会或宗教方面均不得享有、也不应当享有管理权、统治权、领导权等"②。《至尊法》规定,"女王陛下及后裔和继承人,即英国未来的君主和女王们,也将拥有全权和最高权威"。1559 年,女王又令议会通过《信仰划一法》,统一全国的宗教事务。1563 年,她指令召集神学家会议,依据先前的《四十二信条》,制定出《三十九信条》,作为英国国教的教义与教规。至此,她完成了从亨利八世开始的都铎宗教改革,英国的国家体制恢复到亨利八世时期的状态。针对有人对宗教改革不满的状况,女王采取严厉措施予以镇压,比如她强令英国的天主教徒一律改宗英国国教,违者驱逐出境或处死。对于那些不愿意承认她的英国教会最高首脑地位的人,也一概加以驱逐或处死,甚至对庇护上述人员者也以死罪论

① F. C. Dietz, *England Public Finance*, *1558—1641*, London: Adam & Charles Black, 1932, p. 7.
② G. R. Elton (ed.), *The Tudor Constitution: Documents and Commentary*, Cambridge: Cambridge University Press, 1960, p. 375.

处。据不完全统计,伊丽莎白统治时期,英国先后约有 123 名教士和 60
名俗人因宗教问题被处死,另有 200 余人死于狱中①。那么人们不禁要
问,伊丽莎白为什么没有像玛丽那样在历史上留下骂名呢? 我们或许可
以这样来解释:伊丽莎白之所以积极主动地推进宗教改革,是因为她把
宗教这种精神力量视为对内确立绝对王权、对外维护国家主权的重要工
具,无论是前者还是后者,都从根本上维护了英吉利民族利益。在她看
来,作为外来强权代表的罗马天主教的存在,不仅严重削弱了英国人在
思想上对本国君主的崇拜和忠诚,而且直接威胁到英国的国家主权和民
族利益。她通过采取立法和镇压并用的手段,坚决废除罗马天主教在英
国的特权地位,代之以具有独立性和英吉利民族特色的安立甘宗,同时
确立英王作为英国国教之首的至尊地位,最终确立和巩固了对内的专制
体制和对外的独立主权地位。

要确保对外的独立主权地位,强化王权在国内的权威是必要的。为
此,伊丽莎白在政治上继续实施改革和调整,并获得巨大成功。在中央
一级,她广泛吸收新兴的精英人物为其效劳,逐步抛弃旧贵族,整顿枢密
院和议会。为加强对地方的控制,女王政府扩大各地治安法官的人数和
权力,建立郡守制并赋予其实权,发挥其在抗击外敌中的作用。与其他
国家相比,此时的英国虽然没有庞大的常备军和严密的官僚机构,但女
王凭借手中控制的议会、枢密院、地方治安法官和皇室法庭等权力机构,
顺利地实现了在立法、行政、司法诸方面的专制统治,使国家达到了前所
未有的统一和集权②。至此,英国作为一个现代主权国家的地位最终得
到巩固。

当然,现代主权国家的巩固和王权的加强,离不开雄厚的国家实力。
为此,伊丽莎白一世采取一系列措施,使都铎国家的整体经济与军事实

① 威尔·杜兰:《世界文明史》第 7 卷(理性开始的时代),台湾幼狮文化公司译,东方出版社,
1999 年,第 28 页。
② G. R. Elton (ed.), *The Tudor Constitution: Documents and Commentary*, Cambridge:
Cambridge University Press, 1960, pp. 19-20.

力得到了明显的增强。归纳起来,主要体现为以下两个方面:一方面,奉行重商主义政策,大力发展国内经济与对外贸易,提升国家的经济实力。重商主义强调金银货币的多少是衡量一个国家财富的标志,而财富的积累主要依赖于对外贸易,少买多卖是进行对外贸易的基本原则。要实现这一点,加强国内生产和拓展外部市场是最基本的途径。为此,伊丽莎白特别重视发展工业,培育和提升英国产品的国际竞争力。为了进一步促进传统毛纺织业的发展,她采取措施严格限制国内生产所需的原材料或初级产品的出口并鼓励羊毛、大麻、亚麻等工业原料的进口;同时利用优惠待遇等办法,大力引进国外特别是尼德兰和法国的拥有先进技术的工匠,以改进英国的生产工艺。据估计,在西班牙实施宗教迫害之前,约有三万名佛兰德斯织工进入英格兰,"他们受到伊丽莎白的竭诚欢迎。伊丽莎白允许他们在桑威奇(Sandwich)和诺里奇定居,并由法律规定每个佛兰德斯人都有义务雇佣至少一名英格兰学徒。这样,英格兰人就学得了制造呢绒、制造丝织品和染色的精湛技艺,不再输出为佛兰德斯制造呢绒所需要的羊毛"[1]。在发展新呢绒业的同时,伊丽莎白还积极扶持丝织业、皮革业、金属业等新兴行业的发展。呢绒等工业的发展,不仅增加了王室财政收入,而且进一步推动了农牧业的发展与变革,有利于提高英国的整体经济实力。另一方面,伊丽莎白限制外国商人的特权,积极支持和推动本国商人向外拓展。在民族国家形成之前,英国的贸易一直受到外国人特别是汉萨商人的控制,封建割据、王权软弱以及本国经济特别是商业的相对落后,无不使以北德城市为主组建起来的汉萨同盟商人有可乘之机。为了促进英国商业的发展,亨利二世和理查德一世(Richard I of England,1154—1199)在1157—1194年间先后颁令,授予汉萨商人在伦敦极其优惠的经营特权。在英国王室的支持下,汉萨商人于1320年在泰晤士河畔设立了汉萨同盟四大贸易商站之一的伦敦商

---

[1] Mandell Creighton, *The Age of Elizabeth*, London: Longmans, Green and Co., 1917. 引自中国英国史研究会编:《英国史论文集》,三联书店,1982年,第118页。

站,即著名的斯蒂尔亚德(Steelyard)。它成为汉萨商人在伦敦及英国从事商业活动的大本营,并享有较大的自治权。此后,汉萨商人在英国的影响不断扩大。根据 1474 年爱德华四世与汉萨商人签订的《乌得勒支条约》(Treaty of Utrecht),汉萨商人在英国除了继续享受爱德华四世及前辈英王所授予的各种特权外,还不受英国海事法庭和其他法庭的司法管辖,他们在英国若发生涉及民事、刑事纠纷时,由英王任命两个以上的法官单独予以处理。该条约还使他们在英国享受比英国商人更为优惠的出口关税。因此,汉萨商人控制了英国相当大份额的进出口贸易,他们的商船队在比斯开湾(Bay of Biscay)和波罗的海以及斯堪的纳维亚地区来回穿梭,生意十分繁忙。

　　汉萨商人对英国进出口贸易的控制,以及对英国商人利益的损害,激起了英国人的不满和反抗,结果汉萨商人的特权在都铎王朝前期受到了某些限制,但问题并未解决。伊丽莎白执政后,当权的威廉·塞西尔力主废除汉萨特权。1559 年 7 月,女王专门写信给吕贝克(Lübeck)的议会,宣称汉萨特权因诸多弊端而在爱德华六世时期已被废除。不过,女王此时因地位未稳,并没有立即将汉萨商人全部赶走,而是采取了一定的妥协态度。1560 年,英国与汉萨商人签订条约,允许他们重返伦敦,但他们的活动受到一定限制,而且他们在北海和尼德兰贸易中的传统优势地位也开始被打破。1579 年,英国采取进一步措施,消除汉萨特权。1598 年,汉萨同盟在伦敦的斯蒂尔亚德(Steelyard)的使命彻底完结,汉萨商人最后被逐出英国[1],从而充分保障了英商对国内市场的占领。伊丽莎白政府还通过外交谈判、签订商约等方式,确保英商在国外活动的有利条件;同时还授权英国驻外使节向驻在国政府提出英商诉求,制止外国商人和外国政府对英商的排斥、迫害。1579、1580 和 1581 年,伊丽莎白分别致函丹麦国王、波兰国王及土耳其苏丹(Sultan),要求对方为英

---

[1] N. J. G. Pounds, *An Economic History of Medieval Europe*, London: Longman, 1974, p. 380.

国公司和商人在当地的活动提供方便,并给予优惠待遇。在女王的支持下,英国商人在波罗的海、地中海等地区贸易的拓展获得了有利条件。

此外,伊丽莎白还大力支持本国商人的贸易特许公司开拓海外市场。鉴于英国的对外贸易曾经长期主要依赖安特卫普,而商路单一、市场狭小,以及贸易特许公司能有效地增加英国商人商业资本在国际贸易中的力量和地位,女王通过投资或授予特许权等方式,把支持贸易公司作为促进英国海外贸易发展的最好方式。1579 年 8 月,她批准成立"东方公司"(Eastland Company),并向公司颁发特许状,该公司获得了英国对北欧及波兰等国家和地区的贸易垄断权;经过她的授权特许,1581 年组建的"土耳其公司"(Turkey Company),垄断了对土耳其的贸易;1583 年特许组建的"威尼斯公司"(Venice Company),旨在恢复和发展英国在地中海的贸易。1592 年该公司与土耳其公司合并后,发展成为了规模和影响更大的"黎凡特公司"(Levant Company)。此外,女王还通过颁发特许状等方式,鼓励与支持探险家和商人组建开拓非洲及远东市场的各类公司。

同时,伊丽莎白支持海外探险和殖民活动,拓展英国对外贸易的空间,这典型地体现在女王及其政府对开辟西北航线的大力支持上。王室积极鼓励英商闯入西班牙、葡萄牙所垄断的航路和殖民地去从事贸易活动。对于约翰·霍金斯爵士(Sir John Hawkins)从事的葡属非洲与西属西印度群岛(West Indies)之间的奴隶贸易、弗朗西斯·德雷克爵士(Sir Francis Drake)的海盗活动及环球航行,女王更是以入股等方式加以赞助。因此,霍金斯和德雷克的行为,并不是单纯个人的冒险、寻求黄金的活动,而是在英国政府的支持下,打击西班牙、葡萄牙的海外贸易霸权,争取分享世界市场份额的一种特殊方式。英国早期的殖民探险活动,尽管在建立殖民地方面成果甚少,但它毕竟拉开了英国海外殖民扩张和创建大英帝国的序幕。

加强海上力量,积极准备与欧洲强敌争霸并进军世界海洋,这是伊丽莎白时期政府支持海外探险和殖民活动的重要手段。亨利八世时期初步建立了英国海军,奠定了英国海上正规武装力量未来发展的基础。伊丽莎白继位后,立即将制定海上政策的工作提上议事日程,如国务大臣塞西尔在女王加冕典礼的备忘录中就明确将"谋划海上事务"作为新政权必须"立即实行"的一大要务①。从此,海上政策在女王政府的决策中占有突出地位。1569 年,她邀请霍金斯爵士出任海上事务委员会顾问,霍金斯则根据自己丰富的航海经验,大力新建适合远洋运输和作战的舰船,并为这些船只配备了发射快、射程远、反冲力小的新型火炮,使海军获得了突破性发展。1570—1587 年间,英国共建成这种类型的战舰 25 艘②。英国皇家海军总吨位到 1588 年已达 12 590 吨,1603 年为 17 050 吨,有 42 艘军舰,配备水手和作战人员 8 346 名③;同时,舰船的质量、远航能力和武器性能等方面均比原来有较大的提高。霍金斯还对海军的战略战术进行一系列改革。在战术的运用上,他推行以远距离炮战为主的新型打法,改变了长期沿用的登船交战的传统战术,大大提升了战斗力。塞西尔声称,英国海上实力"现在无论在数量上、实力上,还是在船长、水手的能力上,都比人们记忆所及的任何时候强大"④。王室政府还积极鼓励民间造船。英国的商船总吨位在 1572 年大约是 5 万吨,1582 年则为 6.7 万吨⑤。大量用于远洋贸易的商船,实际上成为英国海军的重要预备力量。在 1588 年英西大海战中,英国舰队中的私人船只占到四分之三,成为英国最终取胜的主要力量⑥。强大的海上力量,不仅有利于推动海外贸易的发展,而且为以后英国海军称霸海洋奠定了基础。

① W. Cunningham, *The Growth of English Industry and Commerce*, Vol. 2, Cambridge: Cambridge University Press, 1925, p. 63.

② David B. Quinn & A. N. Ryan, *England's Sea Empire, 1550—1642*, London: George Allen and Unwin, 1983, pp. 68 - 69.

③ F. J. A. Hearmshaw, *Sea-power and Empire*, London: Longman, 1940, p. 96.

④ W. Cunningham, *The Growth of English Industry and Commerce*, Vol. 2, Cambridge: Cambridge University Press, 1925, p. 173.

⑤ Ibid., p. 132.

⑥ A. L. Rowse, *The Expansion of Elizabethan England*, London: Macmillan, 1981, p. 250.

伊丽莎白强固民族国家的政策和努力,为英国在欧洲乃至世界与列强的争夺创造了必要条件,也为英国实施独立自主的外交政策奠定了基础。女王即位时,面临着十分严峻的国际地缘政治局势。当时,西班牙和法国都对英国虎视眈眈,英国甚至成为"两条狗争夺的一块骨头"[1]。因此,如何处理与西、法两国的关系,就成为摆在伊丽莎白面前首要的、也是最为棘手的问题。她一改亨利八世和玛丽一世时期把宗教信仰是否一致作为英国外交基点的做法,而是承袭亨利七世的办法,将维持欧洲国际政治中的均势作为外交政策的核心,不希望西班牙和法国有任何一方变得过分强大。这种均势外交政策的基本目标是,使弱小的英国尽量避免过多卷入欧洲大陆列强的军事纷争,创设和维护英国的和平环境,为其政治经济发展服务。

16 世纪 60 年代末以前,都铎政府对外政策的基调是利用西法矛盾,联合西班牙对抗法国。这样做的基本原因,就在于两个方面:其一,此时的法国对英国的威胁最大。自诺曼征服以来,英法两国大多处于敌对、争斗的状态。法国收复加来以后,完全控制了英吉利海峡南侧的交通要道,这不仅挤压了英国在大陆的活动空间,而且直接威胁到英国本土的安全。更重要的是,法国还利用与苏格兰的盟友关系,插手苏格兰事务,并利用苏格兰反对英格兰,支持苏格兰玛丽与伊丽莎白争夺英国王位。其二,为了实现联西抗法的目标,伊丽莎白利用宗教外交,以缓和和修补与西班牙的关系。英西之间曾经保持着友好关系,双方在经济上结成亲密的贸易伙伴;在国际政治斗争中,西班牙曾是英国的国际支柱,也是在欧洲大陆与法国抗衡的重要力量。对此,塞西尔在 1565 年底的一份备忘录中写道:"没有任何一位英国君主在没有得到勃艮第家族的友好的情况下得以存在,没有任何一位君主比英国女王的盟友更少,没有任何一位君主比女王更需要朋友和强国的支

---

[1] R. B. Wernham, *The Making of Elizabethan Foreign Policy, 1558—1603*, California: University of California Press, 1980, p. 26.

持。"①女王即位时，出于国家统一和团结的考虑，她必须面对宗教改革问题，而宗教问题在英国不仅是内政，而且直接牵涉到英国与其他欧洲大国以及罗马教皇的关系。她深知，维持并巩固英西联盟的重要前提是与教皇改善关系，而改善与后者的关系又需要获得西班牙的支持，因为菲利普二世保持着与教皇非同寻常的关系，所以通过菲利普就可以对教皇施加影响。为此，伊丽莎白采取了温和折中的宗教政策，避免任何过激的行为，以防止来自大陆天主教势力的威胁。一方面，她故意掩饰与模糊自己的新教立场，以致一些天主教徒在呈送给教皇的报告中普遍存在这样的错觉：英国人势不可挡地忠于他们的古老信仰，宗教改革只不过是少数贪婪贵族、叛徒神父和冒险家的所为，是这些人把他们自己的意志强加给了国家，而伊丽莎白本人并不仇恨教会，如果能够让她摆脱顾问们的邪恶劝谏，也许可以引导她在英国恢复天主教②。另一方面，伊丽莎白在其颁布的重要法令和公告中，尽量使用体现"宗教决定"的语言，竭力避免天主教世界的反感。"在她统治前期所发布的第一个官方文件里，在她的一些称号的末尾，她用'等等'字眼代替她的父王和兄弟统治时期曾采用的'教会至尊领袖'这个称号"③。1563 年教士会议通过的《三十九信条》，实际上是爱德华六世颁布的《四十二信条》的修订本，其中修正了最激进的新教规定。即使这样的教规，伊丽莎白也是直到1571 年被罗马教皇开除教籍后才予以批准的。在女王颁布的文告中，她仍然宣布禁止任意改动罗马天主教的祈祷仪式。伊丽莎白的宗教政策，不仅维护了国内的教派团结，也保持了英国与西班牙的友好关系，维护了英国的政治利益。正是由于西班牙的支持，英国才在结束对法战争的谈判中获得有利地位，并迅速于 1559 年 4 月与法、西等国签订《卡托-康布雷奇和约》(Peace of Cateau-Cambrésis)，从而使英国摆脱战争的缠绕，也使新教女王得到两大天主教国家的承认。菲利普二世

① C. Read, *Mr. Secretary Cecil and Queen Elizabeth*, London: J. Cape, 1955, p.336.
② 夏继果：《伊丽莎白一世时期英国外交政策研究》，商务印书馆，1999 年，第 109 页。
③ J. E. 尼尔：《女王伊丽莎白一世传》，聂文杞译，商务印书馆，1992 年，第 60 页。

还多次阻止了教廷试图在英国恢复天主教的行动,并一再力劝教皇不要急于开除伊丽莎白的教籍。

　　伊丽莎白的大陆均势政策,在其婚姻外交上表现得最为淋漓尽致。女王即位时只有 25 岁,其婚姻问题备受国内外的广泛关注,许多国家的王公贵族都期望通过"征服"年轻的女王而征服这个海岛国家。这不免使女王意识到,其婚姻问题绝非是个人的私事,而与王室的安危,乃至与欧洲的国际关系,都有密不可分的联系。假如"同欧洲的某个国王结婚将会使她卷入这个国家的欧洲政策,也会使她被丈夫的敌人所仇恨"①。为了国家利益,伊丽莎白遂将其婚姻问题作为英国实现对外战略的重要手段,因而她施展婚姻外交,巧妙地利用法西之间的矛盾。这两国都有与伊丽莎白联姻的愿望,早在女王即位之前,西班牙的菲利普二世即派使臣前往英国,提出与女王联姻的问题。不过,此时的女王心里非常清楚,她与菲利普的婚姻谈判注定是不可能的,正是女王的姐姐玛丽一世与菲利普的婚姻把英国拖入了对法战争,并导致英国丢掉了战略要地加莱,况且,女王和菲利普在宗教信仰上也难以调和。但是面对菲利普的求婚,她并未立即予以拒绝,而是采取拖延战略,使他一直存有希望,以便保持与英国的友好关系。起初,她对菲利普的求婚持欢迎态度,还盛情款待西班牙使臣,可是总找各种借口,对西班牙的联姻提议迟迟不予答复。当实在无法搪塞时,她就干脆表示不想结婚。在伊丽莎白看来,"两国君主联姻中得到的好处,也同样可以从他们之间保持的良好友谊中得到。她用一种恶作剧幽默的口吻问菲利普二世,她怎么可能和她的姐姐的丈夫结婚而不使她的父亲蒙受耻辱呢?"②此外,为了谋求与西班牙的友好关系,她从 1562 年起就积极主动地与神圣罗马帝国就其与查理大公(Charles II, Archduke of Austria, 1540—1590)的婚姻问题进行谈判,谈判虽然同样以失败告终,但女王的目的非常清楚,就是要通过与

---

① 温斯顿·丘吉尔:《英语国家史略》上册,薛力敏、林林译,新华出版社,1985 年,第 535 页。
② J. E. 尼尔:《女王伊丽莎白一世传》,聂文杞译,商务印书馆,1992 年,第 77 页。

西班牙的密切关系来发展与神圣罗马帝国的关系。总体上,伊丽莎白的婚姻外交是成功的,女王在当政的前十年,英西间基本保持了友好关系,为联西抗法奠定了基础。

当国内统治地位基本巩固、英西友好关系基本确立后,伊丽莎白便把斗争的矛头指向法国,它是英国的主要威胁。她的基本策略是利用苏格兰问题,打击和削弱法国的势力和影响。苏格兰地处英格兰北邻,对英国的利益与安全至关重要。长时期的兵戎相见,不仅使两国人民互相为敌,而且使苏格兰落入法国的势力范围。苏格兰女王玛丽当政期间,法国在苏格兰的势力迅速发展,苏格兰俨然成为法国的一个省。1559 年 7 月,法王亨利二世(Henry II of France,1519—1559)去世,玛丽的丈夫弗朗西斯二世继承王位,当时他只有 16 岁,年幼无知,法国的统治权实为笃信天主教的吉斯(Guise)家族所操纵。无论是从宗教立场上,还是从帮助玛丽争夺英格兰王位的角度,法国都会利用苏格兰威胁英国。两年以后,弗朗西斯因病夭折,玛丽不得已回国,但她的宗教压迫政策却激起了国内新教徒起义。伊丽莎白深知,若苏格兰起义被镇压,法国军队将会全面控制苏格兰,随后而来的将是入侵英国,把自己赶下王位,最终建立一个强大的法、苏、英三边联盟。因此,伊丽莎白决定介入苏格兰内战,希望借助苏格兰新教力量驱赶法国势力。

起初,英国只是暗中资助苏格兰义军。1560 年 2 月,面对苏格兰人在战场上的糟糕表现,女王授权与苏格兰签订《贝里克条约》(*Tready of Berwick*)。该条约规定,苏格兰保证在将来的英法冲突中支持英国,英国则接受苏格兰人的请求,答应保护苏格兰的自由、独立,使其免遭法国征服。与此同时,英国一方面通过外交策略利用法西矛盾,阻止西班牙对苏格兰进行武装干涉的打算;另一方面又积极备战,不惜与法国一战。同年 3 月,英国直接出兵苏格兰,英苏联合围困法军,迫使内忧外患的法国进行和谈。7 月 6 日,法、苏、英签订《爱丁堡条约》(*Treaty of Edinburgh*),规定英格兰与法国均从苏格兰撤军,苏格兰由贵族议会统治,各方均承认伊丽莎白继承英格兰王位的权利①。这样,《爱丁堡条约》基本解决了苏格兰问题,消除了法苏同盟对英国构成的威胁,据此英格兰则与苏格兰维持了一段时间的和平。更为重要的是,英国的外交政策从此发生重大转变,它放弃了争夺大陆欧洲领土的传统,转而专注于维持不列颠岛内和平,进而谋求对外的经济扩张。

伊丽莎白在其执政的前十年,通过纵横捭阖的外交活动,建立并维持了与西班牙的友好关系。但是,这种关系并不能持久,双方始终存在的矛盾与冲突必然会损害彼此间的关系。16世纪70年代以后,女王的外交政策发生重大调整,联法抗西成为英国大陆均势政策的基本主线。她对外政策的调整源于国内外形势的重大变化。

一方面,国内政局相对稳定,经济发展,这是英国对外政策调整的推动力。伊丽莎白统治前期,极力维护英国的稳定并促进经济发展:通过宗教改革、结束对法战争、解决苏格兰问题、囚禁并处死苏格兰女王玛丽等一系列措施,实现了英国的政治稳定;通过货币改革、扶植农业发展、规划呢绒生产、奖励造船业、鼓励技术进口与外来移民、实行重商主义以扩大海外贸易等政策,促进了英国经济的复兴与对外贸易的发展。这一切努力,不仅直接强化了英国的独立自主意识,而且为其外交政策的制定与实施奠定了物质基础。

另一方面,随着英西矛盾的发展,西班牙已成为英国的首要敌人。就经济利益而言,由于对外贸易迅速扩张,英国迫切需要扩大外贸市场和建立海外殖民地,这就势必要与当时的殖民大国西班牙发生正面冲突。1494年划定的"教皇子午线"(Papal Meridian)使西班牙获得了垄断该线以西发现非基督教土地的特权,对此英国一直不予承认。1561年,塞西尔曾直接告诉西班牙大使:"教皇无权瓜分世界,也无权把土地给予

---

① R. B. Wernham & J. C. Walker (eds.), *England under Elizabeth (1558—1603): Illustrated from Contemporary Sources*, London: Longman, 1932, p. 12.

他所喜欢的任何人。"①1580 年西班牙和葡萄牙合并后,西班牙实际上独占了全世界的海上贸易,大大增加了海外属地,进一步增强其经济与军事实力。同时,它对尼德兰的政治控制、经济掠夺与宗教迫害,也严重损害了英国与尼德兰的传统贸易关系。显然,它越来越成为英国对外贸易扩张的主要障碍。

就政治关系而言,英西之间的矛盾因苏格兰女王玛丽而不可调和。1560 年玛丽亲政后,曾图谋在教皇和西班牙的支持下,借助英国和欧洲的天主教势力,推翻伊丽莎白的统治。1568 年,当她在苏格兰内战中失败、逃到英格兰又被软禁后,教皇竟发布训令,将伊丽莎白逐出教门、废黜王位,并号召和筹划天主教世界对英国采取行动。1586 年,菲利普二世密谋勾结英国的天主教势力谋杀伊丽莎白,意欲以玛丽取代之。该计划败露后,伊丽莎白采取果断措施,将玛丽送上断头台,使西班牙借助玛丽插手甚至控制英国的图谋完全破产。正在这个时候,法国由于内战不断而实力遭到削弱,与英国为敌的吉斯家族也不再执掌法国政权。此时,法国已不再是英国的主要敌人了,相反,法国出于对西班牙的担心,也愿意与英国联合。

为了实现联法抗西的目标,伊丽莎白的婚姻问题再次成为女王可资利用的重要筹码。1569 年 8 月,她向法国大使明确表示愿意商谈与法国王位继承人安茹公爵即后来的亨利三世(Henry III of France, Duke of Anjou, 1551—1589)的联姻问题;次年,英法王室间的联姻谈判就开始了。对于伊丽莎白来说,她只是企图利用联姻谈判化解英法的敌对关系,根本没有与安茹公爵结婚的打算,因此在随后的谈判中,女王态度强硬,在宗教分歧上大做文章。这场婚姻谈判虽然注定不会有结果,但它推动了英法关系的改善。1572 年 4 月,英法签订《布卢瓦条约》(Treaty of Blois),英法之间的联盟关系由此确立。根据该条约,英法有一方受

---

① D. M. Palliser, *The Age of Elizabeth: England under the Later Tudors, 1547—1603*, London: Longman, 1983, p. 20.

到他国进攻时,另一方有义务进行适当的军事援助;法国为英国设立呢绒和羊毛贸易中心。同时,条约还就苏格兰问题达成共识,双方同意联合调解苏格兰冲突,并将全力阻止任何外国军队进入苏格兰。显然,此条约主要是针对西班牙的。当然,出于维持大陆均势的考虑,英国并没有深陷在英法联盟关系中,1575 年 3 月,英西达成协议,恢复了双方的友好关系。[①]

安茹公爵与伊丽莎白的婚姻谈判破裂后,法国又推出另一位求婚者、亨利三世的弟弟安茹和阿朗松公爵弗朗索瓦(François, Duke of Anjou and Alençon)。1578 年,女王与法国均表示愿意进行联姻谈判。此时,弗朗索瓦正准备实施干涉尼德兰的计划,女王的意图是通过联姻谈判,利用弗朗索瓦在尼德兰打击西班牙势力,甚至把法国拖入与西班牙的战争,并且在法国形成有利于英国的局面。这次婚姻谈判历时十年之久,其间女王利用各种手段显示她的诚意,目的是使法国对英国心存希望,也使西班牙对英法联盟心存畏惧而不敢轻举妄动。对英国来说,维持英法联盟关系,意在反对当时主要威胁的西班牙。为了增强对付西班牙的力量,女王甚至主动与奥斯曼帝国接触,寻求外交结盟。1578 年,她通过伦敦商人捎信给土耳其苏丹,希望开拓英国在土耳其的贸易活动。不久,她又致信苏丹,陈说西班牙的威胁和英国的强大,表示愿意与土耳其建立反西联盟。尽管英国的愿望没有实现,但女王的外交目标十分明确。

16 世纪 70—80 年代,英西对抗主要围绕着尼德兰的独立而全面展开。1566 年,尼德兰爆发了反对西班牙统治的起义;次年,西班牙派大军前往镇压,并支持爱尔兰的天主教徒反对英国统治。如果西班牙实现了对尼德兰的完全控制,将对英国的安全构成极大的威胁。英国一方面通过与法国的联姻谈判,试图利用法国的力量在尼德兰打击西班牙的势

---

① J. B. Black, *The Reign of Elizabeth*, *1558—1603*, Oxford: Clarendon Press, 1959, pp. 164 -165.

力;另一方面则直接帮助尼德兰革命者反对西班牙。1572年4月,在英国的支持下,尼德兰北方革命出现高潮。同年7月,英国的汉弗莱·吉尔伯特爵士(Sir Humphrey Gilbert)率领一支志愿部队登陆尼德兰的法拉盛①。1585年8月,伊丽莎白与尼德兰缔结条约,约定尼德兰将法拉盛和布里尔②转让给英国,作为偿还军事开支的抵押。由此女王向尼德兰起义军提供5 000名步兵和1 000名骑兵组成援军,并负担军费,联合省则帮助英国共同抵御进入英吉利海峡的敌国舰队③。同年12月,伊丽莎白派莱斯特伯爵(Earl of Leicester)率军占据法拉盛,以防止尼德兰被敌国占领,同时保护英荷之间的传统贸易联系。英国对尼德兰革命的支持,不仅消耗了西班牙的大量财力,而且使菲利普二世企图在完全占领尼德兰后进攻英国的计划无法实现,英西矛盾进一步激化。

"英国为了本国的利益出兵尼德兰,实际上开始了对西班牙的战争。"④面对英国的挑战,不可一世的菲利普二世决心组织军队进攻英国,教训一下伊丽莎白"这个老是邪里邪气的、哈哈大笑的、无法形容的女人"及其统治下的国家。⑤ 一方面,在西班牙人看来,经过亨利八世和伊丽莎白的宗教改革,英国已成为一个新教国家,而西班牙作为欧洲天主教的重要堡垒,有责任为维护宗教的正统性而战;另一方面,英国对尼德兰的支持破坏了西班牙欧洲政策的实施,阻碍了西班牙在欧洲的势力扩张,而伊丽莎白对大西洋海盗的支持与庇护,不仅给西班牙的经济利益造成重大损失,而且直接挑战了长期以来形成的西班牙的殖民和海上霸权。1587年2月苏格兰女王玛丽被处决后,菲利普立即提出对英国王位的要求。他宣称,作为异教徒的苏格兰国王詹姆士六世无权继承英国王

---

① 英语称 Flushing,汉译为"法拉盛";荷兰语称 Vlissingen,汉译为"弗利辛恩"。
② 荷兰语称 Brill,或 Den Briel,汉译为"布里尔"或"登布里尔"。
③ R. B. Wernham & J. C. Walker (eds.), *England under Elizabeth (1558—1603)*: *Illustrated from Contemporary Sources*, London: Longman, 1932, pp. 58 - 59.
④ 蒋孟引主编:《英国史》,中国社会科学出版社,1988年,第322页。
⑤ 斯特莱切:《伊丽莎白女王和埃塞克斯伯爵:一部悲剧性的历史》,戴子钦译,三联书店,1986年,第35页。

位,他自己既是英王爱德华三世的后裔,又曾是英国女王玛丽·都铎的丈夫,因而有资格要求英国的王位继承权。于是,他迅速在加的斯港集结舰队,意图派遣一支舰队前往英吉利海峡,将西班牙驻尼德兰总督帕尔马公爵亚历山大·法利思(Alexander Farnese, Duke of Parma)的三万士兵运往英国,共同发动对英作战。针对西班牙的武装举动,英国方面则立即采取反制措施。1587 年 4 月,德雷克爵士率领 23 艘战舰突袭加的斯港,轻而易举地摧毁了西班牙战船约 30 艘。在随后的近两个月内,德雷克舰队在西班牙沿海一带继续烧船劫物,给西班牙造成了重大损失。这次被德雷克称为"烧焦西班牙国王的胡子"(singeing of the King of Spain's beard)的行动,打乱了西班牙的战略计划,使西班牙舰队推迟出动,为英国赢得了宝贵的备战时间。一场大战在即,英国海军大臣、诺丁汉伯爵查尔斯·霍华德(Charles Howard)和德雷克爵士分别被任命为皇家海军舰队正副司令,海上冒险家霍金斯爵士、马丁·弗罗比歇爵士(Sir Martin Frobisher)等充当助手。为了鼓舞士气,伊丽莎白亲自检阅英国部队,并发表演说,进行战前动员。

　　1588 年 5 月,菲利普派梅迪纳-西多尼亚公爵(Duke of Medina-Sidonia)率领重新集结的西班牙舰队离开葡萄牙首都里斯本(Lisbon)。这支所谓的"无敌舰队"的战略计划,依然是前往英吉利海峡,与帕尔马公爵指挥的西班牙远征军会师,然后共同进攻英国。7 月 19 日,该舰队进入英吉利海峡,英国舰队从港口普利茅斯迎击。最初几天,英舰运用尾随战术,伺机而动。此时,如果西舰趁英舰出港之际就从上风处发起攻击,那么肯定会给英舰造成致命打击。但是,由于西多尼亚公爵严格遵照菲利普的命令行事,他率领西舰沿英吉利海峡北上,前往与帕尔马会师,这样就把上风处的优势让给了英国人①。7 月 27 日,西舰到达加来港附近海面,因为要与帕尔马会合,加上没有深水港,西多尼亚便下令舰队在公海上抛锚。28 日夜,英军派出 6 艘满载着炸药的火攻船,朝敌

①温斯顿·丘吉尔:《英语国家史略》上册,薛力敏、林林译,新华出版社,1985 年,第 553 页。

船驶去。西舰见状后，队形大乱，争相砍断缆绳，并在相互碰撞中往远海方向四处逃散。接着，英舰的远程大炮充分发挥了威力。在英军的追击下，西军毫无还手之力，死伤惨重。溃散的西舰只能随风向朝北逃窜，而英舰穷追不舍，将敌舰逼进北海海域。在这里的周围是苏格兰的北端、奥克尼群岛、赫布里底群岛（Hebrides）和北爱尔兰。由于苏格兰和爱尔兰海岸的恶劣天气，还有大西洋的飓风，西舰遭到重创，其中许多舰船及5 000多名士兵葬身大海。9月23日，西多尼亚率领约50艘残余舰船和相当于派出兵力一半的队伍逃回了西班牙。

　　大海战以西班牙的惨败而告终，一位当时的英国人这样自豪地写道：西班牙人"没有击沉或者俘获一艘我们的三桅船、小帆船、驳船或补给船，甚至连一个英国羊圈也没能毁掉。"①不过，无敌舰队的失败不意味着英西战争的结束，此后英西之间的战争仍时断时续。为了进一步削弱西班牙的海上实力、建立起自己的海上优势，伊丽莎白采取积极的进攻战略，分别于1589、1595、1596和1597年连续四次发动大规模的远征行动，攻打西班牙；而菲利普也三番两次地组织远征队，企图进攻英国。双方的战略目标均未能实现。不过对英国来说，战胜无敌舰队是一个重要转折点，英国人借此打破了西班牙不可战胜的神话，动摇了西班牙的海上优势和世界霸权。通过对大西洋航线的初步控制，他们为以后进行大规模的殖民扩张、发展海外贸易，扫除了最重要的障碍。因此，作为"跨越海洋的商业战争中第一次重大的海战"②，它"是西班牙优势地位的终结，是英国在国际政治中走向强盛的开端"③。

　　通过这场海战，英国的海军实力得到了检验。此后，优先发展海上力量成为英国对外政策的重点，而"英国的海上力量为其赢得的主要好

---

①　Clayton Roberts & David Roberts, *A History of England : Prehistory to 1714* , vol. 1, Englewood Cliffs, N J : Prentice Hall, 1991, p. 296.

②　蒋孟引主编：《英国史》，中国社会科学出版社，1988年，第324页。

③　罗宾·W. 温克、L. P. 汪德尔：《牛津欧洲史》第1卷（1350—1650：进入世界视野），吴舒屏、张良福译，吉林出版集团有限责任公司，2009年，第261页。

处可能是殖民地和商业。"①在与西班牙的战争中,英国人获得了从未有的自信心,民族情绪十分高涨,要求继续海外扩张的舆论甚嚣尘上,甚至形成了以伊丽莎白为偶像的民族狂热和帝国情绪。文人墨客们对英吉利民族精神大加颂扬,不但对女王歌功颂德,而且公开宣称:我们作战是为了"保护神圣的上帝,尊贵的女王和天生的国家。为了保护我们的妻子、我们的子女、我们的自由、我们的土地、我们的生命和我们所拥有的一切。"②威廉·莎士比亚(William Shakespeare)在其剧本中更是充满自信地写道:"尽管全世界都是我们的敌人,向我们三面进攻,我们也可以击退他们。只要英格兰对它自己尽忠,天大的灾祸都不能震撼我们的心胸。"③伊丽莎白后期,英吉利民族意识极度膨胀,并一直延续到 17 世纪,形成一股强大的谋求海外殖民帝国的社会思潮。

成功的外交是伊丽莎白时代英国辉煌的重要支柱。女王审时度势,以国家利益为依归,灵活巧妙地展开外交活动,形成了以均势外交为核心的英国外交政策模式。④ 这一模式不仅为英国赢得了当下的利益,而且对日后几百年英国的外交政策产生了深远影响。

然而,虽说伊丽莎白时期英国在欧洲的争夺卓有成效,但在欧洲之外的竞争成效要逊色得多,在海外殖民和商业争夺方面,就远远地落在了其他欧洲列强的后面。在整个都铎统治时期,出于战略和自身安全的考虑,英国统治者对爱尔兰这块特殊殖民地的开辟,表现出极大的热情,并采取了积极政策。但对于其他地区的商业扩张和殖民拓殖活动,王国政府就显得相当消极。相反,由商人、投资者、宗教领袖、贵族及冒险家组成的民间力量,却起到了关键性的作用,他们在 16 世纪末到 17 世纪初发起和推动了大规模的海外殖民活动。1600 年 12 月 31 日东印度公

---

① 杰弗里·帕克等:《剑桥战争史》,傅锦川等译,吉林人民出版社,1999 年,第342 页。

② A. L. Rowse, *The Expansion of Elizabethan England*, London: Macmillan, 1981, p. 244.

③ 温斯顿·丘吉尔:《英语国家史略》上册,薛力敏、林林译,新华出版社,1985 年,第 556 页。

④ 关于伊丽莎白女王的外交政策模式问题,参见夏继果:《伊丽莎白一世时期英国外交政策研究》,商务印书馆,1999 年。

司获准成立,它作为这一时期英国商人对外拓殖加速的标志,是英国商人向亚洲进行贸易扩张的主要机构。到 17 世纪为止,西欧与远东(包括中国)以及印度已有相当多的经济和贸易联系。西欧生产的农产品及高档手工业品、奢侈品由于不能满足本地区的需要,它必须获得来自东方的产品,包括香料和胡椒等。据统计,15 世纪末,亚洲通过威尼斯供应给欧洲的香料和胡椒估计每年有 350 万磅①,对东方的贸易遂成为西欧商业的生命线。为了确保这条生命线的安全和稳定,同时为了寻找通往东方的新捷径,葡萄牙和西班牙最早走上了海外探险和殖民扩张的道路,并在亚洲确立了自己的优势。

与早期殖民帝国相比,英国很晚才进入亚洲,这不是因为英国对东方贸易不感兴趣,其实它很早就开始寻找东方的原料和丝绸市场。伊丽莎白时期,英国始终把直接与印度、南洋(Southeast Asia)和中国建立商业联系作为对外扩张的重要目标,为此而进行探险活动。由女王支持的探险家兼海盗首领德雷克在 1577 年横渡大西洋后进入太平洋,并于 1579 年 11 月到达马鲁古群岛(Maluku Islands)②,然后向西航行,绕过好望角(Cape of Good Hope)回到英国③。德雷克是最早到达东南亚的英国人,他在回国后呈交女王的报告中称,他已同摩鹿加群岛与盛产丁香的德那地(Ternate)苏丹签订了贸易协定,德那地希望在反对葡萄牙人的斗争中得到英国人的支持。德雷克的成功航行,激发了英国贵族和商人对东南亚的兴趣,激起了商人的贪婪欲望,随后前往东方的英国商船络绎不绝。当英国人受到葡萄牙人的阻挠时,他们不惜采用海盗方式,袭击并抢劫葡萄牙的船只。1587 年,德雷克在亚速尔群岛(Azores Islands)海面上俘获葡船"圣菲利普"号(San Felipe),掠走了价值 10.8

---

① Nicholas Canny (ed.), *The Oxford History of the British Empire*, Vol. I: *The Origins of Empire*, Oxford: Oxford University Press, 1998, p. 264.

② 现称摩鹿加群岛(Moluccas)。

③ 约・彼・马吉多维奇:《世界探险史》,屈瑞、云海译,世界知识出版社,1988 年,第 460—467 页。

万英镑的香料①。1592 年,英国人又捕获一艘葡萄牙船,获得了许多关于东南亚的航海情报和商业机密。但一直到 17 世纪开始,英国在东方的贸易进展依然相当有限。在早期访问东南亚的英国人中,拉尔夫·菲奇(Ralph Fitch)取得的成就最大,他在 1591 年回国时,还带回了令人十分沮丧的消息,他声称英国人在这一地区进行贸易的可能性不大,而且前景暗淡②。

　　英国早期在东方的活动举步维艰,与其面临的困境密不可分。当时的英国,一方面缺少资金和船只,无法装载、经营与亚洲进行贸易的商品货物;另一方面可供大量出口的商品只有呢绒,而这些东西只能在气候寒冷的地区有销路,对印度和东南亚人来说根本没有吸引力③。更为严重的是,葡萄牙人控制着通往东方的航道,英国人难以进入东方,就连有关这一地区的信息都很难得到。随着 17 世纪的来临,这种情况终于得以改变。击溃西班牙的无敌舰队,不仅标志着西班牙的海上霸权衰落,同时也意味着英国海上势力的崛起;此外,荷兰人东扩成功,并在欧洲市场上抬高香料价格,给英国商人以极大的刺激。当时,南洋香料运到欧洲均以葡萄牙的首都里斯本为销售集散地,荷兰商人一般到这里向葡萄牙商人购买香料,然后转运到欧洲北部去贩卖。荷兰人从中获利颇丰,阿姆斯特丹(Amsterdam)也成为西欧商品集散的一大中心。然而,当西班牙兼并葡萄牙后,西班牙针对尼德兰的反抗采取禁运措施,荷兰人的转口贸易受到限制,不能从伊比利亚港口得到货物。这种压力促使他们下决心直接到东印度群岛去谋取香料。为了打通到香料群岛的航道,他们多次派遣人员刺探前往印度的情报,绘制航海地图,并于 1595 年 4 月派出 249 名水手和 4 艘配备大炮的武装船组成的远航队,向香料群岛进发。尽管在 1597 年返回时损失了一条船和 100 多名船员,但船队所带

---

① D. G. E. 霍尔:《东南亚史》上册,中山大学东南亚历史研究所译,商务印书馆,1982 年,第 356 页。

② John F. Cady, *Southeast Asia：Its Historical Development*, New York：McGraw-Hill Book Company, 1964, p. 204.

③ Ibid. .

回的香料仍然使那些生还的冒险家发了大财。此后,荷兰殖民者纷纷涌向东南亚。1598—1601 年,荷兰向东印度群岛派遣船队近 20 次,其中1601 年就有 14 只船队离开荷兰。这个时期不加选择地乱航,被称为荷兰史上的"航海狂"时期。就东南亚而言,几乎所有重要港口都有荷兰人的船只。[①] 1600 年,荷兰人因帮助摩鹿加群岛上的班达人反对葡萄牙而获得经营该岛香料的特许权。同年,荷兰人和安汶岛(Amboina)的统治者缔结了第一个重要条约,除了允许荷兰人在他们的领土上建立"远方人的城堡"外,还将当地生产的所有丁香全部交给荷兰人经销[②]。实际上,该条约预示着荷兰人不仅将取代葡萄牙人,而且试图对所有欧洲商人实行垄断贸易。香料贸易给商人带来了巨大利润,经营香料的各种公司纷纷成立。为了消除各公司之间的无序竞争,结束"航海狂"时期,并共同对付葡萄牙人,荷兰政府于 1602 年将各公司联合成一个大公司,取名"联合东印度公司"(Vereenigde Oost-Indische Compagnie)。根据荷兰国会颁发的特许状,该公司被授予 21 年的贸易垄断权,准许经营从好望角到麦哲伦海峡(Strait of Magellan)之间的商品贸易,它拥有订立条约、修筑城堡、建立武装力量和设置法官的权力,俨然成为一个国中之国。荷兰东印度公司的成立,既是荷兰在东方扩张的表现,又使其在亚洲的争夺中获得新的动力。这样,荷兰人逐渐取代葡萄牙人,在东印度群岛获得优势,控制了这里的香料贸易。他们还利用垄断地位,将欧洲的胡椒价格猛提三、四倍,通过转口贸易获取高额利润。

荷兰人的成就使英国人感到振奋,但荷兰人对香料市场和香料贸易的垄断做法却使英国商人感到愤怒。因此,英国人下决心到东方直接进行贸易竞争。但亚洲的情况难以预测,台风、疾病、战争和饥饿都对商人的财产和生命构成严重威胁,因而东方远洋贸易的风险极大。由此,英国人意识到"只有政府或者商人们联合在一起,才能使这种具有冒险性

---

① D.G.E.霍尔:《东南亚史》上册,中山大学东南亚历史研究所译,商务印书馆,1982 年,第 362 页。
② 同上。

的海运所需的资源顺利流通,也才能担得起蕴涵其中的风险"①。1599年9月24日,伦敦大商人举行集会,决定集资3万镑,成立一个对东印度进行贸易的公司,并向女王提出申请,希望得到支持。② 此时,英国正与西班牙进行和平谈判,出于外交的考虑,伊丽莎白未予立即批准。1600年谈判破裂后,枢密院同意建立东印度公司,参加的有215名商人、贵族和市议员。该公司全称为"伦敦商人对东印度贸易的总裁和公司"(The Governor and Company of Merchants of Landon Trading into the East Indies),并选出一名总裁和24名董事。根据女王的授权,这家主要由伦敦富商投资组建的公司,获得从麦哲伦海峡到好望角之间进行贸易的垄断权,为期15年③;其他英国商人未经批准,不得经营该地区贸易,违者严惩。公司成立之初,其基本活动是与东方进行商业贸易,特别是经营香料贸易。由于"香料群岛是英国商人走出欧洲之外后的基本活动目标"④,盛产香料的苏门答腊(Sumatra)、爪哇(Java)及摩鹿加群岛就成为公司最初的目的地。公司成立后,立即准备向东印度地区派出船队,为此东印度公司募集资本6.8万英镑,其中的4.1万英镑购置四条船,还准备了6 860英镑货物和用于购买回程货物的硬币21 742英镑⑤。1602年2月,詹姆斯·兰开斯特(James Lancaster)率领东印度公司船队离开英国,到达苏门答腊的亚齐(Achin),而后驶抵爪哇的万丹(Bantam),并在此设立商馆,该商馆以后成为英国在东南亚地区的商业贸易总部。1603年9月,兰开斯特带着一百万磅的胡椒和香料回到英国,给公司带来了丰厚的回报。因此,英国人乐观地认为东印度贸易大有可为。从

① Nicholas Canny (ed.), *The Oxford History of the British Empire*, *vol. I*: *The Origins of Empire*, Oxford: Oxford University Press, 1998, p. 266.

② Chris Cook & John Wroughton, *English Historical Facts*, *1603—1688*, Totawa, N. J.: Rowman & Littlefield, 1980, p. 170.

③ H. H. Dodwell (ed.), *The Cambridge History of the British Empire*, Vol. 4, Cambridge: Cambridge University Press, 1929, p. 77.

④ T. O. Lloyd, *The British Empire*, *1558—1983*, Oxford: Oxford University Press, 1984, p. 11.

⑤ D. G. E. 霍尔:《东南亚史》上册,中山大学东南亚历史研究所译,商务印书馆,1982年,第358页。

1601 年到 1617 年期间,公司共组织 13 次航行,运回了大量的香料等贵重物品,经营所得纯利润共达 1 028 281 英镑。① 与此同时,英国东印度公司还在印度、日本的长崎(Nagasaki)、平户(Hirado)等地建立商馆,并与中国进行直接海外贸易,或派船只在海面拦截商船,抢掠中国货物。

16 世纪末,英国人对非洲的渗入也主要在贸易方面。非洲曾经是一块硕大无比的"贫瘠之地",但自从欧洲人在这里发现黄金、钻石、黑奴等有利可图的东西后,它一下子就成为欧洲列强竞相角逐的舞台。尽管与葡萄牙相比,英国对非洲的涉足时间较晚,成果有限,但英商的探险和殖民活动却从未停止。早在 16 世纪上半期,布里斯托尔商人就派出船只把英国主要的出口商品呢绒装运到加那利群岛(Canary Islands)的圣克鲁兹(Santa Cruz);在此前后,英国探险家和商人又不断出现在西非几内亚湾(Gulf of Guinea)地区②。伊丽莎白上台之后,英国在非洲的活动更加频繁,范围也更加扩大了,许多英国商人涌入摩洛哥(Morocco)从事商业活动,销售了大量的呢绒。女王公开支持在非洲的扩张活动,她鼓励商人到几内亚湾地区进行贸易。1585 年 7 月 5 日,她颁发特许状,授予莱斯特伯爵和其他伦敦商人在马格里布(Maghrebi)地区享有 12 年的独立贸易权③。这是女王批准的英国在非洲的第一个商业贸易公司。1588 年 5 月,她还向伦敦及德文郡的一些商人颁发特许状,授予他们在塞内加尔河(Senegal)和冈比亚河(Gambia)之间的沿海地区进行垄断贸易,为期十年。1592 年,女王又把去塞拉利昂(Sierra Leone)进行贸易的特许权赐予萨默塞特郡汤顿镇的商人。政府的支持激发了英国商人对非洲、特别是西非地区进行商业扩张的兴趣,并为日后英国在非洲的殖民活动指明了方向。

---

① W. R. Scott, *The Constitution and Finance of English*, *Scottish and Irish*, *Joint-Stock Companies to 1720*, Cambridge: Cambridge University Press, 1912, pp. 79 - 82.

② Nicholas Canny (ed.), *The Oxford History of the British Empire*, Vol. I: *The Origins of Empire*, Oxford: Oxford University Press, 1998, pp. 243 - 244.

③ Richard Hakluyt, *The Principal Navigations*, *Voyages*, *Traffiques & Discovers of the English Nations*, Vol. 4, London: J. M. Dent & Sons, Ltd. 1907, pp. 268 - 269.

　　总的来说,伊丽莎白时期英国在亚非地区的活动仍限于商业扩张。由于没有政府的直接参与,在与其他欧洲国家的竞争中,英国处于下风。因此,商人的活动仅限于在沿海地区建立商馆,其活动质量也不高,并未给更多的英国人带来更深刻的实际影响。但是,英国在这些地区活动本身就已经为英国后来的进一步扩张打下了基础;同时,他们也在考虑改变殖民方式和活动区域,以寻求新的发展机会。

第三章　挺进大海

　　17 世纪以来,英国面临极其复杂的国内外局势。就欧洲而言,昔日控制欧洲的神圣罗马帝国开始走向衰落。在欧洲历史上统治时间最长的哈布斯堡王室,此时,虽然仍保持着强大的政治与宗教影响力,但其实际控制力正在下降,其统治的离心倾向已经非常明显,而天主教与新教的激烈斗争遍及欧洲。随着欧洲的政治、经济及军事实力对比的变化,列强之间出于国家利益和宗教分歧的考虑,展开的争夺十分激烈,欧洲局势一直动荡不定。在不断的冲突中,欧洲逐渐形成了两个相互敌对的政治与军事联盟,就是哈布斯堡联盟和反哈布斯堡联盟,它们彼此间存在不可调和的矛盾,最终不得不诉诸武力来解决问题。

　　三十年战争爆发后,虽然欧洲各国的态度与策略不尽相同,但为了争夺领土和霸权,它们几乎全都卷入其中,使这场战争演变成一场欧洲历史上规模最大、影响最深的国际战争。面对战争,英国的政策始终左右摇摆。战争前的 1603 年,英国加入了反哈布斯堡联盟,同法国、德意志新教诸侯、瑞典和丹麦一道,共同反对哈布斯堡统治的两个堡垒——奥地利和西班牙。这一政策显然是伊丽莎白时代反西班牙政策的延续,但是不久这一政策就被抛弃了。詹姆士一世刚继位,就不顾当时英国国内强烈的反西班牙情绪,推行亲西班牙政策。1604 年英国与自己的昔日对手握手言和,以和约的形式结束了英西间延续 19 年的战争状态。为了进一步密切同盟关系,从 1614 年起,詹姆士一直在努力促成自己的儿子查理与信奉天主教的西班牙公主的联姻。但随着三十年战争的爆发,英吉利民族情绪持续高涨,国人反对西班牙侵占巴拉丁选侯腓特烈的领地,强烈要求与西班牙开战。腓特烈五世既是新教徒又是詹姆士的女婿,詹姆士幻想通过英西王室联姻,促使西班牙放弃腓特烈的领地。只是后来由于查理王子前往马德里向西班牙公主求婚时在西班牙宫廷受到侮辱,加上议会中反对派施加压力,他才不得不改变亲西班牙政策。1624 年 3 月,英国议会就西班牙问题专门进行辩论,多数议员力主与西班牙开战;同时,英国也中止了同西班牙的谈判。

1625 年查理一世继位后,推行新教国家与天主教国家携手、共同反对西班牙的外交政策,即英国一方面联合荷兰、丹麦、瑞典等新教国家,另一方面又联合天主教法国,企图全面遏制哈布斯堡王朝势力的扩张①。为此,查理同法国联姻,与荷兰结盟,参加对西班牙的战争。但是,法国毕竟是天主教国家,而且它的欧陆称霸战略直接威胁到英国的实际利益。1627 年,英国以支援法国的胡格诺教徒为名,对法宣战,形成了同时与对法、西两国开战的局面。但这两场战争均以失败而告终,英国不得不分别在 1629 年和 1630 年与法国和西班牙终战媾和。至此,英国实际上就退出了三十年战争。17 世纪 30 年代以后,随着法国的直接参战和三十年战争的扩大,英国奉行等距离的外交政策,谋求既不参战,又能获得实惠的目标。当时,英国虽然还没有完全形成关于保持欧洲均势以利自身安全的明确概念,但英国已意识到,对于欧洲事务既不能置身度外、又不能涉足太深,所以查理同时向三十年战争的交战双方神圣罗马帝国皇帝和法国派出使节,同他们分别进行结盟谈判。由于皇帝和法王对英国的诚意均表示怀疑,他们的态度都很谨慎,致使英国的企图并未实现。

---

① Roger Lockyer, *The Early Stuarts: A Political History of England, 1603—1642*, London: Longman, 1999, p. 170.

1638 年,由于法国和荷兰支持英国国内的反国王力量,查理再次改变外交方向,转而支持西班牙,并于次年宣布与之结盟,共同反对法国。

17 世纪上半期英国对外政策的多变和摇摆与其国内政局直接相关。詹姆士一世和查理一世统治时期,国内频频出现政治危机,国王和议会之间的斗争使国家处于分裂状态。从 1604 年起,詹姆士的内外政策不断受到各方指责,作为一个君权神授论者,詹姆士认为君主对他的臣民享有生杀予夺的绝对权力,因而无论是在国内税收问题上,还是在宗教和外交政策上,都表现出专断和固执。这不仅与英国人自古就有的自由传统相违背,而且为英国的现实环境所不容。在强化专制统治时,詹姆士并"未估计到英国的现实利益以及当时英国多数民众的反西班牙情绪"[①],他"作为一位英国国王,相对而言是失败的"[②]。查理一世时期,英国的政治分裂日益明显,国王与议会在赋税问题上的矛盾异常尖锐。他时常不经议会同意,径自直接征税;当他的要求遭到议会拒绝时,他就索性解散议会。1629—1640 年,他干脆撇开议会进行独裁统治,为使议会为其宫廷消费和对外战争支付账单,他又不得不召开被中止了 11 年之久的议会。查理对待议会的态度及专制行为,引发了国内的普遍不满。这种长期的政治斗争分散了英国政府的精力,使其无暇过多地关注欧洲事务。因此,英国对三十年战争几乎没有造成什么实质性的影响。

但是,内战爆发是 17 世纪英国对外政策发生重大转变的界标之一。如果说内战发生前英国忙于内部事务而在欧洲外交舞台上基本奉行守势的话,那么,随着内战的深入,特别是政权发生转换,英国的对外政策开始呈现新的态势。共和国建立后,特别是克伦威尔时代,英国重振伊丽莎白时期的海上扩张和进取精神。克伦威尔不仅充分利用国家力量,强化对现有殖民地的控制并推进贸易扩张,而且寻求打破欧洲列强对英国的优势,争取英国的海上霸权。这一时期,重商主义成为英国制定对

---

① Alan G. R. Smith (ed.), *The Reign of James VI and I*, London: St. Martin's Press, 1973, pp. 14 - 15.

② Ibid., p. 1.

外政策的指导思想和基本原则,争夺海洋、贸易和殖民地成为其外交政策的基本内容和主要目标。英国之所以坚定地奉行重商主义外交,主要有以下两个基本动因:

一方面,英国急欲摆脱国内经济特别是贸易发展严重受阻的困局。17世纪上半叶,英国经济受政局动荡和战乱的严重影响,其中对外贸易受到的影响最大。三十年战争爆发后,欧洲大陆市场严重萎缩,英国呢布的主要销售区德意志成为主战场,这对英国呢绒业发展造成的影响是致命的,其产品的出口量锐减。作为英国对外贸易最重要的商品,呢绒出口的下降必然影响到全国的对外贸易发展。为此,政府专门成立了呢绒贸易委员会,会同商人冒险家公司,彻底调查贸易萧条之原因。通过调查,该委员会认为战争是造成萧条的主因,由于战争造成的政局动荡,致使对外贸易,特别是与殖民地的贸易举步维艰。从17世纪40年代晚期起,以荷兰为首的外国船只纷纷介入英国与波罗的海地区的贸易,英国的贸易活动受到排挤。1649—1651年间,由于缺乏本国政府的有力保护,从事波罗的海地区贸易的英国船只数目锐减,它们在与波罗的海贸易的全部商船中所占比例,从三分之二降为三分之一[①]。内战爆发前,英国严令禁止荷兰商人和商船从事英属殖民地贸易;但到1642年时,殖民地贸易几乎完全向荷兰商人开放,致使1643—1650年间荷兰大规模参与英属殖民地的贸易,从而排挤了它们与英国宗主国的贸易[②]。对外贸易的受阻和萎缩直接影响到英国国内经济的发展,以至于这一时期,英国出现了工商业和农业的普遍衰退现象。如何摆脱国内经济发展的困境、促进对外贸易的新发展,是英国新政府所面临的首要问题。

另一方面,英国急欲应对由欧洲列强带来的前所未有的严峻挑战。

---

① R. Davis, *The Rise of the English Shipping Industry in the Seventeenth and Eighteenth Centuries*, London: Macmillan & Co., 1962, p. 12.

② W. R. Scott, *The Constitution and Finance of English, Scottish and Irish, Joint-stock Companies to 1720*, Vol. II, p. 263.

长期的政局动荡,不仅影响了经济发展,也严重抑制了英国在欧洲政治事务中的影响力。共和国宣布成立时,英国的国际处境是相当困难的。内战期间,英国分裂为两个敌对的阵营,双方为了争夺权力兵戎相见。欧洲各国尽管没有直接进行干涉英国内战,但是由于两个权力中心分立,进一步削弱了英国自身的力量。整个内战期间,英国外交具有二元性,即国王和议会执行各自的外交政策,以争取外国对自己的支持①。就英国议会而言,当它宣布接管英国最高权力后,其对外政策的主要目标就是维持与改善英国同欧洲大国间的友好关系,避免外部势力对英国内部事务的介入,以及对英国王党的支持。同时,不甘心失败的查理一世及王后,则不遗余力动用一切涉外关系,在主要欧洲大国的宫廷中展开穿梭外交,以寻求对斯图亚特王室的支持。面对双重的外交攻势,欧洲主要大国出于自身利益的考虑,基本上都选择了支持英王。从外交结果看,英国议会明显处于劣势。所幸欧洲诸国当时正为三十年战争和国内政局的动荡所困扰,而无暇顾及英国内战,从而使英国议会面临相对有利的外部环境,这也是它能最终取得内战胜利并建立共和国的重要条件之一。三十年战争后,欧洲政治形势发生了新的变化,神圣罗马帝国已经名存实亡,哈布斯堡王室一时也难以缓过气来,而法国、荷兰和瑞典则乘机扩大势力,在欧洲的政治事务中赢得了更多的发言权。其中,法国实现了欧洲大陆的霸权,路易十四拥有 20 万—30 万人的训练有素的军队,没有哪个国家能与之匹敌②。荷兰素有"海上马车夫"之称,它成为新兴世界最大的商业帝国,不仅在美洲、非洲、亚洲占有许多殖民地、拥有商业霸权,而且还掌握了制海权。英国则毫无所获,它在面对欧洲各民族、各国家之间的新一轮的竞争时,必须采取积极有为的对外政策,奋起直追,方能取得竞争优势,争取海上霸权。

　　从重商主义角度考量,当时英国面临的主要竞争对手显然是荷兰。

---

① 王绳祖主编:《国际关系史》第 1 卷,世界知识出版社,1995 年,第 76 页。

② D. H. Pennington, *Seventeenth Century Europe*, London:Longmans,1980, p. 237.

自 16 世纪后半叶脱离西班牙统治后，荷兰的经济发展迅速，成为"商业和金融资本主义的象征"①。荷兰的商业和海外贸易比工业及国内贸易发达，其国际转口贸易尤为发达，并成为经济发展的重要支柱，这是其经济结构的显著特征。与海外贸易发展相适应的，是负有盛名的造船业，仅阿姆斯特丹一处就有几十家造船厂，且全国可以同时开工建造几百艘船。因造船技术先进、船只造价低廉，荷兰很快就成为整个欧洲的造船中心。到 17 世纪中叶，荷兰不仅拥有一支世界上最大规模的商船队，其商船吨位数是英国的三倍，相当于英、法、葡、西四国的吨位数之总和②，而且它利用庞大的商船队和军事力量，抢占了从非洲到东印度群岛的多个殖民据点，控制了欧洲、北美和远东的大部分贸易。

荷兰在航运及殖民方面的优势，特别是在海上贸易的垄断权，对英国的贸易和殖民扩张构成了严重威胁。17 世纪上半期，双方围绕着纺织品市场、捕鱼权、贸易与航运业等问题展开激烈竞争③，但总是英国处于劣势。在东方，英国的东印度公司由于受荷兰的排挤，其活动受到限制，处于勉强维持的状态。在西方，荷兰船只对波罗的海地区的贸易通道实行控制与封锁，使英国造船业严重缺乏其所必需的原材料。此外，在北美殖民地，在地中海和西非海岸，荷兰人到处排挤英国势力。荷兰人甚至在英国附近水域肆意捕捞鱼虾等水产品，并把这些产品高价销往英国市场，牟取暴利，直接冲击英国的捕鱼业。英荷之间的诸多矛盾使两国关系急剧恶化，虽然从 1610 年开始，双方就争执问题不断进行外交磋商，但未能取得任何进展。这说明了双方争端的不可调和性。斯图亚特王朝早期，英国也采取了一些措施，试图打破荷兰的垄断地位，但主要依

① 米歇尔·博德:《资本主义史》(1500—1980)，吴艾美等译，东方出版社，1986 年，第 20 页。
② 伊曼纽尔·沃勒斯坦:《现代世界体系》第 2 卷(重商主义与欧洲世界经济体的巩固 1600—1750)，吕丹等译，高等教育出版社，1998 年，第 52 页。
③ Charles Wilson, *Profit and Power: A Study of England and the Dutch Wars*, London, Longmans, 1957, Chapter Ⅲ.

赖技术和法律手段①，难以消除荷兰构成的严重威胁。英国内战期间，荷兰人不仅乘机扩张自己的势力，而且支持查理一世和爱尔兰人，试图阻止英国的统一和强大。这使英国意识到，只有打击荷兰的海上势力，才能获得充分的贸易自由，并最终实现国强民富。正如一位英国商人以帝国主义的口吻说，世界贸易对我们两国而言是太少了，因此必须有一方被打倒②。一位英国海军将领更为直截了当，他说："荷兰人把持的贸易太多了，英国人决心从他们手中把贸易权夺过来。"③

1649年以后，鉴于国内局势趋于稳定，奥利弗·克伦威尔着手调整英国的对荷政策。此时，英国的舆论普遍主张对荷兰采取最坚决的手段，"或者是两个海上强国结成牢固的同盟，几乎合并为一个统一的国家，否则便作殊死斗争，以迫使荷兰承认英国在海上和海上贸易方面的霸权"④。显然，英国已决心用武力摧毁荷兰的海上商业帝国，这也是克伦威尔所追求的目标。英国对荷攻势外交的确立，是以一支强大的海军为支撑的。1649年，共和国新政府刚成立，就不顾财政困难，制定了扩大和改造海军的计划。在共和国成立后的前三年，英国所建造的船舰超过整个斯图亚特早期，船队规模增加了两倍，使英国舰队成为大西洋上的一支劲旅⑤。根据统计，1640年时，英国具有当代水平的标准军舰43艘，1650年已扩展到72艘；1651年末有20艘新战舰下水，另有25艘新购进及缴获的战舰编入海军。1655年，英国的标准舰只达到133

---

① Charles Wilson, *Profit and Power: A Study of England and the Dutch Wars*, London, Longmans, 1957, pp. 28 - 31, 35 - 37.

② Evan Luard, *The Balance of Power: The System of International Relation, 1648—1815*, New York: Macmillan, 1992, p. 216.

③ Paul Kennedy, *The Rise and Fall of British Naval Mastery*, New York: Scribner, 1976, p. 48.

④ В. П. 波将金等编：《外交史》第1卷上，史源译，三联书店，1979年，第361页。

⑤ George Modelski & William R. Thomson, *Seapower in Global Politics, 1494—1993*, Washington: Macmillan, 1998, p. 205.

艘。共和国末年，英国有 131 艘标准军舰，超过了当时荷兰的水平①。英舰增加了火器，战斗力大大提高。在与荷兰海军第一次交锋前，英国海军装备了 88 艘战舰，其中装备火炮的至少有 14 艘，相当于或大于荷兰旗舰"布雷德拉德"号（Brederade）的水平。为进一步增强海军战斗力，克伦威尔改组并加强海军机构的各个部门，成立专门的海军委员会，加强海军训练及军纪，提高水兵的薪水和伙食标准，实行俘获和击沉敌船的奖励制度，基本上解决了海军食物供应和后勤保障等问题。此外英国海军还采用新的战略战术，并形成正规战术思想体系。到 1651 年时，英国新政府将皇家旧海军的军舰全部收编或整肃完毕。英国人对海军的地位和作用有了新的认识，越来越多的人在思想上开始把安全和经济增长与海军联系在一起，确立了军舰与商船分离的意识，认为海军是国家拥有并维持的常备武装力量②。

　　海军力量的长足发展，为英国实施新的外交政策和争夺海上霸权奠定了基础，以此为后盾，英国对荷兰的态度也变得强硬起来。1650 年 10 月 3 日，英国议会颁布条例，以西印度群岛和弗吉尼亚（Virginia）的保王党人起义反抗英吉利共和国为名，禁止外国商人在这两个英国殖民地上进行贸易活动。由于荷兰在这两地的贸易最为活跃，英国的矛头显然指向荷兰。次年 2 月，英国议会派两位特命大使率团前往海牙，与荷兰政府就两国缔结同盟问题举行谈判。针对荷兰代表提出愿与英国恢复并保持两国间业已存在的良好关系、缔结互惠条约的建议，英国代表立即提出反建议，声称"英国和联省之间过去存在过的友谊和良好关系，不仅应予恢复并维护，使之不遭破坏，而且，这个民族和联省还应该结成更紧密、更真挚的同盟，也就是说，为了双方的幸福，它们之间应该有更重大、更强烈的相互利益"③。英国的建议尽管比较委婉，但明显包含着对荷兰

---

① Richard Harding，*The Evolution of the Sailing Navy，1509—1815*，New York：St. Martin's Press，1995，p. 70.
② Ibid.，pp. 70 - 80.
③ B. Π. 波将金等编：《外交史》第 1 卷上，史源译，三联书店，1979 年，第 361—362 页。

的野心,因此遭到荷兰舆论的一致反对,荷兰的三级会议也迟迟不予答复。于是,英国又进一步向荷兰提出七条建议,其意图是使荷兰与英国在许多国际问题上采取统一行动,形同一国,如在某些场合包括在许多具体问题上,荷兰三级会议应服从英国议会的决定等。英国谈判大使还补充说:"如果这些建议被接受,还有更重要的、对两个共和国的幸福具有更重大后果的条文要提出来。"①英国的建议遭到拒绝是自然的事情,因为在荷兰看来,克伦威尔是想利用英国已成为共和国这一事实,"缔结一个几乎把两国联合在一起的盟约"②。最终,谈判不欢而散。

此后,英国立即开始实施严厉的经济措施,排挤荷兰的贸易和航运,增加英国的份额,同时加强对英属殖民地的经济控制。1651 年 8 月 5 日,克伦威尔向议会提交《航海条例》,该条例于 10 月 9 日获得通过。根据此条例,自 1651 年 12 月 1 日起,亚洲、非洲和美洲,该三洲的任何部分,或属于该三洲的岛屿,或该三洲通用地图,或图片所载明,或记述的岛屿,无论为英国或别国的殖民地,所生长、出产或制造的任何货物或商品,如由非属于英国人所有的任何种类船舶载运,皆不准运往或带进英吉利共和国、爱尔兰,或属英吉利国家及受其管辖的任何地方、岛屿、种植园和领土。属于英吉利共和国人民的船舶,仅指其业主或合法所有人系本共和国人民,或住在殖民地的本共和国人民,其船长及船员大多数又为英国人。违者,其全部进口货物,应予没收,运载该货物或商品入口的船舶,连同其全部船具、枪炮和附属物件,亦应一并没收。自 1651 年 12 月 1 日起,凡在欧洲或欧洲任何地方所生长、出产或制造的任何产品或商品,如果由外国商船装运,则不得进入英国、爱尔兰,或属英国及受其管辖的任何地方、岛屿、殖民地和领土,但出产、制造、加工上述商品的国家或地方的公民私人所有的商船,则属于例外。违者,货物和船只也

---

① В. П. 波将金等编:《外交史》第 1 卷上,史源译,三联书店,1979 年,第 361—362 页。
② 莫里斯·布罗尔:《荷兰史》,郑克鲁、金志平译,商务印书馆,1974 年,第 92 页。

将面临被没收的危险①。从字面上看,这个《航海条例》原文中并没有提到荷兰,但矛头所指一目了然。它对运入英国及其殖民地的货物及中介贸易的严格规定,对于拥有庞大船队、主要为各国包括英国及其殖民地运送货物的荷兰来说,将是致命的。同时,它为彻底消除英国商人与荷兰商人在英属殖民地的竞争奠定了法律基础。该条例"可说是大英殖民帝国赖以建立的一系列政治措施中的第一项"②。它的颁布不仅明确了未来一段时间内英国将实施保护主义的贸易政策,而且表明内战之后英国的基本国策是维护和扩大海洋利益,建立强大的贸易帝国,谋求世界霸权。

面对英国的公开挑战和致命打击,荷兰只有两种选择:要么屈服,要么战争。无论哪种选择,对于荷兰都是难以接受的。荷兰的经济结构,决定了它不需要战争,尤其是与英国的战争,"在所有的情况中,战争尤其是海上战争是最不利的,和平对荷兰大有好处"③。正因如此,荷兰一方面表示拒绝接受《航海条例》,另一方面并未放弃与英国谋求妥协的努力。1651年12月底,荷兰派外交使团前往伦敦,恢复原先中断的谈判。但此时,英国已将使用武力视为解决问题的首选。在重商主义者看来,国际贸易的总量是固定的,一方所得必为另一方所失。英国人认为,处于优势地位的荷兰,必定是一切谋求商业霸权国家的头号敌人,"无论是英国,还是法国都致力于用武力消除荷兰的某些优势,并且以自己的优势取而代之"④。当谈判进行时,英荷的军事冲突已经发生。从1650年到1651年,两国间的海上冲突逐渐增多,英国海军甚至强迫在海上与英

---

① The Navigation Act of 1651, Joan Thirsk, J. P. Cooper（eds.）, *Seventeenth Century Economic Documents*, Oxford: Clarendon Press, 1972, pp. 502 – 505;另见周一良、吴于廑主编:《世界通史资料选辑》近代部分上册,商务印书馆,1985年,第27—28页。

② 帕尔默、科尔顿等:《近现代世界史》上册,孙福生、陈敦全译,商务印书馆,1992年,第209页。

③ Leonard W. Cowie, *Seventeenth-Century Europe*, London: Macmillan, 1984, p. 234.

④ 伊曼纽尔·沃勒斯坦:《现代世界体系》第2卷(重商主义与欧洲世界经济体的巩固1600—1750),吕丹等译,高等教育出版社,1998年,第73页。

国船只相遇的荷兰船只降旗向英舰致敬。1652年3月15日,英国向荷兰谈判代表提出了对荷兰来说显然是做不到的、极具挑衅性的建议草案,其内容包括:(1)将香料群岛交给英国人;(2)惩办1623年在安汶岛上杀害英国商人的罪犯;(3)拒不给荷兰人在英国殖民地进行贸易的自由;(4)不承认英国和荷兰在北美洲属地之间的现有边界,等等①。和谈大门既已关闭,两国关系急剧恶化,"荷兰人既不愿让英国人在北海搜查船只,也不愿停止与北美英属殖民地的贸易,其结果只能是战争"②。

　　1652年春,海军司令马丁·范·特罗普(Martin van Tromp)率领为荷兰东印度公司商船护航的42艘荷兰舰船驶入英吉利海峡,并于5月29日在多佛海面与海军司令罗伯特·布莱克(Robert Blake)统帅的英国舰队相遇。英军要求荷军向英国国旗致敬,在遭到拒绝后,双方展开了四小时的激烈炮战,第一次英荷战争由此拉开序幕,战斗在两国海域、地中海、松德海峡(Sound)和印度洋同时展开。英国深知,海上贸易和渔业生产是荷兰人的生存之本。因此,布莱克便指挥英军大肆洗劫荷兰商船,甚至远离军港到北海袭击荷兰的捕鱼船队,在苏格兰北方拦截荷兰东印度公司的运宝船,并进入波罗的海破坏荷兰与北欧的贸易。英军的战术十分奏效,迫使成千上万只满载货物的荷兰商船停泊在港内而不敢擅自行动。

　　战争初始阶段,荷兰拥有一定优势,但战局很快就朝着有利于英国的方向发展。为了战争,英国人加紧建造军舰,使海军数量及火力配置完全优于对手。他们改进战术,提高了舰队协同作战、相互保护的能力;相反,荷兰的商船运输是其经济发展的命脉,所以每日大量商船队经过英吉利海峡时,都必须依靠海军战舰护航,使其海军力量大受牵制,战斗力明显削弱。荷兰的战术是当遭遇敌船时,采取抢占上风方向朝敌舰逼

---

① 叶·阿·科斯明斯基等主编:《十七世纪英国资产阶级革命》下卷,何清等译,商务印书馆,1991年,第59页。

② Clayton Roberts & David Roberts, *A History of England：Prehistory to 1714* , Vol. 1, Englewood Cliffs, N J：Prentice Hall, 1991, p. 372.

近,然后登舰展开肉搏。舰队行动时分成小队,依次向敌船逼近,以避免战舰相互碰撞。这种陈旧的战术缺乏灵活性,容易导致指挥混乱,难以实现战略目标。

　　战争使双方都付出了沉重的代价,在战争的两年间中,英军俘获1 700艘荷兰商船①,毙伤其海军水手不计其数。特别是由于英国实施海上封锁,荷兰的粮食等物资供应中断,社会矛盾激化,因而不得不提出谈判的要求。此时,英国经济尚未从内战中恢复过来,沉重的战争费用导致国家财政和经济更趋紧张。一年内的英国军费开支,陆军花去150万镑,海军花费近100万镑,政府财政赤字近50万镑②。英国议会打算拍卖流亡王党的家产和天主教会的教产来支付战费,加上国内政局不明朗,克伦威尔希望尽快与荷兰缔结和约。从1653年6月起,英荷间的谈判已在伦敦秘密进行,谈判过程历时一年。此时,商业集团的势力在新的英国议会中十分强大,在他们的推动下,英国的谈判态度越发强硬,坚持英方先前提出的条件,要求荷兰人承认战争罪责,将其舰队统帅撤职查办;此外,在任何情况下荷兰船只必须首先向英国军舰行礼致敬,赔偿自17世纪初以来英荷在印度贸易及殖民争夺中,包括英荷战争期间英国的全部损失,总计近200万英镑,并同意与英国合并。以此为基础,克伦威尔向荷兰提出一份关于两国建立紧密联系、共同分割世界殖民地的草案,内容包括:在欧洲和非洲,除非洲少量荷兰占有的据点以外,两国居民维持现状,互不干涉;在亚洲的贸易由荷兰专营,但亚洲濒临地中海的一些地区除外,在那里两国可以自由贸易;荷兰东印度公司向英国东印度公司支付一笔赔款,此后英国公司及其他机构从那里撤离;美洲大陆的贸易归属英国,巴西及其附近地方除外,荷兰须向英国提供援助,帮助英国占领这些地区;南美已被荷兰占有的地区,即巴西从南回归线至马尼翁岛的地区,归荷兰所有,而巴西的其余地区则归英国所有,委内瑞

① 斯塔夫里阿诺斯:《全球通史:1500年以后的世界》,吴象婴、梁赤民译,上海社会科学院出版社,1997年,第171页。
② 米·阿·巴尔格:《克伦威尔及其时代》,陈贤齐译,四川大学出版社,1986年,第251页。

拉的阿拉兹盐场属两国共有。①

　　克伦威尔的建议是以英荷两国在商业和海军方面所具优势为基础的,几乎是当年葡萄牙和西班牙瓜分世界殖民地协议的翻版。但同荷兰共同瓜分世界,并非是英国的真正目的,实际上,英国的建议对荷兰只是一种诱饵,其终极目的是英国取代荷兰,甚至是合并荷兰,从而成为世界贸易和殖民扩张的真正霸主。1653 年 6 月 30 日在给荷兰政府一位要员的信中,克伦威尔明确表达了他的外交意图和战略计划。他提出,英荷两国的联合可以采用由荷兰选派两到三名代表参加英国的国务会议的形式,同时,英国派出相同数量的代表参加荷兰的国务会议或议会。如此一来,荷兰可以获得诸如在英国海域中的捕鱼权和与西印度群岛自由贸易权。克伦威尔进一步暗示,英国可以放弃《航海条例》,但前提是英荷实现合并。他还宣称,反对荷兰是上帝的旨意,失败后的荷兰唯一的出路是"同你们强大的邻国携手合作,共同推动基督世界并解救被压迫的人民。"②为了使英荷联合披上神圣的外衣,他还在宗教中寻找合法依据。在 7 月的一次谈话中,克伦威尔就明确表示:在英荷之间,"最重要也是首先应予考虑的关键是保护自由和扩张基督教世界"③。如果说克伦威尔的建议多少有点委婉,并给予荷兰适当台阶的话,那么,英国国务会议的决定则充分体现了英国的强硬态度,也更为直接地反映了英国的本意。7 月 25 日,英国国务会议正式通知荷兰谈判代表,"两国必须在一最高权力之下合并,"别无其他商量余地④。荷兰看清了英国的真实意图,因而拒绝了克伦威尔的建议。荷兰的关注点在"贸易和航海的利益"上,它重新提及在英荷战争爆发前向英国提出的方案,

---

① 叶·阿·科斯明斯基等主编:《十七世纪英国资产阶级革命》下卷,何清等译,商务印书馆,1991 年,第 61—62 页。

② W. C. Abbott (ed.), *The Writings and Speeches of Oliver Cromwell*, vol. 3, Oxford: Oxford University Press, 1988, p. 45.

③ S. R. Gardinar, *History of Commonwealth and Protectorate, 1649—1656*, vol. 2, New York: Longmans, 1965, pp. 42 - 43.

④ Ibid., p. 44.

于是谈判陷入僵局。

1653 年 11 月，克伦威尔两次亲自主持谈判，意在促进进展。最终，他放弃使两国合并的主张，提出一个在英荷之间建立"和平、同盟和联盟"的新方案作为谈判的基础，谈判出现了重大转机。他希望能够与荷兰建立攻守同盟，将荷兰完全纳入英国对外政策的轨道。因而新方案闭口不谈贸易及谈判双方在海外各国的相互关系，而是着重强调保持《航海条例》的有效力。但这一点也遭到荷兰的婉言拒绝。在荷兰看来，对外贸易是支柱，一旦被绑在英国的战车上，荷兰将失去贸易自由，进而失去国家的部分主权。对此，克伦威尔深感失望，但也并未采取进一步措施。这反映出当时的荷兰，虽然遭到沉重打击，但并未元气大伤；同时，克伦威尔的英国，在经过长期的内外战争之后，不仅不具备完全击垮荷兰的实力，而且也需要利用和平来休养生息、发展经济和进行殖民扩张。1654 年 4 月 15 日，英荷双方签订《威斯敏斯特条约》，规定：（1）双方实现和平，荷兰人不得同欧洲以外的英国岛屿和殖民地通商，英国也不得同欧洲以外的荷兰岛屿和殖民地通商；（2）荷兰须惩办在安汶岛杀害英国人的罪犯；（3）成立两国代表组成的混合仲裁委员会，以确定 1611—1652 年 5 月 18 日之间在世界范围内相互造成的损失，并限期作出裁决；（4）领有证书的私掠船具有合法性。在该条约附加的秘密条款中，荷兰承诺不选举奥兰治亲王为荷兰执政①。根据该条约，英国尽管没有完全实现自己的对外战略目标，但已从总体上使英、荷在殖民地方面的相互关系发生改变。由于荷兰不得不接受英国的《航海条例》，这对靠转口贸易为生的荷兰来说，无疑是致命的打击。从此，荷兰开始丧失商业霸权地位，英国则大大加强了自己的航运和贸易优势。战后，英国先是通过同北欧强国瑞典、丹麦缔结对自己有利的条约，取得了通过松德海峡的权利，使波罗的海的商业大门向英国敞开；接着又利用瑞典与波兰、丹麦

---

① W. C. Abbott（ed.）, *The Writings and Speeches of Oliver Cromwell*, vol. 3, Oxford: Oxford University Press, 1988, Appendix 1, pp. 897 - 905.

与瑞典的战争,获得了自由通过松德海峡的权利,并得到了国际保障。英国还通过 1654 年与葡萄牙缔结的条约,从葡萄牙手里取得在海上、陆地及内河自由贸易的特权和优惠待遇,为英国势力向东印度群岛、巴西及非洲西海岸等地的扩展,提供了机会与条件。

第一次英荷战争是英国"有史以来第一次政府有意识地主动用它的海权去促进商业"①。以此为起点,英国开始全面走上了争夺海洋霸权和建立世界贸易帝国的道路。战胜荷兰之后,克伦威尔将殖民地问题视为英国对外政策的主要内容,决定对日趋没落的西班牙殖民帝国采取行动。早在都铎时期,西班牙就是英国的主要对手,是英国民族国家和主权国家意识形成的主要障碍,可以说是英国的宿敌。斯图亚特王朝建立之初,由于奉行亲西班牙政策,极大地损害了英国的利益,招致国内商人的普遍反对。克伦威尔上台伊始,发誓要重振伊丽莎白时代的民族精神,将西班牙视为首要敌人。他的认识主要基于英、西之间存在的两个尖锐矛盾:其一,克伦威尔的内外政策具有浓厚的新教色彩,其内心深处蕴藏着浓烈的宗教情结②,这使他的对外战略颇具宗教的神圣性。他公开宣称,上帝在世上的利益要远远高过英国全体民众的利益,因此精心策划我们在世上所做的工作,是完全符合上帝的旨意的③。他认为,西班牙长期以来所推行的宗教政策,使其成为天主教的顽固堡垒和新教力量的共同敌人;英国与西班牙这样一个彻头彻尾的敌人之间,不可能有真正的和平④。其二,英西双方在殖民地问题上存在着激烈的斗争。对克伦威尔来说,这也是更重要的,因为他把对外政策世俗化了⑤。宗教问

---

① Clayton Roberts & David Roberts, *A History of England: Prehistory to 1714*, Vol. 1, Englewood Cliffs, N J: Prentice Hall, 1991, p. 372.

② 关于这方面的内容可参见计秋枫:《论克伦威尔外交的意识形态特性》,《南京大学学报(哲学社会科学版)》,1995 年,第 1 期。

③ John Buchan, *Oliver Cromwell*, Boston: Houghton Mifflin Company, 1934, p. 399.

④ W. C. Abbott (ed.), *The Writings and Speeches of Oliver Cromwell*, Oxford: Oxford University Press, 1988, vol. 3, p. 890; vol. 4, pp. 261 - 262.

⑤ 伊曼纽尔·沃勒斯坦:《现代世界体系》第 2 卷(重商主义与欧洲世界经济体的巩固 1600—1750),吕丹等译,高等教育出版社,1998 年,第 97 页。

题只是对外扩张和争夺的一种托词。当时,西班牙控制着欧洲和美洲的庞大地域,这一点既让英国妒羡,也使英国不满。虽然英国曾长期与西班牙在殖民地方面进行争夺,但直到 17 世纪中叶,英国人是负多胜少,所获寥寥。但英国人并不甘心,况且,当时西班牙的地位正日趋衰落,这给英国夺取西班牙的殖民地提供了难得的机会。

从 1654 年春天开始,英国就与西班牙进行了一系列外交谈判,讨论的焦点是殖民地,特别是西印度群岛问题。由于分歧很大,双方未能达成协议,克伦威尔便提出:英国应享有美洲沿岸的航海和贸易自由,同时要求在西班牙经商的英国商人不受宗教裁判所管辖。对此,西班牙明确表示:"要求解除宗教裁判所的活动和开放西印度群岛的航行自由,这等于要挖掉我国君主的两只眼睛。"[1]英国的过分要求遭到西班牙拒绝后,双方关系更加紧张。1654 年,英国国务会议就英国对外政策,特别是对西班牙的政策问题进行了激烈辩论,讨论的主题还是殖民地问题。主战派认为,当时从西班牙人手中夺取西印度群岛不仅可能,而且会带来增加移民、确保欧洲和平与贸易等诸多好处,因而坚持与西班牙开战。对此,克伦威尔坚决支持,并表示"至少要在西印度群岛作战"。在克伦威尔的影响下,护国主时期英国对外政策的重要方针是准备对西班牙进行战争,特别是要争夺西印度群岛。

为了解除对西战争的后顾之忧,克伦威尔主动与法国改善关系。本来英、法之间的关系也很紧张。1651 年 11 月,英国舰队曾到达诺曼底沿岸,引起了法国的不满与恐慌。英国还同法国的投石党(Fronde)运动[2]暗中联系,私下支持它,又于 1654 年夏侵占了法属加拿大沿岸阿卡迪亚(Acadia)的部分要塞。由于国内政局的需要,法国淡化处理了英国的挑衅行为,并在共同反对西班牙的斗争中,又希望与英国结盟,推动英国发动对西班牙的战争。1655 年 11 月英法缔约,宣布停止从 1649 年起开始

---

[1] B. П. 波将金等编:《外交史》第 1 卷上,史源译,三联书店,1979 年,第 366 页。
[2] 路易十四登位之初法国发生的反抗运动,前期(1648—1649)称高等法院福隆德运动(Fronde of the Parlements),后期(1650—1653)称亲王福隆德运动(Fronde of the nobels)。

的海上敌对状态①。此后,双方的合作不断深入。

克伦威尔对西印度群岛进行远征的准备工作,几乎与英国施展的外交活动同时进行。1654 年 8 月 18 日,他向专门成立的西印度群岛远征筹备委员会发出书面指令,决定尽速派遣一支海军舰队前往美洲与西班牙人作战。同年 10 月,他任命海军上将老威廉·佩恩爵士(Sir William Penn)②为舰队司令;12 月又任命罗伯特·维纳布尔斯(Robert Venables)为远征军陆军司令兼美洲英属殖民地行政机构首脑。12 月 18 日,先头部队出发,随后主力部队也动身前往美洲。1655 年 1 月,远征军主力抵达西印度群岛的英属殖民地巴巴多斯(Barbados),并决定在此进行人员补充。5 月,远征军占领牙买加(Jamaica)。英国专门成立了"牙买加委员会",负责处理牙买加殖民地问题。

克伦威尔的西印度群岛远征行动,引发了英、西间的正式战争。其实,早在 1654 年 10 月,英国海军主帅罗伯特·布莱克率领的一支舰队就已前往地中海待命,施压西班牙。1655 年 4 月,布莱克率领的舰队到达西班牙南部近海加的斯湾,此时的英西关系非常危急。6 月,克伦威尔下令布莱克采取一切手段截击或消灭任何一艘西班牙军舰,甚至不放过向西印度群岛运送兵员给养的西班牙船只③,这表明英、西实际上已处于战争状态。10 月 24 日西班牙作出强烈反应,撤回驻英大使;25 日,英国对西班牙宣战,战争立即从西印度群岛转向欧洲。由于英国海军对西班牙实行了严厉的封锁,切断了西班牙通往佛兰德斯的海上通道以及同西印度群岛的商业往来,西班牙遭受巨大损失。1657 年 4 月,由布莱克率领的英军舰队重挫西班牙舰队,摧毁 16 艘战舰,截获 5 艘货船。同时,法国军队在佛兰德斯与西班牙军队展开了陆战,后来英军也加入战斗,

---

① J. Holland Rose,A. P. Newton,and E. A. Benians(eds.),*The Cambridge History of British Empire*,Vol. I, Cambridge:Cambridge University Press, 1929,p. 229.

② 系宾夕法尼亚殖民地的建立者小威廉·佩恩的父亲。

③ W. C. Abbott(ed.),*The Writings and Speeches of Oliver Cromwell*,Vol. 3,Oxford:Oxford University Press, 1988,p. 745.

迅速扭转了不利于法军的战局。到 1657 年 9 月,佛兰德斯沿海一带的阵地为英法军队所攻占,欧洲大陆的战略要地敦刻尔克也完全为英法军队所包围,驻守在附近的西班牙军队被迫投降。1658 年 6 月 4 日,6 000 名英军在敦刻尔克附近一处沙丘地带与西班牙人决战,西班牙守军弃城投降,英军大获全胜,占领并接管了敦刻尔克。随后,克伦威尔将战略要地直布罗陀(Gibraltar)列为攻击目标,并制定了具体的攻占计划,但由于种种原因而没有实现。1659 年,处于守势的西班牙与英国媾和。继英荷战争之后,英国又一次取胜。英国不仅占领了西印度群岛的战略要地牙买加,而且获取欧洲大陆的战略据点敦刻尔克,这大大有利于英国有效地限制荷兰,确保英国的贸易运输安全和对外贸易的扩展。更有意义的是,英国的海军力量在战争中经受了考验,并获得进一步发展,英国的对外扩张有了坚强后盾。同时代的英国诗人埃德蒙·沃勒(Edmund Waller)这样写道:"英舰千艘霸海天,夷艇垂篷表恭谦;军威远震如风吼,四海扬帆漫无边。"另一位诗人兼剧作家约翰·德赖登(John Dryden)也称赞道:"他使我们在大陆上行动自由,而我们以前则受制如囚;他送英国雄狮去保卫更崇高的目标,教它首先在布鲁塞尔发出怒吼。"①

克伦威尔重商主义外交政策的实施,为英国的未来扩张和建立帝国奠定了政策基础,并指明了方向。因此,重商主义外交在斯图亚特王朝复辟时期不仅没有被抛弃,反而得到全面推进,这主要体现为继续强化《航海条例》,并不惜与荷兰进行新的战争。第一次英荷战争后,荷兰默认了英国的《航海条例》,但该条例对荷兰贸易和航运业的危害是逐步显现出来的,荷兰在世界贸易中地位的下降,也是一个缓慢的过程②。革命时期,英国长期处于战争状态,缺乏足够的船只来取代荷兰,加上荷兰想方设法逃避《航海条例》的限制,因此 1651 年的《航海条例》未产生预期

① 温斯顿·丘吉尔:《英语国家史略》上册,薛力敏、林林译,新华出版社,1985 年,第 699 页。
② 斯塔夫里阿诺斯:《全球通史:1500 年以后的世界》,吴象婴、梁赤民译,上海社会科学院出版社,1997 年,第 171 页。

的效果,甚至根本就没有得到切实的执行。条例旨在削弱荷兰的商业霸权,建立英属殖民地的贸易垄断制度,但其效果十分有限。

一方面,英荷战争后荷兰贸易并未立即出现萎缩,相反却仍在发展。商业是荷兰的立国之本,而荷兰商业的发展得益于其海军力量的支撑。第一次英荷战争后,荷兰人从失败中吸取教训,他们认识到英国取得胜利的重要原因是其有一支高质量的、正规的职业海军。因此荷兰也必须建立一支先进的、拥有战斗力的海军,必须建造像英国一样的、拥有40—60门大炮的军舰,并且改变武器的安装系统。1652—1653年,荷兰联合议会在英荷战争尚未结束时就多次作出增造军舰的决定,由此奠定了荷兰新海军政策的基础。在此后20年间,荷兰的海军力量获得快速发展,1655—1675年,荷兰的战舰总数一直保持在世界领先水平[1],舰船的设计和装备得到进一步改善,战斗力也大为提升。经过改建后,荷兰海军拥有64艘战舰,每艘战舰配备40—60门大炮;另有80—90艘护卫舰,为确保商船安全执行巡航任务。凭借强大的经济实力和军事实力,此时的荷兰依然是英国商业和殖民扩张的主要障碍。"东印度群岛的货物源源不断地运到阿姆斯特丹,西印度群岛的货物不断流入弗利辛恩,英格兰和苏格兰的商品则通过荷兰的多德雷赫特和鹿特丹不断转运欧洲大陆",荷兰在印度、西非等地的殖民地和贸易点也不断扩大,此外,"他们还挤入新英格兰,在哈得孙河畔开辟一块殖民地"[2]。荷兰咄咄逼人的态势让英国倍感挑战,英国国内的反荷情绪非常浓烈。为了排挤甚至取代荷兰这个最强大的对手,复辟君主和议会在削弱和取代荷兰海上霸权这一点上形成共识:"我们需要的是超过荷兰现有的贸易",这成为他们共同的目标。[3]

---

① Richard Harding, *The Evolution of the Sailing Navy, 1509—1815*, New York: St. Martin's Press, 1995, p. 86.

② 温斯顿·丘吉尔:《英语国家史略》上册,薛力敏、林林译,新华出版社,1985年,第732—733页。

③ R. C. 西蒙斯:《美国早期史:从殖民地建立到独立》,朱绛等译,商务印书馆,1986年,第68页。

　　另一方面,《航海条例》在英属北美殖民地的执行困难重重,效果不大。由于英国管理制度松散,与殖民地距离遥远,各殖民地仍旧我行我素,不理会宗主国的贸易控制。比如,弗吉尼亚和马里兰(Maryland)等殖民地的种植园主,可以把烟草、砂糖、棉花、靛青等主要农产品出售给欧洲任何愿意出高价收买的商人,包括荷兰人,同时从欧洲运回他们所需要的物品。当时,弗吉尼亚和马里兰每年大约输出700多万磅烟草,其中大部分没有从英国转运①。新英格兰(New England)地区的各殖民地则利用丰富的森林资源发展自己的造船业,既有利于殖民地与英国和欧洲大陆的贸易,也沟通了南北殖民地以及北美与加勒比海(Caribbean)地区的交通往来。发达的造船业加强了殖民地的海运事业和远途商业活动,新英格兰港口成为大批商船的停泊点,其中不乏运送大量商品的外国商船。由于新英格兰距离遥远,英国根本无法进行有效的管理,因此英国商人一直对殖民地的贸易活动感到不满。为防止贸易优势落入外国竞争者之手,他们一再要求英国政府采取措施,不仅排斥外国船只进入英属殖民地,而且要把殖民地贸易完全纳入到对宗主国有利的范围中来。

　　可见,复辟王朝所面临的紧迫任务就是落实贯彻《航海条例》,进一步打击荷兰人,用政府的力量扶持本国航运业及殖民地贸易。为了达成这一目标,复辟政府采取了亲法政策,在政治和财政上对法国形成很强的依附性。1660年7月4日,由查理二世指定一个专门委员会,负责对1651年《航海条例》的内容及执行情况进行评估。该委员会最终认为此《航海条例》有益于英国的航运业和贸易发展,但在欧洲和殖民地贸易中未能得到有效的执行。因此,英国有必要制定一项新的立法,以取代过去的行政条例。新立法应当体现这样三个原则:一是重申1651年《航海条例》的基本内容,确保英国航运业及航海技术的发展,保证英国能完全控制本国的贸易运输;二是把殖民地当作英国的原材料供给地,为英国

① J. 布卢姆、S. 摩根等:《美国的历程》上册,杨国标、张儒林译,商务印书馆,1988年,第51页。

提供消费品,如果有可能,应改变英国与欧亚一些国家和地区的贸易不平衡;三是维护英国商人的利益,增加关税,并确保英国成为各种商品进入殖民地的必经之地①。按照委员会的建议,英国议会于1660年通过新的《航海条例》,它与1651年条例相比,不仅更加系统和全面,而且也更为严厉和苛刻。这部新条例规定:第一,从1660年12月1日起,凡由英属殖民地进口的商品或这些殖民地出口的商品,只能用英格兰、威尔士、爱尔兰或英属殖民地的船只装运,且上述船只的船长及至少四分之三的船员应当是英国人;违者,货物及船只(包括船上设备及武器)一律予以没收,所得收入三分之一归国王,三分之二归当地官员及有功人员。第二,殖民地生产的烟草、糖、原棉、靛青、染料等"列举品"(即指定的物品),从1661年4月1日起,不得出口到英格兰、爱尔兰或英属殖民地之外的其他任何地区,只能运往英国及其领地;违者,货物和船只全部予以没收。第三,对于地中海、波罗的海及俄国、土耳其等地的产品,若要出口到英格兰、爱尔兰或威尔士,则必须使用英国船只或上述产品生产国的船只,且船长和四分之三的船员应是英国人。第四,英国船只可以从西班牙、葡萄牙把西、葡殖民地的货物运往国内,也可以从黎凡特(Levant)把非洲和黎凡特的货物运往国内,沿海贸易完全由英船经营,等等②。

不难看出,1660年的《航海条例》是英国政府为贯彻重商主义而采取的进一步措施。根据这些规定,英国一方面可以推动本国的造船和航运业发展,独占海上运输业;另一方面又能独占殖民地市场,使英国成为殖民地物产的集散地,从而垄断殖民地的商品价格,增加税收,并反过来大量销售英国产品,获取高额利润。要实现这两方面的目的,关键在于限

---

① J. Holland Rose, A. P. Newton, and E. A. Benians (eds.), *The Cambridge History of British Empire*, Vol. I, Cambridge: Cambridge University Press, 1929, pp. 270 – 271.

② The Navigation Act of 1660 (13 September 1660), David C. Douglas (ed.), *English Historical Documents*, Vol. IX: *American Colonial Documents to 1776*, Oxford: Oxford University Press, 1969, pp. 354 – 356.

制和打击荷兰在转口贸易方面的优势，新的条例一旦生效，荷兰不仅不能再把欧洲的主要产品运往英国，也不能从事英属殖民地与英国本土之间的转口贸易。这样，英国不仅控制了英国与各殖民地之间的贸易运输，而且成为英属殖民地出产商品的集散地。以后几年，英国议会又相继颁布补充法令，使新《航海条例》更加系统和完善。其中，1663 年颁布的《主要物产法》(Staple Act)进一步规定，凡在欧洲出产或制造的物品，都必须运输到英国，再用英国船从英国海港启程，才可以转运到美洲殖民地①。英国企图以此控制整个英属殖民地的贸易，将荷兰的商业贸易完全排挤出英国殖民地。

新《航海条例》不仅严重损害了荷兰商人的利益，而且也使荷兰的国际地位受到沉重打击，于是英荷间限制与反限制的斗争就迅速展开。为贯彻新《航海条例》，并打破荷兰人的奴隶贸易垄断，1663—1664 年，一支由罗伯特·霍姆斯爵士(Sir Robert Holmes)率领的英国海军分遣队到达西非海岸，支援英国"皇家对非贸易冒险家公司"(Company of Royal Adventurers Trading into Africa)，并占领冈比亚河北边的戈雷岛(Goree Island)和几内亚湾的沿海地区。为了将荷兰人从北美殖民地贸易中彻底排挤出去，查理二世将荷兰在北美的殖民地新尼德兰(New Netherlands)作为礼物，赠送给他的兄弟约克公爵詹姆士，即后来的詹姆士二世。1664 年，英王派遣的船队到达北美荷属殖民地，荷兰人不战而降，英国人轻而易举地获得了马里兰和康涅狄格(Connecticut)之间的整个地区②。英国人的积极进攻使荷兰人感到忍无可忍，且英国武装民船大量进入西印度群岛、英国舰队在直布罗陀附近袭击荷兰船队等一系列事件，都使荷兰人感到无比愤怒，他们遂将 1663 年英王派军远征西非的行动视作公然挑衅和不宣而战。双方的矛盾不断发展，终于导致战争。

---

① Anthony McFarlane, *The British in the Americas*, *1480—1815*, London: Longman, 1994, p. 100.

② J. 布卢姆、S. 摩根等:《美国的历程》上册，杨国标、张儒林译，商务印书馆，1988 年，第 54—55 页。

1665 年 3 月 14 日,英国向荷兰宣战,第二次英荷战争爆发。

为此次战争双方都进行了充分的准备。英国人认为,通过战争击败荷兰可以获得巨大的经济利益,因为在第一次英荷战争后,英国就因为打败荷兰而增加了一倍的商船吨位①。所以,英国议会专门拨款 600 万英镑,伦敦商人也提供了 20 万英镑贷款。经过第一次英荷战争,荷兰吸取了教训,并通过完善组织结构,大大加强海军建设。第二次英荷战争主要在海上和殖民地展开,初期荷兰损失惨重。1665 年 6 月 13 日,由约克公爵指挥的英国舰队在英国东海岸的洛斯托夫特(Lowestoft)海面与荷兰舰队展开大战,荷兰损失战船 17 艘、海军上将 3 名和其他人员 4 000 名,英国仅损失战船 2 艘、海军将官 2 名和其他人员 800 名。② 荷兰人认为败局已定,便请求媾和;英王也认为胜券在握,就下令大部分舰只退役,水手复员,并未抓住时机乘胜追击。

第二次英荷战争之前,荷兰与法国曾达成协议,双方结成反英同盟,1666 年 1 月,法国根据该协议对英宣战。面对法荷联合作战的不利局面,英王施展外交手段,谋求与法国结盟。实际上,法国在战争中同英荷双方都保持着联系,它既不愿荷兰被击溃,也不愿英国遭受重大损失。经过秘密谈判,英法最终达成秘密谅解:法国撤回对荷兰人的援助,作为回报,英国不反对法国入侵尼德兰。于是英荷战事再起。同年 6 月 11—14 日,经过整顿的荷兰海军与英国海军进行了"四日海战",地点在英吉利海峡。结果,英国皇家海军有 17 艘战舰被击沉,5 000 多人战死,3 000 余人被俘;而荷兰仅损失战舰 6 艘,战死 2 000 人③。这次惨败对英国人来说是奇耻大辱。8 月双方再战,互有胜负。8 月 8 日这一天,霍姆斯率领一支英国舰队偷袭荷兰的特塞尔岛(Texel Island),将 150 艘商船悉数烧毁,给荷兰造成重大经济损失。1667 年 6 月,荷兰舰队则偷袭伦敦,并封锁

---

① C. D. Chandaman, *English Public Revenue, 1660—1688*, Oxford: Clarendon Press, 1975, p. 223.
② H. 帕姆塞尔:《世界海战简史》,屠苏等译,海洋出版社,1986 年,第 75 页。
③ 同上书,第 78 页。

泰晤士河口长达数月,致使英国经济损失近 20 万镑。而英国人则夺取了北美一些荷属殖民地,实现了英国在北美北方和北美南方殖民地的连接。

英荷战争劳民伤财,加重了双方的财政困难。英国虽然有彻底击垮荷兰的强烈愿望,只是心有余而力不足。加之,1665 年春伦敦大瘟疫爆发,1666 年 9 月又发生伦敦大火,造成了重大的财产损失和平民伤亡,英国已是内伤外患,无力再战。荷兰也不堪战争重负,并且又面对法国入侵的威胁。于是,英荷双方于 1667 年 1 月开始和谈,并于 7 月 31 日签订《布列达条约》。根据该条约,英国《航海条例》的限制条件有所放宽,荷兰有权将本国和德意志的商品输入英国;英国放弃了在荷属东印度群岛的权益,而荷兰人则承认西印度群岛为英国的势力范围;荷兰把哈得孙河(Hudson)河谷和新阿姆斯特丹殖民地转让给英国,英国把南洋摩鹿加群岛(Molucca Islands)和南美洲苏里南转让给荷兰①。这样,第二次英荷战争落下帷幕。

与第一次英荷战争相比,第二次双方基本打成平手。从和约内容看,这个和约实际上意味着两国在殖民角逐中重新划分了势力范围。但战争的结果对双方的影响却有所区别,荷兰人虽然从英国那里取得了某些让步,可是也付出了高昂的代价,即失去在北美的重要基地新阿姆斯特丹,这标志着荷兰从北美的全面退出,以及在整个世界的战略收缩。对于英国而言,获得新阿姆斯特丹不仅有利于它实现对北美殖民地的全面控制,而且有利于它全面贯彻以重商主义为宗旨的《航海条例》,为下一步争夺创造了新的条件。所以,《布雷达条约》作为第二次英荷战争的基本结果,被认为是"英荷关系的一个真正的转折点",或"荷兰共和国繁荣的下滑"②。正如沃勒斯坦所强调的:"这难道不正说明仇视荷兰人的英国人已经把他们对'荷兰人经济技巧不情愿的钦佩'与'赶上他们的愿

---

① Sir George Norman Clark, *The Later Stuarts*, *1660—1714*, Oxford: Clarendon Press, 1980, p. 68.
② 伊曼纽尔·沃勒斯坦:《现代世界体系》第 2 卷(重商主义与欧洲世界经济体的巩固 1600—1750),吕丹等译,高等教育出版社,1998 年,第 98 页。

望'协调起来了吗？这难道不也说明英国的农业-工业效益中所产生的重大变化,能够使《布雷达条约》的挫折变得对他们无足轻重,并能够把荷兰变成英国的小伙伴吗?"①第二次英荷战争是以妥协告终的,它加速了英荷在世界舞台上的位移,同时也说明双方的矛盾并未真正解决。实际上,对世界贸易垄断权的争夺,使英荷双方的分歧根本无法消除,这也就决定了《布雷达条约》所维系的和平不可能长久。此后,英荷的争斗由于法国的介入而变得更加复杂。

自 17 世纪以来,法国一直是欧洲大陆强国,三十年战争之后,法国的强国地位日益巩固。在争夺欧洲和世界霸权的过程中,法国不仅与英国有矛盾,而且一直企图削弱和打击荷兰的经济实力。1667 年,法国路易十四为了兼并西班牙属地南尼德兰而发动了对西班牙的战争,这不仅威胁到荷兰的安全,也破坏了英国在欧洲大陆的均势政策。面对法国的攻势,1668 年,英国、荷兰和瑞典结成反法同盟,迫使法国停止实施原准备向西班牙本土和德意志进军的计划。对于新的欧洲局势,法国开始改变策略。在法国人看来,"成功地征服西属尼德兰的唯一方法是挫败荷兰人,可能的话消灭他们"②。为此,法国主动与英国修好,法王向英王许诺:法英双方联合将荷兰击败后,把荷兰的瓦尔赫伦岛(Walcheren Island)、布里尔城(Brill)和卡赞德城(Cadzand)并入英国;法国还答应给英国以财政补助,并帮助英王镇压在英国可能发生的"骚乱"。法国的条件对英国颇具诱惑力,此时,英国一方面面临着财政困难,另一方面仍将荷兰视为主要的竞争对手,而法国要到让-巴普蒂斯特·科尔伯(Jean-Baptiste Colbert)经济改革(1661—1671)之后,才日益发展成英国对外贸易的强有力对手。1670 年英法签订《多佛密约》(或《多佛条约》)(*Secret Treaty of Dover*),双方根据此条约共同发动对荷战争。

---

① 伊曼纽尔·沃勒斯坦:《现代世界体系》第 2 卷(重商主义与欧洲世界经济体的巩固 1600—1750),吕丹等译,高等教育出版社,1998 年,第 98—99 页。
② Derek Mckay & H. M Scott, *The Rise of the Great Powers, 1648—1815*, London: Longman, 1984, p. 24.

　　1672年3月,在法国向荷兰宣战的同时,英王未经议会同意也向荷兰宣战,第三次英荷战争爆发。英法集中了98艘军舰,配备了6 000门大炮和3.4万人;而荷兰只有75艘军舰,船上有2万人和4 500门大炮①,因此在力量对比上处于劣势。而且,英法海军从海上进攻、法国陆军从南面进攻,科隆(Cologne)和明斯特(Münster)两个德意志公国从东面进攻,荷兰同时三面受敌。在陆地上,法军连连得胜,荷兰南部和东部的部分领土被占领,但荷兰仍控制自己的海岸线。英法海军虽多次组织进攻,均未打破荷兰海军防线。6月7日,在海军统帅米基尔·德·鲁伊特尔(Michie de Ruyter)的指挥下,荷兰海军偷袭英法联军,虽然付出了极大代价,其旗舰被焚,却成功地粉碎了约克公爵企图与法舰会合的计划,损失惨重的英军被迫放弃突破荷兰海岸防线、入侵荷兰本土的想法。不过形势仍然对荷兰不利,到1673年,荷兰已完全转入守势,在强大的敌军面前,荷兰海军再也无力主动出击。8月21日,荷兰利用有限的军力在特塞尔岛附近,与企图登陆的英法联军展开激战,英法联军遭到重创,英国海军被迫退出战斗,荷兰暂时解除了海上威胁,并取得了制海权。与此同时,两支荷兰分舰队在北美和加勒比海地区会合,从英国人手中夺回纽芬兰(Newfoundland)和新阿姆斯特丹,再重创西印度洋上的英法军舰和其他船只。

　　特塞尔海战的失利,在英国国内引起了强烈不满。一直怀疑国王与法国勾结的英国议会,对查理二世施加压力,强烈抨击他支持法国对荷作战的做法,认为日益强大的法国已对英国构成威胁,因而拒绝批准他对荷兰作战的补助金。由于军费开支告罄,英国已无力再封锁或入侵荷兰,查理不得不与荷兰议和。为了表示英国愿意联荷反法,查理将自己的侄女,詹姆士的女儿玛丽·斯图亚特许配给奥兰治的亲王威廉。1674年2月,英国单独与荷兰签订第二个《威斯敏斯特和约》,规定先前签订的《布雷达条约》继续有效;同时,查理二世放弃与法国的联盟,并保证英

①温斯顿·丘吉尔:《英语国家史略》上册,薛力敏、林林译,新华出版社,1985年,第740页。

国在荷、法战争中保持中立。荷兰则将北美的新阿姆斯特丹和纽芬兰归还英国,并赔偿战费 50 万枚银币[①];荷兰船舶在挪威至菲尼斯泰尔(Finistère)海角之间的海域,须向英国国旗致敬。至此,荷兰与英国的敌对状态结束了,陷于孤立的法国也于 1678 年同荷兰签订《奈梅根和约》(*Treaties of Peace of Nijmegen*),法荷战争宣告结束。在法荷条约中,英国与荷兰单独达成的协议得到确认。

从克伦威尔时代到复辟王朝时期,英国连续三次对荷战争,尽管每次战争的重点不尽相同,但根本目标完全一致,就是摧毁荷兰的商业垄断,形成英国的海上和商业霸权。如果说"克伦威尔希望为保护自身而反对荷兰,那么查理二世希望自己成为他们的主人"[②]。从战争结局看,三次英荷战争似乎各有胜负,谁也没有取得完全的胜利,但英国是事实上的操胜券者。

其一,战争中逐步确立了英国对海上贸易的控制权,英国的《航海条例》逐步得到实施,并获得荷兰的承认。1674 年英荷和约签订后,英国接替了大部分荷兰的海运贸易。1678—1679 年,在《奈梅根和约》签订之际,英国已成为世界上的商业和海军强国。从航运业的发展来看,复辟初期,英国的商船吨位仅为 20 万吨左右,远不能满足航运的需求。战争中,英国通过俘获荷兰船只、大量制造船舶的办法增加商船吨位。据统计,1654—1675 年,在英国的商船总吨位中,外国船只所占比例一般不低于三分之一,而 1675 年已达到二分之一。1674 年以后,英国采取措施大力发展国内造船业,商船的年增长率达到 2%—3%。在迅速增长的商船中,国内制造的船只所占比例越来越高,复辟晚期已占到五分之四。1686—1687 年,英国政府给 1 532 艘商船颁发了通行证,其中外国船只仅 131 艘[③]。经过如此的迅速发展,到 1688 年,英国的商船总吨位上升

---

① 1 银币相当于 5 先令。
② 伊曼纽尔·沃勒斯坦:《现代世界体系》第 2 卷(重商主义与欧洲世界经济体的巩固 1600—1750),吕丹等译,高等教育出版社,1998 年,第 98 页。
③ Ralph Davis, *The Rise of the English Shipping Industry*, London: Macmillan, 1962, p. 52.

到 34 万吨①。造船业及航运业的发展推动了英国对外贸易的扩张,其中
对殖民地和对北欧的贸易尤为显著。据统计,1663—1686 年间,在英国
从事对外贸易的商船总吨位中,五分之四来往于殖民地和北欧之间。比
较而言,此时期英国与荷兰、德意志等传统贸易区的商船吨位仅增长 5%
左右,与南欧、地中海的航运业增长三分之一,从事东南亚贸易的商船吨
位增长一半,而美洲、西印度群岛的航运业吨位增长几乎达到 100%,对
北欧贸易的商船吨位增长幅度甚至超过 100%②。与殖民地贸易的快速
发展,意味着殖民地越来越成为英国的商品销售市场和原料供给地。在
英国原材料贸易中,再出口贸易十分活跃,这表明英国正在或已经取代
荷兰在世界转运贸易中的主导地位。1663—1669 年,英国再出口总值达
到 90 万镑,占全国出口总值的近 25%③。再出口的主要物品是来自于
英属殖民地的烟草、蔗糖等,英国的对外贸易,以及由此带动的迅速发展
的工业,使英国在 17 世纪末的经济实力已远远超过了荷兰。英国后来
居上,显然与《航海条例》的实施以及英荷战争分不开。东印度公司著名
商人、担任过议员的晚期重商主义者乔赛亚·蔡尔德爵士(Sir Josiah
Child)就直言不讳地承认:"假如没有《航海条例》,在我们的殖民地,荷兰
商船与英国商船的比例可能就是 40:1"④。三次英荷战争最终"确立了
英国在国际贸易中的不可逆转的优势地位"⑤。

　　其二,英荷战争彻底改变了英荷之间的政治关系,荷兰的国际地位
大大下降。长期的战争破坏了荷兰的经济,动摇了它的政治军事基础。
战后,为了扼制法国的扩张和法国对荷兰的图谋,奥兰治的威廉采取了

① Ralph Davis, *The Rise of the English Shipping Industry*, London: Macmillan, 1962, p. 15.
② Ibid., p. 17.
③ Ralph Davis, "English Foreign Trade 1660—1700", *Economic Historical Review*, No. 2, December 1954, p. 160.
④ E. Lipson, *The Economic History of England*, vol. 3, London: A. and C. Black, 1937, p. 103.
⑤ J. R. Jones (ed.), *The Restored Monarchy 1660—1688*, Totowa, N. J.: Rowman and Littlefield, 1979, p. 147.

亲英政策,积极靠拢英国。然而,他在与英国联姻以及在 1688 年入主英国后,并没有取消《航海条例》,相反,荷兰丧失了对外政策的自主性,在政治和经济上都开始从属于英国。1688 年威廉率领庞大的荷兰舰队来到英国,1689 年 4 月英荷双方达成协议,组成联合舰队,英荷参与的军舰比例为 5∶3,舰队指挥权也由英方控制①。此后,荷兰彻底丧失了海上强国地位。沃勒斯坦认为:"1672 年的真正的重要性在于,从 1659 年至1672 年这段时期,英国人和法国人都把荷兰看作是最大的对手,现在,他们主要攻击对方,而且,尽管荷兰仍具有经济实力,但荷兰人突然成了次要的因素。"②

总而言之,英国通过几次战争彻底击败了西班牙和荷兰,获得了世界海洋和贸易的控制权。但是争霸战争并没有就此结束,相反,重商主义外交的巨大成功,进一步增添了英国对外扩张的野心,刺激了英国争霸世界的欲望。光荣革命后,由于政局稳定,经济实力增强,英国具备了大力扩张的条件。如果说英荷战争的最初目标是打击荷兰的贸易垄断,那么,战争进程却促使英国逐渐致力于掌握大西洋、波罗的海、地中海和加勒比海的制海权。到 17 世纪末,英国的这一海洋战略更加明确了③,不过在实施过程中,却遭到如日中天的欧陆霸主法国的正面挑战。威廉入主英国后,立即调整英国对外政策的重心。他一改斯图亚特王朝时期的亲法路线,将法国视为自己的首要对手,由此拉开了英法争霸的序幕。早在 1686 年,还是荷兰执政的威廉为了反对法国,就策划建立了奥格斯堡同盟(Augsburg League),参加者有神圣罗马帝国、西班牙和一些德意志、意大利诸侯国。现在英国也加入其中,并成为重要首领。为了与奥格斯堡同盟对抗,法国先发制人,于 1688 年向巴拉丁选侯领地发起进

---

① George Modelski & Sylvia Modelski, *Documenting Global Leadership*, Seattle: Macmillan, 1988, pp. 197 – 199.
② 伊曼纽尔·沃勒斯坦:《现代世界体系》第 2 卷(重商主义与欧洲世界经济体的巩固 1600—1750),吕丹等译,高等教育出版社,1998 年,第 99 页。
③ George Modelski & William R. Thomson, *Seapower in Global Politics, 1494—1993*, Washington: Macmillan, 1998, p. 206.

攻,挑起了奥格斯堡同盟战争(1688—1697)。

作为 17 世纪英国参与的最后一次大战,奥格斯堡战争持续了八年,先后在爱尔兰海域、英吉利海峡、西属尼德兰、地中海、萨伏依(Savoy)及西班牙北部边境展开。法军在陆战中取得一些胜利,但在海上,它却一再遭到英军的重创。不过双方各有胜负,形成了拉锯状态。到 1697 年双方都打得筋疲力尽,于是签订了《里斯维克条约》(*Treaty of Ryswick*)。根据此条约,法国将前几次侵略中夺得的土地归还原主,承认光荣革命的合法性,并承认威廉三世为英王。法国还在贸易方面对荷兰与英国做出让步。显而易见,战争严重削弱了法国在欧洲的霸权,同时强化了英国的地位,当然也进一步加剧了英法的对立。此后,英法争霸成为欧洲国际关系的主线,并贯穿于整个 18 世纪。

第五篇

帝国初起

第一章 英帝国的肇始

　　严格地说，爱尔兰是英国第一块殖民地。早在 1155 年，历史上唯一英国籍的罗马教皇哈德良四世（Pope Hadrian IV，c. 1100—1159）发布训令，将爱尔兰的统治权授予英格兰国王。1169 年，英国开始入侵爱尔兰，并于次年占领都柏林城堡（Dublin Castle）。1171 年，英王亨利二世获得了对爱尔兰的宗主权。然而直到 15 世纪初，英国能够直接控制的地区却也限于都柏林（Dublin）及其近畿，就连在都柏林，人们也只讲爱尔兰语，而不讲英语[①]。都铎时期，英国社会发生巨变，爱尔兰对英国的重要性也日益凸显，英国控制爱尔兰的欲望日渐强烈，便加紧了对爱尔兰的征服。英国统治者认为，爱尔兰的不稳定和长期的反英运动，很容易使其成为国内外反英势力加以利用的重要基地，从而严重危及英国的安全，尤其是爱尔兰与西班牙的密切关系，更加让英国人感到不安。特别是伊丽莎白时代，英国正处于帝国扩张的前夜，对西班牙、葡萄牙的嫉妒，以及向海外进行扩张的欲望，都促使英国将其身边的岛屿视为向外拓展的跳板，而爱尔兰的特殊位置更使其成为英国殖民扩张的首选目

[①] 钱乘旦主编：《欧洲文明：民族的融合与冲突》，贵州人民出版社，1999 年，第 60 页。

标①。16 世纪初,在爱尔兰拥有重大影响的菲茨杰拉德(Fitzgeralds)家族的垮台和贵族地方自治的结束,也为英国实施爱尔兰扩张政策提供了有利条件。

都铎时期的爱尔兰政策强调加强政治控制,并推进同化。1494—1496 年,亨利七世为打破当地贵族议会的自主权,派遣爱德华·波宁斯爵士(Sir Edward Poynings)出任爱尔兰代总督。波宁斯通过爱尔兰议会颁布了一系列法律,确立了英王在爱尔兰的最高权威地位,旨在重申英国对爱尔兰的主权控制。不过此时,由于英国对爱尔兰的直接控制仅限于直辖区,英国司法所达的范围非常有限,爱尔兰基本上处于无政府状态。为了改变现状,1534 年,亨利八世宣布将所有爱尔兰土地收归英王所有并再行颁授。1541 年 6 月,受英国操纵的爱尔兰议会宣布,亨利兼任爱尔兰国王,并规定爱尔兰和英格兰实现永久性的联合与合并。由此,英国总督在爱尔兰掌握了一切大权,英国的法律也成为爱尔兰的法律。随后,英国在爱尔兰推行了一系列促使爱尔兰"英国化"的政策措施②,这不仅初步割断了爱尔兰对罗马天主教会的从属关系,而且建立了爱尔兰对英国的新从属关系,英国在爱尔兰的统治范围和控制力均取得重要进展。

亨利八世对爱尔兰的某种成功的控制鼓励了英国政府,此后的都铎君主,尽管面临不同的形势,基本上都沿着亨利八世的对爱政策不断深化。伊丽莎白一世时期,由于英国与西班牙及教皇之间的斗争日益激化,爱尔兰变成了直接关系到英国稳定和发展的问题,从而成为女王格外重视的一个问题。女王相信"天主教爱尔兰会危及新教英国的安全"③,遂指使苏塞克斯伯爵(Earl of Sussex)召开爱尔兰宗教改革会议,

---

① T. W. Moody & F. X. Martin(eds.), *The Course of Irish History*, Cork: Mercier Press, 1967, p.175.
② 参见本书第四篇第一章。
③ 威尔·杜兰:《世界文明史》第 7 卷(理性开始的时代),台湾幼狮文化公司译,东方出版社,1999 年,第 36 页。

通过《至尊法》和《信仰划一法》，真正树立英王在爱尔兰的至尊地位，使英王成为爱尔兰教会在人间的最高统治者；在爱尔兰全岛强制执行宗教改宗，禁止弥撒，关闭天主教修道院，使爱尔兰的宗教信仰完全纳入英格兰的宗教体系。伊丽莎白还要求驻爱总督想尽办法扩展英国的统治范围，用英格兰风尚取代爱尔兰习俗，用货币地租取代领主的横征暴敛。女王还赋予总督极大的权力，包括任命除大主教和主教之外的各级教士，以及除大法官、财务大臣和最高司法官之外的所有文官。伊丽莎白的目的是"使女王陛下的法律在爱尔兰全境畅通无阻"，并剥夺拥有绝对权威的"一切领主和巨头们的首脑头衔和课税权力"①。与此同时，英国政府坚决镇压敢于反抗的人，推行移民垦殖政策，如人所言，"没有拓殖就不存在有效的征服，如果土地未被征服，就总也改变不了人的信仰。因此，征服者的格言就必须是去拓殖"②。

　　女王的政策促使大批英国冒险家前往爱尔兰进行投机，如雷利爵士、吉尔伯特爵士等纷纷涌入爱尔兰，直接威胁到在爱尔兰拥有土地的英国人的土地所有权，爱尔兰本地贵族更是时常遭到侵犯，宗教问题也使爱尔兰人感到愤怒，结果不断引起当地的叛乱，英王派兵予以镇压。为了防止反抗一再发生，女王依靠垦殖政策加速爱尔兰殖民化。起初，英国的殖民计划主要是在芒斯特实施，战胜无敌舰队，并将西班牙势力赶出爱尔兰后，英国开始把注意力转向最后一个未被征服的省份厄尔斯特(Ulster)。伊丽莎白的爱尔兰政策，特别是宗教和殖民政策遭到爱尔兰人的强烈抵制，使爱尔兰的政治秩序一直不稳，叛乱不断，而且常有国际势力介入其中。1594年，爱尔兰的北方首领们在蒂龙伯爵休·奥尼尔(Hugh O'neill，Earl of Tyrone)的领导下举行起义，女王命令蒙乔伊伯爵查尔斯·布朗特(Charles Blount，Earl of Mountjoy)前往平叛。1603

---

① 艾德蒙·柯蒂斯：《爱尔兰史》上册，江苏师范学院翻译组译，江苏人民出版社，1974年，第355页。
② 莱斯利·贝瑟尔主编：《剑桥拉丁美洲史》(第1卷)，中国社会科学院拉丁美洲研究所组译，经济管理出版社，1995年，第145页。

年 3 月,在布朗特的强大压力下,爱尔兰叛军终于投降①。奥尼尔发誓不再投靠任何外国,放弃他先前所有的权威和称号,退回一切土地和领地,只保留英王可能赐予他的那一部分。这样,最后一个未被征服的地区厄尔斯特门户洞开,都铎王朝基本上完成了对爱尔兰的征服。

在大规模殖民爱尔兰的同时,英国开始把目光投向欧洲以外的地区。早在都铎前期,英国人就开始海外探险,有历史记载的、以寻找金银矿产为目的的英国首次探险,发生在 1480 年 7 月。当时,英国航海家从布里斯托尔港口出发,去爱尔兰以西寻找传说中的"布拉希尔岛"(Isle of Brasil),据说该岛盛产红木,那是一种英国呢绒业所需要的、十分珍贵的染料。此次探险虽说是无功而返,却拉开了布里斯托尔商人航海探险的序幕,布里斯托尔也成为英国航海家的摇篮和探险活动的重要基地。15世纪 80—90 年代,布里斯托尔航海家的探险在持续,但均以失败告终。相反,葡萄牙和西班牙在这个时期收获颇丰,如葡萄牙人绕过好望角,开辟了通往印度的新航线;西班牙人穿越大西洋,发现了美洲,这些消息在西欧各地引起巨大反响。此时,英国人也是跃跃欲试,但他们尚无力染指葡萄牙与西班牙的势力范围,只得另辟蹊径去探航。开辟前往东方的航线、发展与东方的直接贸易,一直是英国商人的梦想。在英国人看来,从大西洋出发,无论是向东北方向还是向西北方向航行,都可以到达他们向往已久的亚洲。1496 年,威尼斯商人冒险家约翰·卡伯特觐见英王,提出了一项从西北方向前往东方的探险计划,希望能为英王占领一些尚未被发现的土地,就如同葡萄牙人和西班牙人已经做过的那样。亨利七世将特许状授予卡伯特父子,赐给他们到海外去探险的特权,还要求所有英国人为卡伯特父子的航行提供帮助。于是,卡伯特决定以英王的名义,打着英国的旗帜,按照英王的授权,"乘船开赴太平洋东岸、西岸和北岸(南岸就不去了,以免与西班牙利益相冲突)的所有地区……以开

---

① 奥尼尔投降时间是 3 月 30 日,而伊丽莎白女王早已在 3 月 24 日去世,所以他又向詹姆士一世投降。

发和探索那些对基督徒来说是未知的、野蛮人和异教徒聚居的任何岛屿、国家、地区或者省份，无论它位于世界的哪个位置……从而攻克、占领和占据他们发现的任何有能力统治的城镇、城堡、城市和岛屿"[1]。这也是英国在以后殖民扩张中一贯坚持的"有效占领"原则的第一次明确表述，表明都铎初期英国就追随葡萄牙和西班牙，开始主张自己的海外殖民权。

1497 年 5 月，卡伯特率领的船队从布里斯托尔港口起航，向北大西洋西北方航行，并于 6 月到达北美的纽芬兰。登陆后，卡伯特在此地插上标有英王标志的旗帜，表明这块土地已经归英国所有。这是英国在新大陆设下的第一个权益标志。经过考察，他们发现纽芬兰周围海洋盛产鳕鱼等鱼类，这些都是在欧洲市场上畅销的重要商品。随后卡伯特继续向南航行，可能到达了北美大陆沿岸某处。尽管这次探险没能到达东方，但其成就不仅得到了英王的肯定与嘉奖，而且受到普通英国人的热捧。不过由于缺乏史料，人们无从知晓 1498 年 5 月卡伯特开始的第二次北美探险活动的具体过程。据说，他的船队先后到过格陵兰岛（Greenland）、巴芬岛（Baffin）、圣劳伦斯湾（Gulf of Saint Lawrence）及马里兰等地，卡伯特本人也在此次探险中不知所终。在亨利七世的支持下，卡伯特的儿子塞巴斯蒂安·卡伯特（Sebastian Cabot）于 16 世纪初也进行了类似的北美探险，并抵达哈得孙湾（Hudson Bay）。卡伯特父子的北美之行，虽然没给英国带来像西班牙、葡萄牙那样的成就，但是已经揭开了英国人北美大陆探险与发现的序幕，大大丰富了英国人的航海知识和经验，并使他们意识到美洲是一片独立的土地，并非东方"大汗的国度"（中国）。此后，英国的探险活动不仅增加频率，而且范围更加广泛。由于卡伯特向欧洲披露了纽芬兰拥有丰富的渔业资源信息，16 世纪初，英、法等国的渔民纷纷前往开发渔业。纽芬兰渔场的发现，对英国具有重要的经济价值，也有利于英国航运人才的培养和航海能

---

[1] 尼尔·弗格森：《帝国》，雨珂译，中信出版社，2012 年，第 5 页。

力的提高。"纽芬兰渔场培育了接连好几代训练有素、能胜任远洋航行的海员。后来探察北极区、寻找一条东北或西北航道的船队,开始拓居北美洲的远征队,与西、葡两国的舰队作战的英国和荷兰的舰队——所有这些基本上都配置了由纽芬兰浅滩渔场这所严格的学校培养出来的海员。"①

寻找西北航路的失败使英国人把注意力转向东北方向。在 17 世纪之前的几个世纪中,欧洲与远东(包括中国)以及印度有着相当多的经济贸易关系,西欧从东方获得产品,尤其是香料等奢侈品。据统计,15 世纪末,亚洲通过威尼斯商人转手到欧洲的香料,估计每年有 350 万磅。② 为了确保东方贸易的安全和稳定,同时也是为了绕开土耳其控制的地中海传统商道,以寻找到达东方的便捷航路,葡萄牙和西班牙率先踏上了海外探险和殖民的道路,并确立起自己的海洋优势。与早期的殖民帝国相比,英国起步较迟,并不是因为英国人对东方贸易不感兴趣,其实英国人一直在寻找东方的原料和丝绸市场,并试图打破葡萄牙对东方贸易的垄断,只是由于当时的条件所限,无能为力而已。1548 年,伦敦商人企图寻找一条从北极区向东航行到达东方的"东北通道",但未成功。1553 年,休·威洛比爵士(Sir Hugh Willoughby)和理查德·钱塞勒(Richard Chancellor)在商业冒险公司的资助下,率领探险队离开英国,取道东北航线,前往寻找到达中国的航路。威洛比专门携带英王爱德华六世用拉丁语、希腊语等几种语言写给沿途诸国君主的信函,其中表明英国人只为发现和贸易而来,请求各国予以保护,并表达了与诸国进行贸易的愿望。绕过挪威北海岸后,船队被大风吹散,威洛比向东沿俄罗斯海岸航行,抵达巴伦支海(Barents Sea)后,全体船员被冻死;幸运的钱塞勒向南到达白海,后经陆路抵达莫斯科,开辟了英国与俄国之间的直接贸易航

---

① 斯塔夫里阿诺斯:《全球通史:1500 年以后的世界》,吴象婴、梁赤民译,上海社会科学院出版社,1997 年,第 159—160 页。

② Nicholas Canny (ed.), *The Oxford History of the British Empire*, Vol. I: *The Origins of Empire*, Oxford: Oxford University Press, 1998, p. 264.

线。1555 年,英国商人创办了"莫斯科公司"(Muscovy Company),并获得玛丽女王颁发的特许状,垄断对俄国的贸易。英俄贸易关系的建立,不仅使英国得以获得俄国的蜡、牛羊油脂、木材、绳索、兽皮等重要商品,也为英国的毛绒产品开拓了新的国际市场,还为英国人继续寻找前往亚洲的通道创造了条件。

英国的海外探险和殖民扩张一开始就受到西班牙、葡萄牙的严重挑战。伊丽莎白时代,随着英吉利民族国家地位的巩固,英国人开始向西班牙、葡萄牙两国的海外殖民垄断权发起冲击。面对强大的西班牙、葡萄牙势力,他们以海上劫掠和私掠巡航的海盗方式,大肆拦截商船,掠夺财物。由于得到都铎王室的支持,英国的海盗活动十分猖獗,参与者不仅有海员、船主和商人冒险者,也包括一部分乡绅,其中以普利茅斯的约翰·霍金斯和他的表弟弗朗西斯·德雷克最为有名。16 世纪 50—70 年代,霍金斯先后三次从事英国、非洲和西印度群岛之间的"三角贸易"(Triangular Trade),参与奴隶买卖,打破了西班牙对美洲的垄断殖民霸权。1568 年霍金斯和德雷克租借女王的战舰,进行第三次奴隶贸易远征,他们的船只在墨西哥湾的圣胡安·德乌略亚港(San Juan de Ulua)停靠时,遭到了西班牙军队的袭击,幸存者狼狈逃回英国。为了实施报复,女王下令没收停靠在英国港内的西班牙运输白银的船只。1572 年,德雷克获得皇家特许,率领 73 名船员前往西印度群岛地区,劫掠西班牙的运宝船。次年春天,他在巴拿马地峡几次伏击西班牙的骡马运输队,收获甚丰。正是在巴拿马地峡的一个山上,他第一次看到了一望无际的太平洋。由此,德雷克萌生了一个强烈的愿望,就是希望有一天他能"驾驶一艘英国船只到这里的海域中航行",打破西班牙人的海上垄断权,分享世界发现和殖民掠夺的成果。他的愿望反映了英国人的普遍心理。1577 年 12 月,他在女王的支持下向美洲最南端进发,最终绕过美洲南部,抢劫了太平洋沿岸西属殖民地的多个港口,劫取了大量赃物。当1580 年他完成环球航行回到英国时,受到了英国人英雄般的欢迎。女王亲自前往迎接,并登上德雷克的"金鹿"(Golden Hind)号旗舰,授予他爵士称号,以示对他的支持。

德雷克的环球航行是对长期以来坚持殖民贸易垄断权的西班牙的沉重打击,极大地提高了英国人在欧洲的国际地位和民族自信心。此后,有越来越多的英国人沿着德雷克的足迹,到浩瀚的太平洋上进行探险,英国的海外探险特别是在美洲的探险和殖民活动进入高潮。1576—1578年,马丁·弗罗比歇爵士为了继续找寻通往中国的西北航路,曾三次前往北美进行探察活动,到达了巴芬岛及哈得孙湾。虽然弗罗比歇既没发现黄金,也没找到西北通道,却在英国掀起了海外冒险活动的热潮。1578年,吉尔伯特爵士获得女王颁发的特许状,拥有在北美尚无人占领和居住的地方建立定居点的特权。1583年他率船队到达纽芬兰一带,并以女王名义宣布对该地区的占领。不久,吉尔伯特葬身大海,其异父兄弟雷利爵士吸取教训,继续前行。1584年7月,雷利派遣的探察船抵达北美南部的罗阿诺克岛(Roanoke),为了颂扬童贞女王伊丽莎白,他将此地命名为"弗吉尼亚",即"童贞女之地"。此后,他陆续派出船只及殖民者前往罗阿诺克等地,试图建立稳固的殖民定居点,但雷利的努力失败了,罗阿诺克岛后来完全被废弃。他至死都相信,"圣多美方圆4.8公里之内……肯定有金矿"。他在临死前还宣称:"我全心全意地寻找黄金,为的就是国王陛下的利益,以及那些追随我的人,和我所有同胞的利益。"①1585—1587年,另一位英国探险家约翰·戴维斯(John Davis)又多次前往格陵兰岛、拉布拉多和巴芬岛等地考察,使英国人对北美这些地方的认识更为明晰。他还发现了几条西航的路线,但由于冰雪的阻挡,这些路线也难以成行。尽管伊丽莎白时期在北美建立殖民地的初步尝试没有成功,但英国人并未丧失信心。

长期的、持续不断的海外探险和殖民活动,为英国大规模的殖民扩张积累了丰富的经验。为了吸引更多国人参与海外殖民扩张,探险家们在从事殖民实践的同时,纷纷撰文写书,进行鼓动宣传,成为大英殖民帝

---

① 尼尔·弗格森:《帝国》,雨珂译,中信出版社,2012年,第9页。

国的早期设计者。西班牙美洲帝国的建立及其展示出的诱人前景,使英国的殖民主义者无一例外地将殖民目标指向了地广人稀的新大陆。其实,西班牙等早期殖民国家在新大陆的捷足先登及强大的实力,也迫使英国人只能关注其势力尚未波及的北美大西洋沿岸地区。吉尔伯特爵士是第一个对北美殖民地前途拥有模糊设想的英国人,也可能是拥有这一设想的第一个欧洲人①。早年,吉尔伯特被派往爱尔兰镇压当地人的反抗,并维持英国的殖民秩序,因贡献突出而获得爵士称号。爱尔兰的经历使其对殖民地建立问题有了切身的感受和深刻的认识。他曾提出在爱尔兰大量安置英格兰移民,并通过建立移民殖民地实现对爱尔兰的统治②。但是,爱尔兰长期的宗教冲突和当地人的持续反抗,使英国付出了沉重代价,不少英国人对爱尔兰感到失望,加上其他国家在美洲殖民的巨大成功,这些都使吉尔伯特的兴趣和注意力发生转移,从而成为殖民北美的代表人物和最坚定的早期鼓吹者③。他为英国人指明了殖民扩张的目标,其殖民扩张思想主要体现在两个小册子《论经过西北航线到达中国和东印度之通道》(*Discourse to Prove a Passage by the North West to Cathay and the East Indies*)和《论到达中国新通道之发现》(*Discourse of a Discovery for a New Passage to Cataia*)中。他认为北美是更大的爱尔兰,在北美安身的英国人,既可像在爱尔兰一样剥削土著人,也可以抢先一步阻止西班牙人建立定居地,捕捞鳕鱼,还可以寻找通往太平洋的航道,因而比爱尔兰更有价值和吸引力。假如成功发现这条航道,那么安置在北美的英国人就可以支援过往的船只。更具有吸引力的是,可以把北美殖民地作为基地,让英国海盗从这里出发,去劫掠每年由加勒比海驶往欧洲的满载财宝的西班牙船队④。他还认为,殖民地

---

① J. 布卢姆、S. 摩根等:《美国的历程》上册,杨国标、张儒林译,商务印书馆,1988 年,第 18—19 页。

② J. Holland Rose, A. P. Newton, and E. A. Benians (eds.), *The Cambridge History of British Empire*, Vol. I, Cambridge: Cambridge University Press, 1929, p. 58.

③ W. D. Hussey, *The British Empire and Commonwealth*, *1500 to 1961*, Cambridge: Cambridge University Press, 1963, p. 5.

④ J. 布卢姆、S. 摩根等:《美国的历程》上册,杨国标、张儒林译,商务印书馆,1988 年,第 19 页。

的建立将会给英国的产品,诸如纺织品等,提供巨大的销售市场;同时可以在那里安置国内的剩余人口,特别是穷人。有人认为,吉尔伯特是第一个提出为解决国内问题而建立殖民地的英国人[①]。虽说基督教人文主义者莫尔爵士在《乌托邦》一书中也有过类似设想,不过吉尔伯特的想法也许更为具体。1582 年之后,他就认为应由国家出面,通过移民开发,在美洲建立稳定和巩固的殖民地,并在殖民地设立政府、教会、学校等机构。为了将这种设想转变成可以操作的现实,他获得了伊丽莎白颁发的特许状,并两次组织前往北美建立殖民地的尝试活动。虽然这些活动最后也不免失败,甚至连他自己也葬身鱼腹,但他的帝国理想和探险精神对英国人产生了极大的鼓舞作用。作为早期殖民思想的代表人物,他那充满想象和诱惑力的殖民设想和计划,体现着民族国家形成后英国人谋求对外扩张的强烈愿望,对英国变动社会中无论是贵族和商人,还是冒险家与穷人,都具有一定的影响力。因而,他的著作也成为后来许多英国人向北美进行殖民的重要宣传材料。据说在一次北美探险中突遇狂风暴雨,他面对生死考验时,仍然无所畏惧,竟独自安然坐在小帆船的后甲板上读书[②]。

吉尔伯特关于在北美建立殖民地的设想激发了英国人的想象力,他所开创的殖民事业首先得到了其异父兄弟雷利爵士的继承和推进。雷利同样是一位具有爱尔兰经历的军人,也是一位深得女王宠幸的朝臣,但他更是"英国殖民命运的第一位建筑师"。"他一心考虑重大的冒险事业,思考各国的命运",甚至"在梦想中看到了由他祖国人民征服的美洲荒原"[③]。对英国建立殖民地,雷利有了进一步的思考。虽然与吉尔伯特一样,他也希望殖民地成为袭击和抢劫西班牙的重要基地,可他一开始

---

① J. Holland Rose, A. P. Newton, and E. A. Benians (eds.), *The Cambridge History of British Empire*, vol. I, Cambridge: Cambridge University Press, 1929, p. 67.
② J. 布卢姆、S. 摩根等:《美国的历程》上册,杨国标、张儒林译,商务印书馆,1988 年,第 20 页。
③ 查尔斯·A. 比尔德、玛丽·R. 比尔德:《美国文明的兴起》上卷(农业时代),许亚芬等译,商务印书馆,2010 年,第 49 页。

就想把殖民地建成为英国人的永久定居地。根据自己的考察与设想，雷利认为应当在西班牙美洲帝国范围内建立英国人自己的热带殖民地，在那里，英国将会得到如同西班牙已得到的那么多的金银财富。所以，他把关注点投到了位于亚马孙河（Amazon）和奥利诺科河（Orinoco）之间的地区。另外，他还认为应当在圭亚那（Guiana）建立殖民地，因为他相信，遭受西班牙人残酷剥削和政治压迫的土著人，会非常乐意接受英国人的统治，并联手反对共同的敌人西班牙①。可见，雷利更关注殖民地的经济功能，并希望拓展建立殖民地的视野。正因为这样，他还将英国殖民扩张与西班牙帝国的竞争紧密联系起来，这表明他已经估计到英国在建立海外殖民帝国方面与西班牙的斗争不可避免，西班牙将是英国建立殖民帝国的主要障碍。为了充分论证热带美洲对英国的重要性，并宣传鼓动更多的人前往美洲殖民，他在名为《广阔、富饶和美丽的圭亚那帝国之发现》（*The Discovery of the Large，Rich and Beautiful Empire of Guiana*）的游记中，全面地再现了南美大陆迷人的风光和丰富的物产。他将圭亚那描述成一个尚未开垦和尚未触及的地方，那里到处是欧洲人尚不知道的各类物产，像东方生产的那种香料，还有英国人需要向其他国家购买的产品。透过优美的描写，他表明英国在圭亚那建立热带殖民地的重要性和可能性。他在游记中强调的丝绸、棉花、香料、糖及其他热带产品，也为日后的英国殖民者经常不断地反复提及②。他认为圭亚那时刻等待着英国人的占领，夺取圭亚那，不仅能使英国获得黄金和热带产品，也能为英国士兵提供工作机会③。尽管他关于建立"广阔、富饶、美丽的圭亚那帝国"的梦想没能实现，其本人在北美的殖民尝试也无果而终，但由于笔调优美、描绘逼真，加上渲染和夸张的风格，他的游记作品

---

① W. D. Hussey，*The British Empire and Commonwealth*，Cambridge：Cambridge University Press，1963，p. 10.

② Alan G. R. Smith（ed.），*The Reign of James VI and I*，London：St. Martin's Press，1973，p. 125.

③ W. D. Hussey，*The British Empire and Commonwealth*，Cambridge：Cambridge University Press，1963，p. 11.

广受国人欢迎，并对欧洲大陆产生了深远影响。

为了推进殖民事业，雷利曾要求他的朋友理查德·哈克卢伊特（Richard Hakluyt，the Younger）帮他撰写宣传材料，规劝国人移居美洲，并争取社会赞助。哈克卢伊特既是虔诚的牧师，又是个热衷于推动海外探险和殖民扩张的思想家。通过对北美相关资料的大量收集和整理，哈克卢伊特发表了诸如《英吉利民族的主要航海、航行、贸易和发现》（*The Principal Navigations，Voyages，Traffigues and Discoveries of the English Nation*）、《向西殖民论》（*A Discourse on Western Planting*）等著作。他不仅提出了向西建立英国殖民地的问题，还较详细地提出了在美洲建立殖民地的各种理由，意在鼓励英国人移居新大陆。在他看来，在北美建立殖民帝国对英国来说是一件十分迫切的事情，因为它在企图发现东北和西北航线方面已耗费了太多的时间和精力，"尽快地在各种合适的地方扎根对于地理大发现的后来者来说是最必要的，否则将面临其他拥有相同企图的国家的抑制"[1]。

哈克卢伊特对建立殖民地的必要性作了系统、全面的阐述。针对早期英国人费尽周折找遍加拿大、弗吉尼亚、圭亚那等地而并未发现大量黄金白银的事实，他以更长远的眼光，提出开发殖民地的多方面价值。在他看来，殖民美洲，即使不能像西班牙征服南美那样直接获得大量的黄金和白银，但殖民地的未来发展前景及其他利益将肯定使英国人受益匪浅。首先，通过建立殖民地，英国可以获取优质的桅杆原木、造船和建设舰队所需要的上好木材、沥青、焦油、大麻、松香、制皂材料等大量原材料，由此既可以节省英国从其他国家购买这些商品的金银货币，又可以将多余的物品出售给它国，获得更多的金银，同时还可以推动英国航运业和海军的发展。"只要我们愿意西航，最终将使我们能够得到欧洲、非

---

[1] W. D. Hussey, *The British Empire and Commonwealth*, Cambridge：Cambridge University Press，1963，p. 6.

洲和亚洲所能生产的一切,并且满足我们目前业已萧条的贸易的各种需求。"①其次,大量的移民进入殖民地,可以使殖民地成为英国商品的巨大销售市场,从而大大推动英国国内工业的发展,为英国人提供更多的就业机会,并为解决流民问题提供了可能性。有了殖民地、解决了人口失业等社会问题,到处流浪的乞丐就能安定下来,并为国家的发展效力。同时,随着宗主国与殖民地进出口贸易的发展,通过向来往商品征税又可增加皇室的财政收入。再次,通过向殖民地大量移民,可以扩大上帝的荣耀,移植虔诚的宗教及其信徒并使美洲的土著人得以"教化"。既然教皇能授权西班牙和葡萄牙占领基督教世界之外已经发现或即将发现的土地和岛屿,那么,英王也有责任代表新教国家去扩大和推动基督福音。最后,殖民地还可作为英国与西班牙帝国作斗争的重要基地,只有在新大陆特别是在西班牙美洲权力的心脏地区建立殖民地,英国才能更有效地打击最强大的对手西班牙,直至取而代之②。总之,前往大西洋彼岸进行殖民活动可以为英国带来说不尽的好处。殖民地为王公贵族提供新的领地或庄园,为商人提供英国商品的销售市场和殖民地商品的来源,为新教徒提供教化和解救异教徒的场所,为普通人提供改变处境或发财致富的机遇。哈克卢伊特还认为,殖民美洲不仅十分必要,而且完全有可能。他骄傲地宣称,英国"在搜寻世界的天涯海角和……环球航行"方面,"胜过了地球上所有其他国家和民族"③。

很清楚,哈克卢伊特殖民思想的内容极其深刻而又相当广泛,它是对英国殖民活动及先前殖民思想的总结,是对英国殖民扩张美洲必要性

① J. Holland Rose, A. P. Newton, and E. A. Benians (eds.), *The Cambridge History of British Empire*, Vol. I, Cambridge: Cambridge University Press, 1929, p. 68.
② 分别参见 D. C. Douglas (ed.), *English Historical Documents*, Vol. IX: American Colonial Documents to 1776, New York: Oxford University Press, 1969, pp. 103 - 106; Jack P. Greene, *Settlement to Society*, 1607—1763: *A Documentary History of Colonial America*, New York: Norton, 1975, p. 4.
③ 阿萨·勃里格斯:《英国社会史》,陈叔平等译,中国人民大学出版社,1991年,第194页。

和可能性的完整和系统的理论探讨,集中表达了民族国家形成后英国人的共同心声。因此,他在英帝国理论的发展史上占有十分重要的地位,有人甚至认为:"他的发展生涯在很大程度上是不列颠帝国理性发展史的开端",而且,"他的一生完全是与一个庞大的英格兰民族兴起相伴随的"①。哈克卢伊特曾经直接将其《向西殖民论》呈交给伊丽莎白,虽然女王是否完全赞同他的看法,我们不得而知,但从后来女王直接或间接地支持、资助英国的海外探险及殖民尝试中不难看出,其思想所产生的影响是不言而喻的。特别是他对美洲殖民地巨大的经济和商业价值的揭示,对许多商人,特别是伦敦大商人,具有强烈的吸引力。因此,1606 年一批商人联合谋求英王授予他们在美洲建立殖民地的权利,并组建最早的殖民公司,这绝非偶然。哈克卢伊特是英帝国最早的设计家之一,他以其理论树立了英国人建立殖民帝国的信心。

吉尔伯特、雷利和哈克卢伊特的殖民活动和理论,发生和出现在英国全面实施殖民扩张的前夜,他们对帝国蓝图的规划直接决定了 17 世纪英国海外扩张的运行轨迹,"直到美国革命之时,英国人在美洲的帝国只不过是实现哈克卢伊特、吉尔伯特、雷利和伊丽莎白王朝其他一些倡导者所制订的各种计划而已"②。17 世纪伊始,英国人就表现出肆意扩张的姿态,詹姆士一世时期与西班牙形成的相对和平状态,给英国商人以极大的鼓励,以往积累起来的资本也使伦敦商人有了进一步扩张的可能,因而其"商业活动和海外扩张的兴趣迅速增长"③。在这种情况下,英国的殖民扩张逐渐进入全面出击期。

对爱尔兰的征服及经营,直接影响到英国 17 世纪大规模的海外殖民活动。英国在大西洋的扩张遵循从东方到西方、从英国到美洲的路

---

① A. L. Rowse, *The Expansion of Elizabethan England*, London: Macmillan, 1981, pp. 118 - 159.

② 塞缪尔·埃利奥特·莫里森等:《美利坚共和国的成长》上册,南开大学历史系美国史研究室译,天津人民出版社,1980 年,第 46 页。

③ Alan G. R. Smith (ed.), *The Reign of James VI and I*, London: St. Martin's Press, 1973, p. 124.

径,其中爱尔兰是整个西方殖民计划的中心环节①。随着都铎时期英国社会的巨大变革,爱尔兰对英国的重要性日益凸显,英国加紧了对爱尔兰的征服和控制。长期的战争不仅使爱尔兰呈现出一片破败残景,同时也加重了英国自身的财政危机,如何在爱尔兰迅速恢复秩序,重新确立英国的权威,使之能够持久并减轻负担,就成为斯图亚特王室面临的重要问题②。1609 年 2 月詹姆士一世颁令,赦免爱尔兰叛乱者,并宣布全体爱尔兰人均处于英王的直接保护之下;在爱尔兰实行郡县制,废除古老的爱尔兰法律,代之以英国法律,并相继建立起郡长、巡回法庭陪审官、陪审团、地方行政机构等一系列英国制度;在旧制度下拥有地产和有权要求地产的爱尔兰人必须重新登记,再由英爱政府颁发承认其权利的皇家敕令。詹姆士一世还采取措施,打击爱尔兰的天主教势力。在恢复统治秩序的同时,斯图亚特王朝着手对爱尔兰北部厄尔斯特等地进行有计划的移民,从 1610 年到查理一世统治初期,爱尔兰各地纷纷出现了英格兰人的殖民地。对此,格林夫人这样写道:"巨大利润落在种植园之手,他们凶猛地开发该岛天然的富源,剥削廉价的没有法律保障的劳动力,结果,他们可以从爱尔兰一份地产上取得三倍于英国地产的利润。他们为了赚取暴利,急忙毁灭森林,为了冶铁,砍伐森林,烧成木炭。他们用精巧的爱尔兰船载铁沿河下驶,把工钱和运费共计 10 镑的东西在伦敦卖 17 镑……英国投机家经过的地方,都被弄成赤地,好像遭过一场森林火灾一样。"③为了使上述殖民地得到承认,同时使英国的法律在爱尔兰合法化,并有效地加强对爱尔兰的政治统治,1613—1615 年,爱尔兰代总督亚瑟·奇切斯特爵士(Sir Arthur Chichester)在都柏林主持召开爱尔兰议会,英国人提名的约翰·戴维斯当选为下院议长。议会对英王

---

① David Armitage, *The Ideological Origins of the British Empire*, Cambridge: Cambridge University Press, 2000, pp. 24 - 25.

② Roger Lockyer, *Tudor and Stuart Britain*, *1471—1714*, New York: Longman, 1964, p. 405.

③ 阿·莱·莫尔顿:《人民的英国史》上册,谢琏造等译,三联书店,1976 年,第 349—350 页。

的土地所有权予以确认,并声明英王的全体臣民和当地居民不分贵贱,一律处于同一习惯法的约束之下。

　　1632 年,托马斯·温特沃思爵士出任爱尔兰代总督后,继续加强殖民统治和推进英国的同化政策,使英国在爱尔兰的拓殖得到发展,并给英国带来了实惠。他建立了一支爱尔兰的军队,并筹集一大笔保护金,为英王效劳。"他在历史上的名望与他在爱尔兰的统治是分不开的。经过 7 年的努力,他平定了爱尔兰,搜刮了它的财富,他没有采取明显的激烈措施,也没有诉诸流血手段,而爱尔兰却成为他手中驯服的工具。"[1]17 世纪初英国在爱尔兰的殖民统治,对于推动大英帝国的形成具有重要意义,它在当地推行的"文明开化"、宗教限制、移民垦殖等政策,以及由此而产生的对殖民地战略地位的认识,为 17 世纪英国在美洲的殖民积累了经验,而许多移民爱尔兰的英国人,后来成了在其他地区殖民的开拓者和冒险家。《新编剑桥世界近代史》分析道:"被殖民地本身的好处所吸引而在美洲开拓殖民地的新的兴趣,首先在那些从爱尔兰获得了有关经验的英国人中间萌芽出来。爱尔兰位于去美洲的路上,许多想在美洲建立定居点的英国西部人,如汉弗莱·吉尔伯特爵士、理查德·格伦维尔爵士(Sir Richard Grenville)、沃尔特·雷利爵士等,都是曾在爱尔兰建立定居点的重要人物,他们自然会想到把自己的经验在大有前途的环境和更容易控制的民族中间加以应用。"[2]毫不夸张地说,爱尔兰就是英国大规模殖民扩张及开创大英帝国的"试验场"[3],在这里英国人学到了统治属地人民的方法和技巧。

　　与殖民爱尔兰相比,17 世纪初期,英国统治者对于在其他地区的商业扩张和殖民活动则表现得相当消极。英国大规模的海外殖民活动主

[1] 温斯顿·丘吉尔:《英语国家史略》上册,薛力敏、林林译,新华出版社,1985 年,第 608 页。
[2] R. B. 沃纳姆编:《新编剑桥世界近代史》第 3 卷(反宗教改革运动和价格革命),中国社会科学院世界历史研究所组译,中国社会科学出版社,1999 年,第 696 页。
[3] Nicholas Canny (ed.), *The Oxford History of the British Empire*, Vol. I: *The Origins of Empire*, Oxford: Oxford University Press, 1998, p.146.

要是由商人、投资者、宗教领袖、贵族及冒险家组成的民间力量发起和推动的,私人拓殖在大英帝国初创时期发挥了重要作用。就亚洲而言,英国虽然进入较晚,且处处遭到西班牙、葡萄牙、荷兰等早期帝国的挤压,但它并未因此放弃自己在亚洲的扩张企图,东方的原料和丝绸市场一直对英国的商人具有巨大的诱惑力。早在伊丽莎白时期,英国就把直接与印度、南洋以及中国建立商业联系作为对外扩张的重要目标,为此而进行的探险活动从未停止。1579 年 11 月,著名海盗德雷克曾到达东南亚的摩鹿加群岛,此后英国人在东南亚的探险、抢劫及商业活动十分频繁。这些活动尽管没有达到预期目标,却为此后英国在亚洲的殖民扩张奠定了基础,而葡萄牙等国对东方航道和商路的控制和垄断,又进一步激发了英国人向亚洲扩张的欲望。16 世纪末,英国击溃西班牙的无敌舰队后,创造了良好的国际环境;而荷兰人在东方殖民扩张的成功,以及在欧洲市场上抬高香料价格的做法,则促使英国商人下定决心,直接到东方去进行竞争和贸易。1600 年英国东印度公司成立之初,即获得从麦哲伦海峡到好望角之间为期 15 年的贸易垄断权。1609 年,詹姆士一世继续给东印度公司特许权,使它的贸易垄断权永久化。此后,为适应扩张的需要,东印度公司被授予的权利越来越多,除贸易特权外,还可以拥有自己的武装与舰队,建立要塞,对外宣战或媾和,以及缔结条约等。因此,东印度公司虽名为商业贸易公司,实际上已具有政府功能。东印度公司的成立推进了英国向东方的商业扩展和殖民贸易,此后,它不仅与荷兰人争夺香料贸易,而且在印度东、西海岸甚至内陆地区大量设立商馆,成为英国在印度建立殖民地的前奏。

16 世纪下半叶开始,英国在非洲的活动逐渐频繁,日益扩大。17 世纪初,英国在非洲的贸易活动取得重要进展。1604 年在与西班牙进行和平谈判时,英国政府就提出了与西班牙海外领地及几内亚(Guinea)进行自由贸易的要求,此后随着英西之间相对和平时期的到来,英国在非洲的贸易得到发展。英国的商业利益主要集中在从塞内加尔河到塞拉利昂之间的西部海岸,1618 年,罗伯特·里奇(Robert Rich)等 30 名商人获得英王的授权,组建"伦敦冒险家对非洲港口贸易公司"(The Company of Adventurers of London Trading to Parts of Africa),又称"几内亚公司"(Guinea company)。皇家特许状授予该公司从几内亚到贝宁(Benin)之间的贸易权,垄断那里的奴隶贸易。1618—1621年,公司为了寻找黄金,曾三度派人考察冈比亚河,以便打通通向沿海的冈比亚盆地。此次行动虽然失败了,公司亏了本,但它在河流入海处的詹姆士岛上建立了第一个英国商馆,并带回了许多其他非洲产品①。从此,几内亚贸易就受到英国政府的保护。尼古拉斯·克里斯普爵士(Sir Nicholas Crisp)组建另一个"商人几内亚开发公司"(Company of Merchants Trading to Guinea),它名义上是个新公司,实际上只是对几内亚公司的改组。根据1631年英王颁布的特许状,该公司享有从布兰科角(Cape Blanco)到好望角之间31年的贸易垄断权。显然,英商的活动范围得到扩展,又得到政府的承诺,即支持反对外国竞争者,主要是荷兰人的斗争。② 17世纪30—40年代,公司在黄金海岸的一些地方陆续设立了商站。

但由于没有政府的直接参与,英国人早期在亚洲、非洲的殖民活动总体上举步维艰。为了寻找新的扩张机会,英国人不得不考虑改变殖民的方式和地区,于是美洲就成了殖民扩张的重点。

就美洲的扩张而言,在整个16世纪,英国人只是"有节制地"参与③,他们一直在寻求北美的立足点,但是直到17世纪初,尚无一块殖民地。失败的经历和欧洲其他强国在美洲的成功,促使"英国商人自然觊觎美洲,把它看作进一步扩张经济的地区。西半球的财富,早已为人们所熟悉并为之神往。英国的商人们,为增殖金银和扩大工商业活动所驱使,

---

① David B. Quinn & A. N. Ryan, *England's Sea Empire*, *1550—1642*, London: George Allen and Unwin, 1983, p. 163.

② Nicholas Canny (ed.), *The Oxford History of the British Empire*, Vol. Ⅰ: *The Origins of Empire*, Oxford: Oxford University Press, 1998, pp. 252 - 253.

③ 加尔文·D. 林顿编:《美国两百年大事记》,谢延光等译,上海译文出版社,1984年,第2页。

乐意和渴望开发新世界的财富。"①同时英国人也认识到,"成功的殖民事业至少在起始阶段不是任何个人的力量和资财所能胜任的"②。基于这种认识,当英国把殖民扩张的矛头指向北美时,英国的乡绅、商人纷纷集资成立合股公司,由国家赋予权力,从事商业殖民活动。这样就形成了英国殖民开拓的最基本的特征,就是民间力量特别是民间商业公司成为开辟殖民地的主导力量,而政府退居二线。

17 世纪初,英国社会各阶层前往美洲建立殖民地和进行贸易的愿望都十分强烈。根据 1604 年的英、西和约,西班牙默认了英国在北美所建的各个渔业根据地,同时又承认了英国对未占领地区的航海权③。这既给英国向美洲扩张提供了合法依据,也极大地唤起了英国人前往北美的热情,一些实力雄厚的民间商业团体尤为热衷,并积极筹划赴美拓殖事宜。1606 年,来自伦敦和普利茅斯的贵族、商人联合提出申请,希望英王特许他们在美洲建立殖民地。为了分担风险,并聚集更多的资金,他们决定建立股份公司,参加者依据其购买的股份,按比例分担盈亏。伦敦集团的拓殖兴趣主要在北美的切萨皮克(Chesapeake),而普利茅斯集团则钟情于新英格兰北部。1606 年 4 月 10 日,"伦敦弗吉尼亚公司"(Virginia Company of London)和"普利茅斯弗吉尼亚公司"(Virginia Company of Plymouth)④获得皇家特许状,据此可以在美洲弗吉尼亚及美洲的其他地方建立定居点,并进行拓殖活动。该特许状授权伦敦公司的殖民范围在北纬 34°到 41°,即现在的菲尔角(Cape Fear)到纽约市之间;普利茅斯公司的殖民范围在北纬 38°到 45°,即大致从波托马克河(Potomac)至缅因的班戈(Bangor, Maine)之间。

根据特许状规定,伦敦弗吉尼亚公司的活动受双重领导:一是设在

① 吉尔伯特·C. 菲特、吉姆·E. 里斯:《美国经济史》,司徒淳、方秉铸译,辽宁人民出版社,1981年,第 33 页。
② J. Holland Rose, A. P. Newton, and E. A. Benians (eds.), *The Cambridge History of British Empire*, vol. I, Cambridge: Cambridge University Press, 1929, p. 107.
③ Ibid., p. 76.
④ 伦敦弗吉尼亚公司又称"伦敦公司",普利茅斯弗吉尼亚公司又叫"普利茅斯公司"。

伦敦的公司委员会,它掌管公司事务,由它指派一名总督和一个 13 人组成的顾问委员会(或称参事会)负责殖民地具体事务;二是皇家委员会。它代表英国政府对公司行使监管权,管理与政府有关的事务,而英王对殖民地拥有最高裁判权,保证殖民地与宗主国在司法上的一致性。该特许状还特许,在最初移民的 7 年间,公司可以免税从英国输入各种生活必需品,但移民需向政府交纳殖民地收益租金,即交纳所开采金银的五分之一和铜的十五分之一。在此前提下,公司可以在英国招募移民,在殖民地获得土地,独占殖民地的贸易权和金矿开采权,并有锻造货币之特权①。实际上,特许状提出了英国在北美殖民政策的基本原则,明确了北美殖民地与宗主国的关系,为日后英国人在北美的殖民活动订立了规范。1606 年 12 月,该公司组织第一批移民 144 人前往弗吉尼亚。1607 年 5 月,他们在北美沿海的詹姆士河口附近的一个小岛登陆,在此建立了第一个永久性居民点,取名詹姆士敦(Jamestown),以纪念英王詹姆士一世。由此,弗吉尼亚殖民地的历史开始起步。

英国人殖民北美的根本目的,是获取丰厚的利润回报,但弗吉尼亚建立之初,移民们却遇到了难以想象的困难。陌生恶劣的环境、公司和定居地混乱的管理、流行的疾病等,使大批移民很快死亡,给殖民地造成巨大威胁。最后,烟草种植的成功构成了早期移民生存的一个关键因素。到 1617 年,移民们已经能将两万磅烟草运往英国,1618 年,弗吉尼亚的烟草出口达到五万磅,而到 1620 年,这个数字已经增长了 6 倍多②。于是,"烟草殖民地"(Tobacco Colony)就成为弗吉尼亚的标签。为了实施有效的管理,公司决定将部分管理权下放给移民自己,由种植园主选举代表组成议事会(Council),议事会与总督任命的参事会共同拥有殖民地的立法权。1619 年 7 月 30 日,新总督乔治·耶德利爵士(Sir George

---

① Henry S. Commager, "First Charter of Virginia" (April 10, 1606), *Documents of American History*, Vol. 1, New York: Prentice-Hall, 1978, pp. 8 - 10.

② R. C. 西蒙斯:《美国早期史:从殖民地建立到独立》,朱绛等译,商务印书馆,1986 年,第 17 页。

Yeardley)根据公司指示,召集了英属弗吉尼亚第一届代议制议事会。这是北美殖民地历史上的创举,尽管它不能与现代意义上的议会相提并论,但为殖民地居民参与管理殖民地事务开创了先例,并为其他英属殖民地提供了先例。此外,为鼓励移民、发展生产,弗吉尼亚公司还改革土地制度,主要是推行土地个体化和授地制度。但公司的活动并未取得预想的回报,并且几乎是一无所获,债台高筑,招致股东、移民等各方面的不满。1624 年,英王以殖民地管理不善为由,决定解散伦敦公司,任命皇家总督接管弗吉尼亚,使其变成英国的第一个"王室直辖殖民地"(Royal Colony)。

弗吉尼亚创建不久后,巴尔的摩勋爵乔治·卡弗特(George Calvert,Lord Baltimore)和他的儿子塞西利厄斯·卡弗特(Cecilius Calvert)在弗吉尼亚以北创建了马里兰殖民地。该殖民地的出现,与英国国内的宗教问题直接相关。宗教改革后,受排挤的天主教徒一直希望离开英国,而地广人稀的北美遂成为他们安身立命的理想之地。天主教徒巴尔的摩勋爵既是议员和皇家官员,也是弗吉尼亚公司的股东,他有意在北美的切萨皮克为天主教徒建立一块定居地。1632 年,他获得国王颁授的特许状,成为马里兰的业主,在切萨皮克湾(Chesapeake Bay)和波托马克河南岸之间 1 000 万英亩的土地上,拥有包括行政、立法、司法权在内的全部管辖权。他可以代表英王指派总督,建立法庭,建立具有咨询性质的议事会;未经他的签署,一切法律文件不得生效,而殖民地法庭的判决为终审判决;他有权将土地分封给他人,有权征税,有权指派牧师。从特许状的内容不难看出,卡弗特拥有广泛而至高的权力,其在殖民地的权威甚至超过英王在英国的权威[①]。不过,卡弗特在特许状颁布前几个月就去世了,特许状遂由其儿子继承。1634 年,塞西利厄斯·卡弗特组织两艘共载有 200 人的船只到达波托马克河口,并在此建立

[①] David C. Douglas (ed.), *English Historical Documents*, Vol. IX: *American Colonial Documents to 1776*, Oxford: Oxford University Press, 1969, pp. 85 - 92.

殖民地。为了纪念查理一世的王后亨利埃塔·玛丽亚,塞西利厄斯将它命名为马里兰。由于马里兰是英王赐予的一块封建领地,卡弗特一开始就分封了60个封建庄园主,另把1 000到3 000英亩不等的土地分授给自己的亲属和天主教徒,并收取代役租(Quit rent)①。虽然马里兰未经过弗吉尼亚那样的饥荒年代,但这里的移民和开拓工作进展缓慢。与弗吉尼亚一样,烟草也是马里兰的主要经济作物。因此,这两块殖民地几乎拥有相同的经济活动和利益诉求。由于马里兰推行较为宽容的宗教政策,特别是容许天主教进行宗教活动,就吸引了大批的天主教徒前往,也有不少新教徒投奔而来。到1640年,马里兰的人口已达到2 000人左右。此后,在英属北美殖民地中,只有马里兰允许天主教合法存在,并担任高官要职。

在弗吉尼亚建立殖民地的同时,新英格兰地区的殖民活动也陆续展开。早在1606年夏,普利茅斯公司就根据特许状授权,派出探险队前往北美。第二年,探险队来到今缅因州境内的萨加达霍克河(Sagadahoc)河口,并建立殖民据点。一年之后,由于冬季酷寒,特别是经费短缺,以及与当地印第安人的冲突,多数移民被迫渡海回国,在新英格兰建立殖民地的努力宣告失败。1616年,一批留居荷兰的英国清教徒,决定到北美荒野上去寻找信仰自由。为了解决合法性和资金问题,他们派人到伦敦,同当时对殖民活动感兴趣的伦敦公司商谈,获准前往伦敦公司的美洲属地弗吉尼亚,并得到了伦敦商人的资助。1620年9月,102名英国人搭乘"五月花"号(Mayflower)船离开英国的普利茅斯港,向弗吉尼亚进发。在经历了狂风巨浪的考验后,他们在11月抵达北美马萨诸塞湾东岸北端的科德角(Cape Cod,Massachusetts Bay),没有抵达原定目的地弗吉尼亚。其中一部分人在此登岸,另有16人乘小船沿马萨诸塞湾

---

① Ernest Ludlow Bogart & Donald Lorenzo Kemmerer, *Economic History of the American People*, New York: Longmans, 1948, p. 50.

继续航行,12月中旬在马萨诸塞湾西岸中北部登陆①。几天以后,"五月花"号船也抵达这里。他们登陆后,便决定在此定居,并开辟殖民地。为了纪念他们出国时离开的港口,这里就被命名为"新普利茅斯"(New Plymouth)。为了能在这片土地上生存下去,并最终实现殖民者的宗教理想,在"五月花"号靠岸科德角的普罗温斯敦(Provincetown)之前,以威廉·布雷德福(William Bradford)为首的清教徒就在船舱里开会,共同签订了一个有关建立殖民地,并在其内部维持团结与权威的协议,这就是著名的《五月花公约》(*Mayflower Compact*)。由于普利茅斯殖民地没有得到像弗吉尼亚那样的特许状,该公约实际上就起了正式特许状的作用。

《五月花公约》是一个契约式的宪章,它首开按照多数人的意志管理政府的先例,其原则成为普利茅斯殖民地政府的基础,也是新英格兰殖民地共同模式的基础②。这批被称为"移民始祖"(Pilgrimage Fathers)的人们,在普利茅斯定居下来后,便按照《五月花公约》的内容进行社会治理,成立了由全体居民参加的市镇大会,由市镇大会选出负责市镇管理的总督和助理。虽然普利茅斯殖民地发展十分缓慢,但是很稳固。20年后,普利茅斯不仅移民人口增加,而且殖民地范围越来越大,新的市镇不断建立,定居下来的移民们之间的距离愈来愈远。此时,由于交通困难,自由民难以直接出席全体大会了,1639年公司实施重大的政治改革,全体自由民出席的市镇大会改成了由自由民选举的代表出席,于是,全民政治改成了代议制。

作为第一个清教徒殖民地,普利茅斯的开创对英国日后的宗教移民产生了示范作用。正如西蒙斯所说:"移民始祖抵达普利茅斯可以被看成是英国殖民地史上一个转折点,因为它标志着宗教上心怀不满而自愿

① J. Holland Rose,A. P. Newton,and E. A. Benians(eds.),*The Cambridge History of British Empire*,Vol. Ⅰ,Cambridge:Cambridge University Press,1929,p. 157.
② Ibid.,p. 159.

迁往美洲的一切运动的开端。"①其直接的昭示作用,就是马萨诸塞湾殖民地的建立。1628 年,一部分公理会清教徒在伦敦成立"新英格兰公司"(New England Company),目的是前往北美从事贸易活动。1629 年,以新英格兰公司为基础的"马萨诸塞湾公司"(Massachusetts Bay Company)组建起来,并获得了国王颁发的特许状。据此,该公司在美洲北纬 40°至 48°之间拥有殖民特权,在"不违背英国法律"的前提下,对在此区域内所建的定居地享有统治与管理权。特许状还设定了殖民地的政治框架与主要官职。同年 8 月 26 日,清教绅士约翰·温思罗普(John Winthrop)和其他 11 位有影响的东部圣公会清教徒一起,在伦敦北面的剑桥(Cambridge)签订了一份《剑桥协议》(Cambridge Agreement),他们保证前往马萨诸塞湾公司在新英格兰的殖民地,将公司管理机构和成员都转移至马萨诸塞。1630 年 3 月,公司总督温思罗普率领第一批 700 名移民越过大西洋,前往马萨诸塞,完成了公司从英国向北美的转移。这一转移,使公司的特许状变为殖民地的特许状,事实上就结束了商业公司的殖民历史,完成了公司与殖民地的合二为一。同时,它也拉开了一直持续到 1642 年的清教徒北美"大迁徙"的序幕。在随后的 10 年间,每年赴马萨诸塞的英国移民都超过 1 000 人②。到 1647 年,马萨诸塞的村镇已发展到 33 个,其中包括波士顿(Boston)、伍斯特、罗克斯伯里(Roxbury)、沃特敦(Watertown)和剑桥、查尔斯顿(Charleston)等居民点。1640 年,马萨诸塞已经有 3 万人居住,人口规模超过切萨皮克湾。在 30 年中,波士顿人口增长到原来的 3 倍。③

根据特许状,马萨诸塞殖民地的行政管理权由"自由民"选举的总督、副总督及助理会议(Council of Assistants)行使。由于清教徒是殖民

---

① R. C. 西蒙斯:《美国早期史:从殖民地建立到独立》,朱绛等译,商务印书馆,1986 年,第 21 页。

② Nicholas Canny (ed.), *The Oxford History of the British Empire*, Vol. I: *the Origins of Empire*, Oxford: Oxford University Press, 1998, p.198.

③ 尼尔·弗格森:《帝国》,雨珂译,中信出版社,2012 年,第 55 页。

地的主导力量,宗教理想是他们的目标,所以马萨诸塞殖民地实行"政教合一",以维系清教的"纯洁性"。这种排斥甚至驱逐异教的做法,引起了部分教徒的不满。1635 年,独立派年轻教士罗杰·威廉斯(Roger Williams)因不满殖民地当局的专制统治,在印第安人的帮助下,带领部分追随者离开马萨诸塞,来到罗得岛(Rhode Island)的纳拉甘西特湾(Narragansett Bay),并建立普罗维登斯(Providence)等村镇,这是罗得岛殖民地的起步。随后又有其他不满者从马萨诸塞来到这里,建立新的定居点,罗得岛殖民地不断扩大,并于 1644 年获得英国议会的特许。1663 年,罗得岛获得英王查理二世授予的特许状,成为"自治殖民地"(Self-Governing Colony)。

与罗得岛一样,康涅狄格也是马萨诸塞的分支。起先,荷兰人曾宣称对该地拥有主权,但普利茅斯和马萨诸塞的英国皮货商是先于荷兰人进入康涅狄格河谷的。1635 年,马萨诸塞的部分居民得到马萨诸塞殖民当局的批准,在康涅狄格河谷地带开辟定居点,并吸引了其他人一同前往。1639 年,清教少数派牧师托马斯·胡克(Thomas Hooker)联合温莎等三个定居点共同制定《康涅狄格基本法》(*Fundamental Orders of Connecticut*),根据此法,康涅狄格成为完全的自治殖民地,并设立拥有较大权力的大议事会(Great Council)。1662 年,康涅狄格取得英王特许状。除康涅狄格外,新英格兰殖民地中的新罕布什尔(New Hampshire)和缅因也与马萨诸塞有关,前者起源于 1635 年罗伯特·梅森爵士(Sir Robert Mason)在马萨诸塞北部的所有地,1641 年以后从属于马萨诸塞,1679 年成为王室直辖殖民地;后者始建于 1639 年,以后为马萨诸塞所控制,并入马萨诸塞①。

纽黑文(New Haven)是新英格兰最后建立、也是较早消失的殖民地。② 这是一个教会统治的村镇,1638 年由伦敦富商西奥菲勒斯·伊顿

---

① 李剑鸣等:《美国的奠基时代:1585—1775》,中国人民大学出版社,2011 年,第 113—114 页。

② Nicholas Canny (ed.), *The Oxford History of the British Empire*, vol. I: *the origins of empire*, Oxford: Oxford University Press, 1998, p.203.

(Theophilus Eaton)及教区牧师约翰·达文波特(John Davenport)建立。1662年,纽黑文与康涅狄格合并。

当英国在北美打下殖民地基础的同时,在西印度群岛的殖民争夺中,英国人也取得了令人瞩目的阶段性成果,而民间力量同样成为这一地区殖民争夺的主体。16世纪时,英国人一直企图在西印度群岛夺取立足点,但未获成功。17世纪初,随着英西战争结束及英国取得胜利,英国人在西印度群岛的殖民活动得到了新的契机。早在1595年,沃尔特·雷利爵士就来到圭亚那,他经过探查后确信,位于西班牙控制区北部和葡萄牙所占巴西北部的这块无人居住区,应当成为英国的第一块热带殖民地。1596和1597年,他派出两支探险队陆续进行探险,1604年,查尔斯·利(Charles Leigh)来到维阿波科河(Wiapoco)岸边,并建立了一个小殖民据点。1609年,罗伯特·哈考特(Robert Harcout)又试图在维阿波科及其附近河口建立几处贸易据点,但都未成功。1612年伦敦弗吉尼亚公司对百慕大殖民成功,这是英国人染指西印度群岛的关键一步[①]。从地理上看,百慕大远离西印度群岛,但它是西印度群岛和北美大陆殖民地之间航运和贸易的联结点和中继站。此后,北美殖民地不断有人来到百慕大,进而向西印度群岛进发。1613年,哈考特和另外几位绅士获得了亚马孙和埃塞奎博河(Essequibo)之间土地的专有权。1610年,托马斯·罗伊(Thomas Roe)勘测了亚马孙河地区,并于1612年在亚马孙河上游大约300英里处建立一个定居点。不久,他从爱尔兰引入一批定居者,以巩固这个定居点,该定居点共存在了八年时间。尽管雷利、哈考特等人的尝试失败了,但在随后的10年左右时间里,英国人仍一如既往地前往圭亚那和西印度群岛的其他地区进行贸易与殖民活动。罗杰·诺思(Roger North)曾参与雷利的南美探险,1619年他向王室提出特许状申请,创立和组织"亚马孙公司",旨在开拓维阿波科河和亚马孙三角

---

① Idris Deane Jones, *The English Revolution : An Introduction to English History*, London: Heinemann, 1960, p. 265.

洲之间的殖民地①。后来,他在亚马孙三角洲设立了一个百人哨所,开始种植烟草,并与印第安人做生意②。几年之后,由于遭到西班牙人和葡萄牙人的强烈反对,英国人基本停止了在这一地区的活动。

在亚马孙的殖民活动,使英国人发现了通往小安的列斯群岛(Lesser Antilles)的道路,并开始了占领这些地方的殖民进程③。1624 年,曾参与早期在圭亚那和亚马孙殖民探险的托马斯·沃纳(Thomas Warner)带领一批人来到位于小安的列斯岛的圣克里斯托弗(Saint Christopher),开创了英国在西印度群岛的第一个永久殖民地。该殖民地建立三年后,更大、更重要的巴巴多斯殖民地也开始建立。

对大英帝国的发展来说,17 世纪初是一个重要的里程碑。在此期间,英国追求的帝国设想不仅得以付诸实施,而且取得初步成效,切萨皮克湾殖民地、新英格兰殖民地和西印度群岛殖民地的建立,标志着殖民扩张第一阶段的结束。英国不仅在亚洲获得了贸易立足点,更重要的是在美洲取得了初步成功,为以后的帝国发展打下了坚实的基础④。正如《美国的历程》一书所评论的那样:"到 17 世纪中叶,英国人已经布满北美各殖民地。更多的移民还要从英国或别的地方来到这里。但在新英格兰沿岸和切萨皮克湾,已经可以看见未来的景象。英国人已经移入,而且,无论他们赞成像马里兰和罗得岛那样的信仰自由,还是赞成马萨诸塞那样的不容异端,无论他们是捕鱼还是种植烟草,这个大陆已经是实实在在地属于他们的了"⑤。

---

① 亚马孙公司的全称是 The Governor and Company of Noblemen and Genltlemen of the City of London Adventurers in and about the River of the Amazons。

② J. Holland Rose, A. P. Newton, and E. A. Benians (eds.), *The Cambridge History of British Empire*, Vol. Ⅰ, Cambridge: Cambridge University Press, 1929, p.139.

③ Anthony McFarlane, *The British in the Americas*, *1480—1815*, London: Longman, 1994, p.51.

④ David B. Quinn & A. N. Ryan, *England's Sea Empire*, *1550—1642*, London: George Allen and Unwin, 1983, p.155.

⑤ J. 布卢姆、S. 摩根等:《美国的历程》上册,杨国标、张儒林译,商务印书馆,1988 年,第 47 页。

第二章　殖民扩张加速

17世纪初,英国的殖民扩张活动取得了巨大成就,但从总体上说,除了爱尔兰外,英国殖民活动的最大特点仍然是私人性、民间性的行为。英国政府对殖民扩张基本上持一种放任的态度,"英国为建立第一批美洲殖民地,在生命和金钱方面都付出了昂贵的代价,英国政府却没有付出什么代价"[①]。从1607年到1640年,英国政府对殖民地特别是北美殖民地尚无明晰确定的政策,也未设立专门的机构。从殖民初期直到内战,这个时期的英国议会,也没有制定过一项与殖民地直接有关的法律,所以有人埋怨说,大英帝国根本就不是政府精心策划的结果[②]。在殖民扩张初期阶段,国家行为相对软弱,这使得大英帝国的构建步履艰难。

17世纪中期英国发生急剧的变动。当时,它不仅在政治和社会结构方面呈现巨变和调整,而且在殖民扩张和对外战略方面也发生了重大转换。内战初期,直接的海外活动基本中断,先前强大的移民浪潮放慢了

---

① J. 布卢姆、S. 摩根等:《美国的历程》上册,杨国标、张儒林译,商务印书馆,1988年,第48页。

② Hereford B. George, *A Historical Geography of the British Empire*, London: Methuen & Co., 1919, p. 1.

速度①；但随着内战的深入，特别是政权的转移，以及欧洲各国竞争的加剧，英国政府的殖民政策发生变化。护国主时期，克伦威尔重振了伊丽莎白时代的海上扩张精神，不仅充分利用国家的力量，强化对现有殖民地的控制，形成有力的帝国关系；而且竭力打破西班牙对南美贸易的垄断权、削弱荷兰的商业霸权，努力树立英国自己的海洋霸权。"克伦威尔是英国第一位在国内地位巩固、可以认真考虑使殖民地和总的帝国规划相适应的统治者。"②在重商主义旗帜下，先前民间性的殖民开拓逐渐转化为政府的政策行为，建立商业帝国也成了国家的重要目标。为加强对殖民地的控制，长期议会最初的政策主要是授予殖民地以商业优惠，英国立法机构的殖民政策开始起步。1643年10月长期议会通过法令，任命沃里克伯爵罗伯特·里奇（Robert Rich，Earl of Warwick）出任所谓"所有现在或未来由英王陛下臣民定居、开发或领有的美洲境内剩余岛屿以及其他殖民地的总督和海军最高长官"，由此组成一个管理殖民地及其贸易活动的机构，即由里奇领导的"外国拓殖委员会"（Commission for Foreign Plantations）③，尽管该委员会与当年查理一世时期组建的、以劳德大主教为首的殖民地管理委员会相似，其管理权限及范围都很有限，但长期议会对殖民地进行集中统一管理的意图显露无遗。根据长期议会的指令，该委员会一方面通过对殖民地实施进口关税优惠制度，以获得殖民地对议会的支持；另一方面，对与议会作对，或在议会与国王的斗争保持中立的殖民地，则打击和取缔其贸易。对殖民地内部的事务及相互之间的矛盾，如殖民地的政治体制和边界问题等，长期议会基本不干涉，或尽量回避，这种做法蕴涵了英国重商主义殖民政策的基本因素。可是，由于此时议会关注的重点是国内事务，所以

---

① Anthony McFarlane, *The British in the Americas，1480—1815*，London：Longman，1994，p. 83.
② J. 布卢姆、S. 摩根等：《美国的历程》上册，杨国标、张儒林译，商务印书馆，1988年，第51页。
③ J. Holland Rose, A. P. Newton, and E. A. Benians（eds.），*The Cambridge History of British Empire*，vol. I，Cambridge：Cambridge University Press，1929，p. 179.

根本无力执行相关法令。

英吉利共和国成立之后,长期议会的殖民政策发生重大变化,变得更为积极、主动和强硬,真正的殖民政策开始形成。1649 年 2 月 13 日成立的国务会议取代了外国拓殖委员会,掌握了处理殖民地问题的全权。议会责成国务会议采取一切必要手段和措施,强化对爱尔兰、泽西岛等殖民地的控制,加速殖民地归顺于共和国,并保护和发展英国与殖民地之间的贸易和航运。此外,英国对由英国船只装运的殖民地种植园生产的烟草、蔗糖等产品,实施优惠税率。共和国政府越来越意识到殖民地的重要性及其与宗主国的紧密关系,因而格外关注殖民地的经济发展。1650 年 1 月下院通过法令,责成新成立的"贸易协调委员会"不仅要注意发展"英格兰、爱尔兰沿岸的渔业,而且也要注意发展冰岛(Iceland)、格陵兰、纽芬兰岛以及新英格兰"和"任何其他地方"的渔业;还要"注意美洲和其他地方的英国殖民地,使之给共和国带来最大的利益,如何使殖民地增加产品,提高质量,以使(如果可能的话)仅从这些殖民地就能向英吉利共和国提供满足其需要的一切必需品"[1]。由此不难看出,共和国政府从英国的经济利益出发,正在试图依照帝国内分工的原则来确立宗主国与殖民地的关系,并构建大英帝国。根据这一原则,针对一些殖民地不承认共和国的现状,下院于 1650 年 10 月颁布命令,严禁与这些殖民地进行贸易往来。同时又规定:未经议会或国务会议事先批准,一切外国船只不得造访英属美洲殖民地;国务会议有权派任何船只前往殖民地,有权向任何殖民地派驻总督和其他官员,而不受过去任何证书或法律文件的约束[2]。为了执行共和国的法令,英国政府派乔治·艾斯丘爵士(Sir George Ayscue)率领一个强有力的海军分舰队前往美洲。显然,共和国政府一反过去对殖民地放任自流的态度,开始实施新的政策,那就是按照经济原则加强对已有殖民地的控制,并进一步实行扩张。护国

---

[1] 叶·阿·科斯明斯基等主编:《十七世纪英国资产阶级革命》上卷,何清等译,商务印书馆,1991 年,第 643—644 页。
[2] 同上书,第 645 页。

主时期,这一政策得到凸显与强化。

共和国首先对爱尔兰进行军事征服。从表面上看,镇压王党叛乱和防止外来干涉是议会政府派克伦威尔远征爱尔兰的直接动因,但更深层、也是最基本的动因,则是进一步推行英国对爱尔兰的殖民政策,不允许爱尔兰脱离英国而独立。1649 年 3 月 5 日,克伦威尔出任爱尔兰远征军总司令和爱尔兰总督,8 月 15 日率远征军进入都柏林,到 1652 年 5 月,英军已攻克爱尔兰的一切城市和要塞,控制爱尔兰全境。征服大功告成后,英国立即实施全面的殖民掠夺,以没收土地和重新分配为手段,强化对爱尔兰的殖民控制。在英国殖民史上,克伦威尔通过军事手段第一次实现对爱尔兰的全面征服,不仅彻底摧毁了爱尔兰的氏族制度和公用土地制度,而且极大地削弱了爱尔兰的天主教势力。此后,信奉新教的英格兰人在爱尔兰经济和社会生活中占据了优势。1653 年,护国政府宣布爱尔兰是英国领土的一部分,实行英格兰、苏格兰和爱尔兰三王国的联合。此后,英国不仅把爱尔兰视作自己的农业附属国和低廉商品及原料的供应地①,而且将爱尔兰问题纳入英国殖民扩张和大英帝国发展的轨道,使之为英国整个的海外殖民事业服务。

自都铎时期以来,发展商业特别是对外贸易一直是英国经济生活的主题。在重商主义者看来,无论是开拓殖民地还是严格控制殖民地,其根本目的就是发展贸易,实现英国的商业霸权。共和国政府,特别是克伦威尔时期,强烈地执行重商主义政策,当然地把争夺海洋、争夺贸易和殖民地作为外交政策的基本出发点。为加强对殖民地的经济控制,英国于 1651 年颁布了针对荷兰的《航海条例》,后来又在争夺贸易和殖民地的竞争中对荷兰取得优势,从此也就走上全面争夺海洋霸权和建立世界贸易帝国之路。从这个方面看,《航海条例》是英国殖民政策形成的标志。第一次英荷战争后,克伦威尔政府在海外扩张方面更加积极主动,

---

① 为此,英国古典政治经济学创始人之一威廉·配第专门撰写了《爱尔兰的政治解剖》,全面地、系统地阐述了将爱尔兰变成一个生产亚麻、大麻、羊毛、皮革等小私有制的农业畜牧业地区的方案。详见《配第经济著作选集》,陈冬野译,商务印书馆,1981 年。

其目标直指西印度群岛。西印度群岛一直是西班牙的势力范围,1654 年底,克伦威尔发动"西印度群岛远征",英西战争爆发。英国通过此战,不仅获得了西印度群岛的战略要地牙买加,而且占领了欧洲大陆的战略据点敦刻尔克,为英国以后的殖民扩张和商业争霸创造了条件。这次行动开创了由国家直接干预殖民事务的新方式,使《航海条例》所规定的、以重商主义为指向的殖民政策得到贯彻和发展。所以,克伦威尔是"第一位系统地行使政府的权力以扩展英国殖民范围的英国统治者"①。他通过一系列军事和外交手段,不仅使英国取得了贸易、航运、殖民地等方面的实质性利益和战略优势,而且确立了英国政府在殖民扩张和建立帝国方面的基本原则,开始了创建大英帝国的重要历史阶段。

在重商主义者看来,殖民地具有极其重要的地位,加强对殖民地的控制和发展新的殖民地,就成为英国的必然选择。英国学者西蒙斯正确地指出:17 世纪 50 年代克伦威尔展开的一系列对外扩张活动和实施的政策,尽管对殖民地特别是美洲殖民地"很少或没有立即产生什么结果,但它们却开创了一个英国商业和英国市场都大为加强的时代。复辟的政治家们废除了克伦威尔的大部分国内改革措施,但他们却推进并扩大了克伦威尔的商业和殖民政策"②。因此,克伦威尔时代的殖民扩张政策为日后大英帝国的整体发展奠定了基础③。

复辟时期,随着殖民政策的定型和帝国观念的明确,英国殖民开拓继续取得重大进展,英帝国也进入新的发展阶段。这一时期,北美是英国开拓新殖民地的重点。18 世纪英国在北美的 13 个殖民地中,有 7 个

---

① Alan G. R. Smith, *The Emergence of a Nation State: the Commonwealth of England, 1529—1660*, London Longman, 1984, p. 337.

② R. C. 西蒙斯:《美国早期史:从殖民地建立到独立》,朱绛等译,商务印书馆,1986 年,第 66 页。

③ J. Holland Rose, A. P. Newton, and E. A. Benians (eds.), *The Cambridge History of British Empire*, Vol. I, Cambridge: Cambridge University Press, 1929, p. 238.

是在这个阶段"取得合法证件或通过交涉成立起来的"①。与 17 世纪初
不同的是,殖民地业主成了殖民扩张的主导者,他们主要来自于三个方
面:其一是需要新的地区来从事贸易和开发的商人和船主,其二是试图
利用殖民地来弥补个人家产损失、并得到查理二世和詹姆士二世支持的
朝臣和贵族,其三是希望为同一教派的教友建立庇护所的宗教分离主义
者②。这一时期王室颁发的殖民特许状,除纽约外,都要比内战前的细致
和详尽得多,也更具针对性。

卡罗来纳(Carolina)是复辟后英国建立的第一块殖民地。它位于弗
吉尼亚以南至西属佛罗里达之间,与西印度群岛的巴巴多斯联系紧密。
1663 年 3 月,查理二世为报答一些贵族对王朝复辟的支持,将卡罗来纳
的广大地区以业主殖民地(Proprietary Colony)的方式,集体赐封给约
翰·科利顿爵士(Sir John Colleton)等八位贵族,由他们建立拓殖地。
根据英王颁发的特许状,他们作为业主,除了获得包括北纬 31°到 36°、两
大洋之间的全部领土外,还享有一切传统的特权,其中包括对所辖土地
及土地上的一切资源的所有权和开发权;有权制定和颁布一切法令,并
任命一切官吏;有权采取一切行动维护社会治安和殖民地的安全。与先
前的特许状有所不同,王室在此次颁布的特许状中对业主们提出了一些
额外的要求,主要包括:业主须永远效忠于英王室,对英国官员须保持尊
重,不得有不敬和蔑视之举;业主应尊重去往殖民地的英国人的权利;业
主应将所发现的金银的四分之一交给英王;此外,还要求业主积极鼓励
英国臣民前往卡罗来纳。可以看出,该特许状不仅内容具体,更重要的
是体现了统治者和政府的殖民意图。它不仅要求殖民地要服从并遵循
英国的政治法律制度,接受宗主国的严格控制,还要求殖民地为宗主国
的商业贸易服务,为英国提供原料和商品销售市场。

---

① R. C. 西蒙斯:《美国早期史:从殖民地建立到独立》,朱绛等译,商务印书馆,1986 年,
第 75 页。
② 塞缪尔·埃利奥特·莫里森等:《美利坚合众国的成长》上册,南开大学历史系美国史研究室
译,天津人民出版社,1980 年,第 90 页。

在这个阶段,尽管殖民地的开拓是由业主们负责实施的,但已被纳入到英国政府的殖民战略体系之中。1665 年 6 月,英王颁布第二个特许状,将这块土地的北疆移到北纬 36°30′。起初,卡罗来纳的发展并不顺利,业主们只期望通过土地投机发财,而不愿意增加投资。1669 年,卡罗来纳制订《卡罗来纳基本法》(*The Fundamental Constitution of Carolina*),旨在建立租佃制和农奴制,但此法并未完全实施。卡罗来纳相对宽松的宗教氛围及广袤的土地,对移居者颇具吸引力,到 17 世纪后期,这里已形成阿尔比马尔(Albemarle)和查尔斯顿两个中心,后来发展成北卡罗来纳(North Carolina)和南卡罗来纳(South Carolina)[1]。卡罗来纳殖民地承前启后,将英国人在北美的殖民地连成一体。它一经建立起来,就使一再染指此地的西班牙人的图谋受挫。可以说,创建卡罗来纳殖民地,是英属北美殖民地发展史上重要的里程碑,对大英帝国的形成具有重要意义[2]。

纽约是复辟时期英国建立的另一个殖民地。它位于新英格兰与弗吉尼亚之间,这种特殊的地理位置,使其在英国同其他列强争夺控制北美的斗争中,成为英国殖民政策关注的焦点,因而具有更重要的政治和经济意义。纽约的前身是荷属北美殖民地新尼德兰(New Netherlands),其政府所在地叫新阿姆斯特丹。荷兰人在 17 世纪早期来到北美中部地区,陆续建立了定居和贸易据点,并在哈得孙河谷形成了新尼德兰殖民地。对于英国人来说,新尼德兰的存在是一块心病[3]。英国的《航海条例》主要就是针对荷兰的,只要北美沿海的部分领土为荷兰人所控制,《航海条例》在北美的执行就很难取得实际效果。因此,夺取新尼德兰对于奉行重商主义的英国来说尤为重要。英国坚持北

---

[1] J. Holland Rose, A. P. Newton, and E. A. Benians (eds.), *The Cambridge History of British Empire*, vol. I, Cambridge: Cambridge University Press, 1929, p. 250.

[2]《卡罗莱纳殖民地创建史探微》,参见杨玉圣《美国历史散论》,辽宁人民出版社,1994 年,第 53—54 页。

[3] J. Holland Rose, A. P. Newton, and E. A. Benians (eds.), *The Cambridge History of British Empire*, Vol. I, Cambridge: Cambridge University Press, 1929, p. 251.

纬 34°至 48°之间的地区为自己的势力范围,而荷兰人的殖民地就在其中。1664 年 3 月,查理二世将新尼德兰作为业主殖民地,封赐了给自己的兄弟约克公爵,其中包括康涅狄格河和特拉华河(Delaware)之间的全部土地,再加上长岛(Long Ialand)、楠塔基特岛(Nantucket)、马撒葡萄园岛(Marta's vineyard)和肯尼贝克河(Kennebec)以东的缅因地区。此次封赐被认为是 17 世纪英国最大的一次领地赐赠。① 根据特许状,约克公爵有权任命所有官员,并制定各种法律法规,甚至还可以自行采取他认为必需的一切行动和措施。1664 年 4 月,约克公爵派遣一支英国舰队,顺利地攻占了新尼德兰,并将新阿姆斯特丹改称纽约。1685 年约克公爵继王位,称詹姆士二世,纽约殖民地也从业主殖民地转变为王室直辖殖民地。1664 年,约克公爵曾将其领地内哈得孙河西岸的一片土地赠予卡罗来纳业主乔治·卡特雷特爵士(Sir George Cartere)和约翰·伯克利(John Berkeley),卡特雷特将其命名为"新泽西"(New Jersey)。1676 年,新泽西分成相对独立的东、西两部分。1702 年,它们又合并成王室直辖殖民地。

宾夕法尼亚(Pennsylvania)建于 17 世纪后期,在英国的北美殖民地中很有特色。它也像马里兰一样,与宗教相关。宾夕法尼亚位于纽约和马里兰之间,1680 年,贵格派领袖之一威廉·佩恩(William Penn)向查理二世申请,获得特拉华河对岸的土地,用以抵偿国王所欠他同名父亲威廉·佩恩爵士(Sir William Penn)的债务。1681 年 3 月,国王同意将北美大陆一块位于北纬 40°至 43°之间、面积约和英格兰一般大小的土地册封给佩恩,并将其改称为宾夕法尼亚②。英王特许状明确提出,该殖民地的基本目标是"扩大帝国的疆域"、"获得有利的商品",以及通过"文

① 塞缪尔·埃利奥特·莫里森等著《美利坚共和国的成长》上册,南开大学历史系美国史研究室译,天津人民出版社,1980 年,第 93 页。
② 关于宾夕法尼亚的命名说法不一,有人认为是国王以老佩恩的姓氏(Penn)命名而来(参见[美] J. 布卢姆、S. 摩根等:《美国的历程》上册,杨国标、张儒林译,商务印书馆,1988 年,第 65 页);另有人认为,宾夕法尼亚的意思是"宾的树林",为佩恩自己取的名字,因为他来到此地时看到的是一片林海。参见邓蜀生:《美国与移民》,重庆出版社,1990 年,第 107 页。

明"和基督教教化当地的"野蛮人"。此时,王室已从国家战略的高度来认识和建立殖民地。虽然佩恩被赋予了殖民地业主的全部权力,但他必须执行《航海条例》,其行为由约克公爵来监管。殖民地政府须建立殖民者代表大会,殖民地制定的法律须与英国相吻合;法律应当提交给国王批准,不能滥用或任意扩大授予的权力;殖民地不能剥夺殖民者作为英国人享有的权利,必须允许从宾夕法尼亚法庭向国王上诉[①]。从这些内容来看,佩恩获得的权利比先前那些美洲殖民地业主要少,而受到的限制反而多,这反映出英国政府加强了对殖民地的控制,削弱了殖民地自治的权力。1681年,佩恩为宾夕法尼亚拟定了一份宪章式文件《政府纲要》(Frame of Government),经多次修改后,于1683年由大议事会通过。佩恩希望根据这部宪章,在宾夕法尼亚建立起混合型的政府模式。肥沃的土地、宽松的政治和宗教环境,使宾夕法尼亚成为移民的天堂,它不但吸引了大批英国贵格会教徒,而且还引来了许多非贵格会教徒以及外国公民。1685年底,到达这里的移民已有8 000人之多,1690年为1.1万多人。17世纪末,宾夕法尼亚总人口达到了1.8万人[②]。1682年,佩恩从约克公爵处获得特拉华河下游部分地区,并允许居民实行自治,以后形成了英属特拉华殖民地。

在加紧建立北美殖民地的同时,英国也加快了对亚非地区的渗透和商业扩张。17世纪后期,英国在亚洲的活动主要在印度。尽管东印度公司在17世纪上半叶已被授予某些特权,但它还仅仅是一个商业公司,其商业活动必须遵守商业规则,有些活动虽然超出了商业范围,但极其有限。由于印度社会的特点以及英国与其他国家的竞争,东印度公司的贸易前景并不被看好[③],英国的东方贸易一直处于入超状态。17世纪下半

① The Charter of Pennsylvania, David C. Douglas (ed.), *English Historical Documents*, Vol. Ⅸ: *American colonial documents to 1776*, Oxford: Oxford University Press, 1969, pp. 93 – 101.

② Bureau of the Census, *Historical Statistics of the United States: Colonial Times to 1957*, Washington, D. C.: U. S. Dept. of Commerce, Bureau of the Census, 1975, p. 1168.

③ [印]R. C. 马宗达等:《高级印度史》下册,张澍霖等译,商务印书馆,1986年,第687页。

叶,由于英国政府改变政策及英国竞争对手先后败下阵来,公司获得了发展良机。复辟时期,公司的贸易特权虽然受到了一些冲击,但由于得益于政府支持,公司不仅保留了贸易特权,而且获得了一些新的权利。英国政府通过一系列法令及特许状,授予东印度公司越来越多的政治特权,使其性质发生重大变化,逐渐变成了一个经商、侵略、统治三位一体的实体集团。1661年查理二世颁布特许状,准许公司设立武装防卫,规定公司有权任命官员,在经商地区进行行政管理。1667年特许状无视莫卧儿帝国(Mughal Empire)政府的存在,授权公司在马德拉斯(Madras)和孟买建立铸币厂,铸造印度货币在印度使用。1669年特许状准许英国的军官、士兵为公司服务,实际上赋予公司建立军队的权力,这已超出了保卫商业贸易的范畴。1683年特许状准予公司对"异教"国家宣战、媾和、招募军队,即授权它可以发动侵略战争。1687年,公司又获英国政府授权,在租借地马德拉斯建立市政府和法院。公司职权范围的扩大和性质的变化,决定了其对印度的政策的明显转变,并忠实地体现了英国政府的战略意图,即通过殖民地全面推动对东方贸易的持久发展。东印度公司在追逐商业扩张和贸易发展的同时,为在印度建立殖民地创造了条件。到17世纪末,英国已在印度建立了四个据点,它们是东海岸的加尔各答(Kolkata)和马德拉斯,西海岸的苏拉特(Surat)和孟买。

17世纪中期以后,随着奴隶贸易的兴盛,非洲的经济地位日显重要。为了推动黑奴贸易,英国政府支持成立了皇家对非贸易冒险家公司,王室的几位成员都是它的股东。1663年修改后的特许状规定,公司每年可向西印度群岛运送3 000名奴隶,正式把黑奴贸易定为该公司合法的活动①,开启了英国经常性的奴隶贸易。为牟取暴利,该公司不仅向英属西印度贩卖黑奴,而且向其他国家的美洲殖民地贩运奴隶。1672年,该公司根据查理二世颁发的特许状,更名为"皇家非洲公司"(Royal

---

① J. H. 帕里、P. M. 舍洛克:《西印度群岛简史》,天津市历史研究所翻译室译,天津人民出版社,1976年,第186页。

African Company），经改组后，由约克公爵出任主席。该公司是英国重商主义时期最大、也是最后一个对非贸易的合股垄断公司，拥有最多的特权和专利。根据其特许状，公司有权在非洲建立和管理要塞、商站和种植园，决定对"异教"国家的战与和，征集军队，实施戒严令；公司对从布朗角（Brown Angle）到好望角之间的土地和贸易拥有"垄断权"，期限直至 2672 年；公司的活动包括从事黄金、白银和黑人买卖等①。在政府支持下，皇家非洲公司在非洲西海岸击退荷兰人的进攻，建立了 17 个商业据点，在奴隶贸易中站稳了脚跟。17 世纪后期，英国取代荷兰成为奴隶贸易的垄断者。

　　对英国来说，奴隶贸易是连结英国、英属美洲殖民地和非洲的重要纽带，它不仅使英国商人获得巨额利润，同时也标志着英国已经形成掠夺美洲和非洲的完整计划。该计划的基本逻辑是：在非洲贩卖奴隶，在美洲使用奴隶，在此二者的基础上，形成非洲和美洲市场。其中，美洲开发是中心，奴隶贸易是基石，正如《商业和贸易通用词典》（*The Universal Dictionary of Trade and Commerce*）的作者马拉奇·波斯尔思韦特（Malachy Postlethwayt）所指出的：黑奴是英属殖民地的支柱和桥梁，"他们为英国提供种植园的一切产品。英帝国是一个富丽堂皇的大厦，其地面部分是美洲贸易和海军威力，下面的基石则是非洲黑人的劳动"②。西印度群岛殖民地的发展，带动了西非贸易，主要是奴隶贸易的发展，使非洲对英国的重要价值充分体现出来，而"英属非洲帝国的基础是在 17 世纪奠定的"，这一帝国的主线就是奴隶贸易。③

　　无论是东印度公司的扩张，还是非洲奴隶贸易的兴起，都体现着英国重商主义的殖民政策，以及英国人对商业扩张与商业霸权的不断追求。复辟时期，政府对殖民活动积极关注、充分参与，英国在亚非地区的

---

① K. G. Davies, *The Royal African Company*, London: Octagon Books, 1975, p. 98.

② A. G. Hopkins, *An Economic History of West Africa*, London: Longman, 1977, p. 91.

③ Deane Jones, *The English Revolution: A Introduction to English History*, London: Heinemann, 1962, p. 266.

贸易活动由此取得重大进展；同时，英国在亚非地区的活动又与它在北美和加勒比海地区的活动联系起来了。由此可知，17世纪中期后英国殖民政策的调整具有全局性、战略性的意义，其最终目标是构建以英国为中心的、殖民与贸易结为一体的大英帝国。

第三章　第一帝国形成

　　复辟时期的英国殖民开拓,因得到政府的积极参与和支持,明显加快了步伐。随着宾夕法尼亚殖民地的形成,英国基本上完成了它在北美沿岸建立殖民地的过程。这些殖民地,加上 18 世纪建立的佐治亚(Georgia),连同英国在西印度群岛的殖民地在内,共同构成了大英"第一帝国"的主体。到 17 世纪末,英国人已在北美大西洋沿岸的狭长地带,即从北部的萨科湾(Saco Bay)一直延伸到南部的查尔斯顿,在这片广大的地区站稳了脚跟,形成了南、中、北三块各具特色的殖民区。此时,法国和西班牙也在北美保有力量,其势力范围并不亚于英国,但在人口和资源方面却不能与英国相比。1660 年,英国在北美殖民地的人口总数达到 7.5 万人,而加拿大的法国移民仅为 3 000 人,佛罗里达的西班牙人口则极少。1700 年,英国在北美殖民地的人口总数达到 25 万人,而同一时期法国人和西班牙人加在一起,大约只有 1.5 万人[①]。可见,英国人在北美已占绝对优势。

　　与 17 世纪初不同,尽管私人在殖民地创建方面的作用仍然明显,但

---

① Bureau of the Census, *Historical Statistics of the United States*, p. 1168;另见 R. C. 西蒙斯:《美国早期史:从殖民地建立到独立》,朱绛等译,商务印书馆,1986 年,第 99—100 页。

政府大大增强了介入力度,这不仅体现为英王颁布的特许状内容更详细,因而极大限制了殖民地当地的权力,使殖民地更加依附于宗主国,而且体现为特许状的内容更有针对性,突出了政府的意图,重商主义原则得到了更加切实的贯彻。为了加强对殖民地的行政和经济控制,1660年英国设立了咨询性质的"贸易委员会"(Council of Trade)和"对外拓殖委员会"(Council of Foreign Plantation),它们需要定期向国王报告情况和提供建议。1672年,这两个机构合并成"贸易和拓殖联合委员会"(Joint Council for Trade and Plantation),其职能是向国王提供有关殖民地及贸易方面的建议,但不久之后又被撤销。1675年,枢密院设立"贵族贸易和拓殖促进会"(Lords of Trade and Plantations),由具有一定地位和影响的人组成,其主要职能是向政府提供殖民地执行关税法的有关情况,推动殖民政策的贯彻执行,强化殖民地对宗主国的服务功能。这些机构的设立表明,复辟政府试图统一管理殖民地问题,重点是维护英国的经济利益。作为宗主国,英国认为建立殖民地并使其为宗主国服务,是重商主义的重要内容和根本目的;执行《航海条例》,既是英国与其他欧洲国家进行竞争的需要,也是各个殖民地的义务,还是宗主国对殖民地提供的实质性保护。但在殖民地看来,《航海条例》毋宁是英国强化对殖民地管理的基本措施,因为它剥夺了殖民地的自主权,限制了殖民地的经济自由,提高了殖民地对外贸易的成本。所以,殖民地的不满和抵制使《航海条例》难以顺畅执行,英国并未达到预期目标。英国强化对殖民地的管理,伴随着殖民地加强抵制和斗争,这样的博弈与英国国内政局的变化联系在一起。

在已建立的殖民地中,新英格兰的地理和自然条件与英国本土相似,所以不大能向英国提供稀缺的原料及产品,所以新英格兰利用其自身优势,比如便利的港湾条件,发展出与商品销售有关的行业,比如造船业和航运业。1635年,新英格兰至少有6家造船厂。5年之后,其所造船舶几乎包办了英国与马萨诸塞之间的航运①。17世纪中后期英国颁

① 冯作民编:《西洋全史》第9卷(欧洲扩张史),燕京文化事业公司,1979年,第689页。

布的《航海条例》，虽然对新英格兰的转口贸易有所限制，但也给新英格兰的产业升级和航运业发展提供了新契机。1663年的《主要物产法》，虽然禁止把商品直接从欧洲运入北美殖民地，以保护英国在北美的市场，但仍有一些商品不在列举之列，如奴隶、马匹、盐和苏格兰食品等，可以直接输入北美殖民地。英国政府并未明令禁止新英格兰同西印度群岛和北美其他殖民地之间的贸易活动，这类贸易仍十分活跃，各地之间形成了互通有无、取长补短的关系，而与西印度群岛的贸易，几乎就成了新英格兰经济的生命线。第二次和第三次英荷战争的爆发和新《航海条例》的贯彻实施，进一步打击了荷兰的贸易，新英格兰商人趁机用走私贸易填补荷兰的空缺，这不仅使其与西印度群岛之间的贸易继续发展，而且与欧洲国家的商业往来也迅速扩大。到17世纪80年代，新英格兰商人基本控制了西印度群岛的运输业，他们将本地和西印度群岛的产品，如谷物、糖类、鱼类、木材等，运往欧洲等国，然后不经英国，径自直航美洲，携带回来大量的欧洲产品①。有记载说，1675年时波士顿的市场上充斥着法国商品，新英格兰商船往返于英国和欧洲的一些港口，从17世纪下半叶起，"他们已经开始渗入到英格兰和爱尔兰，侵入英国商品的边缘"，"新英格兰为此在伦敦臭名昭著"②。新英格兰商人还加入了连接非洲和西印度群岛的三角贸易，以贩卖黑奴为其主要内容。走私贸易和三角贸易推动了新英格兰的经济发展，特别是航运业和造船业，但是也加深了它与宗主国之间的经济矛盾，这种矛盾因宗教问题而变得更加复杂了。

新英格兰多数移民是清教徒，他们到北美来的初衷，是为了摆脱宗教束缚，享受自由的宗教生活。他们对不属于清教的查理二世一直存有戒心，并时刻关注着王室的态度。查理二世即位时，新英格兰虽然仍然

① 吉尔伯特·C.菲特、吉姆·E.里斯：《美国经济史》，司徒淳、方秉铸译，辽宁人民出版社，1981年，第101页。
② R.C.西蒙斯：《美国早期史：从殖民地建立到独立》，朱绛等译，商务印书馆，1986年，第136页。

"完整地保持着马萨诸塞特许状,并且毫不含糊地提醒新国王,他们享有他父亲所赐得的特权,"但私下里,他们又秘密窝藏那些判处查理一世死刑的人①。针对新英格兰在政治和经济方面的不端,查理二世于1662年颁发特许状,把康涅狄格划为王室直辖殖民地;同年,英王致信马萨诸塞,要求其对现有的一些不完全符合特许状内容的法律进行修改,重申殖民地的法律应当与英国法律一致。该要求遭到马萨诸塞议事会的拒绝,1664年国王令人前往调查,特别是调查新英格兰执行《航海条例》的情况。调查人员报称,马萨诸塞执行《航海条例》不力,建议国王将先前颁发的特许状予以撤销。针对新英格兰商人的违法行为,1673年英国议会制定的殖民地贸易法,即"殖民地关税法"中专门列出条文,规定从英属某个殖民地转运到另一个殖民地的货物也应交纳关税;新英格兰商人需向当局出具一份保证书,承诺将货物运往英国。1676年,英国政府开始向北美各殖民地派遣税吏,他们应就殖民地的关税及贸易问题向英王及政府经常作汇报。

英国的强力措施,激起了殖民地商人和种植园主的不满。1677年,马萨诸塞议事会致函伦敦枢密院,称"根据法律学者通常的言论,我们恭顺地认为,英国的法律仅限于四海之内,不施及美洲……我们在议会里没有代表,故考虑,我们不该在自己的贸易中受到英国法律的妨碍"②。这种公开的离心行为,恰是英国政府所担心的,也是它不能容忍的。1681年,英国又在各殖民地建立海事征税站,负责征收殖民地因违背《航海条例》而应补缴的税款。不久,枢密院所属的贵族贸易和拓殖促进会派帝国税务官爱德华·伦道夫(Edward Randolph)前往马萨诸塞,但马萨诸塞议事会置之不理,不仅不承认伦道夫的权力,而且依然我行我素,甚至还关押了伦道夫任命的助手,英国与马萨诸塞殖民地当局之间的矛盾不断加深。1684年,英国政府宣布取消马萨诸塞和其他几个殖民地的

---

① J.布卢姆、S.摩根等:《美国的历程》上册,杨国标、张儒林译,商务印书馆,1988年,第70页。
② 斯塔夫里阿诺斯:《全球通史:1500年以后的世界》,吴象婴、梁赤民译,上海社会科学院出版社,1997年,第172页。

特许状,使之成为王室直辖殖民地。英王还直接任命总督和参事会,解散殖民地的代议政府,削弱殖民地市政会的权力。针对英国政府的强行压制,新英格兰的清教徒采用许多政治手段,甚至一度控制殖民政府,打算以武力相抗争,但终归没有成功。

詹姆士二世继位后,为进一步加强对新英格兰的控制,建立了更为有效的管理制度,他将新泽西、纽约、康涅狄格、罗得岛、普利茅斯、马萨诸塞、新罕布什尔和缅因集中于一个行政当局的管理之下,合并成单一的"新英格兰领地"(Dominion of New England),包括立法、行政和司法权在内的一切领地事务,皆由王室指派的总督和国王任命的参事处理,取消议事会,剥夺殖民地对税务和土地分配的发言权,还派皇家军队协助总督执行命令。1686 年,前纽约总督埃德蒙·安德罗斯爵士(Sir Edmund Andros)出任领地总督,他到达新英格兰后,忠实地执行英王的旨意,并按照贵族贸易和拓殖促进会的要求,"废除久已确立的权利和特权,并且在没有军队、警察和政党支持的情况下,对五十多年来一直是自己管理自己的人民实行专制统治"[1]。他将殖民地议事会抛在一边,不经其同意就肆意征税,取消陪审团制度,废除原先殖民地所拥有的土地所有权,建立一套新的土地所有权制度。在宗教方面,作为忠实的安立甘教徒,他蔑视清教信仰,取消各殖民地早先制定的宗教政策,把波士顿的清教礼拜堂改成安立甘教堂,支持安立甘教徒在那里进行宗教活动。到1688 年时,他已将其统治权扩展到罗得岛、康涅狄格、纽约、新泽西等殖民地。至此,英国对新英格兰殖民地的控制达到顶点。依照《航海条例》,新英格兰的皮革、木材、渔产品等被输往英国,消费品则依赖于英国和欧洲的输入,导致贸易严重入超,到 1700 年,新英格兰与宗主国的贸易逆差达到每年 18 万英镑[2]。安德罗斯的独断专行,践踏了殖民地早已形成的议事会管理传统,也侵犯了新英格兰人的自由,因而遭到殖民地

---

[1] J. 布卢姆、S. 摩根等:《美国的历程》上册,杨国标、张儒林译,商务印书馆,1988 年,第 75 页。

[2] 吉尔伯特·C. 菲特、吉姆·E. 里斯:《美国经济史》,司徒淳、方秉铸译,辽宁人民出版社,1981 年,第 103 页。

居民的普遍反对，这为殖民地后来的反抗斗争埋下了伏笔。

就英国化程度而言，弗吉尼亚在早期殖民地中最为明显。在殖民地建立后最初的半个世纪，弗吉尼亚基本上维持着清教传统，但随着时间推移，烟草种植带来了财富，清教色彩也逐渐消退。起初，弗吉尼亚人以自己是英国人而自豪，他们希望在北美发财致富，然后能衣锦还乡。因此，殖民地的地方政府大多是模仿英国模式而建立，各县均有王室总督委派的法官。弗吉尼亚旁边的殖民地马里兰，在土壤、气候、经济和社会制度方面都与弗吉尼亚相类似，其特殊的自然条件为发展种植园经济提供了适宜条件。而移入该地的移民，大多为拥护斯图亚特王朝的贵族和地主，他们积极投身于种植园经济，使之成为弗吉尼亚和马里兰经济的主要特征。种植园以烟草为主，主要出口到英国与欧洲其他国家，烟草出售之后，又从英国换回自己所必需的日常消费品及其他商品，这就形成了对宗主国的从属与依赖关系。

英国内战爆发后，弗吉尼亚曾一度表示站在国王一边，拒绝服从革命政府。但复辟时期，弗吉尼亚的经济受到严重伤害，尤其是新《航海条例》严重地打击了殖民地的农业，使之遭受毁灭性损失。1660年以前，弗吉尼亚和马里兰的种植园主可以将烟草、砂糖等农产品出售给欧洲任何国家的商人，谋取高额利润，并以低价换回自己的所需品，而根据新《航海条例》的要求，殖民地的商品必须先运到英国，这显然有利于英国商人，他们可以利用对航海的垄断权，提高运输费，压低烟草价格。因此对殖民地来说，新条例无疑缩小了农产品特别是烟草的销路，提高了输入品的价格，加强了宗主国对殖民地的经济控制。烟草贸易受阻后，殖民地的烟草价格急剧下跌，物价却不断上涨，种植园主债台高筑。不仅如此，为了强化对经济控制，英国还加强了对弗吉尼亚的政治控制。查理二世曾打算将整个弗吉尼亚赐给他的两位宠臣，只是由于遭到强烈反对，最后才将赐地缩小到波托马克河和拉帕汉诺克河（Rappahannock）之间的一块地方。英国还无视殖民地议事会的存在，肆意剥夺殖民地居民的传统权利。威廉·伯克利爵士（Sir William Berkeley）受命出任弗吉尼亚总督后,实行严厉的寡头统治,殖民地虽然选举了议事会,但自 1661 年起,有五年之久未曾召开,形同虚设。1671 年,伯克利干脆取消自由民的选举权。这些措施终于引发了北美历史上第一次严重骚乱,即"培根叛乱"[①],尽管叛乱被镇压下去了,但一般种植园主与总督、参事会以及控制地方政治的大种植园主之间的矛盾仍然存在。

对英国来说,西印度群岛殖民地是热带物产的主要供给地,复辟王朝时期该地发生了重要变化。17 世纪初几十年间,英国在西印度群岛的活动虽然十分频繁,但成效有限,第一批英国移民来到巴巴多斯,主要种植烟草、棉花、蓝靛等作物,很难与其他殖民地竞争。自 1641 年引种甘蔗并掌握制糖技术后,巴巴多斯成了"西印度糖岛之母",此后甘蔗种植迅速推广到背风群岛(Leeward Islands)、牙买加、安提瓜(Antigua)等岛屿。1650 年以后,蔗糖成为西印度群岛唯一重要的产品,经过 20 年时间,竟超过了烟草,占伦敦从殖民地种植园进口总值的近一半[②]。甘蔗种植导致大规模的土地兼并,昔日的小业主纷纷破产,只好另寻他途。同时,甘蔗种植园又需要大量劳动力,种植园主最终找到了解决劳动力紧缺的办法,就是大量购买非洲黑奴。从 17 世纪后期开始,加勒比殖民地取代巴西成为新大陆的蔗糖中心,大量的蔗糖就这样源源不断地流进了英国。17 世纪末,西印度群岛殖民地提供了英国进口贸易的 9%,出口贸易的 4%,而同一时期美洲大陆提供的比例只是 8% 和 4%[③]。英国全部贸易带来的利润为 200 万英镑,其中种植园贸易占 60 万英镑,种植园商品再出口占 18 万英镑。有人认为,如果将大英帝国比作一座大厦,那么加勒比种植园的奴隶劳动,就是这座大厦的基石。

西印度群岛的战略价值和经济价值,日益引起英国政府的重视,但

---

① 1676 年弗吉尼亚发生叛乱,领导者是纳撒尼尔·培根(Nathaniel Bacon,1647—1676)。详见 Nicholas Canny(ed.),*The Oxford History of the British Empire*,Vol. Ⅰ:*The Origins of Empire*,Oxford:Oxford University Press,1998,p. 448.

② K. G. Davies,*The Royal African Company*,London:Octagon Books,1975,p. 15.

③ J. H. 帕里、P. M. 舍洛克:《西印度群岛简史》,天津市历史研究所翻译室译,天津人民出版社,1976 年,第 150 页。

复辟时期的英国,对该地区殖民地的控制主要体现在经济和贸易方面,《航海条例》的实施只是为了将该地区的经济发展完全纳入宗主国的轨道。1660年,有五六个利益集团要求获得巴巴多斯和背风群岛的特权,以继承1627年卡莱尔伯爵詹姆斯·海(James Hay, Earl of Carlisle)的特许状,而卡莱尔特许状于1663年得以延期,其代价是两地同意缴纳4.5%的出口税①。虽然英王也试图对此加强政治上的控制,但收效不大,代议制传统已根深蒂固,轻易难以改变。虽说由英王任命总督和殖民地高级官员,但每个岛都有自己的议事会,议事会由拥有自由产权的种植园主选举产生,它有权决定税收、制定不与英国法律相抵触的法律。1678年,英王曾打算取消牙买加议会的自治权,但遭到强烈反对。牙买加获准建立与巴巴多斯相类似的代议制度,"法律由总督、参事会和议事会共同制定"②。

　　与克伦威尔时期相比,复辟王朝对爱尔兰的统治虽有所缓和,但经济控制却加强了。查理二世曾颁令确认新的土地所有权,同时又承诺修改克伦威尔的组织法,适当照顾天主教徒,恢复一些贵族和小地主原有的地位和土地。但由于克伦威尔党人在爱尔兰十分强大,英王的法令难以得到执行,结果新教徒仍然占据着大部分爱尔兰土地,并控制议会、政府、市镇和贸易。据配第统计,1672年爱尔兰共有农田1 200万英亩,随克伦威尔而来的新殖民者占据了450万英亩,天主教徒占有350万英亩,其余则为早期新教殖民者所拥有。但按照宗教划分,总人口中天主教徒占80万,新教徒只有30万,且多数在厄尔斯特省。③ 英国学者弗里曼指出:17世纪,"一个新的地主阶级安置在爱尔兰了,旧的天主教地主

---

① W. D. Hussey, *The British Empire and Commonwealth* , Cambridge: Cambridge University Press, 1963, p. 70.
② Ibid. , p. 72.
③ 艾德蒙·柯蒂斯:《爱尔兰史》下册,江苏师范学院翻译组译,江苏人民出版社,1974年,第491页。

的权力终于被摧毁了"①。斯图亚特王朝复辟后,安立甘宗成为爱尔兰的官方宗教,爱尔兰议会得以恢复,但完全受制于英国。英王兼任爱尔兰王,爱尔兰被视为殖民地,它在经济与贸易方面受到严厉限制。1666 年,英国议会通过《爱尔兰牲畜令》(*The Irish Cattle Bill*),禁止爱尔兰牲畜输入英国,以免损害英国地主的利益。由于爱尔兰几乎没有工业,肉类、粮食出口是其主要的收入来源,因此该法令沉重地打击了爱尔兰的经济。1663 年和 1670 年颁布的新的《航海条例》,修改了爱尔兰属于英国范围的内容,而把爱尔兰视作与北美殖民地一样,必须经过英国才能输出自己的产品,获得英属殖民地的物产,并规定爱尔兰不能建立自己的船队。英国的殖民政策,使爱尔兰人在政治上缺乏权利,经济上陷入困境,此后爱尔兰人的反抗斗争持续不断。

总之,17 世纪后期,英国对殖民地加强控制的政策执行得并不顺利,但英国的目的却相当明确,就是严格按照《航海条例》来规划和管理殖民地,形成重商主义的帝国体系。作为国内政治的延伸,复辟王朝在殖民地的统治具有明显的专制主义倾向,这种倾向到 17 世纪 80 年代臻于高峰。詹姆士二世时期,甚至"设法在北美的北部、中部和南部设立三个也许是没有代议制的总政府,以利于从伦敦进行有效的官僚主义控制,更好地实施贸易法令,增加殖民关税收入以及建立更合理的防卫体系"②。专断的政策不仅违背英国人坚称的自由传统,也破坏了殖民地自主管理其内部事务的基本制度安排,既引发了国内新兴力量的不满,又受到了殖民地人民的反对。1688—1689 年,当复辟王朝被推翻、玛丽和威廉登位的消息传来时,英属殖民地立即爆发了一连串革命,推翻复辟时期的统治者,使光荣革命发展成一种"跨洋现象"③。尽管各殖民地斗争的方

---

① T. W. 弗里曼:《爱尔兰地理》,上海师范大学《爱尔兰地理》翻译组译,上海人民出版社,1977年,第 89 页。

② R. C. 西蒙斯:《美国早期史:从殖民地建立到独立》,朱绛等译,商务印书馆,1986 年,第 75 页。

③ Nicholas Canny(ed.), *The Oxford History of the British Empire*, Vol. I: *The Origins of Empire*, Oxford: Oxford University Press, 1998, p. 446.

式不同,但目标是一致的,就是反对宗主国对殖民地的过度控制,反对西班牙式的帝国统治①。当时没有人要完全脱离英国的统治,殖民地在很大程度上还要依赖英国。1690 年 5 月,马萨诸塞、普利茅斯和纽约等殖民地的代表集会,一致同意向法属加拿大发动武装进攻,以表现对威廉-玛丽新政权的效忠之意②。在加勒比海地区,英法争斗从未停止,英属殖民地不断受到法国人的攻掠,急需宗主国给予支持和帮助。在殖民者看来,光荣革命的成果令人鼓舞,在一定程度上是对殖民地政治体制的合理性的认同。根据 1689 年的《权利法案》,许多"英国人自古就有的"权利得到恢复,王室的权力受到限制,议会高于王权的政治原则得以确认,君主立宪成为英国的政治制度,在这个制度下,国王、贵族和平民都有各自的权利与义务,并获得法律的保护。因此,殖民地把光荣革命看成是"分享革命",认为英国议会反对的是英王的专制独裁,捍卫的是全体英国人的权利,殖民者作为英国人的一个部分,自然也应分享革命的成果。③ 1689—1692 年,英属美洲殖民地的代表经常去伦敦,频繁出入于英国的议会及政府机构,表达殖民地的诉求,进行疏通活动。

　　但对英国来说,殖民地的要求又过分了。在英国议会看来,殖民地虽然是王室的海外领地,甚至在国王颁发的特许状中,也规定殖民地居民与本土国民享有同样的权利,可是这些权利与真正的英国人的权利不能相提并论,殖民地作为宗主的附属部分,必须为宗主国服务。正如一位侯爵在英国议会上院讲话时所说,"要是他们(移民)劳动的收益不回到他们在这里的主人手里,那么,许可他们到北美这个地方究竟目的何在呢? 我认为,假如殖民政策的好处没有增加英国的利益,那么这项

---

① Anthony McFarlane, *The British in the Americas*, *1480—1815*, London: Longman, 1994, p. 202.
② Nicholas Canny(ed.), *The Oxford History of the British Empire*, Vol. Ⅰ: *The Origins of Empire*, Oxford: Oxford University Press, 1998, p. 460.
③ 王希:《原则与妥协:美国宪法的精神与实践》,北京大学出版社,2000 年,第 35 页。

政策就连一分钱也不值"①。此时的新君主威廉三世,尽管忙于其他事务,尤其是与法国路易十四的战争,无暇顾及美洲殖民地,但他的殖民政策还是很明确,就是坚持自克伦威尔以来的重商主义,严格实行《航海条例》,对殖民地实行有效的整顿和控制,使其服务于英国。当然,他作为加尔文派的宗教信徒,对殖民地抱有同情心,反对詹姆士二世将英国国教强加于新英格兰,或者企图恢复天主教。他也不赞成詹姆士的总督管理制度,以及专断的统治方式。"从根本上说,新国王的原则是:在美洲的英国人应享有如同英国一样的代表自治权利,但是代表立法机关应处处受到在英属美洲的王室代表的制约。"②所以对美洲而言,光荣革命虽带来重大影响,但这种影响并非完全是殖民地所期望的。

　　1691年,马萨诸塞重新得到了英王颁发的特许状,并成为王室直辖殖民地,但它恢复"公司特许殖民地"(Charter Colony)地位的愿望没有实现。特许状规定:马萨诸塞实行地方自治和宗教宽容,但英王任命的总督有权否决议事会法案,使其受到明显限制;殖民地成立两院制议会,上议院议员由议事会推选,下议院议员根据财产而非宗教条件选举产生,因此削弱了清教专制的色彩。英国对殖民地制定的法律拥有最后决定权,这就保证了母国对殖民地的宗主权。普利茅斯和缅因划归马萨诸塞,新罕布什尔保持独立。康涅狄格和罗得岛依据查理二世特许状的规定,保留自治殖民地地位。纽约局势稳定后,英国恢复了殖民地议事会,议事会由中产阶层选举产生,有制定法律的权力,但需呈报英王批准。同一年,马里兰的业主统治权被取消,变成王室直辖殖民地,实行宗教自由。国王任命殖民地的总督和参事会,土地所有者和农民选出的代表组成议事会,殖民地事务由总督、参事会和议事会共同管理。东泽西(East Jersey)和西泽西(West Jersey)回归其业主,宾夕法尼亚仍属于威廉·佩

① H. 阿普特克:《美国人民史》第 1 卷(殖民地时期),全地、淑嘉译,三联书店,1962 年,第 18 页。

② Nicholas Canny(ed.), *The Oxford History of the British Empire*, Vol. Ⅰ: *The Origins of Empire*, Oxford: Oxford University Press, 1998, p. 461.

恩。具有讽刺意义的是,加勒比海地区的殖民地没有发动起义,反而得到新国王的特别关照。英国政府不仅取消了皇家非洲公司的黑奴贸易垄断权,使进入西印度群岛种植园的奴隶人数大为增加,而且于1690年帮助殖民地从法国手中夺回了圣克里斯托弗。英王还任命斯图亚特专制统治的反对者和大种植园主担任背风群岛和牙买加的总督。1693年,英国废除了1685年詹姆士二世定下的蔗糖税①。英国新政府推行的殖民地政策,"几乎等于恢复到15年或30年前的自由派殖民政策,可能还反映了英国资产阶级革命的辉格主义内涵及其对财产和自治权利的尊重"②。

从重商主义的角度来理解,新政府的基本政策并无改变,但它允许殖民地建立或恢复代议机构,在这个意义上可以说,光荣革命后英国与殖民地之间通过一种"典型英国式的妥协"③,重新确立了双方的关系,重建了殖民地的统治秩序。随着国内政局的稳定、后顾之忧的解除,英国政府对殖民地的政治统治逐步定型。到17世纪末,英国不仅建立了以美洲为主的庞大殖民帝国,而且基本形成英国特色的殖民统治体制④,大英第一帝国初步成型。

按照这种体制,英国通过贯彻实行重商主义来达到管理殖民地的目的,因而第一帝国是一个"不依赖军队而依靠船队支撑的海外贸易及殖民帝国"⑤。在英国看来,建立和发展殖民地的基本目标是为英国的经济服务,政府对殖民地的管理应当侧重于殖民地的贸易政策,政治方面的

① Nicholas Canny(ed.), *The Oxford History of the British Empire*, Vol. Ⅰ: *The Origins of Empire*, Oxford: Oxford University Press, 1998, p. 463.
② R. C. 西蒙斯:《美国早期史:从殖民地建立到独立》,朱绛等译,商务印书馆,1986年,第211页。
③ 塞缪尔·埃利奥特·莫里森等:《美利坚共和国的成长》上册,南开大学历史系美国史研究室等译,天津人民出版社,1980年,第110页。
④ Anthony MacFarlane, *The British in the Americas*, *1480—1815*, London: Longman, 1994, p. 205.
⑤ David Armitage, *The Ideological Origins of the British Empire*, Cambridge: Cambridge University Press, 2000, p. 3.

控制就相对薄弱。与其他殖民帝国相比,英第一帝国的基本特征就是经济上的重商主义。从理论上说,英国殖民地是作为英王的海外领地而存在的,英王颁布的特许状是殖民地合法存在的依据,所以英王对各殖民地拥有至高无上的管辖权。光荣革命确立了君主立宪制,议会成为英国的最高权力所在,商业资本作为英国经济的重要力量,力图利用议会来保护他们在世界贸易中的利益,因此议会日益关注英国的殖民事务。在商业阶层的推动下,议会于1696年颁布了最后一个《航海条例》,即"防止欺诈行为和整顿殖民地贸易中种种弊端的法令"。据此,只有用英国或爱尔兰制造的、英国人所有的,且至少有四分之三的船员为英国人的船只运输的商品,才能出入英国殖民地,否则一律禁止。为了辨认船只身份,条例规定所有英国船只都必须到海关登记验证。为此,每个殖民地都建立了由英国财政部管辖的正规海关,配备正式的海关工作人员。海关人员的执法权很大,他们可以从法官或海军司法处领取"缉私令状",凭此令状,就可以进入任何船只或仓库搜查走私物品,必要时甚至可以动用武力,并有权启动法律诉讼。该条例还要求所有殖民地,其总督都必须宣誓,保证实施《航海条例》,否则应被撤职,殖民地议会自行颁布的法令,不可与《航海条例》相抵触。① 为了贯彻《航海条例》,枢密院命令各殖民地设立海事法庭,其法官由英王任命,无须陪审团参加,法庭即可进行审判;它还命令各殖民地总督恪尽职守,协助并配合英国委派的相关官员,执行该条例。1696年的《航海条例》是对过去所有的《航海条例》的一次总结、清理和补充,它旨在整顿和强化"执行机构"②。

为掌握控制殖民地事务的主动权,英国议会曾打算建立一个贸易与拓殖委员会,负责制定实施与殖民地相关的各种政策。议会认为,先前

① The Navigation Act of 1696,David C. Douglas(ed.),*English Historical Documents*,Vol. IX: *American colonial Documents to 1776*,Oxford:Oxford University Press,1969,pp. 359 - 364.
② R. C. 西蒙斯:《美国早期史:从殖民地建立到独立》,朱绛等译,商务印书馆,1986年,第215页。

的贵族贸易和拓殖促进会不能发挥实际作用,不能满足现实中特别是战争时期的要求,它"已经变为一个负责整个贸易的委员会"[1],无力执行殖民地政策。但议会的计划未能实现。此时英王也意识到,为了强化殖民地的贸易及军事防卫,应当对殖民地管理机构进行必要的调整。1696 年4 月 30 日,威廉二世授权成立了管理殖民地事务的"贸易会"(Board of Trade),这个机构隶属于枢密院,其成员由国王任命,最初包括枢密院成员和殖民地事务专家。由贸易会来管辖殖民地,本身就反映了英国殖民政策的本质,即在帝国范围内奉行重商主义,维护和促进贸易发展。根据授权,贸易会的任务是监督英国与其他国家的贸易,接收殖民地总督报送的信件及官方文件,据此提出建议或信息,送交有关部门予以处理。它还负责起草涉及殖民地事务的法律文件,交由议会通过。贸易会本身不是一个行政单位,它没有人事权,也没有对重大问题的决策权,无权发布命令,只是枢密院下属的咨询机构[2]。不过,由于它是专门思考殖民地事务的顾问机构,所以提出的建议多半被采纳,其作用不可小觑。贸易会忠实地执行重商主义政策,提出了许多维护英国经济利益的建议和报告。它曾建议政府颁布法令,禁止殖民地发展工业,防止与宗主国形成竞争;它还促使枢密院反对殖民地发展船运,并鼓励殖民地生产英国需要的工业原料。1698 年,它向政府提交一份调查报告,称英国要关注北美殖民地的家庭羊毛手工业,称其极大地威胁了英国的羊毛纺织业。根据这份报告,英国议会于 1699 年通过《羊毛纺织品法》(Woolen Act),禁止从殖民地向英国本土及其他国家出口羊毛及纺织品,殖民地之间的这类出口也属非法。为了降低英国毛织品在北美的销售价格,英国政府在1700 年取消了英国运往北美的毛织品出口税。贸易会还提出废除殖民地特许状的建议,不过未被采纳。17 世纪末到 18 世纪初,英国对殖民地的控制与管理,总体上比以前更有效,贸易会在这段时间的作用较为明

---

① J. 布卢姆、S. 摩根等:《美国的历程》上册,杨国标、张儒林译,商务印书馆,1988 年,第 77 页。
② 直到 1768 年时,贸易会主席才成为内阁成员。参见 Martin Kitchen, *The British Empire and Commonwealth : A short History*, London:Macmillan, 1996, p. 2.

显,它的成立标志着英国殖民地管理走上了正常化轨道①。

但因为英国对待殖民地,主要看重其经济价值,加上英国政府在多数殖民地建立的过程中并未发挥多少作用,所以相对而言,英国对美洲殖民地的政治管理一直比较松懈,事实上可以说是十分随意,又相当不规范,主要表现为管理机构众多、部门职权重叠、缺乏相互协调。除了贸易会外,英国的议会、枢密院、海军部、陆军部和财政部等部门,都有管理殖民地的部分权力。议会可以制订、颁布和修改有关殖民地的法律,它在光荣革命后逐渐取代英王,成为殖民地政策的制订者,在殖民地问题上拥有绝对发言权;枢密院设有上诉和申诉机构,可以受理与殖民地有关的申诉案件,18世纪之前还代表英王委任殖民地总督;殖民地的财政包括税收在内,由英国财政部负责,海关和铸币也为财政部控制;此外,陆军部和海军部分别负责殖民地的防卫安全、打击走私及驻军等事项。从表面上看,上述机构分工具体,各司其职,但实际上则是各自为政,缺乏统一集中的管理。虽然在维护国家利益方面目标一致,但它们在实际工作中,却以自己的利益来衡量、处理殖民地事务,没有哪个部门试图协调与其他部门的行动。议会也从未为殖民地制订宪法,很少干涉殖民地内部事务②,正如英国政治家埃德蒙·伯克(Edmund Burke)所说:"这些殖民地的形成、发展和繁荣似乎是由一种趋势或个人的倾向所造成的,在规划我们的殖民地方面明显缺少立法精神。"③很明显,这种管理体制必定累赘而缺乏效率④。

政治控制的松散性给殖民地当局扩张自己的权力提供了空间。英国各殖民地的政府体制是在殖民地建立和发展过程中逐步形成的,它一

---

① 李剑鸣:《美国的奠基时代:1585—1775》,中国人民大学出版社,2011年,第249页。

② Sir Ernest Barker, *The Ideas and Ideals of the British Empire*, Cambridge: Cambridge University Press, 1941, p. 41.

③ Jack P. Greene(ed.), *Great Britain and the American Colonies*, University of South Carolina Press, 1970, Preface.

④ 塞缪尔·埃利奥特·莫里森等:《美利坚共和国的成长》上册,南开大学历史系美国史研究室等译,天津人民出版社,1980年,第111页。

般由总督、参事会和议事会组成,与英国的国王、上院和下院相类似,因此基本上是对英国政制的模仿和移植。不过,由于殖民地的自然和社会环境不同,在实际运作中各殖民地又表现出自己的特点。一般来说,总督的权力比较大,在相当长时间内都是殖民地统治的核心。总督产生的办法因地而异,在王室直辖殖民地由英王委派,是英王的代理人,并根据特许状及有关命令行使职权;业主殖民地的总督由业主指定,但需英王批准;在自治殖民地,总督由有产者选举产生。在各殖民地,总督是英国权力的体现者,他们在前往殖民地以前,须立约效忠英王,并宣誓执行英国的相关法律。在殖民地,总督会同有关部门负责监督《航海条例》的实施,并定期向宗主国汇报。总督有权任命下级官员、建立法院,并随时任命或替换法官,有权召集或解散殖民地议会,有权否决殖民地立法机构通过的法案,其中包括损害英王特权、违反英国管制贸易、与英国法律相抵触、干涉奴隶输送及契约佣仆、使用纸币等法律①。此外,总督还是殖民地的军事领导人,有权任命军官、指挥军队。

殖民地参事会有一定的行政、立法和司法职能,有权接受和审理下级法院移交的上诉案件,并在许多方面充当总督的顾问。参事会成员通常由总督任命(马萨诸塞等少数殖民地由选举产生),并经英国贸易会批准。作为一个荣誉和特权机构,参事会通常由殖民地总督指定人选,所以在重大问题上往往与总督保持一致,因而就成为总督控制之下的一个政策咨询机构。后来,它发展成殖民地议会的上院。

殖民地议事会(下院)是殖民地政治体制中代表殖民者利益的机构。尤其在公司和业主殖民地,议事会起初权力都很小,但经过不断斗争,又逐渐成为独立的立法机构。光荣革命后,议事会的合法性在理论上得到承认。代议制在英国的确立、《权利法案》的通过,以及约翰·洛克(John Locke)政治思想的传播,都对殖民地产生了深刻的影响。在殖民地居民

---

① M. W. Jernegan, *The American Colonies*, *1492—1750*, New York: F. Ungar Pub. Co., 1959, p. 276.

看来,他们作为英王管辖之下的臣民,理应获得英国人所拥有的一切权利,殖民地议事会也应享有与英国议会同等的权利。为了这种权利,殖民地居民同总督展开了长期的斗争,其目标是力争殖民地议会能像英国议会控制英王一样,制约甚至控制总督①。到17世纪后期,尽管总督的权力依然很大,议事会并没有获得英国议会那样的权力,但它可以利用征税权和控制总督薪水的权力②,迫使总督作出让步,以此来影响和控制殖民地事务。新泽西议事会的一名议员就曾公开宣称:"我们可以使这些总督经常陷入窘境,这样我们就可以迫使他们做我们喜欢的事。"③英王和英国议会是通过加强总督和其他皇家官员的权力,来维护英国利益,特别是经济利益的,而殖民地的种植园主、农场主及工厂主,则竭力通过议事会来抵制英国的政策。于是,"英国能否控制殖民地,主要取决于皇家总督与殖民地议会的合作是否成功。由于每一项立法都须经总督和议会同意,如果这两方面拒绝合作,宗主国和殖民地的需要都不可能得到满足。"④为了使殖民地的管理富有成效,总督与议事会在斗争的同时,也在许多问题上达成妥协。这样,议事会就逐渐演变为维护殖民地利益的政治机构,代表殖民地居民行使权力。不过直到18世纪初,议事会对英国议会的法令基本上都是服从的,当时在英王直辖殖民地就流传着这样一句话:"在殖民地法律没有提到的地方,英国法律必须被遵奉着。"⑤即便在自治倾向更强的自治殖民地,英国法律一般也能得到遵守。在母国与殖民地的关系中,英国因殖民地的存在和发展而获利,并走向强盛,美洲殖民地则因得到英国的保护而获得自身发展的机会。就是

---

① Frederic A. Ogg, *Builders of the Republic*, Newhaven: Yale University Press, 1927, Chapter I.
② 一般来说,英属殖民地总督的薪水来自殖民地的出口税或殖民地议会的拨款,这与西班牙殖民地明显不同。参见 Anthony McFarlane, *The British in the Americas*, *1480—1815*, London: Longman, 1994, pp. 207 - 208.
③ M. W. Jernegan, *The American Colonies*, *1492—1750*, New York: F. Ungar Pub. Co., 1959, p. 285.
④ J. 布卢姆、S. 摩根等:《美国的历程》上册,杨国标、张儒林译,商务印书馆,1988年,第79页。
⑤ 黄绍湘:《美国史纲:1492—1823》,重庆出版社,1987年,第125页。

说,双方的共同利益和彼此需要,构成了第一帝国的殖民地体系得以维系并正常运作的根本需求。不论在王室直辖殖民地,还是在业主殖民地,或是在自治殖民地,代议制及议事会的权力的扩大,都体现着殖民地自治倾向的加强,这既是英国重商主义实施的结果,也是大英第一帝国政治体制中一个基本的特色。

第六篇

思想和文化

第一章　文艺复兴时代

16—17世纪的英国文学，即英国现代早期文学或文艺复兴文学，一般分为三个时期：第一阶段（1550年以前）是莫尔-怀亚特时代，在这个时代人文主义散文和抒情诗初现端倪。15世纪中叶百年战争结束，英格兰统一，社会趋于安定，围绕着宗教改革的争论和新人文主义生活态度的萌芽，散文得到迅猛发展。在戏剧方面，取材于圣经故事的神秘剧和奇迹剧，以及以抽象概念作为剧中人物的道德剧，在15世纪英国舞台上占有主导地位。第二阶段（1550—1630）是伊丽莎白时代，这是英国文学的黄金时代。此时，宗教改革的冲突逐渐平息了，在古典文学的挖掘和研究方面出现了巨大的热情，诗歌和戏剧创作进入全盛时期，当时最杰出的诗人是埃德蒙·斯宾塞和菲利普·西德尼（Sir Phillip Sidney），最杰出的戏剧家是威廉·莎士比亚和克里斯托弗·马洛（Christopher Marlowe）。第三阶段（1630—1690年）前期是弥尔顿-多恩时期，后期是德雷顿时期。与约翰·弥尔顿（John Milton）豪放、雄伟的风格并存的，有以约翰·多恩为代表的玄学派诗、那些被称为"骑士派"（Cavaliers）的贵族青年所写的爱情诗，它们构成了文艺复兴文学的尾声。复辟时期也称德雷顿时期，受法国文学影响的新古典主义（Neoclassicism）开始盛行，并在下一时代达到顶峰。

　　文艺复兴时代是宇宙的发现(科学革命)和人的发现(宗教改革和艺术繁荣)的时代。在这个时代,知识与美的发现是其显著特点,人文主义者充满着对新时代的向往与期盼,似乎获得了新生的感觉。文艺复兴不仅仅是对古典时代或古代世界的重新发现,而且是利用过去的经验构筑新时代的文明,古典理想可以成为重塑现代生活的典范。所以,文艺复兴不是在发现旧文明,而是在探索新世界,正如保罗·亨利·朗所言:"重要艺术家如今忙于系统检查古典文明的残余,测算掂量其分量,以便用于生产。"①确切地说,文艺复兴并不是一个口号和一场运动,而是一个具有巨大的复杂性、并充满各种理想和观念碰撞的文化现象。通常而论,文艺复兴的总体方向是为世俗化、人性觉醒、权利话语、个体幸福以及情感——甚至是卑劣情感——寻找合理性,不过这些概念都是19—20世纪的历史学家概括出来的,而事实上,文艺复兴可以说体现了总体方向感的丧失。从这个时候起,统一的理想与方向没有了,不同的人有不同的方向,整个社会处于异质化的相互冲突状态。宗教改革无疑是文艺复兴对于人的发现的一部分,是一种发现新方向的尝试,而在教会内部,改革的呼声可追溯到中世纪。准确地说,宗教改革只是基督教内部关于什么是信仰、什么是信徒、什么是正当的生活与思考等问题的冲突及爆发。在艺术风格方面,文艺复兴继哥特风格(Gothic)而起,主张感受自然与生命的活力,并把古典艺术推崇为最高理想。绘画上的透视法,根据解剖原理勾画人体,音乐上的和声原理等等,都与这个时代的科学态度有关。

　　知识和思想的迅速传播得益于印刷术的引进和发展。1476年,威廉·卡克斯顿(William Caxton)在英国首次印刷书籍。到16世纪上半叶,印刷术已经普及,但多数作品仍然以手抄形式流传与搜集,其中以诗歌文本最典型。抒情诗一般是应景之作,适用于不同的场合,只有被作者特别是读者认为特别有价值的诗作才会被保存下来,并在亲友中进一

---

① 保罗·亨利·朗:《西方文明中的音乐》,顾连理等译,贵州人民出版社,2001年,第113页。

步分享。这种情况常见于大学教师、学生、文人、贵族与中等阶级家庭和熟人之间,菲利普·西德尼是这个时代最知名的手稿作家,他的《阿卡迪亚》(*Arcadia*,1590—1600)、诗集、《爱星者和星星》(*Astrophel and Stella*,c.1582)皆以手稿方式在文人圈子中流通,而印刷本是在手抄本流行多年以后才出现的①。都铎时期,托马斯·怀亚特爵士的诗集抄本最多,有若干版本。《哈林顿家族手稿集》(*Arundel Harington Manuscript*)收录了 1540—1600 年间当时最著名诗人的诗作 300 篇。伊丽莎白时代,有四个手稿文集对后世的文学史研究很有帮助。从 16 世纪中期开始,印刷业发展加快,印制了大量书籍,从珍本图书到廉价读物,从文学作品到神学著述等等都有。1557 年,理查德·托特尔(Richard Tottel)搜集和印刷的怀亚特爵士《诗歌集》,还有萨里伯爵亨利·霍华德(Henry Howard,Earl of Surrey)的韵文,在很长时间内是最流行的选集。从那以后,各种文集不断出现。和现代的情况一样,文集一般加上编者导言,对作品进行介绍。除了本土作品外,希腊与拉丁原作与译本以及双语本,也是印刷品的重要组成部分。16 世纪晚期,至少有 3 000 种不同的文集在流通,涉及各种文体与内容,特别是配有插图的劝谕性传奇故事,其中不乏被批评家称作淫秽的内容②。因为廉价书籍大量出现,小册子常常是半个便士一本,大众阅读习惯和读者市场发展起来了。1660 年代,英格兰年销售 40 万册书籍。早期进入英国的印刷书籍大多在境外印行,如威廉·廷代尔的圣经译本在 10 年内进口 6 万册③。

---

① Harold Love, *Scribal Publication in Seventeenth-Century England*, Oxford: Clarendon Press, 1993.

② Kenneth Charlton and Margret Spufford, "Literacy, Society and Education", David Loewenstein and Janel Mueller (eds.), *The Cambridge History of Early Modern English Literature*, Cambridge: Cambridge University Press, 2002; Tessa Watt, *Cheap Print and Popular Piety*, *1550—1640*, Cambridge: Cambridge University Press, 1991.

③ Bernard Capp, *Astrology and the Popular Press*: *English Almancs*, *1500—1800*, London: Faber & Faber, 1979.

　　这一时期,知识产权的概念诞生,这是出版业得以蓬勃发展的另一个重要原因。17世纪前,由于版权属于出版者,而不是作者,未经作者许可印书的情况较为普遍。17世纪末到18世纪初,英国出台《垄断法规》(*The Statute of Monopolies*,1623)和《安娜法令》(*Statute of Anne*,1709)①等一系列法律,授予作者和出版商作品专有复制权,旨在鼓励创作,出版商必须依法向作者支付版税。

　　庇护制度是作品生产中值得注意的现象②。在经历了16世纪30年代的解散修道院和教会混乱后,王室和贵族都认为需要鼓励学术。当时,作品要刊登保护人的名字才能出版,还要有献词来表达谢意,因此寻求庇护人,把贵族的名字列为致谢的对象,是对书籍价值的承认,并且也能保证作品不涉及有害的政治与宗教内容。在那个时代,写作可以是私人的事,但流通却是危险的,因为会面对各种可能的指控;阅读是私人的,但收藏图书又是冒险的,因为收藏者可能背负不忠、诽谤和离经叛道的罪名。有大人物的名字出现在书上,对著者和读者都是一种保障。托马斯·埃利奥特爵士(Sir Thomas Elyot)在《给亨利八世的献词》(*Book Named the Governor*)中就称自己处于恶意的包围中,请求国王保护自己,免遭无端攻击之伤害③。宗教改革时期的庇护制多与安全有关;到了伊丽莎白时期,庇护者兼具学术促进与支持者的角色,像威廉·塞西尔和罗伯特·达德利就是如此。菲利普·西德尼的文人圈子,既是人文研究的圈子,也是保护人和被保护人的圈子,他甚至愿意向意大利的乔尔丹诺·布鲁诺(Giordano Bruno)提供保护。到斯图亚特朝,弗朗西斯·培根的例子表明情况有所变化:寻找保护的成分变小了,说服赞助人支

① See L. Ray Patterson & Stanley W. Lindberg, *The Nature of Copyright: A Law of Users' Right*, University of Georgia Press, 1991, p. 14, pp. 49 - 53, pp. 53 - 55.

② Graham Parry, "Literal Patronage", David Loeuerstein David Loewenstein and Janel Mueller (eds.), *The Cambridge History of Early Modern English Literature*, Cambridge: Cambridge University Press, 2002.

③ Ibid., p. 119; John N. King, *English Reformation Literature*, Princeton University Press, 1982, pp. 104 - 111.

持自己学术的成分增多了，1605 年培根把《学术的进展》(*The Advancement and Proficience of Learning Divine and Human*)献给英王，他把詹姆士一世比作宙斯使者赫耳墨斯(Hermes)，赞扬他拥有国王的财富与权力、神父的知识与启示、哲学家的博学与深刻，希望国王把促进学术发展作为自己永久的纪念。1620 年，当他把《新工具》再次献给国王时，他又把詹姆士称颂为当代的所罗门(Solomon)，期望他推动以观察与实验为基础的自然科学研究①。

文艺复兴的重要内容是英吉利民族国家的形成，在文学上有三个方面的突出表现：一是作为民族语言的英语的形成，二是对英国历史传统特别是它的独特性的想象，三是认同政治权威，把君主特别是伊丽莎白描述为上帝的代言人，具有非凡的美德。从历史的角度看，詹姆士一世的专制诉求和君权神授的主张，与英国历史甚至欧洲历史的发展有逻辑关系，而英国革命的重要性在于，它把从君主认同中折射出来的民族认同转变为直接的民族认同，但由此造成了分裂和内战。

现代英语的形成经历了两个阶段：其一，拉丁文与英语同时成为写作语言。英语受到拉丁文和法语、意大利语的影响，向严格的语法与丰富的词汇方向发展。其二，文学语言和科学语言产生，英语的表达能力增强。1100—1660 年是欧洲的拉丁语时代，其影响在 1550—1660 年间达到高峰，但它同时也进入晚期。不仅双语化成为后面这个时代的标志，而且从托马斯·莫尔到约翰·弥尔顿，几乎所有重要的作家都是双语作家。莫尔的《乌托邦》用拉丁文撰写，而《理查德三世本纪》(*History of King Richard* Ⅲ)用英文写成。弥尔顿的重要诗篇是拉丁文的，但他大量的政论作品与历史作品则是英语的。文艺复兴是对古典文化的再发现与再解释，其中既包含柏拉图、亚里士多德(Aristotle)、西塞罗(Marcus Tullius Cicero)，也包含圣经。在学术层

---

① 安德鲁·桑德斯：《牛津简明英国文学史》，谷启楠等译，人民文学出版社，2006 年，第 203—204 页。

面,人文主义努力恢复被中世纪曲解了的宗教经典,于是产生再翻译:从拉丁文经典回到希腊文经典,回到希伯来文和希腊文的圣经。所以16世纪时,几乎所有的人文主义者都是翻译家。在实践层面,人文主义者力图用古典世界和原始基督教时期的生活理想重塑时代,改善这个在各方面都突然变得极端复杂的世界;他们教育或劝导阅读而不单单聆听,包括教育与劝导统治者。这样,口语化的民族语言写作就变成了文学实践。

16和17世纪,大量新作品都是用拉丁语写的。"直到17世纪中期,人文主义者都认为拉丁文在美学、精神和社会上都优于民族语言,这是共识。拉丁语被看作是修辞与语法的典范,是走向神圣真理的路途,也是有文化、有教育、有社会地位的标志。"①民族语言在这个时期经历了重要变形。像在西欧其他地区一样,英国大量印行了希腊语和拉丁语原著,英译本也不断涌现,双语对照本就成为一种重要的学术实践。翻译大大扩展了英语的词汇,也塑造了英语的句法。从希腊文本来重译《圣经》是从16世纪初开始,这项工作持续了一个世纪,许多人文主义者都参与进来。这不仅是个宗教现象,也是个文学与语言现象。1611年出版了以廷代尔译本为依据的詹姆士钦定本英文《圣经》,推动了现代英语与英语文学的形成②。

16世纪以前,拉丁语是有教养的标志;随着宗教改革的进展,到16世纪中期以后,英国全社会都表现出对天主教的恐惧,拉丁语开始受冷落,甚至被看作是罗马天主教的象征。17世纪时,拉丁语被认为是保守和迷信的,受到各方蔑视。培根认为,真理与语言无关,只与实验与观察

---

① Paula Blank, "Language of Early Modern Literature in Britain", David Loewenstein and Janel Mueller (eds.), *The Cambridge History of Early Modern English Literature*, Cambridge: Cambridge University Press, 2002, p. 142.

② Gerald Hammond, *The Making of the English Bible*, Manchester: Carcanet, 1982; Gerald Hammond, "Translations of the Bible", Michael Hattaway(ed.), *A Companion To English Renaissance Literature and Culture*, Malder, MA: Wiley-Blackwell; New Ed edition, 2002, pp. 165 – 175.

有关,他反对任何权威,不管是希腊语权威,还是拉丁语权威。在内战和共和时代,虽然诞生了像弥尔顿这样用拉丁文写作的文学巨匠,但在激进的清教徒眼中,拉丁语与罗马教廷有关,所以是"兽的语言"①。不过在有关日常生活、历史与道德领域的讨论中,本国语言虽然日益得宠,但那时标准的医学语言仍然使用的是拉丁语。

16—17世纪,英语的表现力得到提高。由于大量吸收古典文化,英语语法和写作风格受到了古代语言的深刻影响。文艺复兴时期,散文作家都精通拉丁语,受古典诗人西塞罗和塞涅卡(Ucius Annaeus Seneca,c.4 BC - AD 65)的影响最甚,前者的铺陈、缜密与文雅,后者的明快、和谐与深刻,二者都留下深刻影响。不管是用英语还是用拉丁文写作,文艺复兴时期的作家都在表达的多样性方面作过许多尝试,他们既能写得庄重、典雅,富有诗意,又能充分利用通俗语言,对日常生活津津乐道,极尽嬉笑怒骂之能事。1529—1532年莫尔与廷代尔的论战是这个时代一个重要的文化事件。廷代尔的散文平实,不故作文雅,不避讳日常口语,也不避讳粗俗,但他也可以使用庄重之笔。刘易斯说廷代尔轻快,不讲究修饰,但节奏感好,文章尖锐有力;而"在莫尔的所有玩笑后面,我总感到有一点忧郁;在廷代尔的所有严厉话语的后面,却有一种欢笑,一种他自己说来是发自内心深处的欢笑。"②剑桥学者休·拉蒂默、托马斯·威尔逊爵士等都是口语派写作高手。理查德·胡克(Richard Hooker)的著作《论教会政策的法则》(*Of the Lawes of Ecclesiastical Politie*)是那个时代的散文杰作,它平实而典雅,充满着西塞罗式的圆周句,影响了18世纪英语论文的写作风格。在这部顺次讨论圣经、教会、教职人员的八卷本巨著中,作者称整个作品要表达的是温和与说理的精神,而不是煽

---

① Paula Blank,"Language of Early Modern Literature in Britain",David Loewenstein and Janel Mueller(eds.),*The Cambridge History of Early Modern English Literature*,Cambridge:Cambridge University Press,2006,p.152.

② C. S. Lewis,*English Literature in the Sixteenth Century*,Oxford University Press,1954,p.192.

动仇恨,目的是安定良心,追求健康与诚挚的理性。

16—17 世纪,英国文学的重要主题是民族认同,它与排外、排斥生人分不开。1500 年,一位意大利观察家看到英格兰人反感外国人,他们认为外国人到英国来是想控制他们;另一方面,他们又自视极高,认为世界上最好的东西都在英格兰①。总体上,都铎英国是个排外的社会②,爱国主义是亨利八世时代文学作品的一个主题。这些作品歌颂国王的荣耀和上帝对英格兰的偏爱,企图以此唤起对国王和国家的忠诚。宗教改革时期,由于英国从罗马教廷脱离,在文学与非文学作品中就频频出现对自称是帝国的英国的歌颂,以及对英国国王、英国宪法和英国议会的辩护。16 世纪的英国,出现许多描述都铎成就的编年史著作,记录战役的胜利或探险的成功③。

16 世纪后半期,表达民族认同的写作形式多种多样,其中有历史著作、布道文、诗歌、戏剧,其语言形式有的是挽歌,有的是喜剧,有的像天启。"民族国家是这个时代一种创新的政治形式,其作者用不同的资源对其进行描述。"④宗教改革时代,苏格兰的民族认同语言强调苏格兰对英格兰的独立性以及苏格兰历史的独特性,而同时代的英格兰历史叙事则强调苏格兰在起源上只是不列颠的一个地方单位。

16 世纪的英格兰文学培育这样一种意识:都铎君主是古代不列颠统治者的继承人,不列颠教会先于罗马教会存在,比它更纯洁⑤。文学作品

① 引自 David Loades,"Literature and National Identity",David Loewenstein and Janel Mueller (eds.),*The Cambridge History of Early Modern English Literature*,Cambridge:Cambridge University Press,2002,p.210.该文作者认为,意大利观察家发现的这个现象在同期的文学作品中很少发现,但在莎士比亚的剧作中太常见了。
② Phillip Schwyzer,*Literature*,*Nationalism and Memory in Early Modern England and Wales*,Cambridge:Cambridge University Press,2004,p.1.
③ 参见本书第五篇第一章。
④ Claire McEachern,*The Cambridge History of Early Modern English Literature*,Cambridge University Press,2002,p.314.
⑤ David Armitage,*The Ideological Origins of the British Empire*,Cambridge University Press,2000.

表现出对教皇、天主教国家的憎恶，罗伯特·格林（Robert Greene）通过
《西班牙蚊子》（*The Spanish Masquerado*，1589）描写无敌舰队的失败，
而英国人民和议会、法律同国王的关系，则是相互支持和宽容的。约
翰·福克斯（John Foxe）的插图本《行为与典范》（*Actes and Monuments*，
1563）是伊丽莎白时代最著名的爱国主义作品，它将历史、法律、风土人
情与信件、官方文件、见闻等内容，熔为一炉，记载不同等级的英国人捍
卫信仰和反对教皇的故事；它美化女王，称她与人民团结一致，将英格兰
从教皇的专制下解放出来。在斯宾塞和莎士比亚的作品里都有对女王
的赞颂，而伊丽莎白终其一生也刻意保持其亲善的形象。这位终身未嫁
的女王称国家就是其夫君，所有的臣民都是其孩子[①]。迈克尔·德雷顿
（Michael Drayton）的《多福之邦》（*Poly-Olbion*，1612）写作于斯图亚特
的冲突时期，它将不同地理特征的对峙与互补拟人化，赞颂民族的地方
性忠诚。在《约翰王》中，莎士比亚把天主教神职人员刻画成恶毒成性、
专事挑拨的人。斯宾塞的《仙后》，则在特洛伊人（Trojans）的历史中发现
不列颠的起源，女骑士不列托玛特（Britomart）是高贵的不列吞人的后
代，她起源于特洛伊人，其名字与不列颠的联系一目了然。在斯宾塞看
来，民族认同中包含着英国历史的知识，也包含融入这个历史中的意识。
在《仙后》第二卷中，勇敢的居央（Guyon，节制的化身）在《不列吞界标》
（*Briton Moniments*）的古书里发现了可以追溯至5世纪的格罗丽亚娜[②]
（Gloriana，即仙后）的王室史，并发出这样的感叹[③]：

> 亲爱的祖国啊，回忆你的往事
> 以及那永久和纽带，对你的养子来说

① Leah S. Marcuse, Janel Mueller and Mary Beth Rose(eds.), *Elisabeth I : Collected Works*, Chicago：University of Chicago Press, 2000, p. 59.
② "格罗丽亚娜"意思是"光荣"，其主人公便是贯穿全书的仙后格罗丽亚娜，而在序言中，斯宾塞明确声称指的是现实的、最光辉的女王伊丽莎白。
③ Edmund Spenser, *The Faerie Queene*, Book Ⅱ, Canto10, 引自[英]安德鲁·桑德斯：《牛津简明英国文学史》，谷启楠等译，人民文学出版社，2000年，第134页。

　　该是多么亲切。

　　莎士比亚的历史剧体现着 16 世纪后期英国文学对英国民族性的认识,因而是民族认同的重要表达。当然,他的历史剧充分表现了人性的冲突与历史的复杂性,在这些作品中可以找到对王权的辩护,也有对古典共和理想的捍卫。在《亨利六世》和《理查德三世》(1595—1596)中,莎士比亚描述了亨利·都铎如何使英格兰从内战走向安宁。在《亨利四世》(1596—1597)中,他着墨于君主的欲望与责任,塑造了一个复杂而英明的君主形象。《亨利五世》则将场景从国内转向国外,表现了在与法国的战争中英格兰内部的团结①。英国在打败无敌舰队后出现高涨的民族主义情绪,约翰·迪博士(Dr. John Dee)称赞女王对新世界的征服,认为这是不列颠的发现和帝国的复兴。

　　17 世纪以后,英国的民族主义围绕三个特征展开:英语、盎格鲁-撒克逊种族、议会与法律传统②。1603 年苏格兰国王詹姆士六世继承英格兰王位,他一开始就确定了自己的政治目标,要把两国联合成"统一的不列颠民族"。苏格兰人罗伯特·庞特(Robert Pont)在 1604 年称:过去这两个民族相互仇恨,是因为上帝对其天主教偶像崇拜进行惩罚的结果,现在它们将"在一个国王、一个法律、一个信仰下",带着爱与和平生活在同一个国家中③。托马斯·海伍德(Thomas Heywood)在 1610 年认为,每个民族都最爱护自己的国家,而英格兰是世上最快乐的家园,与西班牙等国相比,英国几乎在所有方面都更加美好。然而,不列颠话语在文学中却遭受争议,国王与一部分学者赞成联合,另一部分学者强调两个民族在法律与风俗上的差异,因而建议按不同的习

---

① David Loewenstein and Janel Mueller (eds.), *The Cambridge History of Early Modern English Literature*, Cambridge: Cambridge University Press, 2002, pp. 334-337.
② Phillip Schwyzer, *Literature, Nationalism and Memory in Early Modern England and Wales*, Cambridge: Cambridge University Press, 2004, p. 6.
③ Bruce R. Galloway and Brian P. Levack(eds.), *Jacobean Union, Six Tract of 1604 (Scottish History Society)*, Edinburg: C. Constable, 1985, p. 16.

惯分别统治。

在 17 世纪早期,人们看到了两种倾向并存的现象。1605 年,本·琼森(Ben Jonson,c. 1572—1637)为国王詹姆士上演的第一部剧《黑色假面舞》(*The Masque of Blackness*),是王公贵族参加演出的综合艺术,它将风景画、音乐、诗歌、舞蹈与华丽服饰集于一体,歌颂了英格兰人和苏格兰人在国王统治下的统一,称这个天佑的岛国赢得了古老的尊严与风范。1620 年 1 月,琼森在宫廷上演假面剧《来自月球新大陆的消息》(*News from the New World Discovered in the Moon*),其中人形的月球生物注视着国王的美德与伟大,表现了英国的天下升平的景象。17 世纪30 年代后期,查理一世参加演出了几部假面剧,如《不列颠的天空》《不列颠的胜利》等,都将不列颠的古代英雄业绩与今日的君王结合起来,由此掩饰日渐增长的不安定因素。

革命年代,文学中的民族认同叙事发生了巨大变化。在弥尔顿的作品中,我们可以感受到他的民族主义情怀。弥尔顿的民族主义有时扎根于对英语的热爱,称英语是自由事业中伟大人物的语言;有时洋溢着宗教热情,说英国是上帝选择的新教国家,将在人类历史上起重要作用,英吉利民族将通过上帝的"恩宠与荣耀"来恢复真理,并成为所有基督教王国的得救之光①。革命时期,阵营之争成为认同的争夺,两派都互相诽谤和谩骂对方,试图将对方从民族共同体中排除出去②。论战的重要内容是宗教认同,弥尔顿就说清教英国是第二个以色列。关于英国的范式是罗马还是以色列,也充满争论。至于英格兰从何而来、何时而来,罗伯特·菲尔默爵士(Sir Robert Filmer)和弥尔顿表达了对立的观点。弥尔顿一生都说自己是英国人、爱国者,他的民族主义有时是族群的,源于本

① David Loewenstein & Paul Stevens, *Early Modern Nationalism and Milton's England*, Toronto: University of Toronto Press, 2008, pp. 3 - 4.
② Derek Hirst, "Literature and Identity", David Loewenstein and Janel Mueller (eds.), *The Cambridge History of Early Modern English Literature*, Cambridge: Cambridge University Press, 2002, p. 635.

土的语言意识。

　　总之,16—17世纪英国的文学和艺术都表现出文艺复兴的典型特征,与其他领域一样,是英国进入现代民族国家的起始期。

第二章　文学和戏剧

　　在散文或政论文方面,鹿特丹的德西迪里厄斯·伊拉斯谟(Desiderius Erasmus von Rotterdam,1466—1536)与托马斯·莫尔是16世纪上半叶最知名的人文主义者。伊拉斯谟生于荷兰的鹿特丹,又称鹿特丹的伊拉斯谟。他作为文艺复兴北欧派的重要代表,数次来往于欧陆与英格兰之间,在剑桥大学教授希腊文,曾同莫尔讨论古典著作与圣经翻译。与莫尔投身政治相反,伊拉斯谟认为,写作、教育与学术交流是为上帝服务和改良世风的最好办法。莫尔既官运亨通又喜欢隐居,既主张教派宽容也迫害过异端。1516 年,他在比利时出版拉丁文本的《乌托邦》,而英文本直到 1551 年才在国内出版。《乌托邦》是问答体作品,其动机是向君主提出有益的建议,内容则折射出希腊、罗马的制度影响。乌托邦实行间接选举制,30 户人选小官,300 户人选大官,小官在 4 个候选人中用秘密投票选举市长,市长在伟人与善人委员会的同意下进行管理,终身任职。所有的重要决定都需要经过三天的讨论方可成为法令,本次会议的动议须得等到下次会议时方可进行表决。官员离开会场后,不许再议论政治。54 个城市各派 3 名长老,代表本城到首都组成议事会。因这种治理方式,乌托邦人被莫尔称为公民。

　　《乌托邦》的对话体明显受柏拉图的影响,与后世采用的第三人称叙事不同,参加对话的人有一个是红衣主教、一个是律师、一个是清谈者,还有一个是少年人。谈话虽然随和风趣,但讨论的都是时代迫切关注的问题,如圈地运动、严刑峻法、君王教育等。在第一卷中,主要谈话者希斯拉德谈他的旅途见闻,谈他对英国社会的观察与批评;第二卷从地理环境、首都、官员,谈到职业、民居、旅行、婚姻、战争、宗教等不同方面,全方位地描绘了"乌托邦"这个理想社会。作品的成功不仅在于思想,而且在优雅、轻松的表述方式。莫尔善于用口语化的语言表现日常生活,特别是表现欲望与罪恶。作品富有人文主义的道德关怀,这种关怀常常因为人性的软弱而成为讽刺[①]。钱伯斯说,莫尔是"第一个发展出有表现力的散文的英国人,这种散文适合他的时代的一切用途:有雄辩的力量,有戏剧性,多样化。莫尔的散文既善辩论又善叙述,能够构筑出有持续说服力的段落,又能迅速地开展对话。时而活泼,口语化,时而精雕细刻,甚至近乎绮丽"。不过刘易斯认为,莫尔的文风可能太过追求文雅而显得拖沓,"句子太长,形容词太多,几乎完全缺乏节奏上的活力。……没有闪电式的一击,没有大片思想与感情的涌现,风格是笨重的,像一块生面团"[②]。

都铎早期,重要的人文主义散文作家还有约翰·科利特(John Colet)、约翰·费希尔、托马斯·林纳克(Thomas Linacre)、威廉·格罗辛(William Grocyn)、威廉·廷代尔、托马斯·埃利奥特、休·拉蒂默、罗杰·阿夏姆(Roger Ascham)等,他们提供古典知识,参加宗教改革的辩论。其中,留学于意大利的科利特,探索用古典人文思想使英国社会或基督教社会变得更加文明,影响了伊拉斯谟。莫尔一度倡导基督教范围内的宽容,反对教会腐败,但在马丁·路德发表他的改革思想,特别是亨利八世与罗马决裂时,

---

[①] 对莫尔和 16 世纪人文主义的介绍,参考王佐良、何其莘《英国文艺复兴时期文学史》,外语教学与研究出版社,2006 年第 2 版;安德鲁·桑德斯:《牛津简明英国文学史》,谷启楠等译,人民文学出版社,2000 年。

[②] 钱伯斯和刘易斯的评论,引自王佐良、何其莘《英国文艺复兴时期文学史》,外语教学与研究出版社,2006 年第 2 版,第 24 页。

他又转而反对改革，与约翰·费希尔一样成为天主教的殉道者。埃利奥特的作品注重品德教育与艺术教育，体现了上层人士的兴趣。他在《统治者必读》(*The Boke Named the Governour*，1531)中探讨上层人物应该具有的品质，证明国家的强大取决于上层的教育。他以古代希腊、罗马的经验为例，说明在君主之下掌权的人应该是高尚之士，接受过公职训练，并有能力为公众服务。他认为统治者，除了道德以外，也应该兼通艺术。他推荐的贵族教育科目，除语言、修辞、自然、历史、哲学外，还有绘画、雕塑、骑马、音乐、舞蹈等。廷代尔是路德的信徒，他猛烈攻击教会的腐败，主张每个人都能通过阅读圣经而与上帝交流。他的主要工作是用口语文体翻译《新约》全书和《旧约》前五卷及《约拿书》。阿夏姆的英语著作《爱箭者》(*Toxophilus*，1545)和《教师》(*The Scholemaster*，1563)关注社会教育，前者讲述弓箭的作用，赞颂百年战争时阿让库尔战役(Bataille d'Azincourt)中使用弓箭的英格兰勇士，表达了他的民族主义情绪；后者以例证、轶闻和评论的方式，阐明古典教育与成功的关联，以及他与其他上层人物阅读古典著作的经历。

16世纪早期是英国诗歌的成长期，抒情诗——主要是十四行诗(sonnet)，基本上从意大利的新诗移植而来，受到"人文主义之父"彼特拉克(Francesco Petracco)的影响。这种诗体分为三节，每行都是抑扬格五音步，常见的主题是爱情、生命、死亡和感情。亨利八世的宫廷诗人托马斯·怀亚特和亨利·霍华德对后世的影响很大，开创了现代英国的抒情诗。《托特尔杂诗集》(*Tottel's Miscellany*，1557)中多数诗作出自他们之手，该诗集由出版商托特尔负责出版，总共收录271首诗，其中怀亚特有91首，霍华德占40首，多是抒情性质，也包括警句诗、墓志铭诗、讽刺诗、挽歌、叙事诗、牧歌(pastoral)等。在诗体方面，诗集包括十四行诗、早期无韵诗、三节诗押韵体、八行体和回旋曲等。

怀亚特将意大利十四行诗译为英语，开辟了以后几个世纪的诗风，后来几乎所有英国诗人都创作过这种诗体。怀亚特也写哀婉动听的抒情诗，通常表现的题材是爱情与权力场中的冲动情绪。他的讽刺诗和格言诗也很有影响,著名的诗歌有《他们躲着我》、《我的诗琴,醒来吧》、《在永恒中》等。霍华德的诗作惯以第一人称出现,极富表达力,代表作有《春之歌》。与怀亚特相比,霍华德的十四行诗更加工整流畅,被视为古典主义的起点。他还是《埃涅阿斯纪》的译者,在翻译和创作过程中,他发明了白体无韵诗,并将意大利十四行诗成功地改造成英国式,即不押韵的五音步抑扬格诗行,后来被称为莎士比亚十四行诗体①。

经过 1560—1570 年代短暂的停顿,从 16 世纪 80 年代至 17 世纪初,英国文学臻于辉煌。埃德蒙·斯宾塞、菲利普·西德尼、约翰·李利(John Lyly)、理查德·胡克、托马斯·洛奇(Thomas Lodge)、托马斯·基德(Thomas Kyd)均生于 1550 年代;迈克尔·德雷顿、威廉·莎士比亚、克里斯托弗·马洛、托马斯·纳什(Thomas Nashe)则生于 1560 年代;约翰·多恩和本·琼森生于 1570 年代。1580 年代以后,他们陆续进入创作高峰期,由此而迎来了诗歌的繁荣。

斯宾塞早年求学于剑桥,他是彼特拉克的译者,并立志成为荷马(Homer)、维吉尔(Vergilius Maro)式人物。他对中世纪的传奇、古典历史了如指掌,被视为莫尔那一代人文主义者的门徒。他虽然是宫廷诗人,却对市井生活抱有浓厚的兴趣。他的早期作品《牧人日历》(*The Shepheardes Calender*,1579)共 12 首,每个月份写一首,大多采取牧人对话形式,叙事与抒情结合,涉及爱情、宗教、诗歌等多方面内容,其中既有牧歌,也有讽刺教会和赞美女王的政治诗。如《五月》进行宗教推理,讨论一个人的生活是否应该像另外一个人;《六月牧歌》表达失恋时的怨言,整篇作品既工整贴切,又清新活泼。由 88 首十四行诗组成的《爱情小诗》(1590)描写爱情与婚礼,情感坦诚,把纯洁、奉献与情欲奇妙地混合在一起。斯宾塞的代表作是长篇叙事诗《仙后》,最初的计划是写 12 卷,后来只完成了前六卷的 3.3 万行,其中描述"格罗丽亚娜节"12 天中 12 位骑士或贵妇的冒险故事,12 位人物对应于 12 种美德。前三卷出现

---

① 王佩兰等编:《英国文学史及作品选读》,东北师范大学出版社,2006 年,第30 页。

的骑士或贵妇与圣洁、节制、贞洁相对应，后三卷对应的是友谊、公正和谦恭。代表女王伊丽莎白的"仙后"格罗丽亚娜，在六卷的每一卷中都有出现，她是仙国中最伟大、最光辉的女皇，是骑士精神的源泉，是美德与贞洁之华。12 个英雄都秉承她的旨意，从她的宫殿出发，然后踏上各自的冒险旅程，并在旅程中逐渐拥有那些美德。在题材上，斯宾塞吸收和借用了意大利文艺复兴诗人卢多维柯·阿里奥斯托(Ludovico Ariosto)和托尔夸托·塔索(Torquato Tasso)关于中世纪骑士传说中的人物、事件与情节，在语言运用与细节描写方面受杰弗雷·乔叟(Geoffery Chaucer)的影响。诗中关于打斗场面的描写，足以与《伊利亚特》(Iliad)相比；对巨兽、荒野、森林及宫廷典礼和狂欢的描写，则反映了当时的绘画风格。斯宾塞的诗极富音乐感，他首创了著名的斯宾塞诗体，九行为一节，前八行五步十音节，第九行六步十二音节，声韵节奏统一。"他意识到英语成为一种完美的语言的愿望；这个语言充满极其优美的词语，根植于较古老的和大众的本民族传统。"[1]《仙后》"把新与旧、异教与基督教、复兴的罗马传统与遗留的哥特传统、田园诗与宫廷诗等诸多成分融合在一起，又使之相互对照"[2]。在作品中，古典主义哲学、圣经故事、神学理论的激进阐释、轻薄的玩笑和卖弄学问融合在一起，将日常语言和拉丁语、古英语、生造的语言结合在一起，产生出复杂无比、极端晦暗的意象。这是典型的文艺复兴风格，体现英语在格律、题材与声音方面的表达能力。在那个时代的背景下，他不仅是在完善一种语言，而且是在思想表达、清晰论证、诗歌悦耳方面进行语言实验。

菲利普·西德尼出身贵族，其本来志向是担任公职，而不是写作，32 岁时死于一次战役。1580—1584 年他写了一本诗集、一部传奇故事《阿卡迪亚》和一部理论著作《诗辩》(An Apology for Poetry)，这三本书各从三个方面影响了英国文学的发展。他和他的妹妹玛丽·西德尼(Mary

---

① 埃文斯：《英国文学简史》，蔡文显译，人民文学出版社，1984 年，第 30 页。
② 安德鲁·桑德斯：《牛津简明英国文学史》，谷启楠等译，人民文学出版社，2000 年，第 134 页。

Sidney)是"威尔顿沙龙"(Wilton Circle)文人小团体的核心人物,这个小团体进行创作实验,并为作家提供庇护。菲利普的著名诗作《爱星者和星星》是长篇叙事诗,由 108 首十四行诗组成,讲述的是阿斯特罗菲(Astrophel,爱星者)单恋斯苔拉(Stella,星星)的故事。一个男人带着崇拜之情迷恋一个女人,终至悲剧结局。这种题材很容易在但丁(Dante Alighieri)特别是彼特拉克那里发现其原型。这首诗带有自传的性质:菲利普第一次见到星星的原型佩内洛普·德弗罗(Penelope Devereux)时她只有 12 岁,后来她嫁了别人,作者对她的爱慕却与日俱增。作品注重韵律与节奏,色彩浓郁,语言华丽,其中有对人生与爱情的一系列思考,展示德性与爱情的冲突,如第 71 首如是说:

> 当美貌吸引着心的爱慕
>
> 德性以等速迫使爱情顺从德行
>
> 但情欲仍在呼喊:给我食物。①

星星(第 4 首):

> 把你带给我,把我带给你
>
> 不,不,不,不,亲爱的,不能如此。②

克里斯托弗·马洛是杰出的抒情诗人,被称为"大学才子"(University Wits)中最才华横溢的人。他的诗风雄伟而艳丽,在爱情诗中将性欲表现得非常大胆,《多情牧童致爱人》(*The Passionate Shepherd to His Love*)是那个时代最脍炙人口的诗作,诗一开头就写道:

> 与我同居吧,做我爱人,
>
> 我们将品尝一切欢欣,

---

① Sir Philipp Sidney, *The Major Works* (*Oxford World's Classics*), Oxford: Oxford University Press, 2008, p. 182.

② Ibid., p. 154.

凡河谷、平原、森林所能奉献

或高山大川所能馈赠。①

第一句在全诗中反复出现，显示文艺复兴时代人的世俗、大胆的一面。他的未完成叙事诗《希罗和利安德》（*Hero and Leander*，1598）出自古希腊传说：两位恋人各居赫勒斯滂（Hellespont）海峡两边，利安德每夜游海与希罗相会，后来利安德溺水，希罗殉情。诗歌用明亮的色彩和视觉意象描写细节，成为典范。马洛对于无韵诗体的贡献极大，"之前的剧作家萨克维尔与诺顿合著的诗剧《戈尔伯德克的悲剧》中采用了无韵体，但……这种无韵诗过于死板，而且造出一种奇怪的异国调调"②，而马洛借用夸张的修辞手法以诗歌来表现诗歌，使无韵诗体成为英语诗剧中最重要的表现形式。

威廉·莎士比亚也是诗人，他的诗作包括叙事长诗《维纳斯与阿多尼斯》（*Venus and Adonis*，1593）、《卢克丽丝受辱记》（*The Rape of Lucrece*，1594）以及《十四行诗》（*Sonnets*，1609），在他的诗歌中读者可以领会到文艺复兴精神。莎士比亚自学成才，没有上过大学，但他的作品里满是希腊、罗马掌故；与他的对手马洛一样，他是人文主义的饱学之士。《维纳斯与阿多尼斯》充满色情意象，描述一个情欲热烈的女神对青年男子的追求，她不顾对方的意愿，把他拖到自己身上。《卢克丽丝受辱记》取材于罗马历史，高傲的塔克文（Lucius Tarquinius Superbus）是个暴君，他强奸了罗马贵妇卢克丽丝，遭到了人民的反抗。这件事导致罗马王政的颠覆，共和国开始。莎士比亚的《十四行诗》是爱情组诗，共154首，讨论了爱情、生命、死亡等主题。

16、17世纪也是小说发端的时代。16世纪后半叶，用民族语言写成的民间故事开始流传，印刷术促进了文学作品的市井化，现代小说可以

---

① 克里斯托弗·马洛：《多情牧童致爱人》，引自王佐良、何其莘《英国文艺复兴时期文学史》，外语教学与研究出版社，2006年，第82页。
② 张伯香主编：《英美文学选读》，外语教学与研究出版社，1999年，第22页。

追溯到这个时期①,主要的小说家包括菲利普·西德尼、约翰·李利、托马斯·纳什、托马斯·德洛尼(Thomas Deloney)、托马斯·洛奇。

西德尼的《阿卡迪亚》有新、旧两个版本,各有不同的叙述结构和情节。阿卡迪亚的形象被描写得激动人心,书中人物刻画得很细腻,希腊的故事和骑士的理想被放在都铎时代背景下:老国王为逃避诅咒,全家搬到阿卡迪亚山②,之后便引发一连串的阴谋,经过多种变故,他最后赢得了胜利。小说表现了作者的道德思考,和那个时代的其他作品一样,它也带有鲜明的说教成分。约翰·李利的小说《尤弗依斯》(Euphues)以对话见长,通过构造交谈来展开情节,表现三角恋爱关系。小说的第一部《尤弗依斯:剖析真理》出版于1578年,描述一个希腊青年游历意大利,为了爱情而与好友决裂,之后却遭到情人背叛,复又与友人和好。小说第二部《尤弗依斯和他的英格兰》于两年后发表,讲述尤弗依斯和朋友在英格兰旅游的故事。由这部小说派生出一个新词:"尤弗依斯体"(Euphuistic style),又称绮丽体,指的是矫揉造作、过分的文雅,以头韵、对句和明喻为其特点。"《尤弗依斯》讲究对仗、用典和音韵上的和谐,则雕琢更过于西塞罗风,创立了类似中国骈文的'尤弗依斯'"③。同样通过对话展示情节的还有纳什,他的语言特色是轻松诙谐。托马斯·纳什著有《穷光蛋皮尔斯》(Pierce Penniless,1592)、《纳什的素食》(Nashe's Lenten Stuffe,1599)等,其中对恐怖的描写,对伦敦街头的罪恶和流浪汉生活的描写,甚至对强奸、死刑等的描写,都细致到令人厌恶的地步。

1596年至1600年,德洛尼写过三部小说:《纽伯里的杰克》(Jack of Newbury)描写一个织布工人白手起家的故事;《雷丁的托马斯》(Thomas of Reading)写的是布商,《高贵的行业》(The Gentle Craft)记录了鞋匠学徒西蒙·艾尔(Simon Eyre)成长致富并当选为伦敦市长的

---

① 关于现代小说的起源,见安德鲁·桑德斯:《牛津简明英国文学史》,谷启楠等译,人民文学出版社,2000年,第118—126页。
② Arcadia是希腊一个小岛,字面意思是隐居、逃避。
③ 王佐良:《英国散文的流变》,商务印书馆,2011年,第13页。

经历。作者大力渲染乐观的气氛，体现下层人的勤劳与自立。作品文风朴素，含有大量的口语，叙述平实直白，与人文主义者追求文雅卖弄学问的风格不同。故事中掺杂着诗歌，对手工作坊的工作情景做了逼真的描写。格林尼写作各种风格的小说，既有西德尼的田园式传奇，也有李利式的对罪恶、犯罪、灾难的描写。洛奇的主要作品有《罗沙林德》（*Rosalynde, or Euphues' Golden Legacie*），这是一部传奇故事，描写很细腻，莎士比亚的《皆大欢喜》就是从这部小说衍生而来的。故事中，罗莎林德和她的追求者罗萨德（Rosader）来到避难国王隐居的地方，美丽的田园风光与和谐的人际关系恢复了他们的精神意志，最后他们协助国王收复了王国。小说平和宁静，使用了许多独白来刻画人物的感情与内心冲突。作品结构工整，还穿插了许多歌曲和十四行诗，丰富了文体。

文艺复兴时期，英国的诗歌不仅注重准确的描写，还凸显了诗人的创造力。西德尼在他的著作《诗辩》中将这种创造力称为道德的力量，因为其他的艺术都受制于堕落的、不完美的自然，唯有诗人能"在自己智慧的宇宙里漫游，然后创造第二个自然，这个自然好过比我们因受罚而居住的世界"①。人类的原罪让生命腐坏，但诗歌能为更美好、更充实的生活指引方向。

当然，这个时期更辉煌的文学形式是戏剧，尽管桑德斯说："戏剧并不是伊丽莎白及詹姆士一世时代主宰性的文学，莎士比亚在当时不过是戏剧天才中的一个，且他发明的戏剧是消遣而不是高雅的艺术。"②的确，戏剧属于民间文学，与宗教活动密切相关。早期的戏剧情节很短，没有固定的结构，演员是业余的。1602 年牛津大学成立图书馆时，曾拒绝收藏剧本这样的消遣读物。但 16 世纪下半叶戏剧迅速发展，演出场地也从教堂搬到剧场，并且出现了职业演员。此后，剧场成为伦敦流行文化的重要组成部分，戏剧走向辉煌。众多的剧院吸引着国内外的观众，历

---

① *The Norton Anthology*, *English Literature*, 7th ed., Vol. Ⅰ, New York：W. W. Norton & Company, 2000，p. 489.
② 安德鲁·桑德斯：《牛津简明英国文学史》，谷启楠等译，人民文学出版社，2000 年，第 163 页。

史剧和爱情剧取代圣经故事,成为戏剧的主要题材。从1587年《帖木儿大帝》(*Tamburlaine the Great*)的上演,到1642年克伦威尔下令关闭所有剧场,这段时间是英国戏剧的黄金时代。与莎士比亚同时代的剧本作家,群星灿烂,上千个剧目被搬上舞台。这种艺术形式竟然可以如此大放异彩,可说是真正的奇迹。

在莎士比亚时代,戏剧首先属于商业行为,是一种大众娱乐形式,其次才是一种艺术形式。与当时伟大的诗人不同,伟大的剧作家在当时只是生产者,其初衷只是取悦于观众。在这个时代众多的剧作家中,托马斯·基德算是先驱者,他的《西班牙悲剧,或希罗姆又疯了》(*The Spanish Tragedy, or Hieronimo is Mad Again*,1592)是英国复仇剧的先行之作,讲述了一个父亲为儿子报仇的故事。剧中有大量的独白来表现冲突与紧张,发表主人公对世界的评论。剧本中夸张的语言与行动,激烈的对白,还有大量的韵律及修辞,都是那个时代戏剧的典型特征。

马洛是另一位伟大的剧作家,其代表作《帖木儿大帝》讲述牧羊人成为君王的故事。帖木耳虽是牧羊人,但胸怀大志,要成为世界的统治者,可又否定权力欲望与野心。在获得王位后,他被问及是否愿意当国王,他却作出了否定的回答。马洛在剧中塑造了英雄又化解了英雄,故事有悲剧色彩:帖木儿大帝可以征服世界,但拜倒在泽诺克瑞特(Zenocrate)的石榴裙下,并且为"时间"与"死神"所击败,因此成功也带有空幻的成分。从某种意义上说,这代表了文艺复兴价值观的复杂性。1592年上演的《马耳他的犹太人》(*The Jew of Malta*),塑造了一个贪婪无比、又足智多谋的犹太人巴拉巴斯(Barabas)的形象,他用各种卑劣的手段挑拨离间,使一方反对另一方,最后却被另一个更邪恶的土耳其奴隶伊撒莫尔(Ithamore)所击败。《浮士德博士》(*Doctor Faustus*)叙述一个中世纪欧洲广为流传的故事:浮士德有着旺盛的求知欲,掌握各种知识,精通魔术。为了追求知识和权力,他向魔鬼梅菲斯特(Mephisto)出卖灵魂,经历了爱欲、欢乐、痛苦、神游等各阶段的变化。在他的事业中,成功与恶行难以区分;他自以为无所不能,嘲弄世间所有人,可是在生命的最后时刻，仍然无法得到救赎，将要受到永恒的惩罚①。直到此时，他才真正领悟了人生的目的。

　　莎士比亚、基德、马洛是同时代人，他们的剧作在剧情和修辞等方面既竞争又互相借鉴。总的来看，莎士比亚对基德和马洛的借鉴更多一些，只是到历史剧时期，他才真正确立了自己的风格。纵然如此，《亨利六世》(1588—1591年上演)、《理查德二世》(1595年上演)也还是借鉴了马洛。桑德斯认为，历史剧，特别是莎士比亚的10部历史剧，虽然说的几乎都是谋杀、篡权、内战和分裂的故事，但充满着英吉利的国家意识，反映了当时的意识形态②。其中，政治与历史，悲伤与死亡，坟墓与墓碑，历史剧似乎离不开这些——国王及权贵从权力与荣誉的高峰跌落下来，产生了悲剧的下场或毁灭，由此唤醒了观众的恐惧情绪，也引导出文艺复兴时代复杂的生活观念。莎士比亚的作品渗透着作者的想象力：他对历史的理解，对人性的洞见，以及对那个时代的道德、理智与情感的观察。

　　莎士比亚的父亲是个小商人，他本人也没有受过正规教育，不大懂拉丁文，更不懂希腊文，但他的确是一个天才，从一个特殊的渠道运用了文艺复兴的成果。他的历史研究与对人的研究有关，而在对时代的描述方面，更是无与伦比。历史剧是他最突出的成就，其中再现了英国三个世纪的历史。《亨利六世》主要受历史事件的影响，《理查德二世》和《理查德三世》则受马洛的影响比较大。《亨利四世》有其自己的特点：这部作品视野广阔，人物复杂多样，各阶层和各种场景交替变换，悲剧和喜剧场面轮番出现。剧中的约翰·法尔斯塔夫爵士(SirJohn Falstaff)已经成为世界文学作品中著名的人物造型，亨利王子与法尔斯塔夫则代表着人物的多样性。"霹雳火"亨利·珀西爵士(Sir Henry Percy, Hotspur)起

---

① 它的梗概与歌德约200年以后的故事基本相同：浮士德与梅菲斯特签订协议，他的所有愿望都可以满足。
② 安德鲁·桑德斯：《牛津简明英国文学史》，谷启楠等译，人民文学出版社，2000年，第163—164页。

着哲学家的作用:他看穿人生,使人冷静,与亨利王子对事业的追求形成对照。剧本表现了文艺复兴时代人性的复杂,即一方面追求荣誉与权力,另一方面又觉得它们虚幻而不真实。爱国主义是《亨利五世》的主题,但不是唯一的主题。它告诉人们:忠诚对于国家来说至关重要,对于重要人物尤其如此;混乱毁灭一切,忠诚才带来秩序和统治,混乱若取代秩序,一切都将毁灭。莎士比亚的作品中从来就没有明确说过这样的话,但它却始终是戏剧的主题,不管是喜剧、悲剧,还是历史剧,莫不如此①。

在喜剧作品中,《爱的徒劳》(Love's Labour's Lost)反映宫廷生活;《错中错》(The Comedy of Errors)和《驯悍记》(The Taming of the Shrew)讲述市井故事;《仲夏夜之梦》(A Midsummer Night's Dream)构思完美,别出心裁,浪漫神秘又绮丽,其中的疯子、情人和诗人在作者的笔下却没有什么差别,他们都沉湎于常人所无法理解的幻想中。在以柔情和美妙为特色的喜剧佳作中,如《无事生非》(Much Ado About Nothing)、《皆大欢喜》(All's Well That Ends Well)、《第十二夜》(Twelfth Night),浪漫与现实交错在一起,情感被置于道德的框架内,突破了这个框架,想象就变成幻觉,浪漫就转为痛苦,并导致毁灭。《威尼斯商人》(The Merchant of Venice)虽以喜剧收场,却塑造了夏洛克(Shylock)这个冷酷无情的悲剧形象,这既反映了当时对犹太人的偏见,也表达了犹太人的不满与愤怒。

莎士比亚的四大悲剧《哈姆雷特》(Hamlet)、《奥赛罗》(Othello)、《麦克白》(Macbeth)和《李尔王》(King Lear),以及《安东尼与克莉奥佩特拉》(Anthony and Cleopatra)和《科利奥兰纳斯》(Coriolanus),都是在17世纪最初六年间上演的,它们是前期历史剧的延续,只是把视野延伸到英国历史之外,把秩序与人物的冲突转向环境与人物性格的冲突。这

---

① 埃文斯:《英国文学简史》,蔡文显译,人民文学出版社,1984年,第179页。"若尊卑等级不分/最贱微者就会与最有能力者分庭抗礼。/诸天本身、星辰和居于中心的大地/都属守着自身的等级、顺序与地位/常规、轨道、均衡、季节、方式/职责与风习,一切都遵从着秩序。"(《特洛伊罗斯与克瑞西达》第一幕第三场)

个时期,"他的想象似乎更加深沉,他的诗句力量和戏剧天才都处于巅峰状态"①。悲剧的下场与人物的性格有关,在极端环境中性格的缺陷,如偏见、多疑,或英雄的弱点,会导致自己乃至群体的毁灭。《哈姆雷特》的故事源于中世纪丹麦的王子复仇,其中人物的独白,独特而深刻的心理分析,均显示了作者对人性的认识。在这部剧作中,莎士比亚对丹麦宫廷阴郁气氛的烘托,给人留下了深刻印象。一个学识丰富、感受到自己复仇与复国的责任,却又深感力量不足的王子,其内在的紧张与焦虑,被表现得非常充分。"生存还是毁灭"(To be or not to be)的悖论,自那以后成为审问人生的格言。莎士比亚的作品是在虚构的场景下对命运的拷问,戏剧的表达力尤其表现为对场景的烘托。丹麦与外国、家族内与外、生界与死界、政治与艺术,不同场面中不同的人物进行不同的对话。哈姆雷特是个人与环境间的悲剧,与环境相比,个人无能为力。他因抗争而毁灭,但正义也同时得到了伸张。

《奥赛罗》的情节简单,但结构紧凑,它也是描写人格悲剧的作品。奥赛罗中小人奸计,杀死了忠诚于自己的妻子,最后自杀。《李尔王》则气势宏大,最富有哲理性。这部作品取材于16世纪90年代在伦敦上演的一出戏《李尔王和他的三个女儿的真实编年史》(*The True History King Lear and His Three Daughters*),在16世纪的一些叙事诗里也可以发现相似的内容。李尔王退位封疆,因听信谗言而赶走了对自己诚实的小女儿考狄利娅(Cordelia)。在大女儿和二女儿的冷遇中他被驱逐,之后流落荒野,才幡然悔悟。后来考狄利娅死了,他也郁郁而终。不过,几个薄情的子女也终于受到惩罚。李尔王的遭遇不仅反映了亲子关系的扭曲,也反映了国家秩序的混乱,甚至可以理解为是宇宙秩序的反常。"这种主题的普遍性使《李尔王》超越了个人悲剧的局限性,剧中反映出来的思想之一就是伊丽莎白时期的'秩序观'"②。在四大悲剧的最后一

① 埃文斯:《英国文学简史》,蔡文显译,人民文学出版社,1984年,第179页。
② 何其莘:《英国戏剧史》,译林出版社,1999年,第114页。

部《麦克白》中,麦克白因女巫的诱惑无法摆脱私欲,从而犯下罪行,走上自我毁灭之路。

对于人的认知能力的质疑,是贯穿莎翁四大悲剧的主题。悲剧人物坚信感觉,因此就偏离了真实,反而是在丧失了正常的视听能力后,他们才做出准确的判断。哈姆雷特的装疯和李尔王的失明,都说明表象和实质是不对等的,"人,到底能不能认识身外的世界?他所赖以认识世界的方式手段到底是否可靠?莎士比亚的这几出悲剧给了悲观否定的答案,但它们……体现了文艺复兴时期英国戏剧对人及其能力的严肃思考"①。莎士比亚以人文主义的精神,探索人的能力界限,将基德和马洛的悲剧艺术发展到几乎完美的程度。他"对语言的内涵、联想和象征力量作了特别深入的发掘,因此达到了超越历史真实性与时事性而与人的利益休戚相关的高度"②。

继悲剧之后,莎士比亚又创作了四部悲喜剧:《泰尔亲王佩里克利斯》(*Pericles,Prince of Tyre*)、《辛白林》(*Cymbeline*)、《冬天的故事》(*The Winter's Tale*)和《暴风雨》(*The Tempest*)。其中,《泰尔亲王佩里克利斯》是一出改编剧,莎士比亚保留了原剧的前两幕,后三幕则由自己完成。故事讲述了佩里克利斯因向安提欧克(Antiochus)国王的女儿求婚失败,被迫流亡海上,后同潘塔波利斯城王妃塞萨(Thaisa,Princess of Pentapolis)结婚。虽然在回家途中他受尽艰苦,但最终还是一家团聚。莎士比亚没有彻底改动原剧的结构,且因创作中前后间隔了十几年,情节设计显得较为松散。《辛白林》的一部分内容取材于拉斐尔·何林设德(Raphael Holinshed)的《英格兰、苏格兰和爱尔兰编年史》(*Chronicles of England,Scotland and Ireland*),另外的内容来自乔万尼·薄伽丘(Giovanni Boccaccio)的《十日谈》(*Decameron*)。剧中女主角伊莫金(Imogen)是英王辛白林的独生女,她因与青梅竹马的恋人私订终身而遭流

---

① 张冲:《莎士比亚专题研究》,上海外语教育出版社,2004年,第314页。
② Harry Blamires,*A Short History of English Literature*,London:Methuen,1984,p.90.

放,经历一连串陷害和坎坷,甚至卷入与罗马的纷争,但最后仍得全家团聚。创作这部戏剧时,作者跳出了原材料的框架,倚重剧情发展,所以虽然颇多插曲,但情节紧凑。《冬天的故事》是一部典型的传奇剧,讲述了波希米亚国王波利克希尼斯(Polixenes)怀疑妻子不忠,导致了一系列悲欢离合的故事。"这部戏最吸引人的,是它极富音乐色彩的结构,它的五幕十五场篇幅,几乎可以完美地分为交响曲的四个乐章,剧中人物命运的起落……大致对应着自然界的秋冬春夏四季"[①]。《暴风雨》是莎士比亚最后一部完整的悲喜剧,被废黜的米兰公爵普洛斯派罗(Prospero,Duke of Milan)和女儿米兰达(Miranda)居住在一个热带小岛上,公爵昔日醉心魔法,被篡夺了爵位,又借助魔法恢复头衔,并且为女儿觅得良缘。这是莎士比亚最后一部剧作,观众可从中感受到作者的心声,特别是普洛斯派罗决定最后一次使用魔法时,他说道:

> ……但是,我现在要放弃
>
> 这种狂暴的魔法;当我再得到
>
> 一点天堂的音乐——现在就需要——
>
> 来唤醒他们的感官,以达到魔术所设的目标时,我就会折断我的魔杖,
>
> 把它深深地埋入地下,
>
> 并把我的魔法书沉到深不可测的海底。[②]

琼森是与莎士比亚同时代的另一位重要剧作家,但他不具备莎士比亚对历史与人性的洞察力,以及对语言的表现力量。不过,琼森受过学院教育,有精湛的戏剧技巧,也注重戏剧理论,因而在同时代人的眼中,他比莎士比亚更有成就。琼森擅长喜剧,他的题材往往是日常事件与小人物。《狐坡尼》(Volpone,1606)是围绕财产继承问题展开的讽刺喜剧,剧中描写

---

① 张冲:《莎士比亚专题研究》,上海外语教育出版社,2004 年,第 355 页。
② William Shakespeare, *Shakespeare Complete Works*, London: Oxford University Press, 1966, p. 19.

了各种人:老狐狸狐坡尼一生追求财富,无嗣而贪婪;苍蝇莫斯卡(Mosca)是他的食客,和其他食客一样整天围着他转,讨他欢心;渡鸦沃尔特尔(Voltore)是律师,为争当遗产继承人在法庭上做低级伪证;乌鸦科尔巴休(Corbaccio)、秃鹫科维诺(Corvino)都想独占狐坡尼的遗产,商人科维诺为此竟然献出爱妻。狐坡尼让莫斯卡设计圈套,让他们都感觉自己有可能成为继承人而向他献媚。本剧剧情曲折,但皆大欢喜。《安静的女人》(*The Silent Woman*,1609)讲述老光棍和他刚娶的妻子、侄子、理发师4个人的故事,老光棍想娶一个安静的女人,却发现这个人特别唠叨,于是坚决要求解除婚约,后来他发现自己娶的竟然是个男孩,而且这场闹剧一直是觊觎他的财产的侄子设计的。《炼金术士》(*The Alchemist*,1610)也是描写欺骗与财产继承。点石成金的骗子提供一种万能药,可以给任何人带来荣誉、爱情、敬意、长寿、安全和勇气,管家受老房东委托照管房子,他把房子租给炼金术士和一名妓女。于是,三人在这栋出租屋里施展了一幕幕骗局,上当者各行各业,有职员、烟草商、教士等等,因愚蠢与贪欲而上当,后来受骗者纷纷找上门来,骗子受到了惩罚,房主得到了他们的所有财富。《巴托罗缪集市》(*Bartholomew Fayre*)的出场人物众多,是城市节日的缩影,剧中对清教徒的无知、无礼与狂热的抨击给人印象深刻。

除了市井剧外,琼森也创作历史剧,如以罗马史为题材的《西亚努斯的毁灭》(*Seianus His Fall*)和《喀提林阴谋》(*Catiline His Conspiracy*)就是如此。西亚努斯(Seianus)是罗马皇帝提比略(Tiberius)的宠臣,一个颇具野心的军人,戏剧再现了他地位上升、直至被处死的过程。《喀提林阴谋》对情节的设计独具匠心,作者站在西塞罗共和派的立场上,对喀提林(Lucius Sergius Catilina)进行丑化,前者代表秩序与自由,后者则代表混乱与野心。该剧把同名历史书中撒路斯提乌斯(Gaius Sallustius Crispus)的演说词大量搬进剧中,借此表达琼森的理念:"戏剧里只是常人的一举一动,用以展现时代的缩影,鞭挞人的愚昧而不是罪恶"①。琼

---

① 王佐良、何其莘:《英国文艺复兴时期文学史》,外语教学与研究出版社,2006年,第159页。

森的戏剧语言异常丰富,在刻画人物、烘托气氛时,对当时社会各阶层、生活各领域的语言,比如俚语、行业术语等,都运用得非常巧妙。琼森是古典"三一律"(Three Unities)的倡导者,这是 17 世纪欧洲古典主义戏剧的典型特征。他革新了 16 世纪开始的贵族假面剧,使其成为壮观的艺术形式,这种戏剧融诗歌、风景画、音乐、歌曲、舞蹈、舞台艺术和服饰为一体,由王室和贵族担任演员,观众仅限于上流人物,外表的华丽与心地的纯洁在国王与英雄身上得到统一。《喀提林阴谋》是真正的宫廷艺术,其他戏剧则只是市井的消费品。

在 1642 年剧院因内战而被关闭之前,戏剧仍然延续着莎士比亚时代的繁荣。有十多位剧作家活跃于伦敦剧场,其剧本也处于不断的修改与失散之中。托马斯·海伍德创作过 200 多部剧本,菲利普·马辛格(Philip Massinger)创作过 50 多部。喜剧仍然是商业市井剧,用夸张手段嘲笑日常生活中的愚蠢与荒唐。悲剧仍然充斥着历史与虚构的内容,题材是暴力、凶杀或复仇。

革命的爆发,中断了自都铎以来的戏剧繁荣,也中断了文学中的乐观与奢华风气。1620—1700 年是英国政治史上最激烈动荡的时期,从对抗到革命、从革命到复辟、再从复辟到光荣革命,英国社会经历了剧烈的变化。相应地,这一时期的文学,与 1520—1600 年的文学也完全不同,同样反映了政治与社会方面的变化:从理想转为冲突,冲突激发起政治行动,经过短暂的理想主义高歌(如弥尔顿)之后,双方都产生严重的挫折感,悲观的情绪油然而生。"建立政治秩序与宗教秩序的理想与充满异议和混乱的现实之间的差异,极大地破坏了平民的生活,同时又极有效地创造出一种富有表现力而且常带派别色彩的文学,这种情况在英国历史上是极其罕见的。"①

17 世纪前半叶最知名的诗人是约翰·多恩,他是"玄学诗"(metaphysical poetry)的创始人。所谓"玄学诗",是 18 世纪批评家约翰

---

① 安德鲁·桑德斯:《牛津简明英国文学史》,谷启楠等译,人民文学出版社,2000 年,第 201 页。

逊博士(Samuel Johnson)对多恩及受他影响的诗人们的蔑称。玄学派诗歌充满哲理和奇思妙想,"他们的诗歌口语性强,节奏轻快、具有新生的散文形式,探讨个体、上帝与宇宙的关系"①。多恩以爱情诗与宗教诗见长,年青时代多写爱情诗、挽歌与讽刺诗。不同于彼特拉克,他的爱情诗并不把爱情神圣化,而多少是年轻时期生活放荡的写照,其中不少诗作,他到晚年自称其亵渎神灵、使人堕落,如《幽灵》、《遗嘱》、《葬礼》、《日出》等,1633 年出版的《歌与短诗》辑录了这些早年的作品。经历了一段放荡的生活之后,多恩成为教士,他的布道散文和宗教诗篇表现了文艺复兴的另一面:对死亡的冥想,对罪与罚的思索,对殉道的渴求。死亡的丧钟与布道,时时在提醒人们,人生走向死亡。1631 年的布道《死亡决斗》中说:"我们从母腹带来一块裹尸布,它伴随我们成长;我们裹在那块布来到世上,来此是为了寻找我们的坟墓。"他的诗歌在语言风格上是口语体,许多爱情诗就是恋人们的日常对话,但诗歌意境奇特,比喻生动,表现大胆②。

　　乔治·赫伯特(George Herbert)是多恩的好友、同行和崇拜者,并深受多恩的宗教诗影响。赫伯特出身名门,但终身以乡村教区长为职。他的诗歌注重韵律,有的诗歌类似中文的格律诗,诗风平静优雅,理性节制,体现了真诚与谦卑。1633 年出版的诗歌集《圣殿》,按照进入教堂的时间顺序和宗教体验编排,表现了赫伯特作为牧师与信徒的志向与成功。序诗"门厅"是准备祈祷,也是开始进入宗教活动。诗歌主体名为"教堂",篇目包括教堂的各个组成部分,如圣坛、纪念碑、锁钥、地板,也包括仪式与概念,如受难日、复活节、洗礼、圣餐、圣诞等。第三部分"圣事"体现作者的宗教思考,比如《亚伦》,表明祭司和信徒只有真正体验到

---

① Ronald Carter & John McRae, *The Routledge History of Literature in English*, London: Routledge, 2002, p. 126.

② 对多恩的研究参见:Elizabeth M. A. Hodgson, *Gender and the Sacred Self In John Donne*, Newark: University of Delaware Press, 1999; Achsah Guibbory (ed.), *The Cambridge Companion to John Donne*, Cambridge: Cambridge University Press, 2006; Harold Bloom, *John Donne and the Metaphysical Poets*, New York: Infobase Publishing, 2008.

"主的神圣"时,卑微感才会消失;《痛苦》《爱》描述罪、罚及经由爱而获救,全诗平静的主调显示上帝之爱无限包容。

迈克尔·德雷顿是第三位著名的诗人。他写过各种形式的诗作,如《爱迪亚》(*Idea*,1619)反映了许多政治事件,代表着作者对诗歌表现力的探索。在情诗中,诗人也会表露出对时世的不满。《多福之邦》是历史叙事诗,共三万行,分为两部,用诗歌描写英格兰和威尔士的地理与历史。和德雷顿一样用韵文思考、记事的,还有富尔克·格雷维尔爵士(Sir Fulke Greville),格雷维尔虽然也以情诗擅长,但诗中表现出沮丧以至于末世的情调。在组诗《西莉卡》(*Caelica*)中,他发现自己沉湎于人类的堕落,只有靠上帝的宽恕,方可从"这罪孽的深渊,这地狱般的坟墓中"得救,他希望上帝会惩罚教会的"肉欲的、贪得无厌的胃"①。

约翰·弥尔顿是文艺复兴时期最后一位伟大的诗人。他和那时英国文学的另一座高峰莎士比亚,表现出强烈的差异。莎士比亚是个世俗的艺人,其创作仅仅是满足市场的需要,并没有同时代人文主义者们那种名垂青史的远大抱负,因此其剧本到他去世以后才陆续出版。弥尔顿则不同,他有着强烈的救世情怀,在追求实现共和的理想时,也使自己成为不朽。他认为自己可以同古典与现代的最伟大的人物相提并论,宏大与崇高的题材则贯穿于他的作品。弥尔顿生于伦敦,父亲为银行家,他从小接受过良好的古典教育,17岁进剑桥大学。1638年他访问意大利,拜会了许多知名学者,包括近代科学革命的奠基人伽利略·伽利雷(Galileo Galilei,1564—1642),英国内战爆发后他回到国内。这是他生活的第一阶段,《欢乐颂》(*Song of Joy*)、《沉思颂》(*Meditation Praise*)、《利西达斯》(*Lycidas*)就是这一阶段的作品。第二阶段他投身革命,成为小册子作家,是共和派的知名代言人。1649年他担任克伦威尔的国务秘书,1652年双目失明。王朝复辟时期弥尔顿遭短期监禁,后专门从事

---

① 富尔克·格雷维尔:《西莉卡》(第98、109首),引自安德鲁·桑德斯:《牛津简明英国文学史》,谷启南等译,人民文学出版社,2006年,第145页。

创作,写作《失乐园》(*Paradise Lost*,1667)、《复乐园》(*Paradise Regained*,1671 年)和《力士参孙》(*Samson Agonistes*,1671)。

他的早期作品抒情性强,富有音乐感和乡村乐趣。假面剧《科摩斯》(*Comus*,1634)①讨论贞洁问题,改变了有关贵族生活的说教与奢华特征。题材虽然一般,但语言华丽优美,其中禁欲主义与自然本性间的辩论给人深刻印象。弥尔顿的十四行诗,主要评论时事、抒发自己的政治与道德情怀,在韵律上回到意大利形式,情感上属于激越豪迈型。作者对自己双目失明的身体状况的描写,也是充满力量与向上的气息,没有半点怨天尤人的情绪。他对政治事件的描述,将现实与历史相结合,表达出强烈的悲愤感。《失乐园》中的撒旦(Satan)被上帝击败后,为了报复而引诱人类的始祖偷食禁果,导致上帝震怒,亚当与夏娃被逐,遂有失去乐园。弥尔顿对主题的升华很有力量:第一篇讲撒旦败北,被打入地狱,但他没有丧失信心,反而充满战斗的豪情:

> 打败了又有什么?
> 并不一切都完了!不屈的意志,
> 复仇的决心,永恒的仇恨,
> 绝不低头认输的骨气,
> 都没被压倒,此外还有什么?
> 他发火也好,动武也好,永难从我身上
> 夺得胜利的光荣。前不久我这里
> 壮臂高举,震撼了他的帝座,
> 难道现在我却要低声下气,
> 屈膝求饶,把他的权力奉为神圣,
> 那才是卑鄙,才是比打败仗更丢人的耻辱。②

① 希腊神话中的司酒宴、狂欢和夜间调情之神。
② 约翰·弥尔顿:《失乐园》Ⅰ:105—110,引自王佐良、何其莘《英国文艺复兴时期文学史》,外语教学与研究出版社,2006 年,第 324 页。

我永远是我，永远是本来的面目，宁在地狱为王，也不在天中称臣；撒旦于是集合旧部，召开会议……撒旦的不屈加上上帝对人类的不公，使人觉得失乐园有点像撒旦诗篇的味道。

第二篇是会议辩论，有人建议用计谋，有人建议用力量，前者占了上风，撒旦于是引诱造物主。第三篇写天堂，写上帝的仁慈与远见、光与亮。第四篇写伊甸园（Garden of Eden），写人类的故事和爱情的故事，与前几篇的风格不同，洋溢着浪漫的色彩，柔情欢乐、露水芬芳、花香四放。第五篇写过错，虽然有情绪低落与埋怨，但不是绝望，而是一种奇怪的重负——不是悔改，而是担当责任，离开天堂去人间，留下的是希望。人不仅是失去了乐园，而且是获得了人性："生命有限，忍辱负重，追求主恩和自由。"[1]《失乐园》是无韵诗，用"英雄双行体"（Heroic couplet）书写，简洁、齐整、准确、匀称。弥尔顿认为，韵脚在诗歌上是微不足道的，真正的乐感不产生于韵脚，而产生于句子的节律。

与弥尔顿齐名的是约翰·班扬（John Bunyan）。他是商人之子，共和军战士，也是一个传教士。他没有受过正规教育，所熟悉的只是《圣经》。1647 年班扬加入清教，开始传教生涯。复辟以后，国教再次成为唯一的合法信仰。班扬的传教不为国教会所容，因而被捕入狱，而他又不愿意放弃传教工作，所以就被囚禁了 12 年。作为一个神秘主义者，他从日常体验中感受到"罪"，同时也感受到希望。他的代表作是《天路历程》（*The Pilgrim's Progress*），这部宗教寓言分为两个部分，第一部分出版于 1678 年，其中把生命比喻为旅程，将世俗生活与神启结合在一起。作品的主角是一位名叫"基督徒"的朝觐者，他从圣经中得知家乡有灾难降临，于是远走他乡去寻求拯救。在旅程中，"基督徒"遭遇种种坎坷和考验，但他严格遵循教义，不断与外来的邪恶势力和自身的弱点作斗争，最终到达天国，永享福音。第二部分于 1684 年出版，讲述"基督徒"的妻子"女基督徒"前往天堂朝圣的故事。与第一部中"基督徒"孤独的旅程不

---

① 安德鲁·桑德斯：《牛津简明英国文学史》，谷启楠等译，人民文学出版社，2000 年，第 245 页。

同,在第二部中,朝圣的队伍一直在壮大,并且一路上互相帮助,彼此支持,终归正果。除《天路历程》外,班扬还有《罪人头目的赦免》(*Grace Abounding to the Chief of Sinners*,1666),《拜得门先生生死录》(*The Life and Death of Mr Badman*,1680),《圣战》(*The Holy War*,1682)等作品。

　　与弥尔顿用诗歌表达信念一样,班扬借写作宣扬宗教信仰,讽刺迫害新教的罪恶势力。但他一味劝导人们忍受现世的痛苦,争取进入天国,这就削弱了讽刺的力度。"他的作品更多是作为宗教书籍而不是针砭时弊的书籍来阅读。"①班扬的写作风格受圣经的影响,但语言纯朴,情节可信,书中描述的是人的经历,场面的设置富有英国特色。他以讲故事的口吻阐释基督教教义,让没有受过教育的人也可以阅读他的作品,从中得到启示。他将自己的人生经历融合在小说里,虽然采用寓言的形式,但叙事逼真,是 18 世纪写实小说的先驱性作品。

---

① 罗经国编:《新编英国文学选读》上册,北京大学出版社,1996 年,第 217 页。

第三章　艺术与科学

文艺复兴时期,由于人文主义日益传播,音乐的性质发生了变化,从取悦神明转向娱乐世人;世俗化倾向造成了国王或贵族小教堂唱诗班(choir)的音乐繁盛;无名的吟游诗人(Troubadour)也加入其中,而所有这些都推动了乐器的改革,打破了宗教音乐中不使用器乐的局面。

"英国人习惯于直率地歌唱"[1],声乐是英格兰民族乐派的基调。1485 年前后,吉尔伯特·巴内斯特(Gilbert Banester)创作了五声部经文歌,纪念约克家族和兰开斯特家族的和好。在 16 世纪的最初几年,理查德·戴维(Richard Davy)创作四声部主日受难曲,风格生动,且具有戏剧性。1520 年 6 月,英王亨利八世在织金地(Field of the Cloth of Gold)[2]和法王弗朗西斯一世会面时,小威廉·科尼希(William Cornysh, the Younger)担任了盛大典礼的音乐指导。亨利八世时期,最重要的音乐家罗伯特·费尔法克斯(Robert Fairfax)曾获剑桥和牛津两所大学的音乐博士学位,他的作品以旋律优美见长,体裁则以弥撒曲(Musical Settings

---

[1] 保罗·亨利·朗:《西方文明中的音乐》,顾连理等译,贵州人民出版社,2009 年,第 172 页。本节关于英国音乐的概述,材料选自这本书以及杰拉尔德·亚伯拉罕著《简明牛津音乐史》(顾犇译,上海音乐出版社,1999 年)相关章节。

[2] 1520 年 6 月,两位君主在法国北部巴兰盖姆(Balinghem)的织金地相会,史称"金帛盛会"。

of Mass)、经文歌和圣母新尊主颂为主。以前各修道院都有唱诗班和风琴师,但宗教改革关闭了修道院,这种音乐一度受到冲击。自宫廷成为音乐活动的主要场所后,佛兰德斯和意大利的音乐家频繁出入英国宫廷,将复调音乐(polyphonic music)与英国本土音乐相结合,在明快的合唱音乐音响上,增加了复杂的结构,如动机技巧和连续模仿技巧,而教堂唱诗班和私人唱诗班也在大教堂与贵族城堡中流行。

　　文艺复兴时代,西方音乐的中心在意大利,但欧洲各地在受其影响的同时,也都形成了自己的特点。16 世纪,英格兰自然质朴的合唱音乐与大陆的器乐音乐结合起来,推动了基督教圣歌(motet)的发展。牧歌大多是复调,人文主义者用歌词表现歌曲,突出了方言歌词在牧歌中的重要地位。16 世纪"尚松"(Chamson)即是法国的牧歌,它就是以法文世俗诗歌谱写的复调歌曲,变得十分流行。

　　都铎初期,音乐在英国十分盛行,宫廷和贵族都对音乐有浓厚的需求,人文主义者开始创作大量乐曲。"人们希望礼拜仪式的歌词被大众理解,大众也应当参加歌唱"①,于是世俗音乐与宗教音乐携起手来。16 世纪是英国音乐的多产期,主调合唱曲正逢鼎盛,同时出现了大量的意大利音乐仿制品,使芭蕾舞曲和键盘音乐都受到影响。《伊顿合唱曲集》(Eton Choirbook),或称《伊顿手稿》,表现了对意大利乐曲的模仿,旋律优美,"他们墨守已定旋律的陈规,并偶尔做一些不成系统的模仿,但他们也发展了自己极为华丽的风格。他们很少创作少于五至六个声部的作品,并采用错综复杂的节奏对位法,这与英国建筑的垂直式风格十分相似。两者都以各自的形式表现了哥特风格的最后阶段,显示出中世纪后期人们用最精细和最富有装饰性的艺术形式表示信仰之虔诚的倾向"②。

　　亨利八世本人也是个音乐家,他既作曲,又演奏,还能歌唱,他创作的曲子,流传下来的有 30 首。约翰·劳埃德(John Lloyd)、小威廉·科

---

① 杰拉尔德·亚伯拉罕:《简明牛津音乐史》,顾犇译,上海音乐出版社,1999 年,第232 页。
② 同上书,第210 页。

尼希、罗伯特·费尔法克斯都是宫廷乐队成员。约翰·雷德福德(John Redford)是圣保罗大教堂管风琴师兼唱诗班长,他和他的后继者菲利普·阿普·里斯(Philip ap Rhys)都是著名的管风琴作曲家和演奏家。管风琴作品多为弥撒曲,以华丽与庄重为特征。亨利八世和玛丽时期,重要的教堂音乐包括圣母颂、弥撒曲,虽然有些曲子用原来的曲调填英语歌词,但仍属于拉丁文教堂音乐的范围之内。这个时期,英国作品技巧高超,音响美妙,与大陆音乐没有共同之处,即所谓的"孤岛音乐"。

到下一代人(1550 年以后出生),用拉丁文作曲的音乐家少了,教堂音乐多半用英文。1575 年,伊丽莎白女王给托马斯·塔利斯(Thomas Tallis)和威廉·伯德(William Byrd)垄断并出版复调音乐的专利,他们为公祷文配乐,简化了弥撒曲和素歌。在歌唱与管风琴的配合方面,伯德的《大礼拜乐》(Great Service)达到很高技巧。器乐表现和声,唱诗班唱出歌词,他的两百多首经文歌被看作是那个时代教堂音乐的顶峰。伯德还对诗、曲和圣经的关系做过系统的研究,有作品出版。在那个时代,赞美歌(anthem)取代了圣歌,礼拜乐取代了弥撒曲。赞美歌把圣公会音乐推向繁荣,因此显得更加重要,其中《当大卫听见的时候》、《圣上的荣耀:唱吧,我的灵魂》是 17 世纪初复调音乐的杰作。

16 世纪 80 年代开始流行牧歌。1588 年,圣保罗大教堂唱诗班歌手尼古拉斯·扬(Nicolas Yonge)编辑了一部牧歌集,其中包括 57 首无名氏作的英文歌曲,此后牧歌进入兴盛时期。托马斯·莫利(Thomas Morley)是伊丽莎白时代的重要作曲家,他创作了《三声部小歌曲》(1593)、《四声部牧歌集》(1594)、《五声部芭蕾歌集》(1595)等,在歌词与音乐两方面模仿意大利作品,也加进了自己的风格。托马斯·威尔克斯(Thomas Weelkes)也是这个时代重要的作曲家,他的创作范围很广。在意大利音乐的基础上,他们把英国牧歌创作推到了新的高度。宫廷歌曲也经历了英语化过程,琴师约翰·道兰德(John Dowland)的作品《埃尔曲第一集》、《朝圣者的安慰》都展现了新的风格。

1610—1660 年间牧歌衰落了,英国歌曲继之兴起,产生了宣叙调

(Recitative)。查理一世时的宫廷音乐没有什么发展,而歌剧(Opera)的前身假面剧是宫廷娱乐,到内战结束才转移到娱乐场所,走进百姓日常生活。内战和共和时期不存在圣公会唱诗班,所以17世纪的宗教音乐发展几乎止步不前,复辟之后才重新发展。1660—1725年欧洲流行歌剧,但它对英国人来说却是新事物,英国歌剧产生在17世纪70年代。公共音乐会在伦敦出现,为王朝唱颂歌。

和音乐一样,文艺复兴时期的英国艺术深受欧洲大陆的影响。到16世纪,哥特式的建筑与装饰风格已经达到顶峰,它的特征是垂直线条、棱角分明。从这时起,大型的宗教建筑逐渐停止了,乡村建筑和公共建筑继之而起,形成了将英国中古传统和大陆特征相混合的都铎风格(Tudor Style)。它主要用于新贵族的民居建设,其特点是布局整齐、房间众多,室内装饰趋于精细,讲究安逸,墙壁用木板装饰,配以精致浮雕图案,墙上还挂有武器、鹿角等装饰品。16世纪后半叶是庄园府邸建筑的巅峰期,这些建筑追求豪华舒适,大窗户采光,使建筑带有开朗的特征,生活气息浓厚,其典型的代表包括哈德威克府邸、兰利特府邸等。17世纪初,由伊尼戈·琼斯和约翰·韦布(John Webb)设计的白厅、格林威治女王厅和格林威治宫是公共建筑的代表,虽然不像凡尔赛宫那样豪华,但其比例均衡,精雕细琢,力图表现气派与威严。

16世纪的雕塑是文艺复兴时代的装饰与中世纪肖像的混合物,艺术家也是石匠,作品主要是墓志,而材料多用彩绘石膏。人物雕像是在17世纪发展起来的,其艺术性增强,风格也受欧洲大陆影响。爱德华·皮尔斯(Edward Pearce)为克里斯托弗·雷恩爵士做的巴洛克风格的半身像,是那个时代最好的雕塑作品之一。雷恩爵士是英国当时最著名的巴洛克建筑师,1663年他为伦敦主教设计建造了坐落在牛津的谢尔顿戏院(Sheldon Theatre),他的代表作是1666年伦敦大火后重建的圣保罗大教堂。这种艺术形式"承继了文艺复兴的风流余韵,更进一步寻求巧妙的技术表现,直接感奋观众的神经"[1]。

---

[1] 傅雷:《傅雷文集》艺术卷,安徽文艺出版社,1998年,第106页。

16—17 世纪,英国绘画是外国艺术家进入英国,从事艺术活动、引领绘画实践的结果,最早影响英国的是德国肖像画派。1533 年,当时最知名的肖像画家小汉斯·霍尔拜因(Hans Holbein, the Younger)到达都铎宫廷,为亨利八世及其廷臣、贵妇们画了许多肖像,奠定了英国的细密画(miniature painting)画派的基础。细密画经常是肖像画,放在金属小盒中,贴身携带很方便。伊丽莎白时代最知名的英国肖像画家,是受霍尔拜因影响很深的尼古拉斯·希利亚德(Nicholas Hilliard),他的作品大多是细密画,显示出特殊的精细和优美。女王会把自己的细密画赠送给外国王公作为礼物,使之富有政治色彩。

1549 年前后,佛兰德斯画家汉斯·埃沃思(Hans Eworth)来到英国,带来了安特卫普风格主义传统,他的作品如《达克雷夫人肖像》(Portrait of Lady Dacre)和《玛丽一世》(1554)都过于强调服装,冲淡了人物特征。但他作为庆典装饰和假面舞会的画家,又是 16 世纪中叶英国绘画中的关键人物。安东尼·范·戴克爵士(Sir Anthony van Dyck)是另一位佛兰德斯画家,他对 17 世纪英国绘画的影响最深。1620 年和 1621 年,他两次访英,并从 1632 年起成为宫廷画家,直至逝世。他给英国人带来了巴洛克风格,其完成的查理一世肖像画,表现得十分雍容华贵。英国画家威廉·多布森(William Dobson)虽受威尼斯画派的影响,但对人物性格的感受却是英国式的,英国巴洛克美术的代表作《第一代拜伦勋爵》(John Byron, 1st Lord Byron)和《威尔士王子查理》(Charles II when Prince of Wales),都出自多布森之手。

继范·戴克之后领导英国绘画潮流的是荷兰人彼得·莱利爵士(Sir Peter Lely)和德国人戈弗雷·克内勒爵士(Sir Godfrey Kneller)。莱利大约于 1641 年来伦敦,1660 年成为国王首席画家,他的肖像画作品如同镜子,准确地反映查理二世的宫廷生活。他特别善于运用色彩,这一点可以从他装饰汉普敦宫的组画《温莎美女》(Windsor Beauties)中看到。克内勒的许多肖像画都是在助手的帮助下完成的,虽然给人以沉闷之感,但人物性格鲜明,如《马修·普里奥尔》(Matthew Prior),不仅构图新颖,人物也富有男子气。

16世纪下半叶,很多外国画家来到英国。法国的影响表现为大规模的宫廷装饰画,意大利画家安东尼奥·维里奥(Antonio Verrio)给英国室内装饰带来域外风情,其代表作是伯利庄园(Burghley House)的天顶装饰。1629年鲁本斯(Sir Peter Paul Rubens)作为外交使节访问英国,并在这里住了九个月。他的白厅宴会宫天顶画代表查理朝英国绘画的最高水平,对英国绘画产生了重要影响。这些组画既是鲁本斯中年时期的代表作品,也是巴洛克绘画的代表作品。整组作品呈现出鲁本斯的一贯风格,场面宏大、线条流畅,富有情节感与运动感;色彩艳丽饱满、对比强烈,充满肉感与力量;是那个时代激情恋情拥抱世俗生活理想的表达。鲁本斯是这样来形容英国的:"……这个国家的魅力,不单是外在文化的光辉……而且亦是这个宫廷中所能发现的杰出绘画、雕塑和古代铭刻的难以置信的数量。"①

文艺复兴时期,现代科学开始起步,1543年发表的尼古拉斯·哥白尼(Nicolas Copernicus)和安德烈亚斯·维萨留斯(Andreas Vesalius)的著作是其标志。现代科学思想是逐步形成的,在16世纪科学中,中世纪的成分还很多,比如古罗马医学家盖伦(Claudius Galenus of Pergamum)的四体液说在生理学和医学上居支配地位,亚里士多德的四元素说统治着物质世界,托勒密(Claudius Ptolemaeus)的天体圆周运动论主导着天文学。在物理学说中,运动分为两类,一类是外力引起的运动,一类是自然运动。科学革命继承了中世纪的知识,比如:物质变化的理论源于炼金术,运动的概念产生于分类,生理学与医学的发展在思维方式上与盖伦的没有太大区别,它们属于同一学科传统的内部变化。16世纪知识的来源不是观察和实验,而是古代经典著作,对古代作品的翻译、教学、评述与分析,占据着科学活动的核心。

---

① 约翰·森德兰:《英国绘画 1525—1975》,刘明毅、唐伯祥译,上海人民美术出版社,1991年,第17页。

但 16 世纪的技术,特别是航海技术的进展,为科学的发展创造了条件。罗盘、磁力现象、光学镜片、印刷术等方面的发现和发展,为科学知识的积累与传播提供了帮助,也为下一个世纪科学的发展提供了动力。16 世纪前期,对自然现象的好奇心正在兴起,但中世纪的世界观没有发生变化,实验科学家们也不赞成波兰天文学家哥白尼的学说。直到 1710 年,科学只是数学、医学和巫术,数学用于理论天文学、航海学、制图学、力学、弹道学、城防、测量和占星术,医学包括植物学、解剖学、生理学、外科学、药物学和后来的化学。巫术则无处不在,它分为白巫、黑巫和自然法术,电、磁等实验科学是自然法术。著名数学家约翰·迪博士是伊丽莎白女王的御医,也是占星术士。牛顿带有神秘主义色彩,他关于第一推动力的假说和力学三大定律,在神学信仰方面与中世纪保持一致性。不过从 1590 年代起,以天文学和力学为标志的现代科学革命逐渐展开,并在 1710 年代汇合了成一股潮流。

在科学革命中,威廉·吉尔伯特(William Gilbert)的《磁学》(*Magnetism*,1600)是英国人做出的第一个贡献。吉尔伯特把自然法术与实验结合起来,按《新编剑桥世界近代史》的说法,他"对于地球磁灵所做的近乎抒情的描述,以及他对于磁力是一种赋予生命的并且无处不在的力量深信不疑,都使他的潜在的哲学思想与自然法术非常接近。同时这篇论文又是自 13 世纪以来第一篇开创性的磁学论文,第一次对电进行了细致的研究,使吉尔伯特成为第一位明确区分电与磁的学者。他论证了地球的磁性,证明了罗盘指示的是地极而不是天极。他宣称天然磁石不可能引起永恒运动。他还论证了如何制造人造磁铁(锤打一根沿南北方向放置的铁条),他认为天然磁石与被地球磁力磁化的铁矿石同属一类东西而且还讨论了磁学在航海和天文学方面的用途"[1]。后世学者发现《磁学》是一篇科学杰作,但时人只视其为自然法术的佳作。他仅仅

----

[1] R.B. 沃纳姆编:《新编剑桥世界近代史》第 3 卷(反宗教改革运动和价格革命),中国社会科学院世界历史研究所组译,中国社会科学出版社,1999 年,第 635 页。

满足于描述现象,指出种种现象之间的关联,这与 16 世纪科学的整体状况相符。当时,科学是描述性的,而不是分析性的,"他们尚未能找到一种方式来帮助人们以理性的和简单的术语来理解自然界的作用,也未能勾勒出一个世界性的体系"①。

威廉·哈维(William Harvey)是科学革命中第二位英国人,1628 年他发现了血液循环规律,奠定了现代生理学的基础。哈维 15 岁进剑桥大学,学了一些与医学有关的知识。1602 年他在意大利帕多瓦大学(University of Padova)从事静脉血管解剖和"静脉瓣"研究,奠定了他后来的心血管运动理论基础。在哈维时代,盖伦理论仍占统治地位,盖伦认为:人体中有两种不同的血液,静脉血从右心室倒流到静脉,动脉血从动脉回到左心室。16 世纪的安德烈亚斯·维萨留斯和迈克尔·塞尔维特(Michael Servetus)都发现了盖伦的错误。意大利解剖学家希罗尼穆斯·法布里克斯(Hieronymus Fabricius)是哈维的老师,他发现静脉血管中有瓣膜,但他不理解瓣膜的真正意义,仍然认为血液离开心脏后可在静脉中往返流动。上述这些发现都给哈维很大的启发,比如:假设静脉血与动脉血是同一的,无疑就为发现血液循环铺平了道路。哈维通过一个简单的数学计算,形成了血液循环概念:他估计心脏每次跳动的排血量大约是两盎司,由于心脏每分钟跳动 72 次,所以用简单的乘法运算就得出结论,每小时大约有 540 磅血液从心脏排入主动脉。而这个重量远远超过五个人的正常体重,哈维于是认识到血液往复不停地通过心脏。这一假说提出后,他花了九年时间进行实验,"达到这个重要的观念,不是靠思辨,也不是靠先验的推理,而是靠一系列步骤,每一步骤又都是根据利用解剖方法对于心脏所进行的观察,或者如他自己所说,根据'反复的活体解剖'"②。哈维不再依赖一些中世纪概念,像天然元气、生命元气、血气

---

① R. B. 沃纳姆编:《新编剑桥世界近代史》第 3 卷(反宗教改革运动和价格革命),中国社会科学院世界历史研究所组译,中国社会科学出版社,1999 年,第 637 页。

② W. C. 丹皮尔:《科学史及其与哲学和宗教的关系》,李珩译,广西师范大学出版社,2001 年,第 103 页。

等,而是通过生理机制来解释心脏运动。

弗朗西斯·培根是科学革命中第三位英国人,并且是第一位科学革命的理论奠基者。他和托马斯·霍布斯一道,被看作是17世纪英国经验论的代表人物,并与欧洲大陆的笛卡尔(René Descartes)、莱布尼茨(Gottfreid Wilhelm Leibnitz)的唯理论相对立,形成了现代哲学的两大传统。40岁以后的培根,一直是詹姆士一世时期的重要政治人物,他的《随笔》讨论政治和人生的方方面面,是17世纪英国文学的重要作品。他在《新大西岛》(*New Atlantis*,1627)中描写了一个虚构的岛国"本色列",令人想起了托马斯·莫尔的《乌托邦》。但培根的理想王国很特别,科学主宰着在那里的一切,充分体现了他的科学思想。培根最重要的作品《伟大的复兴》(*Great Instauration*)是一部未完成的巨著,论述的对象是知识。按计划,这部书应分为五部分,第一、二部分勾画当时的知识现状,描述新的科学调查方法;余下的部分汇集实验数据,解释科学程序,重新划分知识领域。这项宏伟的计划只完成了第一部分《学术的进展》和第二部分《新工具》,而在《新工具》中,培根批评了亚里士多德的演绎逻辑,发展出一种新的逻辑方法——归纳法。作者认为,要认识世界必须先观察世界,要先收集事实,然后用归纳方法从事实中得出结论。

科学革命中第四位英国人是罗伯特·波义耳(Robert Boyle),他于1627年出生于爱尔兰,当时培根刚刚去世。波义耳早年游历意大利,阅读过伽利略的名著《关于两大世界体系的对话》(*Dialogue Concerning the Two Chief World Systems*)。英国革命爆发时,其父亲兄弟相继加入王党一派,而波义耳的兴趣在科学实验,他于1646年参加了由教授、医生和神学家组成的"无形学院"(Invisible College),也就是皇家学会的前身。1650年代他迁居牛津,在那里建立了自己的实验室。1660—1666这六年间,他撰写了10本书,并在《皇家学会学报》(*Proceedings of the Royal Society*)上发表20篇论文,成为当时科学界公认的领袖。在物理学方面,他通过实验认识到,真空所产生的吸力乃是空气的压力,借助于一系列实验来考察空气的压力和体积的关系,并推导出空气压力和它所占体积之间的数学公式,这便是波义耳定律。在化学领域,他的《怀疑派化学家》(*The Sceptical Chymist*, 1661)综合了那个时代的化学成就,并指出化学研究的目的是通过实验方法认识物体本性,"元素"这个概念则是波义耳对化学的贡献。按波义耳的说法,元素是那些不能用化学方法再分解的简单物质,他推测元素应该有很多种。

科学革命的第五位英国人是罗伯特·胡克(Robert Hooke),他是那个时代最重要的实验科学家。胡克家境贫穷,但他从小在机械制造和绘画方面表现出天赋。1655年波义耳在牛津建立实验室,胡克成了他的助手,而波义耳定律实际上就是由胡克和波义耳共同发现的。1662年,胡克任皇家学会的实验主管,负责维护仪器,验证和演示实验,因此在那个时代,几乎所有重要的发现都有胡克的份,特别有他的实验支持。1665年,他根据资料设计了复合显微镜,观察到植物细胞,并以cellua命名;同年发表《显微术》(*Micrographia*)一书,展示了一些他用显微镜或望远镜进行的重要观察结果。这些工作后来被安东尼·范·列文虎克(Antonie van Leeuwenhoek)加以改进,促进了微生物观察学的发展。1673年,胡克制造出反射望远镜,并首次观测到火星的旋转和木星的大红斑,以及月球环形山和双星系统。此外,人们经常把锚型擒纵机、摆轮游丝、万向接头、风向仪、水平仪等装置的发明权也归之于他。1676年,他对弹簧的弹性进行研究,提出应力与伸长量成正比,此为胡克定律。他还是光的波动说的重要支持者。胡克和那个时代最知名的三位科学家关系密切,他们是罗伯特·波义耳、艾萨克·牛顿和克里斯蒂安·惠更斯(Christiaan Huygens)。波义耳对胡克有知遇之恩,后两位却与他有科学发现优先权之争:他和牛顿的争执是谁发现了万有引力定律,他和惠更斯争执的则是摆轮游丝,这些争执早已成为科学史公案。

牛顿是科学革命中第六位英国人,当然也是最重要的英国人。1661年牛顿进入剑桥大学三一学院,1667年当选为该学院研究员,1669年任剑桥大学卢卡斯数学教授。1703年他出任英国皇家学会主席。牛顿的求学时代,古典研究和经院哲学仍然是剑桥大学的核心课程,但亨利·卢卡斯(Henry Lucas)、艾萨克·巴罗(Isaac Barrow)在物理、天文和数学方面都非常有名。牛顿受数学家巴罗的影响,研究开普勒(John Kepler)、笛卡尔和伽利略的著作,1660年代进入黄金创新期:1665年发现二项式定理和正流数法(微分),1666年发现光谱分析、反流数法(积分)和万有引力定律。在力学领域,物体运动学的三个定律都是以牛顿命名的,第一运动定律(惯性定律)指:如果物体静止或作恒速直线运动,那么只要没有外力的作用,它就将保持静止状态或持续作匀速直线运动。第二运动定律(力的瞬时作用定律)指出力能使物体的运动产生变化,证明速度的时间变化率与力成正比、与物体的质量成反比,也就是说:力越大,加速度也越大;质量越大,加速度就越小。第三运动定律(作用与反作用定律)指出:当两个物体相互作用时,总是大小相等而方向相反。1687年,牛顿出版《自然哲学的数学原理》(*Philosophiæ Naturalis Principia Mathematica*)这本最重要的著作,奠定了经典力学即牛顿物理学的基础。他从力学的基本概念(质量、动量、惯性、力)和基本定律(运动三定律)出发,以微积分为数学工具,论证了万有引力定律,统一了天体力学和运动力学,将其发展成完整而严密的科学体系,完成了现代物理学史上第一次大综合。它标志着16—17世纪科学革命的顶点,也是人类文明进步的一个划时代的标志。

第四章 学问与思想

　　按照现代学者的研究,15 世纪末至 17 世纪末的英国政治思想,受意大利文艺复兴的影响很深,是这种思想在不同地域、不同政治环境中的表现①。意大利北方的文艺复兴,在时间上与都铎王朝几乎同时。大体说来,英国人文主义者继承古典作家对公益与美德的强调,思考如何影响本国君主,建立道德与公正的社会秩序。由此出现了许多作品,形成了当代学者所说的现代共和主义(republicanism)思想的黄金时代②。1530 年代以后,随着宗教改革的推进,教廷与英国的关系、教皇权与王权的关系成为思想家另一个思考方向,宗教改革造成思想史的某种分裂,而罗马法和教会法研究则得到发展。斯图亚特王朝建立后,国王与议会的关系成为讨论的焦点,议会支持普通法和英国自由传统,王权则利用罗马法及前一个时期欧洲大陆对主权的讨论来巩固自己的统治。革命时期,思想界发生另一个变化,即关于公民美德、公共利益与社会和谐的

---

① John Greville Agard Pocock, *The Machiavellian Moment*, Princeton, N. J.: Princeton University Press, 2003; J. H. Burns(ed.), *The Cambridge History of Political Thought 1450—1700*, Cambridge: Cambridge University Press, 1995;昆廷·斯金纳:《近代政治思想的基础》,奚瑞森、亚方译,商务印书馆,2002 年;列奥·施特劳斯、约瑟夫·克罗波西主编:《政治哲学史》下卷,李天然等译,河北人民出版社,2005 年。
② 昆廷·斯金纳:《自由主义之前的自由》,李宏图译,上海三联书店,2003 年。

共和思想话语与积极反抗的思想合流，发展成废除君主制的政治主张，奠定了现代共和思想的基础。人文主义对古代经典、罗马史与罗马法的研究，对圣经的评注，对教会史与教会法的研究，对英国史与普通法的研究，在不同时期需要解决不同的问题，从而对现实起到了思想支撑的作用。

15 世纪晚期，英国的学术与教育仍处于中世纪状态，而文艺复兴之后，意大利重视拉丁文文法、公共演说和书信写作技巧的趋势开始影响英国知识界[①]。早在 1436 年，意大利早期人文主义者和历史学家、书信写作技巧讲师梯托·李维欧·弗鲁洛维西（Tito Livio Frulovisi）就到英国，除了带来古典作家柏拉图、亚里士多德、西塞罗、李维（Titus Livius Patavinus）的著作外，还带来意大利文艺复兴大师，如彼特拉克、列奥纳多·布鲁尼（Leonardo Bruni）、波焦·布拉乔利尼（Poggio Bracciolini）等人的著作和手稿。1470—1490 年代，一批意大利学者到牛津、剑桥来执教，其中斯特凡诺·苏里哥尼（Stefano Surigoni）在牛津大学讲授文法与修辞，科尔内略·维泰利（Cornelio Vitelli）在牛津讲授希腊文。不久以后，许多留学大陆的英国学者回到英国，在英国大学任教，这些学者中包括威廉·格罗辛、休·拉蒂默和约翰·科利特，格罗辛成为牛津大学首任希腊文讲师，拉蒂默出任牛津大学文科导师，科利特则在牛津大学主持使徒保罗（Paul the Apostle）书信讲座[②]。得助于印刷术的产生，古典拉丁文著作的英译本也开始流行。

人文主义者把歌颂国王的诗歌、书信、散文作品带到英国宫廷，宫廷就成为人文主义传播的起点，"宫廷人文主义主要是讲修辞，只限于歌功

[①] 这方面最权威的研究仍然首推斯金纳的《近代政治思想的基础》(1978)，最近十年这个领域的研究进展，也是对斯金纳研究的扩展与深化，参见 A. Brett, J. Tully, H. H-Bleakley (eds.), *Rethinking the Foundations of Modern Political Thought*, Cambridge: Cambridge University Press, 2006.

[②] 昆廷·斯金纳：《近代政治思想的基础》，奚瑞森、亚方译，商务印书馆，2002 年，第 305—309 页。

颂德、正式演说以及写辞藻华丽的书信"①。大学里的人文研究一开始也注重修辞术,在 15 世纪末,修辞术成为牛津、剑桥等学校的最重要课程。在教会,许多主教也成为古典学专家,如坎特伯雷基督教修道院副院长路易·塞林(Louis Servin)、约克主教罗伯特·内维尔(Robert Neville)、德拉姆主教约翰·舍伍德(John Sherwood),这些人都是古典学者。1500 年左右出现古典著作评注高潮,剑桥大学国王学院院长约翰·多格特(John Doggett)就写过柏拉图《斐多篇》(*Phaedo*)的注释。科利特、费希尔、约翰·福克斯等人把古典学研究与基督教神学研究结合起来,费希尔在剑桥建立基督学院(Christ College,Cambridge)和圣约翰学院(St. John's College,Cambridge),把拉丁语、希腊语、希伯来语作为三种选修语言,同时又设立了神学讲座。

学以致用、关照现实、试图施展自身抱负,是那个时代的特征②。人文主义者以谋士自居,他们往来于大学与宫廷之间,既是学者,又是廷臣。1515 年托马斯·沃尔西升任大法官,1524 年托马斯·埃利奥特爵士担任王室高级秘书,1523 年托马斯·莫尔当选为下议院议长,1529 年又取代沃尔西成为大法官。莫尔倒台后,托马斯·克伦威尔继任大法官职,1548—1550 年罗杰·阿夏姆担任伊丽莎白的家庭教师,1562 年托马斯·史密斯爵士(Sir Thomas Smith)出任英国驻法大使。第一批现代政治思想作品是他们为主人出谋划策的成果,书信、手册、君主宝鉴等这些形式,则是学者们在严格的教学与著述之外展示其社会见解的文字载体③。阿夏姆写过《教师》手册,讨论统治者的教育理想与行为规范,以及

---

① R. 韦斯:"从 1470 至 1520 年西欧的学术与教育",参见 G. R. 波特编:《新编剑桥世界近代史》第 1 卷(文艺复兴),中国社会科学院世界历史研究所组译,中国社会科学出版社,1999 年,第 142—149 页,引文见 144 页。

② Brendan Bradshaw, "Transalpine Humanism", in J. H. Burns(ed.), *The Cambridge History of Political Thought 1450—1700*, Cambridge: Cambridge University Press, 1995.

③ Marco Geuna, "Skinner, Pre-humanist rhetorical Culture and Machiavelli", in A. Brett, J. Tully, H. H-Bleakley(eds.), *Rethinking the Foundations of Modern Political Thought*, Cambridge: Cambridge University Press, 2006, pp. 50 - 73.

良好政府的原则。埃利奥特爵士1531年写《统治者必读》这本书,50年内印行了七次,它继承古典理想,强调统治者公正、勤勉、节制与智慧这四大美德,君主实践美德可以获得荣誉和爱戴,而后代的怀念是对统治者最好的回报。托马斯·斯塔基(Thomas Starkey)在《对话集》(1535)中证明,文明的生活存在于良好的秩序中,人人都应该准备做对他人有益的事,在增进美德方面通力合作①。伊拉斯谟虽然不是英国人,但体现着欧洲的思想倾向,他的《基督教君主教育》(*Institutio Principis Christiani*,1516)据说是对所有君主的"忠告",其中重要的忠告之一,就是在公共事务中提防"小人",启用优秀大臣。纪若姆·巴德(Guillaume Budé)在《君主的教育》中认为,统治者应该认识到只有体面的事才能带来荣誉,在秩序良好的国家中,"人民受益,善行受到尊重,邪恶将消失"。②

　　古典研究导致美德伦理学的复兴,人文主义的美德伦理学是在对社会的道德评论中形成的。对公共事务的兴趣,对道德风气的重视,对古典作家所研究的那些"基本美德"(cardinal virtues)的再阐述,以及对当时社会腐败状况的抨击,成了这些沉浸于基督教与古代经典、从事学院派研究的学者热衷的话题。古典作家,特别是亚里士多德和西塞罗对社会本质的理解,是他们思考的出发点。按照这种理解,人是社会的动物,人融于城邦才能得到幸福,政治生活的目标是追求公共利益,美德是公共概念,只能在公共生活中展现出来,这些就是学者们思考的课题。在讨论现世生活时,他们不再把来世、永生、得救这些观念与之相联,而是把它理解为自足和自立,成就与幸福应该和追求美德相联系,政治的成功也是为了增进美德。因此,与其说这是制度的改革,不如说是人的精神和道德的改变。

　　所以对人文主义者而言,道德思考的重要课题是私利与公益之间的关

---

① 昆廷·斯金纳:《近代政治思想的基础》下卷,奚瑞森、亚方译,商务印书馆,2002年,第349页。
② 纪若姆·比德:《君主的教育》,引自昆廷·斯金纳:《近代政治思想的基础》下卷,奚瑞森、亚方译,商务印书馆,2002年,第336页。

系，人文主义者坚持公益，公众幸福应该得到维护；好的、和谐的、秩序良好的社会，体现为美德得以实现、公共利益得到维护。公共利益是评判社会的标准，而人文主义的道德学家兼社会批评家们发现，他们所处的社会离美德太远，比如托马斯·莫尔认为，君主应该为国家而非为一己欲望而生，公民不应追求个人收获，而应追求国家利益。他同时发现，在英国，富人以国家的名义谋求私利，君主和贵族都只关心自己的利益而漠视公共利益，追求私利因此是腐败贪污和党派斗争的根源。托马斯·埃利奥特说：私利导致党争和骚乱，国家因此处于危险状态。莫尔、斯塔基等还对正在进行的圈地运动进行批判，认为侵占公地显示着贵族的自私与自负，是"羊吃人"。宗教改革的支持者与天主教的支持者其实有共同的主题，也就是不满于社会的风气，抨击贵族和神职人员的腐败现象，这是拉蒂默、托马斯·贝根（Thomas Becon）、托马斯·利弗（Thomas Lever）等人和莫尔、费希尔等人的共同之处。在价值取向方面，大家都认为公共利益与个人利益是对立的、此消彼长的，维护公益就必须压制私利。17世纪强调道德，与18世纪的思想模式不同，后者在一定程度上牺牲道德要求，承认人性本恶，认为在个人利益的基础上可以建构公共利益。对个体而言，美德是核心；对群体而言，秩序是核心。与自由或权利相比，良好的秩序、和谐与安定最重要，斯塔基在《对话录》中论证，法律与政治的目的是促进公德，保持和谐与团结，使人民过一种有德性的、符合尊严的生活。莫尔认为立法的最高宗旨是良好的秩序。埃利奥特在《统治者必读》中指出，高贵是对美德的赞颂，是美德的另一种称呼，绅士的美德包括耐心、和蔼与宽厚，美德在高贵的人身上是统一和谐的。共和政体是一种有秩序的政体，在这种政体中人的等级按美德的多少来排列，财产和血统并不是标准，因此首脑、统治者、行政长官应该按照人的美德来任命。"高贵"一词尽管与"贵族"同源，但人文主义者认为：真正的高贵是指美德，而不是地位①。美德的社会有赖于

---

① Q. Skinner，"Thomas More and the Virtue of True Nobility"，in Q. Skinner，*Visions of Politics*，Ⅱ，Cambridge：Cambridge University Press，2002.

美德的统治者,他们比一般公民负有更大的责任。

由"美德"进行统治,是苏格拉底-西塞罗的政治理想,也是健全的理性的思维方式。这种思维方式是与古典甚至东方的传统联系在一起的,而不是现代西方的思维方式,它把政治包含在道德之中。虽然当时那些英国思想家中有人主张政治应保证个人自由,如斯塔基认为在威尼斯共和国,自由与和谐融为一体,但是在道德的框架内,自由并非追求的目标,不是道德思考的关键,相反,片面强调个人自由只会破坏社会和谐,增加社会冲突。

人文主义研究的另一个重点是教育,所有关于美德的著作都与教育有关,各类手册、君主必读、宝鉴之类也都是教育作品。美德通过教育而获得,这是常识,也是古典哲学和苏格拉底(Socrates)传统的重要内容,很早就为智者们所主张。人文主义者因而反复主张用教育灌输美德,认为那是培育美德的途径。最激进的改革派与最热心的现存秩序辩护者都认为,应该通过人文主义教育培养全社会的公益意识,通过节制以至于牺牲个人利益建构公共利益,应该在统治者中培养公正、节制、审慎、智慧等品质,最终建设良好的社会。像莫尔、伊拉斯谟这些文人雅士,与路德、加尔文、诺克斯那些激烈的改革派人士,在阐述美德与良好社会秩序以及抨击世风不正方面,几乎用的是同一种语言。但一旦涉及权力的冲突,简单地说,涉及世俗权威与教廷权威之间的关系时,双方的激烈争论就出现了。与人文主义的美德话语几乎同时出现的,是都铎朝政治话语的另一个重要方面:教权与王权之争,正是这场争论构成了都铎英国宗教改革的重要内容。

英国宗教改革主要源于世俗原因,而且带有很强的偶然性。站在今天看宗教改革,人们似乎可以说,与罗马天主教廷的决裂是必然的,如果都铎朝不完成,斯图亚特朝也会完成;17 世纪不完成,18 世纪也一定完成。但是,如果教皇同意了亨利八世的离婚请求,如果亨利娶的不是他哥哥的遗孀凯瑟琳,那么英国的宗教状况会如何、英国历史又会如何呢?这就难以预料了。亨利八世本不是个改革派,在路德派改革在欧洲大陆如火如荼时,他假借他人之手,毫不犹豫地写下《捍卫七圣事》一文,深得教皇称赞,路德派刚刚在英国大学有所抬头,他便施以迫害。此外,英国杰出的人文主义者中,多数支持教皇,支持基督教的世界秩序和价值体系,莫尔、费希尔是这样,沃尔西也是这样,在他们那里,导致冲突的不是原则,而是细节,但细节是致命的①。费希尔和莫尔根本不赞成国王离婚,因为那不符合基督教人文主义。沃尔西赞成离婚,并为此而努力,但他的努力却失败了。尽管有这些不同,他们都希望在基督教世界秩序的框架内解决问题,将离婚问题看作是宗教问题或道德问题。正因为如此,他们遭到王权的镇压,在王权面前被碾得粉碎。

托马斯·克伦威尔把离婚放到另一个框架下,终于达到了国王的目的。在克伦威尔看来,只要证明一件事就可以解决问题:英格兰是主权国家,英王是这个国家的最高统治者,离婚无须教皇批准,教皇对英格兰没有权利。这在当时很难被接受,于是,他引用罗马法中的"统治权"(imperium)概念②:统治权,即至高的权力,也就是国家主权;英格兰是一个"帝国"(imperium),是自足的、不需要上诉、也不存在上诉机构的政治单元。"帝国"概念保证了国王的至尊地位,至尊和统治权都不需要解释:国王的至尊来自上帝,亨利八世因其国王的身份而在世俗王国的范围内,是上帝在人间的牧羊人。王权的合法性和国王的至尊地位,不源于教会,而源自君主地位本身。这不是说要取消教会,而只是说,英国教会是英国的教会,不隶属于罗马教廷。因此,国王是世俗的,或属世的最高权威,也是教会的,或属灵的最高权威。英国有议会与普通法,这就够了,议会可以就宗教问题制定法案,可以按普通法的程序推行法案,但这不能改变国王高于议会的事实和传统,对于国王,议会只能效忠而已。这一点,后来成为斯图亚特时期政治争论的焦点,中心问题是国王与议

---

① Michael C. Questier, *Catholicism and Community in Early Modern England: Politics, Aristocratic Patronage and Religion, c. 1550—1640*, Cambridge: Cambridge University Press, 2006.

② imperium,帝国,这个词在罗马私法中带有所有权、绝对支配权的含义。

会之间,究竟谁的权力最高的问题。克伦威尔的说法,在罗马和整个天主教世界看来当然是离经叛道;不过,这正是都铎宗教改革的核心所在。因此人们看到,改革是被偶发事件激起的,后果却巨大无比,英王的离婚引发了天主教世界秩序的根本性颠覆。与路德要解决的信仰危机、加尔文要解决的教会纪律松弛问题相比,英国改革的初衷似乎并不重要,但它们的历史结果却一致,那就是加速基督教世界大分裂,由此促进现代民族国家的产生。

1533 年,英国议会通过《禁止向罗马上诉法》,该法案的导言概括了托马斯·克伦威尔的世俗国家理论。同年,亨利与安妮·博林举行秘密婚礼,国王任命的新的坎特伯雷大主教托马斯·克兰默宣布亨利的第一次婚姻无效。1534 年,英国议会把罗马教廷的全部权力转交给英王,包括主教任命权、豁免权、自由征税权等等;同年,《至尊法》获通过。在英国的宗教改革中,理论的争执发生在英王的廷臣们之间,结果有利于世俗政权:克伦威尔和天主教徒争论的是教权与王权的关系,天主教世界秩序的捍卫者被迫要在王权与教权之间划清界限。但这场争论尚未结束,另一场争论又出现了,因为宗教改革中出现了另一个思潮。

新的争论事关反抗,发生在苏格兰,根子在法国,延续到 16 世纪中后期,对 17 世纪的英国革命产生了重要影响。像其他宗教改革一样,苏格兰的宗教改革一开始便带有异端的性质,它既不见容于教廷,也不见容于王廷[①]。约翰·诺克斯是苏格兰宗教改革领袖,他作为加尔文信徒,也是那个时代重要的人文主义者。他一生多在法国度过,目睹了法国 16 世纪 60 年代开始的宗教战争。和加尔文一样,诺克斯坚持每个人都应

[①] 乔治·霍兰·萨拜因:《政治学说史》下册,盛葵阳、崔妙因译,商务印书馆,1986 年,第 506—509 页;Robert M. Kingdon, "Calvinism and Resistance Theory, 1550—1580", in J. H. Burns (ed.), *The Cambridge History of Political Thought 1450—700*, Cambridge: Cambridge University Press, 1995; M. van Gelderen, "So merely Humane': Theories of Resistance in Early-modern Europe", in A. Brett, J. Tully, H. H-Bleakley (eds.), *Rethinking the Foundations of Modern Political Thought*, Cambridge: Cambridge University Press, 2006, pp. 49 - 170.

该有信仰和传播信仰的义务,教会对异端应该进行积极制裁。他在苏格兰的语境中提出积极反抗的概念,起初只是由教义出发进行的推论。他认为:无论罗马教皇还是世俗统治者,只有在他们违反上帝的旨意,进行偶像崇拜、亵渎上帝,陷入种种恶行时,基督徒才有义务予以纠正①。因此反抗是一种宗教义务,而不是权利,更不是为了追求完美的政治理想,如共同福利、公共利益等。但不久之后,他就发展出这样的想法:只要统治者做了坏事,人们就有义务起而反抗,而不管自己是否处于受压迫的状态。这就是积极反抗的学说②。

在中世纪,主流思想家不持反抗立场。持不反抗立场的思想家认为,惩罚坏统治者属于末日审判的范畴,那是上帝的事、而不是人间的事。使徒保罗说,"没有权柄不是出于神的,凡掌权的都是神所命的。所以抗拒掌权的,就是抗拒神的命"③,百姓必须服从掌权者。圣奥古斯丁(St. Augustine of Hippo)指出,即便统治者没有履行职责,他们仍然是统治者。这就是早期的君权神授理论。到宗教改革时代,反抗是被刻意回避的:如果一个不称职的统治者被赶下台,那么合理性的解释,则是这个统治者放弃了自己的职责,才出现这样逆神的情况,他因放弃统治权,统治权就暂时出现空位。路德和加尔文都持不反抗立场,昆廷·斯金纳认为,加尔文在这方面体现出思想的矛盾:一方面,他从私法原则出发,显得非常极端,反抗应该是他的理论推论;另一方面,眼见着现实中的恶,他又坚持容忍。加尔文反复提醒人们,不管在什么时候,平民都不应该拿起武器④。

---

① 乔治·霍兰·萨拜因:《政治学说史》下册,盛葵阳、崔妙因译,商务印书馆,1986 年,第 507 页。
② 同上书,第 424—425 页;昆廷·斯金纳:《近代政治思想的基础》下卷,奚瑞森、亚方译,商务印书馆,2002 年,第 296—299 页;John Knox, *On Rebellion*, ed. by Roger A. Mason, Cambridge: Cambridge University Press, 1994(中国政法大学出版社影印本 2003 年版).
③《新约全书·罗马书》第 13 章第 1 节。
④ 昆廷·斯金纳:《近代政治思想的基础》下卷,奚瑞森、亚方译,商务印书馆,2002 年,第 311 页。

诺克斯的学说被温切斯特主教约翰·庞内特(John Ponet)、牛津大学神学教授克里斯托弗·古德曼(Christopher Goodman)所继承。庞内特在其主要作品《政治权力简论》(*A Shorte Treatise of Politike Power*, 1556)中认为,一切合法的掌权者都是神的佣人,神授命国王与贵族来维护他人的利益,他们要保护神托付而需要看管的兄弟,惩恶扬善,恪尽职守。和诺克斯一样,庞内特不用世俗语言,而用宗教语言讨论问题。古德曼的《最高掌权者如何服从他们的臣民》一书于1558年在日内瓦(Geneva)出版,书中认为,统治者受命于神,但神命令他们只能做好事、不能做坏事,如果长官"公然反抗神和神的律法","成了亵渎神明者,成了压迫者刽子手",①那么反抗就合理。这是用神法理论论证反抗学说。反抗学说还有私法理论,它主张:君主和其他行政长官一样也是公职人,如果君主贪赃枉法,成为暴君,那他就不再是公职人员。"由于他们使用公职赋予他们的权力来侵犯法律,"他们便"已经宣告放弃他们的公职权力",因而应该被看作是个体,而不是行政长官②。庞内特援引罗马法中的防卫理论为反抗辩护:根据私法,为维护生命或财产安全杀人,属于正当防卫③。

反抗理论的最激进人物是乔治·布坎南。他曾在法国任拉丁文教授,是大师级古典学家,被法国人文主义作家蒙田(Michel de Montreuil)称为当时最好的诗人④。他和加尔文一样,是马克-安托万·梅尔(Marc-Antoine Muret)的学生。与庞内特和古德曼不同,布坎南站在世俗的立

---

① 古德曼:《最高掌权者如何服从他们的臣民》,引自昆廷·斯金纳:《近代政治思想的基础》下卷,奚瑞森、亚方译,商务印书馆,2002年,第315—316页。

② 昆廷·斯金纳:《近代政治思想的基础》下卷,奚瑞森、亚方译,商务印书馆,2002年,第314页。

③ J. H. Burns, "George Buchanan and the Anti-Monarchomachs", in Nicholas Phillipson & Quentin Skinner(ds.), *Political Discourse in Early Modern Britain*, Cambridge: Cambridge University Press, 1995.(中文本:J. H. 伯恩斯:《乔治·布坎南和反暴君论》,载尼古拉斯·菲利普森、昆廷·斯金纳主编:《近代英国政治话语》,潘兴明、周保巍等译,华东师范大学出版社,2005年,第1章。)

④ 伯恩斯:《乔治·布坎南和反暴君论》,载尼古拉斯·菲利普森、昆廷·斯金纳主编:《近代英国政治话语》,潘兴明、周保巍等译,华东师范大学出版社,2005年,第4页。

场上讨论问题,反对任何形式的专制,其思想渊源主要是亚里士多德和西塞罗。在他的思想中,可以看到贯穿整个西方思想史,也是政治争论史的那种典型的概念,即关于自然状态、政治体、统治的性质、契约等。关于自然状态,他持斯多噶派(Stocism)理论,特别是西塞罗在《论开题》(De Inventione)中的说法,认为在自然状态下人类孤独、流浪,没有理性,与禽兽无异,力量决定一切。人自己创造社会,使人的生活更便利、更公正,因此更符合人在宇宙中的地位,社会并非神创。国家依人民的同意而产生,由人民投票产生统治者。统治者是全体人民通过选举而产生、处理共同事务的那些人。合法的统治是统治者与人民之间的契约,而选举就是定期订立契约的行为。既然权力由契约而产生,是委托的结果,那么,统治者的权力就应该小于委托人的权力,契约是委托的契约,而不是让渡的契约,等等。后来的契约论者认为,既然是委托,那么,权力或统治权本身就仍然被保留在委托人之中;选举既是定期的委托,也就意味着定期的收回。更进一步,他们认为,契约对受托者是一种约束,一旦受托者违反条约,民众便有权反对他们。布坎南甚至说,统治者的治理失误和行为失当,都违反统治条款,构成暴政,在这种情况下,最卑微的人也有权利将统治者杀死。最后,布坎南坚称政治学与神学无关,也与宗教无关。可见,布坎南的思想来源于古典政治共同体理论、罗马法中的契约观念和权利特征观念,其中的"异端"性质,不在于他吸收了新观念,而在于他挑战了以往的陈述方式,用古典的政治法律思想取代教会的政治法律思想①。

布坎南的《苏格兰王国的权利》(De Jure Regni apud Scotos,1579)与让·博丹的重要著作《国家六论》(Les Six livres de la République,1576)几乎同时出版,他们的思想与使徒保罗不反抗的观念相左,也与路德、加尔文的观点相逆。布坎南的著作引发了尼尼安·温塞特(Ninian

---

① H. R. Trevor-Roper, *George Buchanan and the Ancient Scottish Constitution* (*English Historical Review*, *Supplement no.3*), London, Duckworth, 1981.

Winzet）、亚当·布莱克伍德（Adam Blackwood）和威廉·巴克莱（William Barclay）的长期辩论，这是都铎后期英国乃至欧洲思想界的重要事件。巴克莱曾以"反暴君论"来指代布坎南理论，认为它对君主制度甚至欧洲的君主专制政府都造成了严重威胁①。

温塞特是布坎南的同时代人，他反对约翰·诺克斯，称其为"煽动暴乱的牧师"。布坎南的《苏格兰王国史》（1582）出版后，时任修道院院长的温塞特就与他展开辩论，出版作品《新教抨击》，以"布坎南论辩"作为附录。温塞特说：教会权力涵盖精神与世俗两个方面，既维护君主统治的神圣性，又反对用亵渎与煽动抨击君权。他认为一切权力来自上帝，上帝给王权以神圣性；教会通过涂圣油礼等仪式，授权君王进行统治。因此，国王是上帝在人间的代表，他也只对上帝负责。既然宗教给国王统治以终极的合法性，那么在政治领域，一切权力就源于国王。温塞特认为，弑君者比任何一个暴君都更残暴，更不可接受，这个立场在苏格兰的詹姆士三世（James Ⅲ of Scotland，1452—1488）被杀事件上反映出来。他认为詹姆士的确有错，既包括政策失当，也包括行为失检，但他并不认为那是暴政，詹姆士的错误不能证明谋杀者在法律上具有合法性，弑君在道义上可能合理，但不可能合法。

如果说温塞特在神学领域讨论问题，亚当·布莱克伍德就是在法学领域进行还击。布莱克伍德也在法国接受教育，他以《对乔治·布坎南的反对》（*Adversus Georgii Buchanani dialogum, de iure regni apud Scotos pro regibus apologia*，1581）回击布坎南，认为加尔文异端对教权和王权都造成威胁。他从民法与教会法入手，认为布坎南对君主政体的论述是对历史的误读。和那个时代的许多人一样，他认为古典的政治秩序与基督教的政治秩序不是一回事，用古典政治法律学说来解释苏格兰显然无效。他说，布坎南所说的历史是罗马帝国史，在那里元老院与人

---

① 伯恩斯：《乔治·布坎南和反暴君论》，引自尼古拉斯·菲利普森、昆廷·斯金纳主编：《近代英国政治话语》，潘兴明、周保巍等译，华东师范大学出版社，2005年，第14页。

民对皇帝拥有某种权力;但苏格兰的上院和人民对君主不具有同样的权力,苏格兰的最高统治权是纯粹的、绝对的,这是王权的特征。罗马皇帝的最高统治权需要得到人民的同意,而教会法告诉人们,王权无需先决条件,继承法也是这么说的,国王继承的是王国,而不是前任的国王。因此,即使国王本人,也无权改变王位的继承权。

巴克莱的《论统治》(*De Regno et Regali Potestate*)写于1580年代,1600年出版时做了修改。作者也曾在法国研究法律,他花了40年的时间学习和讲授民法。巴克莱反驳布坎南的自然法观念,认为布坎南否定社会组织的实践性、历史性和有用性。他指出,有用性是社会的基础,若要理解社会组织,史学比自然法更重要。社会组织是在不同的历史条件下形成的,成文法因这些条件的不同而不同,条件的复杂,使国王得到最高统治权,这就是有用性,成文法的基础是王权。虽说国王应该听取大臣的意见,但他没有义务必须如此。他还认为,君主专制是以宗教为基础的,王权无所不在,是神力渗透的结果。国王一旦登基,便有权得到臣民的服从,享有尊荣。因此,反叛国王也是反叛上帝。那么,如何解释反抗这种历史事实? 巴克莱认为,人有自卫的权利,受压迫的人民有抵抗的正当性,但自卫不能使下属取得惩罚上级的权利;并且,合法的抵抗不像诺克斯和布坎南所说,是个人的行为,而只能是团体的行为,臣民个人不能抵抗。当一个人不再是国王、自我剥夺了君主的尊严与不可侵犯性,成为一个普通人时,他就可以受到制裁,在这种情况下,人民可以使用暴力。

由上可知,反抗的义务与权利问题,在15—17世纪的英国受到热烈的讨论,学者们调动不同的思想资源,从宗教领域到法学,再到政治领域参与争论。到了革命年代,反抗成为革命学说的支柱,经过约翰·洛克和雅克·卢梭(Jean-Jacques Rousseau),反抗或起义的权利,成为现代政治权利学说的重要内容。但在斯图亚特王朝,詹姆士一世用自己的著作来论证王权的合法性,所以我们要从英国背景来理解这场争论。

英国宗教改革时期,天主教会说君主的权力来自神授,那是奥古斯丁-阿奎那意义上的神授,使徒彼得(Peter the Apostle)因耶稣的授权而开创教会,教会将权力授予法兰克或英格兰国王,因此他们的统治是神亲自授予的,国王代表上帝实施统治,地上之城只是上帝之城的影子。教皇从彼得那里承袭了执掌天国钥匙的权力,他既给予统治的合法性,也代表上帝考察和监督国王,对犯错误的国王,如误入异端、虐待人民、贪婪残暴等情形,实施开除教籍的处罚。无论在法理上还是在法律上,这种处罚本身都表示一种权力的运用,因此表明了教会的至高地位。

但是,宗教改革使最顽固的天主教徒也必须承认,上帝之城与地上之城是两个不同的领域,教会是精神领域的最终权威,国王是世俗领域的最终权威。耶稣确实让彼得掌管教会,但彼得不是上帝,他只是上帝的仆人。教皇在最理想的状态下,也只是彼得的继承人,充其量也只能当一个上帝的好仆人。马丁·路德让人明白,信仰只是个人的体验,教会只是衣裳,国王任命大臣、发布命令、实行封赏,因此从法理和事实的角度看,国王事实上实施统治。如果援引古代的经验,说国王和其他官吏一样,只是一个职位,是官职,应该执行人民的意志,甚至由人民选举产生,那只是受错误意志或错误愿望的左右而错误解释历史的结果,却无法从法律与历史角度进行认真检视。宗教改革既确认了国王是上帝在世间的代理人,是最高的主教,那么君权神授就发生了变化:以前的君权神授论证教权高于王权,现在则论证王权的至高无上,作为最高的统治权力,王权是所有世俗权力的源泉,议会也由国王设立。国王既是上帝的代表,那么他就只对上帝负责,他的合理性与合法性不但不可质疑,而且对他的具体政策也不可以评断。

争论到这一步,问题就没有答案了,历史只是处于争论状态而已。但从世俗的角度进行观察,争论又发生了:国王进行治理,这是一个历史事实;但历史却显示另一个事实,即国王仍然需要通过议会、按照契约进行统治,从而就开创了一系列对国王、对臣民都有约束力的“惯例”。如果说国王可以依据历史事实证明自己的权力至上,那么,议会也可以找出足够的事实证明国王的统治需要经过同意。因此,这不是一个谁最高、谁最后的问题,而是一个“平衡”问题。但是,“平衡”的观点就是削弱王权,托马斯·史密斯爵士于1565年完成、1583年出版的《论盎格鲁共和国》(*De Republica Anglorum*),就表达了这种平衡观点。他认为,虽说国王是政府的权威,议会却是王国内最高、最绝对的权威,在一些事情上,譬如任命家臣或大臣,国王不需要经过议会就可以决定;但在那些至关重要的事情上,比如征税,甚至更重要的宗教改革,国王都需要借助于议会的权威,通过"王在议会"这种方式来执行①。何种情况国王直接决定,何种情况需要借助议会,完全取决于惯例,也取决于当时的情况。宪法是法律问题,议会是最高的法庭。"平衡"论仍然持合作的观点,直到詹姆士一世时,主张对抗的似乎只有平衡说,而没有分权说。

詹姆士一世和柯克爵士、培根爵士的争论涉及君权问题,特别是国王与议会的关系问题,讨论的关键词不是谁"高"、谁"低",谁更"绝对",而是平衡,"王在议会"就是一个平衡问题。培根相信君权,柯克主张限制君权,但也不主张议会主权,他们都使用"惯例"来解决问题。培根认为,在王权和议会这两种权力间选出一种,说一方出自于另一方,并不明智,他说法官类似于狮子,但应该是国王宝座下的狮子②。由此可见,若以为绝对主义是在为君主的为所欲为作辩护,那不符合历史事实,而16—17世纪的绝对王权主义者只是这样进行论证的:国王比俗界的任何人都更负有责任,神法和自然法对他都有约束力,国王可以认为在本王国范围内他的权力高于教皇,但不是说他可以违背神法,他仍然要遵守上帝的法律,而不敢认为自己可以与上帝平起平坐。尊重法律也是国王的责任,但那是对上帝的责任,而不是对臣民的责任。国王只能被上帝所审判,而不能被世人所审判。不过,相反的一方则指责说:在这样一种君臣根本不对等的状态下,国王是不可能负责任的。

1598年詹姆士还在苏格兰,当时他撰写了《自由君主之正确的法律》,其中所谓的自由君主,指的是独立、不受国内外任何势力威胁的王

---

① 乔治·霍兰·萨拜因:《政治学说史》下册,盛葵阳、崔妙因译,商务印书馆,1986年,第507页。
② 同上。

国政府①。在自由君主制度中,君主拥有至高无上的法律权力,目的是统治臣民。国王是上帝在人间的形象,他之于社会,如父亲之于儿女、头颅之于躯干,这是文明的基础。法律来自国王,他是人民的立法者,人民要么服从国王,要么处于无政府状态。詹姆士追溯历史,他认为就苏格兰而言,国土先于等级身份、先于议会、先于法律而存在,是国王制定了法律,而不是法律设立了国王。他还说,王权一旦建立便可传给后代,继承王位就好似继承财产。他反对共和主义之说,王位只是个官职,他承认自己负有高度的责任,但那是对上帝的责任,而不是对人民的责任。他对法律的服从,与臣民对法律的服从不一样:他是自愿的,并随时可以改变法律;臣民服从法律,则是出于必须②。

爱德华·柯克爵士、威廉·海克威尔(William Hakewill)和罗杰·欧文爵士(Sir Roger Owen)等不同意这种推理。柯克是詹姆士一世时期的大法官,1616 年因限制王权的言论而得罪国王,数度被免职、遭关押,也数度入选议会。1616 年以前,他出版《判例汇编》前 11 卷③,查理一世曾查封他的《法律总论》2—4 篇。柯克的全部理论基于普通法,他认为法律是理性的表达,普通法是积累于历史之中的理性,蕴涵着经验与智慧,其中所有重要的部分都是由习俗确立起来的。他承认国王应该受到尊敬,司法检查也可以宣布议会法案无效;但下面这段记述却表明柯克和詹姆士之间的分歧,他说:国王的判断不等于法律,"对于涉及陛下臣民的生命、继承权、货物或其他财物的案件并不是按照天赋理性来决断的,而是按照特定的推理和法律判决的。人们要懂得法律必须经过长时间的学习并具有实践经验。……对此国王勃然大怒,并说,如此说来他必

---

① 乔治·霍兰·萨拜因:《政治学说史》下册,盛葵阳、崔妙因译,商务印书馆,1986 年,第 451 页。

② 《国王詹姆士政治著作选》(英文影印本),中国政法大学出版社,2003 年。对詹姆士一世的思想的概括,见乔治·霍兰·萨拜因:《政治学说史》下册,盛葵阳、崔妙因译,商务印书馆,1986 年。

③ 小詹姆斯·R.斯托纳:《普通法与自由主义理论:柯克、霍布斯及美国宪政主义之诸源头》,姚中秋译,北京大学出版社,2005 年,第 1 章。

须受到法律的约束了。他(国王)说,这种说法构成叛国罪。对此,我说,勃拉克顿说过:'国王不应该服从任何人,但应该服从上帝和法律。'"①按柯克的说法,习惯法把权力授给国王,把审理权授给法庭,把符合其身份的权利和特权授给英国人民②。因此,习惯法包含宪法的全部内容,它规定了政府的结构,也规定了臣民的权利。柯克坚决反对詹姆士一世将涉及国王自己的案件从普通法庭撤出而另组特别委员会来审理。因为即使是议会,也不能改变习惯法所体现的正义原则。议会法令若与习惯法相抵触,便无法执行,因而归于无效。英国政府是由法庭组成的,议会是最主要的法庭,法律是在王国境内土生土长的,它对国王与臣民有同样的约束力。在国家内部并不存在最高的权力,国王、议会和习惯法法庭在不同场合都具有不能废除的权力,其中一种不可以取代另一种。柯克推崇《大宪章》,认为它是英国法律的根本,其核心是各种自由权。柯克的这个思想特别重要,它改变了《大宪章》在都铎时期不被重视的状况③。

威廉·海克威尔也研究普通法,1610 年他在议会发表著名的演讲,挑战了国王的征税权。他以柯克关于"惯例"的观点为讨论基础,指出历史上关于征税的先例,要么非法,要么经过议会的批准。他研究了爱德华一世时期的议会记录,说明征税如何得到议会批准。支持国王的人认为,征税源于国王的绝对权力,而海克威尔则认为,不能因记录缺失就断定为国王的权力。这不意味着否定王权,而是说国王的权力经过议会,"由国王与人民的有默契的同意"而产生④。罗杰·欧文也从历史的比较入手研究先例,他发现征税要么是非法的,要么经过议会批准。他的长篇论文《论英国普通法的古风与长处》追溯了英国的领主法院制度,证明

<hr />

① 《判例汇编》,第 12 篇,引自乔治·霍兰·萨拜因:《政治学说史》下册,盛葵阳、崔妙因译,商务印书馆,1986 年,第 510 页。
② 乔治·霍兰·萨拜因:《政治学说史》下册,盛葵阳、崔妙因译,商务印书馆,1986 年,第 510 页。
③ 小詹姆斯·R. 斯托纳:《普通法与自由主义理论:柯克、霍布斯及美国宪政主义之诸源头》,姚中秋译,北京大学出版社,2005 年,第 1 章。
④ 同上书,第 29—30 页。

宪法涵盖方方面面①。

　　按照昆廷·斯金纳的说法,争论的更深层次是自由的性质,看起来与争端没有直接的关联②。詹姆士一世时期,自由意指国王恩赐的特权,那首先是历史实况,而不是哲学范畴。无论教会的自由,还是城市公社的自由,都是由法律做出的特别规定,而其源头则是国王或领主的特别契约。因此,按照自由的这个意义,即自由就是特权和特许,臣民们就只是因为国王给以恩赐才得享有财产与自由。1607年约翰·考埃尔(John Cowell)编纂了一部法律词典,其中对自由予以定义:那是一种"由于同意或命令而拥有的特权,人们依靠这个特权享有普通臣民无法享有的某些利益或恩惠"③。

　　议会主权论者认为,如果自由是国王的恩赐,那么自由就不存在了,因为这意味着自由依赖于国王的意志,而依赖就是奴隶状态。这种说法源于中世纪的普通法概念,亨利·德·布莱克顿(Henry de Bracton)和托马斯·德·利特尔顿爵士(Sir Thomas de Littleton)对它进行过论证,柯克则是在詹姆士一世的背景下重新进行论证。早在1260年布莱克顿就宣称:奴隶的特征是依赖别人的意志。15世纪时利特尔顿也说:奴隶是处于被支配地位的人④。罗马法之《法学汇纂》(*Digesta*)定义说:人要么是自由的,要么处于奴隶状态,奴隶制是一种一个人屈从于另一人意志的制度。基于这种罗马法自由观,议会主权派与王权论者进行辩论,由此才会在1628年的《权利请愿书》中对关押臣民与专断征税进行批评。

　　王权论者主张,只要国王从公共利益出发,为了公共利益,他就有权征税,或监禁和处死臣民。这也是文艺复兴时代的道德学家可以接受

---

① 小詹姆斯·R.斯托纳:《普通法与自由主义理论:柯克、霍布斯及美国宪政主义之诸源头》,姚中秋译,北京大学出版社,2005年,第31页。
② 昆廷·斯金纳、博·斯特拉思主编:《国家与公民》,彭利平译,华东师范大学出版社,2005年,第14页。
③ 同上。
④ 同上。

的。反对方则说,这仍是一种支配关系,自由依旧不存在,因此仍然是奴隶状态;奴隶就指望主人发善心,主动为自己考虑问题。仁慈专制或家长制统治可能也有合理性,但不能掩盖在这种制度下臣民不自由、不自主、不自治,因此处于依赖地位。查理一世用仁慈专制或家长制方式进行统治,仍然是在侵犯自由。而关于征税权问题的漫长辩论,其实质即在于此。1610年,托马斯·赫德利爵士(Sir Thomas Hedley)在议会的演讲中说:"国王特权"意味着把臣民的财产权"置于绝对权力和指挥之下",为了某人利益或公共利益,剥夺臣民的财产和人身自由。不管怎么说,这样做都混淆了自由人与奴隶的界限:一旦查理一世得到了这种权力,我们就会被奴役。1642年查理就控制军队问题动用最后否决权,议会方面认为这样做是对议会立法权的剥夺,目的仍然是把全体人民置于被奴役状态。国王对议会立法的否定,把议会降低至依赖于国王意志的状态。亨利·帕克(Henry Parker)在《评论》中说,1642年议会组建军队,原因是他们发现国王要发动内战,摧毁议会与人民,使他们永久处在奴隶制枷锁下。审判国王时对他的中心指控,是他企图"设立、维持一种无限的君主专制的权力,按照自己的意志进行统治"①。可见,君主政体"对人民的自由、安全和公共利益构成了危险"②。

这样,我们就不得不面对现代早期政治理论家托马斯·霍布斯了。霍布斯在牛津受教育,他对当时的经院式讨论没有兴趣,而研究科学,并在1640—1650年代写出了《自然法和国家法之要素》(*Elements of Law, Natural and Politic*)、《论公民》(*De Cive*)、《利维坦》(*Leviathan*)等著作。当时正值内战,针对英国的状况,他指出冲突激起的仇恨使人们丢失了法律意识,国家陷于混乱,因此需要一个最高权力来恢复社会秩序;为此,必须建立一种"政治科学",匡正社会,使大家都回到理性状态。他认为知识是关于物体的科学,"物体"分成自然物体和人造物体,

---

① 昆廷·斯金纳、博·斯特拉思主编:《国家与公民》,彭利平译,华东师范大学出版社,2005年,第17页。
② 同上。

自然物体存在于自然界，人造物体即是国家。人既是自然物体，也是人造物体，因此既受自然法则支配，又受人创造出来的习惯、规则等的支配。作为自然物体，人受自我保护、趋利避害这些自然本性的支配，在自然状态下，人的第一要务是自保自护；但自保造成一切人对一切人的战斗，因此需要在共同利益、共同同意下建立某种共同的权力。这就是政治社会的起源。在霍布斯之前，自然法主要与宗教相关，是对社会施加道德的束缚；霍布斯则将它与人的心理，或文明社会人的存在关联起来，用心理学，也就是人性的法则来阐释自然法①。

霍布斯认为他的理论可以解释他那个时代王权与议会之间的争论。在《利维坦》中，他猛烈攻击议会派，认为他们完全从历史的、习惯的角度理解自由，这就误解了自由的本性。霍布斯对自由作出另一种解释，他说自由与"独立"或"依赖"无关，自由只是不存在外在的阻碍，也就是不存在对行动的干涉。在霍布斯看来，压制或违反意志不一定就是压制自由，例如服从法律并不一定是不自由；自由仅仅与法律相对：法律禁止得越少，自由的领域就越大。同样，国家不是一个宪法结构，而是一种人格存在；国家不是简单的契约，而是为了保证人们彼此之间的安全和生命，而订立的一种契约。因此，国家是一种权利或自由的让渡——把政治社会中最困难、个人完全无力承担的任务交给一个最强者、一个利维坦。这样，霍布斯就把一般意义上的自由主义（liberalism）和专制主义都纳入到他自己的体系中。

霍布斯的思想非常特殊，他对自由主义的解释以及对利维坦的呼唤，都对后世有很大影响。但他思考的又正是他那个时代最迫切的问题，《利维坦》发表时，英国革命正如火如荼，国王已被处死，国家开始陷入混乱，对立的情绪愈演愈烈。在这样一个时代，霍布斯思考"自由"问

---

① 霍布斯政治思想的发展，参见 Quetin Skinner, *Reason and Rhetoric in the Philosophy of Hobbes*, Cambridge：Cambridge University Press, 1996；Quetin Skinner, *The Visions of Politics*，Vol. 3：Hobbes and Civil Science, Cambridge University Press, 2002；Leo Strauss, *The Political Philosophy of Hobbes*，Chicago：University of Chicago Press, 1996.

题,其实是在反思革命的理论依据,即"自由"会不会造成混乱?他呼唤利维坦,其实是在呼唤秩序的回归。他回国后归附革命政府,恰恰表现了他在克伦威尔身上看到了利维坦的影子。

在革命中,共和主义大行其道,其代表人物包括马查蒙特·尼德汉姆(Marchamont Nedham)、亨利·内维尔(Henry Neville)、约翰·弥尔顿和菲利普·西德尼等等,这些人都与议会有关,主张议会的权力。但"自由"仍然是共和主义的关键词,自 1600 年以来,自由和权利一直是理论争论的焦点,所不同的是对自由的理解。1650 年尼德汉姆编辑《政治信使》,讨论"居住在一个自由的国家"意味着什么?1656 年 6 月他的《一个自由国家之崇高》(*The Excellencie of a Free-State*)再版;同年底詹姆斯·哈林顿(James Harrington)的《大洋国》(*The Commonwealth of Oceana*)出版。1660 年,弥尔顿发表《建立一个自由共和国之捷径》(*The Ready and Easy Way to Establish a Free Commonwealth*);1680 年,内维尔发表政治对话《柏拉图再现》(*Plato Redivivus*)。

弥尔顿论证古典自由的观念,说人生而自由,自由是人的自然状态,政府的重要目的是保证自由这种天赋权利。尼德汉姆认为,政府的目的是确保人民的利益与安宁,确保其享有权利而不受统治者和其他同胞的侵害。西德尼坚称法律应该保护人民的土地、自由、商品和生命;内维尔把生命、自由和财产视为文明的基石,这些就是后来洛克的政治学公式。与 18 世纪的思想家不同,革命时代,思想家不倡导个体自由,而是捍卫共同体自由,他们所捍卫的是弥尔顿的"公共自由"和"自由政府"。他们认为,共同体可以比喻为身体,自由国家相当于肌体健康的人。哈林顿说自由是共和国的自由,西德尼称其为自由的民族,即自己制定法律来统治的民族;尼德汉姆则认为,罗马人之所以是自由的,就在于他们的法律得到了人民的同意,没有人民的同意,法律就无法制定,也无法实施。哈林顿说,人民拆散时只是许多私人的利益,集合起来才形成公共利益[1]。所谓

---

[1] 昆廷·斯金纳:《自由主义之前的自由》,李宏图译,上海三联书店,2003 年,第 20 页。

的人民的意志,是大多数人的意志。

　　与自由对立的是受奴役状态。在弥尔顿看来,公共奴役有两种,一种是被征服,另一种是国王或任何一种权力高于议会立法权。共和主义的自由观念,目的就是要改变这种受奴役状态。1642 年查理一世抓捕五位议员,弥尔顿说那是一个严重的事件,因为国王带着士兵闯入卜院,等于是阻止"整个民族的身体去行使其处理国家事务的基本职责";"如果我们的最高机构和法律意志受到国王的意志限制的话,那么将使一个人的意志成为我们的法律,议会就不能进行丝毫的辩论,整个民族将成为奴隶"①。他还说,把军权交给国王,无异于把全部法律和自由都交给他,"如果不能强有力地抵抗一个拥有武装的暴君,那么我们就要绝对地受奴役。"②西德尼说过,奴隶是这样一个人,"他既不能支配他自己,也不能支配其财产,只有在他的主人的意志支配下,才能享有这一切。如果,除了国王的恩赐就不拥有任何权利,而国王随心所欲又能取消这些权利,那么这些人和这些民族若还不是奴隶的话,从本质上说也就没有什么奴隶不奴隶了"③。

　　除了自由主义和共和主义,平等派理论是革命时期的第三种政治思想,出现于 1647 年平等派领袖与军队上层之间的普特尼辩论(Putney Debates)中④。平等派领袖宣称,最贫穷的人与最高贵的人一样都生活在英国,既然政府的基础是人民的同意,那么,每一个人在政府的形成中都应该有发言权;在政府中没有发言权的人便对政府没有义务。1645 至 1649 年,平等派多次发动请愿、签名和游行,其领袖是约翰·李尔本、理

---

① John Milton, *Eikonoklastes* in Merritt Y. Hughes(ed.), *The Complete Prose Works of John Milton*, Vol. Ⅲ, New Haven, CT: Yale University Press, 1962, p. 377, p. 462.

② Ibid., p. 454.

③ Algernon Sidney, *Discourses on Government*, in Thomas G. West (ed.), *The Genevan Reformation and the American Founding*, Indianapolis: Liberty Classics, 1990, Ⅰ, 5, p. 7; 另见本书第二篇第 2 章。

④ 材料直至 1890 年代才公开出版,重要研究著作:L. J. Morton(ed.), *Freedom in Arms: a Selection of Leveller Writings*, London: Lawrence and Wishart, 1974.

查德·奥弗顿(Richard Overton)、威廉·沃尔温(William Walwyn)、约翰·怀尔德曼(John Wildman)等人。"平等派"是一个丑化的名称,是王党强加给他们的,意思是取消等级与财产,绅士与普通人没有区别。这在当时是一个大逆不道的主张,哈林顿就不认同他们,把这一主张视为侵犯财产。平等派所呼吁的、以普选为基础的民主制,也不被时代所理解,因为按照当时的观念,民主就是暴民的统治。共和派思想家可以赞成混合制,但也反对民主制①。平等派的宗教宽容主张也不被时代所接受,因为他们主张宽容新教各派、天主教、异教甚至无神论。在1648年的白厅辩论中,怀尔德曼认为地方长官不可以为臣民选择宗教,因为没有人能够判断教派的正确性,因此信仰应该放在每一个人的心中。平等派还颠覆了英国的历史传统,他们派认为诺曼征服是奴役的开始,《大宪章》是束缚,而不是自由。因此,不应该回到《大宪章》或普通法传统,而应该建立一种一般的正义法则;不应该诉诸历史,而应该对法律进行重新审视与讨论,使其成为伸张"普遍平等"与"正当理性"的国民契约②。总之,"平等派是第一次围绕着人民主权思想组织起来的现代政治运动。他们是第一批不去思考城邦内的参与政府而是思考在民族国家范围内建立代议制政府的民主主义者"③。

　　总之,16—17世纪的英国政治思想,折射着英国的现状,也预示着英国的未来,未来的英国将在这个基础上呈现出新的特色。当英国经历了都铎的熔炼、斯图亚特内战与革命的考验,已经完成了民族国家的铸造任务后,新的历史将在下一个世纪开始,把英国推进新的历史时代。

---

① D. Wootton, "Leveller Democracy and the Puritan Revolution", *The Cambridge History of Political Thought*, *1450—1700*, Cambridge: Cambridge University Press, 1995, pp. 412-42.
② 大卫·伍德:《平等派》,载约翰·邓恩编:《民主的历程》,林猛等译,吉林人民出版社,1999年,第84—109页。
③ 同上书,第84页。

附　录

一 地图 *

1. 1467—1696 年的英国贸易公司

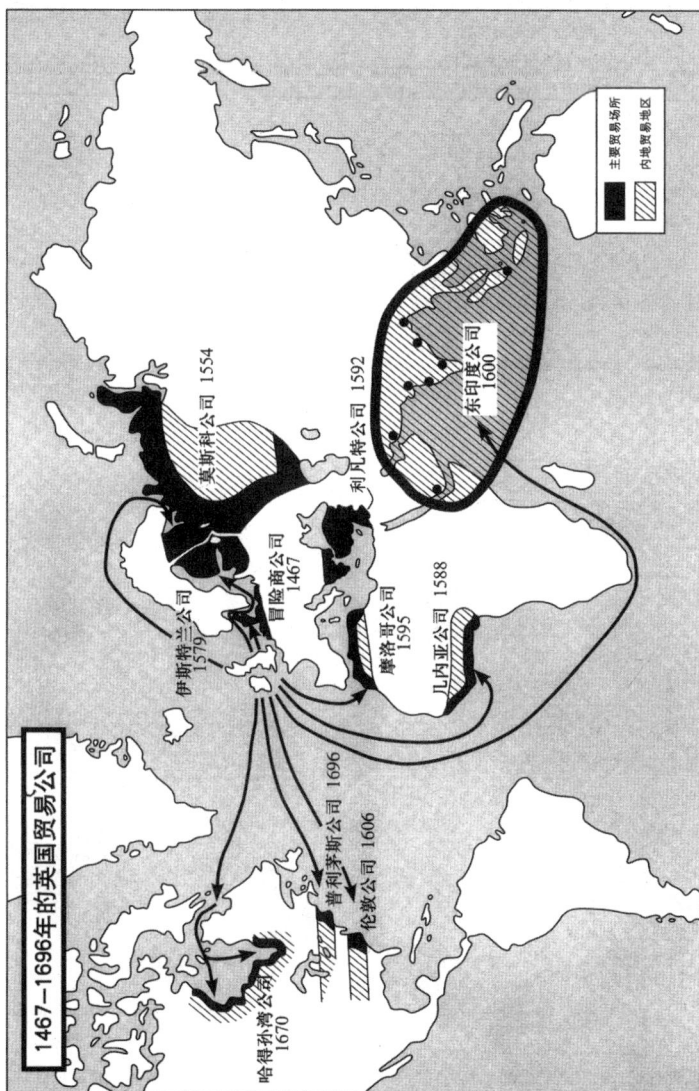

1467–1696年的英国贸易公司

东印度公司 1600

莫斯科公司 1554

利凡特公司 1592

冒险商公司 1467

伊斯特兰公司 1579

摩洛哥公司 1595

几内亚公司 1588

普利茅斯公司 1606

伦敦公司 1606

哈得孙湾公司 1670

主要贸易场所　内地贸易地区

*　本书地图引自［英］马丁·吉尔伯特著《英国历史地图》(第三版)，王玉菡译，中国青年出版社，2009 年。

2. 1500—1600 年的英格兰

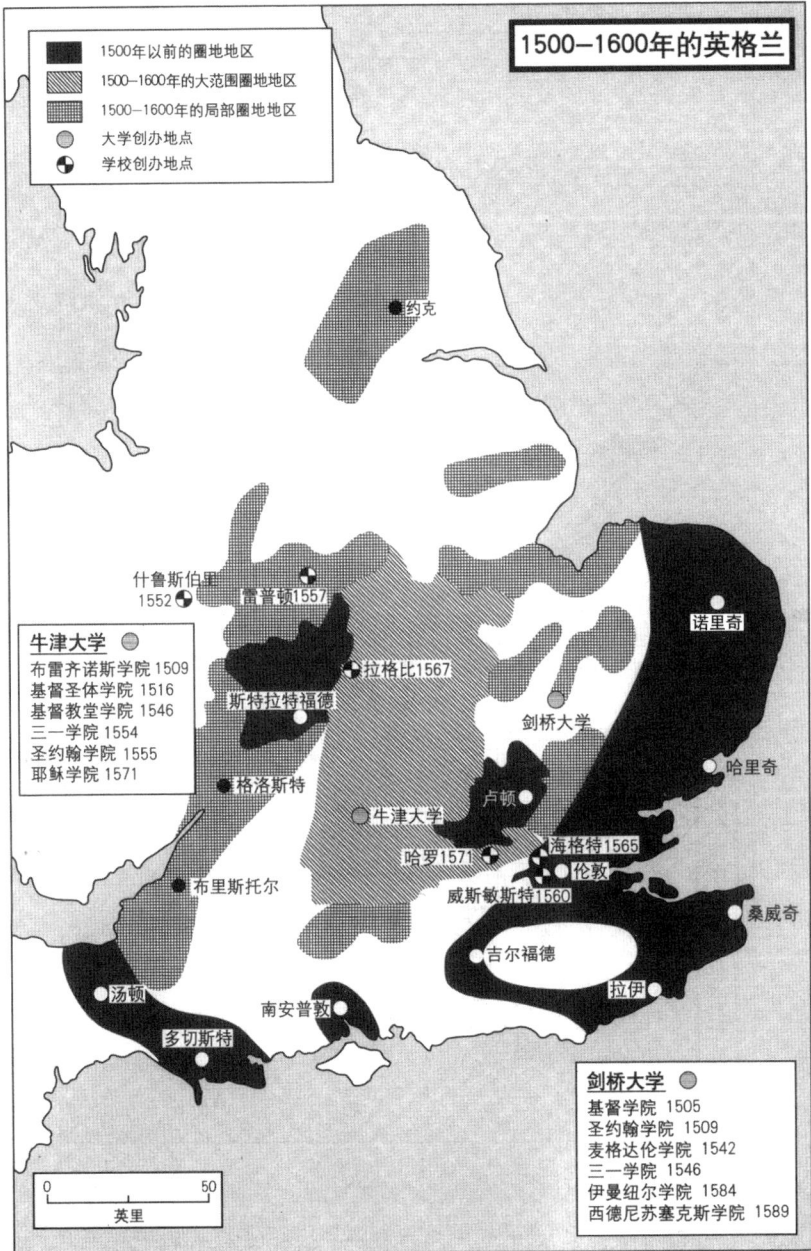

1500—1600年的英格兰

图例：
- 1500年以前的圈地地区
- 1500—1600年的大范围圈地地区
- 1500—1600年的局部圈地地区
- 大学创办地点
- 学校创办地点

牛津大学
- 布雷齐诺斯学院 1509
- 基督圣体学院 1516
- 基督教堂学院 1546
- 三一学院 1554
- 圣约翰学院 1555
- 耶稣学院 1571

剑桥大学
- 基督学院 1505
- 圣约翰学院 1509
- 麦格达伦学院 1542
- 三一学院 1546
- 伊曼纽尔学院 1584
- 西德尼苏塞克斯学院 1589

地名：约克、什鲁斯伯里 1552、雷普顿 1557、拉格比 1567、斯特拉特福德、诺里奇、剑桥大学、哈里奇、格洛斯特、卢顿、牛津大学、哈罗 1571、海格特 1565、伦敦、布里斯托尔、威斯敏斯特 1560、桑威奇、吉尔福德、拉伊、汤顿、南安普敦、多切斯特

0 — 50 英里

3. 1588年的无敌舰队

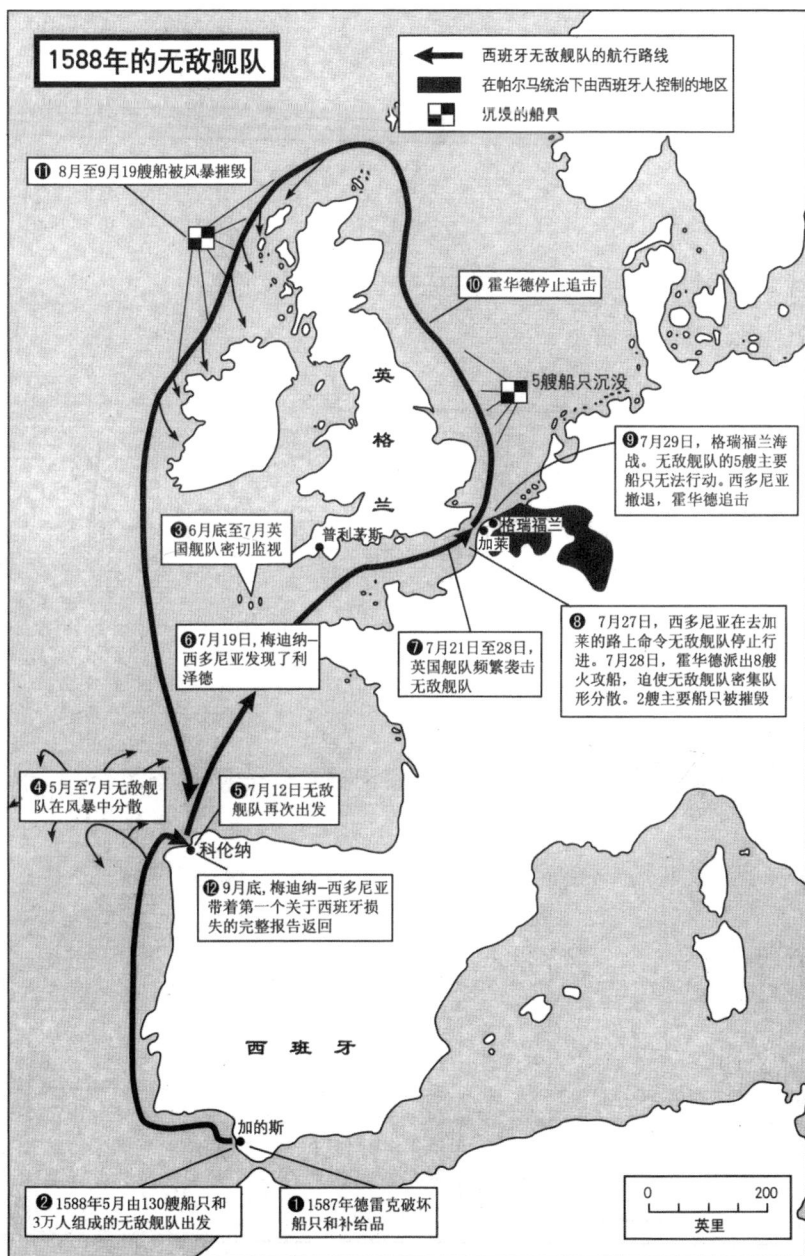

1588年的无敌舰队

→ 西班牙无敌舰队的航行路线

■ 在帕尔马统治下由西班牙人控制的地区

▨ 沉没的船只

⓫ 8月至9月19艘船被风暴摧毁

⓾ 霍华德停止追击

5艘船只沉没

⓽ 7月29日，格瑞福兰海战。无敌舰队的5艘主要船只无法行动。西多尼亚撤退，霍华德追击

❸ 6月底至7月英国舰队密切监视

普利茅斯

格瑞福兰
加莱

⓼ 7月27日，西多尼亚在去加莱的路上命令无敌舰队停止行进。7月28日，霍华德派出8艘火攻船，迫使无敌舰队密集队形分散。2艘主要船只被摧毁

❻ 7月19日，梅迪纳—西多尼亚发现了利泽德

❼ 7月21日至28日，英国舰队频繁袭击无敌舰队

英格兰

❹ 5月至7月无敌舰队在风暴中分散

❺ 7月12日无敌舰队再次出发

科伦纳

⓬ 9月底，梅迪纳—西多尼亚带着第一个关于西班牙损失的完整报告返回

西班牙

加的斯

❷ 1588年5月由130艘船只和3万人组成的无敌舰队出发

❶ 1587年德雷克破坏船只和补给品

0   200
英里

415

4. 1644—1646 年的内战

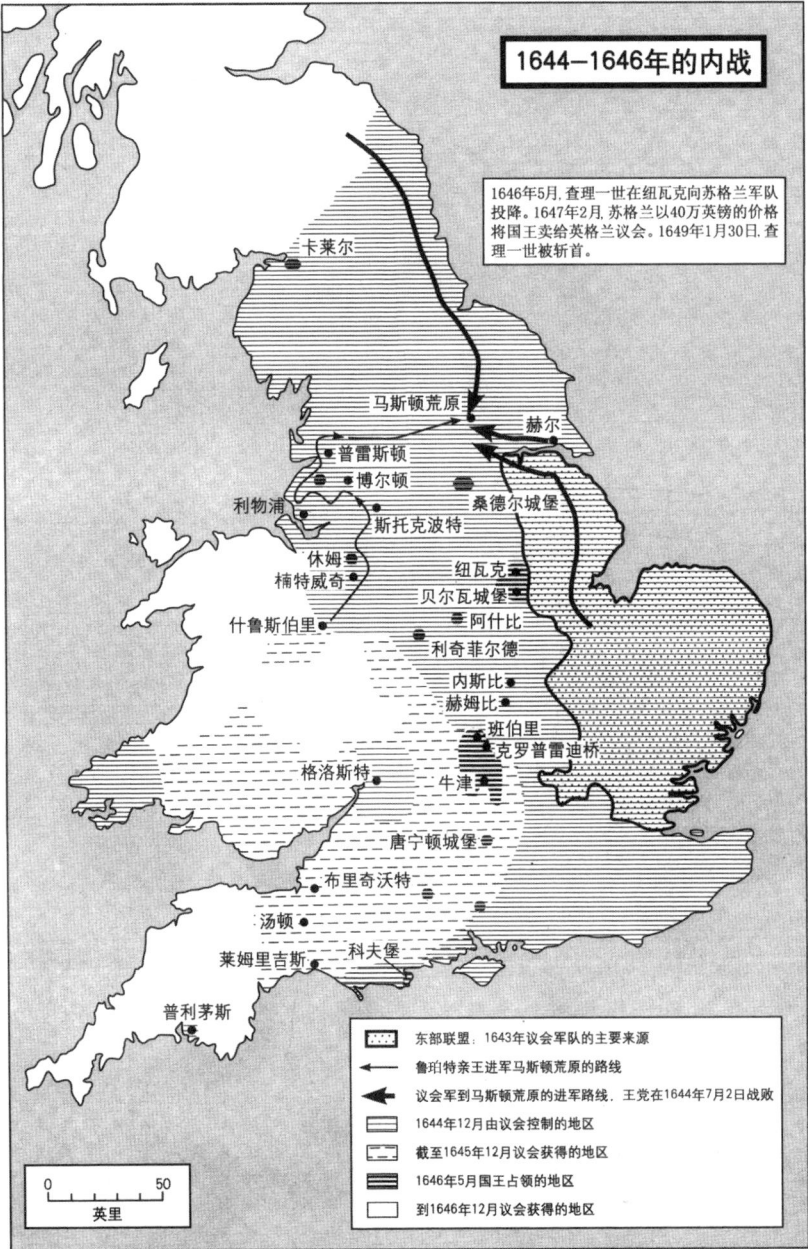

1644—1646年的内战

1646年5月，查理一世在纽瓦克向苏格兰军队投降。1647年2月，苏格兰以40万英镑的价格将国王卖给英格兰议会。1649年1月30日，查理一世被斩首。

卡莱尔

马斯顿荒原
赫尔
普雷斯顿
博尔顿
利物浦
桑德尔城堡
斯托克波特
休姆
纽瓦克
楠特威奇
贝尔瓦城堡
什鲁斯伯里
阿什比
利奇菲尔德
内斯比
赫姆比
班伯里
克罗普雷迪桥
格洛斯特
牛津
唐宁顿城堡
布里奇沃特
汤顿
莱姆里吉斯
科夫堡
普利茅斯

东部联盟：1643年议会军队的主要来源
鲁珀特亲王进军马斯顿荒原的路线
议会军到马斯顿荒原的进军路线，王党在1644年7月2日战败
1644年12月由议会控制的地区
截至1645年12月议会获得的地区
1646年5月国王占领的地区
到1646年12月议会获得的地区

0　　　　50
英里

5. 1660 年的大西洋

1660年的大西洋

奴隶

黄金

奴隶

冈比亚

丹吉尔

亚速尔群岛

马德拉岛

加那利群岛

佛得角群岛

大　西　洋

百慕大

蔗糖

维尔京群岛
瓜德罗普岛
圣马提尼克岛
巴巴多斯岛
特立尼达岛

蔗糖

英属
圭亚那

荷属
圭亚那

鱼

毛皮

烟草

棉花

大米

牙买加

蔗糖

朗姆酒

银

朗姆酒

图例：
贸易路线
英国的属地
法国的属地
西班牙的属地
葡萄牙的属地
荷兰的属地
英国和荷兰的奴隶来源地
主要贸易商品

1000

英里

0

6. 1660 年的印度洋

1660年的印度洋

瓷器
茶叶
澳门
菲律宾（西属）
钻石
胡椒粉
香料
丝绸
锡
胡椒粉
班特姆
锡

向所有地区开放的贸易中心
主要英国工厂或贸易站
主要荷兰工厂
主要葡萄牙工厂
主要贸易商品
锡

鸦片
鹿糖
胡格利
巴拉索尔
维萨加帕塔
马德拉斯
苏拉特
亭可马里
肉桂
靛蓝染料
胡椒粉
珍珠
孟买
咖啡
卡利卡特

印　度　洋

印　度

伊斯法罕
冈布龙
毛里求斯

巴士拉
丝绸
马斯喀特
咖啡
穆哈
亚丁

阿萨达

乌木
圣奥古斯丁湾

800
红　海
英里

蒙巴萨
桑给巴尔
乌木
莫桑比克
奴隶
黄金
德拉瓜湾

0

开普敦

7. 1688 年光荣革命

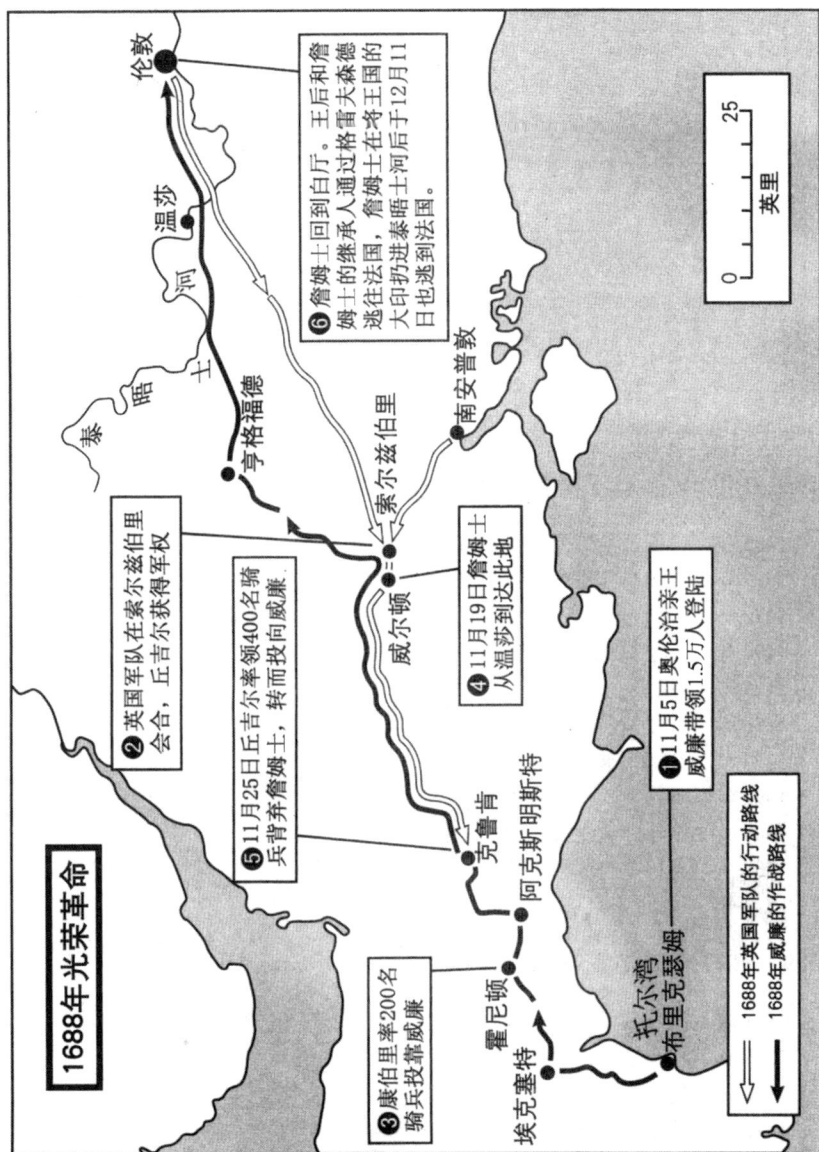

1688年光荣革命

① 11月5日奥伦治亲王威廉带领1.5万人登陆

② 英国军队在索尔兹伯里会合，丘吉尔获得军权

③ 康伯里率200名骑兵投靠威廉

④ 11月19日詹姆士从温莎到达此地

⑤ 11月25日丘吉尔率400名骑兵背弃詹姆士，转而投向威廉。

⑥ 詹姆士回到白厅，王后和詹姆士的继承人通过格雷夫森德逃往法国，詹姆士在将啤酒王国的大印扔进泰晤士河后于12月11日也逃到了法国。

伦敦
温莎
泰晤士河
英格福德
索尔兹伯里
南安普敦
威尔顿
克鲁肯
阿克斯明斯特
霍尼顿
埃克塞特
托尔湾
布里克瑟姆

⟸ 1688年英国军队的行动路线
⟵ 1688年威廉带领的作战路线

25
英里
0

二 大事年表

1485—1509 年　英王亨利七世在位

1485 年　博斯沃斯荒原战役；亨利·都铎建立都铎王朝

1489 年　英国与西班牙签订《梅迪纳·德尔·坎波条约》

1492 年　哥伦布发现新大陆；英国与法国签订《埃塔普勒条约》

1494 年　划定"教皇子午线"

1495 年　《反流民与乞丐法》

1496 年　威尼斯航海家约翰·卡伯特获英王颁发的探险特许状

1497 年　约翰·卡伯特北美探险，发现纽芬兰岛

1499 年　英格兰王位觊觎者沃贝克被处死

1500—1505 年　编制《伊顿合唱曲集》

1502 年　英格兰与苏格兰签订《永久和平条约》

1504 年　《取缔家臣法》

1509—1547 年　英王亨利八世在位

1511 年　亨利八世与教皇、西班牙、威尼斯及瑞士组成反法联盟

1515 年　托马斯·沃尔西出任大法官

1516 年　托马斯·莫尔发表《乌托邦》；伊拉斯谟发表《基督教君主教育》

1517 年　马丁·路德发表《九十五条论纲》

1518 年　欧洲诸国签订《伦敦和约》

1521 年　亨利八世获教皇利奥十世授予的"信仰捍卫者"称号

1527 年　亨利八世与阿拉冈的凯瑟琳的婚姻出现危机

1529 年　托马斯·莫尔出任大法官

1529—1536 年　英国宗教改革议会

1530—1540 年　托马斯·克伦威尔推行"都铎政府革命"

1531 年　《处罚乞丐与流民条例》

1532 年　《有条件限制首年俸法》

1533 年　《禁止向罗马上诉法》;亨利八世与安妮·博林结婚;《第一王位继承法》;亨利八世被教皇克莱门特七世开除教籍;德国肖像画家汉斯·荷尔拜因开始效力于都铎王室

1534 年　第一《至尊法》;《绝对限制首年俸法》

1535 年　托马斯·莫尔被处死

1536 年　"求恩巡礼"叛乱;安妮·博林被处死

1536—1540 年　亨利八世解散修道院

1539 年　《六信条法》

1540 年　托马斯·克伦威尔被处死

1540—1550 年　英国国教(新教安立甘宗)初步形成

1541 年　爱尔兰议会宣布亨利八世为爱尔兰国王

1542—1567 年　苏格兰女王玛丽·斯图亚特在位

1543 年　英格兰和苏格兰签订《格林威治条约》

1547—1553 年　英王爱德华六世在位

1547 年　《合法安置条例》

1549 年　第一《信仰划一法》;《第一公祷书》

1552 年　《第二公祷书》;萨默塞特公爵被处死

1553 年　《四十二信条》;诺森伯兰公爵被处死

1553 年 7 月 10—19 日　"九日女王"简·格雷夫人僭位

1553—1558 年　英王玛丽一世在位

1553—1558 年　休·威洛比爵士和理查德·钱塞勒探险东北航路

1554 年　托马斯·怀亚特爵士发动反玛丽一世起义;玛丽女王和西班牙王子菲利普举行婚礼;英格兰教会重新归顺罗马教廷

1554—1558 年　英国恢复天主教信仰,玛丽女王迫害新教徒

1555 年　英国莫斯科公司组建

1556 年　托马斯·克兰默被处死;约翰·庞内特写作《政治权力简论》;红衣主教雷吉诺德·波尔出任末代坎特伯雷大主教

1558 年　英国失去在大陆的最后据点加莱;约翰·诺克斯发表《吹响反抗丑恶女性统治的第一声号角》

1558—1603 年　英王伊丽莎白一世在位

1559 年　第二《至尊法》;第二《信仰划一法》;英国与法国等签订《卡托-康布雷奇和约》

1550—1560 年　清教运动出现

1560 年　英格兰与苏格兰签订《贝里克条约》(1560 年)；英格兰、苏格兰与法国签订《爱丁堡条约》

1560—1570 年　约翰·霍金斯爵士从事英国、非洲和西印度群岛之间的"三角贸易"

1562 年　《安置和迁移法》

1563 年　《三十九信条》；约翰·福克斯《行为与典范》

1567 年　苏格兰议会批准《信仰声明》(*Confession of Faith*)

1570 年　伊丽莎白女王被教皇庇护五世开除教籍

1572 年　英国与法国签订《布卢瓦条约》

1576—1578 年　马丁·弗罗比歇爵士三次前往北美探险

1576 年　《安置穷人工作法》

1577—1580 年　弗朗西斯·德雷克爵士环球航行

1579 年　英国东方公司组建；乔治·布坎南发表《苏格兰王国的权利》

1580 年　西班牙吞并葡萄牙，第一个"日不落帝国"形成

1581 年　英国土耳其公司组建

1583 年　英国威尼斯公司组建；托马斯·史密斯发表《论盎格鲁共和国》

1584 年　沃尔特·雷利爵士派遣探险队抵达北美南部的罗阿诺克岛

1586 年　英格兰与苏格兰签订《贝里克条约》(1586 年)

1587 年　玛丽·斯图亚特被处死；克里斯托弗·马洛《帖木儿大帝》

1588 年　英国打败西班牙"无敌舰队"；理查德·哈克卢伊特发表《英吉利民族的主要航海、航行、贸易和发现》

1590 年　埃德蒙·斯宾塞《仙后》

1590—1596 年　威廉·莎士比亚《仲夏夜之梦》

1592 年　威尼斯公司与土耳其公司合并，组建黎凡特公司

1593 年　威廉·莎士比亚《维纳斯与阿多尼斯》

1594 年　蒂龙伯爵领导爱尔兰北方反英起义

1594—1603 年　英国通过"九年战争"(Nine Years' War)，实现对爱尔兰的再征服

1598 年　汉萨商人被迫关闭在伦敦的贸易商站；苏格兰的詹姆士六世撰写《自由君主之正确的法律》

1600 年　英国东印度公司组建；威廉·吉尔伯特《磁学》

1600—1601 年　威廉·莎士比亚《哈姆雷特》

1601 年　《济贫法》(1601 年)

1602 年　荷兰联合东印度公司组建

1603—1625 年　英王詹姆士一世在位

1604 年　古德温当选下院议员案；英国和西班牙签订《伦敦条约》

1605 年　天主教徒策划"火药阴谋案";本·琼森《黑色假面舞》

1606 年　伦敦弗吉尼亚公司和普利茅斯弗吉尼亚公司获皇家特许状

1607 年　伦敦弗吉尼亚公司在北美建立第一个永久居民点詹姆士敦

1611 年　英王詹姆士钦定本英文《圣经》出版;本·琼森《喀提林阴谋》

1612 年　迈克尔·德雷顿发表《多福之邦》

1612 年　爱德华·柯克爵士出任王座法庭(高等法院)首席法官

1615 年　皮查姆案件

1618 年　英国伦敦冒险家对非洲贸易公司组建

1618—1648 年　三十年战争

1620 年　《五月花公约》签订,普利茅斯殖民地建立;波希米亚国王腓特烈五世
　　　　　败于白山战役;弗朗西斯·培根爵士《新工具》

1621 年　议会弹劾弗朗西斯·培根爵士

1624 年　英国第一个王室直辖殖民地弗吉尼亚建立

1625—1649 年　英王查理一世在位

1625 年　查理一世和亨利埃塔·玛丽亚举行婚礼

1627 年　五爵士案;弗朗西斯·培根《新大西岛》

1628 年　白金汉公爵在朴次茅斯一家名为"灰狗"的酒吧遇刺身亡;《权利请愿
　　　　　书》;威廉·哈维发现血液循环规律

1628—1633 年　英国在尼维斯、安提瓜、蒙特塞拉特建立殖民地

1629 年　英国马萨诸塞湾公司建立

1629—1640 年　查理一世"十一年暴政期"

1631 年　英国商人开发几内亚公司建立

1632 年　佛兰德斯画家安东尼·范·戴克给英国带来巴洛克画风

1633 年　查理一世重返故乡,举行苏格兰式加冕礼

1639 年　第一次"主教战争";《康涅狄格基本法》

1639—1651 年　英格兰、苏格兰和爱尔兰之间"三王国之战"

1640 年　"短期议会"召开;《人身保护法》;第二次"主教战争";查理一世与苏格
　　　　　兰、爱尔兰共同签订《里彭条约》

1640—1653 年　长期议会

1641 年　《大抗议书》;斯特拉福伯爵被处死;爱尔兰天主教徒起义

1641—1653 年　爱尔兰同盟战争

1642 年　爱尔兰天主教联盟成立;《主教排除法》;查理一世在卡斯尔山向议会
　　　　　派宣战,英国内战爆发

1642—1646 年　英国第一次内战

1643 年　苏格兰《神圣同盟与誓约》

1644 年　马斯顿荒原战役;《自抑法》

1645 年　《新模范军法令》(*New Model Army Ordinance*);劳德大主教被处死

1646 年　查理一世躲进纽瓦克的苏格兰长老会军营

1647 年　平等派《人民公约》；普特尼辩论；魏尔兵变

1648—1649 年　英国第二次内战

1648 年　普莱德清洗

1648—1653 年　"残阙议会"（或"残缺议会"）

1649 年　查理一世在白厅前广场被处死

1649—1650 年　奥利弗·克伦威尔远征爱尔兰

1649—1653 年　英吉利共和国

1649—1660 年　英国王位虚悬期

1650—1651 年　英国第三次内战

1651 年　《航海条例》；查理二世在苏格兰的斯科尼宫（Scone Palace）加冕；托马斯·霍布斯发表《利维坦》

1652—1654 年　第一次英荷战争

1653—1659 年　克伦威尔父子护国摄政

1653 年　"小议会"或"拜尔朋议会"召开；《政府约法》；克伦威尔被宣布为护国主；英格兰、苏格兰和爱尔兰三王国实行联合

1654 年　英国和荷兰签订《威斯敏斯特和约》

1654—1655 年　第一届护国制议会；克伦威尔实施西印度群岛远征计划

1656—1658 年　第二届护国制议会

1658 年　英军占领并接管敦刻尔克

1659 年　第三届护国制议会

1659—1660 年　英吉利第二共和国

1660—1685 年　英王查理二世在位

1660—1688 年　斯图亚特王朝复辟时期

1660 年　"自由议会"（或"非常议会"）召开；《布雷达宣言》；《航海条例》；皇家对非贸易冒险家公司组建

1661 年　罗伯特·波义耳发表《怀疑派化学家》

1661—1665 年　《克拉伦登法典》

1661—1679 年　"骑士议会"或"领取养老金者议会"

1662 年　大驱逐（Great Ejection）

1663 年　《主要物产法》

1664 年　英王将北美的新阿姆斯特丹改称纽约

1664—1666 年　伦敦大瘟疫

1665 年　罗伯特·胡克发表《显微术》

1665—1667 年　第二次英荷战争

1666 年　伦敦大火灾

1667 年　英国和荷兰签订《布雷达条约》;克拉伦登伯爵逃亡法国;约翰·弥尔顿发表《失乐园》

1669 年　巴洛克建筑师克里斯托弗·雷恩爵士设计重建圣保罗大教堂

1670 年代　英国歌剧产生

1670 年　英法签订《多佛条约》(或《多佛密约》)

1672—1674 年　第三次英荷战争

1672 年　查理二世发布《信仰自由宣言》;皇家对非贸易冒险家公司更名为"皇家非洲公司"

1674 年　英国与荷兰签订第二个《威斯敏斯特和约》

1675 年　枢密院设立贵族贸易和拓殖促进会

1678 年　天主教阴谋案;法国和荷兰签订《奈梅根和约》;约翰·班扬发表《天路历程》

1679 年　《人身保护法》;新罕布什尔成为王室直辖殖民地

1679—1681 年　排斥危机(Exclusion Crisis)

1681 年　威廉·佩恩从英王处获得宾夕法尼亚的特许状

1683 年　黑麦仓阴谋案

1684 年　马萨诸塞和其他几个殖民地成为王室直辖殖民地

1685 年　蒙默思叛乱案

1685—1688 年　英王詹姆士二世在位

1686 年　新英格兰领地建立

1687 年　詹姆士二世发布《信仰自由宣言》;艾萨克·牛顿发表《自然哲学的数学原理》

1688 年　詹姆士二世再发布《信仰自由宣言》;七主教案

1688 年　光荣革命;奥兰治的威廉登陆英国

1688—1694 年　英王玛丽二世在位

1688—1702 年　英王威廉三世在位

1688—1697 年　奥格斯堡同盟战争

1689 年　非常议会召开;《宽容法》;《权利法案》

1696 年　《航海条例》

1697 年　英国和法国签订《里斯维克条约》

1699 年　《羊毛纺织品法》

1701 年　《王位继承法》

三　参考书目

一、英文部分

Abbott，W. C.（ed.），*The Writings and Speeches of Oliver Cromwell*，Vol. 3. New York：Oxford University Press，1988.

Armitage，David，*The Ideological Origins of the British Empire*，Cambridge：Cambridge University Press，2000.

Ashley，Maurice，*England in the Seventeenth Century*，London：Hutchinson & Co.，1978.

Barker，Sir Ernest，*The Ideas and Ideals of the British Empire*，Cambridge：Cambridge University Press，1941.

Aydelotte，F. B.，*Elizabethan Rogues and Vagabonds*，Oxford：the Clarendon Press，1913.

Bellamy，John，*The Tudor Law of Treason：An Introduction*，London：Routledge & Kegan Paul，1979.

Bevan，Bryan，*Henry Ⅶ：the First Tudor King*，London：The Rubicon Press，2000.

Bindoff，S. T.，*Tudor England*，London：Penguin Books，1985.

Black，J. B.，*The Reign of Elizabeth，1558—1603*，Oxford：Clarendon Press，1959.

Blamires，Harry，*A Short History of English Literature*，London：Routledge，1984.

Bland，A.E.，P.A. Brown and R. H. Tawney，*English Economic History Select*

Documents, London: G. Bell and Sons, Ltd. , 1914.

Bloom, Harold, *John Donne and the Metaphysical Poets*, New York: Infobase Publishing, 2008.

Brett, A. , J. Tully, & H. H-Bleakley, (eds.), *Rethinking the Foundations of Modern Political Thought*, Cambridge University Press, 2006.

Bradshaw, B & J. Morrill, *The British Problem, c 1534—1707: State Formation in the Atlantic Archipelago*, London: Macmillan, 1996.

Browning, Andrew (ed.), *English Historical Documents, 1600—1714*, London & New York: Routledge, 1996.

Buchan, John, *Oliver Cromwell*, Boston: Houghton Mifflin Company, 1934.

Bureau of the Census, *Historical Statistics of the United States: Colonial Times to 1957*, Washington, D. C. : U. S. Dept. of Commerce, Bureau of the Census, 1975.

Burns, J. H. (ed.), *The Cambridge History of Political Thought 1450—1700*, Cambridge: Cambridge University Press, 1995.

Cady, John F. , *Southeast Asia: Its Historical Development*, New York: McGraw-Hill Book Company, 1964.

Campbell, Mildred, *The English Yeoman under Elizabeth and the Early Stuarts*, New York: Augustus M. Kelley Publishers, 1968.

Canny, Nicholas(ed.), *The Oxford History of the British Empire*, Vol.1: The Origins of Empire, Oxford: Oxford University Press, 1998.

Capp, Bernard, *English Almancs, 1500—1800*, London and Boston: Faber and Faber, 1979.

Carsten, F. L. (ed.), *The New Cambridge Modern History*, Vol. V, Cambridge: Cambridge University Press, 1964.

Carter, Ronald& John McRae, *The Rutledge History of Literature in English*, London and New York: Rutledge, 2002.

Chadwick, Owen, *Reformation*, Baltimore: Penguin, 1964.

Childs, John C. R. , *The Army, James Ⅱ, And the Glorious Revolution*, New York: St. Martin's Press, 1980.

Clark, George, *The Later Stuarts, 1660—1714*, Oxford: Oxford University Press, 1956.

Cliffe, T. John, *The Yorkshire Gentry from the Reformation to the Civil War*, London: Athlone Press, 1969.

Coffey, John, *Persecution and Toleration in Protestant England, 1558—1689*, London: Longman, 2000.

Commager, Henry S. , *Documents of American History*, Vol. 1. New York:

Prentice-Hall，1963.

　　Cook，Chris &. John Wroughton，*English Historical Facts*，*1603—1688*，Totowa：Rowman and Littlefield，1980.

　　Cooper，J. P. D.，*Propaganda and the Tudor State：Political Culture in the Westcountry*，Oxford：Oxford University Press，2003.

　　Coward，Barry，*The Stuart Age：A History of England*，*1603—1714*，London：Longman，1980.

　　Cowie，Leonard W.，*Seventeenth Century Europe*，London：Macmillan，1984.

　　Crowson，P. S.，*Tudor Foreign Policy*，New York：Octagon Books，1973.

　　Cunningham，W.，*The Growth of English Industry and Commerce*，Vol. 2，Cambridge：Cambridge University Press，1925.

　　Davies，K. G.，*The Royal African Company*，London：Octagon Books，1975.

　　Davis，R.，"English Foreign Trade 1600—1700"，*Economic Historical Review*，No. 2，1954.

　　Davis，R.，*The Rise of the English Shipping Industry in the Seventeenth and Eighteenth Centuries*，London：Macmillan，1962.

　　Dickens，A. G.，*The English Reformation*，New York：Schocken Books，1988.

　　Dietz，F. C.，*England Public Finance*，*1558—1641*，London：Adam &. Charles Black，1932.

　　Dodwell，H. H.（ed.），*The Cambridge History of the British Empire*，Vol. 4，Cambridge：Cambridge University Press，1929.

　　Doran，Susan &. Glenn Richardson，（ed.），*Tudor England and its Neighbours*，New York：Palgrave Macmillan，2005.

　　Douglas，D. C.（ed.），*English Historical Documents*，Vol. Ⅲ：1189—1327，London：Eyre &. Spottiswoode，1975.

　　Douglas，D. C.（ed.），*English Historical Documents*，Vol. Ⅴ：c. 500—1042，London：Eyre &. Spottswoode，1971.

　　Douglas，D. C.（ed.），*English Historical Documents*，Vol. Ⅸ：American Colonial Documents to 1776，New York：Oxford University Press，1964.

　　Doe，Norman，*Fundamental Authority in Late Medieval English Law*，Cambridge：Cambridge University Press，1990.

　　Durston，Christopher &. Jacqueline Eales（ed.），*The Culture of English Puritanism*，*1560—1700*，London：Macmillan，1996.

　　Earle，Peter，*The Life and Times of James Ⅱ*，London：Weidenfeld &. Nicolson，1972.

　　Elton，G. R.，*England under the Tudors*，London：Routledge，1974.

Elton, G. R. ,*England under the Tudors* , London and New York: Routledge, 2001.

Elton, G. R. ,*Studies in Tudor and Stuart Politics and Government* , Vol. Ⅳ , Cambridge: Cambridge University Press, 1992.

Elton, G. R. , *The Parliament of England* , *1559—1581* , Cambridge: Cambridge University Press, 1986.

Elton. G. R. , *The Revolution in Tudor Government* , Cambridge, Cambridge University Press, 1960.

Elton, G. R. (ed.), *The Tudor Constitution : Documents and Commentary* , Cambridge: Cambridge University Press, 1960.

Elton,G. R. (ed.), *The Tudor Constitution : Document and Commentary* , 2nd ed. , Cambridge: Cambridge University Press, 1982.

Fletcher, A. J. , *A County Community in Peace and War : Sussex* , *1600— 1660* , London & New York: Longman, 1975.

Fletcher, A. J. , *Reform in the Provinces : The Government of Stuart England* , New Haven, Conn. : Yale University, 1986.

Felicity, Head, *The Gentry in England and Wales* , *1500—1700* , Stanford: Stanford University Press, 1994.

Ferguson, Niall, *Empire : How Britain Made the Modern World* , London: Penguin Books, 2003.

Fisher, H. A. L. (ed.), *The Collected Papers of Frederic William Maitland* , Vol. 1, Cambridge: Cambridge University Press, 1911.

Fraser, Antonia, *King Charles Ⅱ* , London: Weidenfeld & Nicolson, 1979.

Frere, W. H. , *The English Church in the Reigns of Elizabeth and James I (1558—1625)* , New York: AMS Press, 1969.

Gardiner, S. R. ,*History of the Commonwealth and Protectorate* , Vol. 2, New York: Longmans, 1965.

Gardiner, S. R. , *History of the Great Civil War* , *1642—1649* , Vol. I, London: Longmans, Green, and Co. , 1886.

Gardiner, S. R. ,*The First Two Stuarts and the Puritan Revolution* , *1603— 1660* , New York: Charles Scribner's Sons, 1898.

Gelderen, Martin van & Quentin Skinner (eds.), *Republicanism : A shared European Heritage* , Vol. 2: The Values of Republicanism in Early Modern Europe, Cambridge: Cambridge University Press, 2002.

George, Hereford B. , *The Historical Geography of the British Empire* , London: Methuen, 1919.

Graves, Michael A. R. , *The House of Lords in the Parliaments of Edward Ⅵ and Mary I*，Cambridge：Cambridge University Press，1981.

Graves，Michael A. R. ，*The Tudor Parliaments：Crown，Lords and Commons*，*1485—1603*，London：Longman Group Limited，1985.

Greene，Jack P. (ed.)，*Great Britain and the American Colonies，1606—1763*，New York：Harper & Row，1970.

Greenblatt，Stephen & Meyer Howard Abrams (eds.)，*The Norton Anthology，English Literature*，7th ed.，Vol. 1，London & New York：W. W. Norton & Company，2000.

Guibbory，Achsah (ed.)，*The Cambridge Companion to John Donne*，Cambridge：Cambridge University Press，2006.

Guy，John(ed.)，*The Reign of Elizabeth I：Court and Culture in the Last Decade*，Cambridge：Cambridge University Press，1999.

Hadfield，Andrew，*Literature，Politics，and National Identity*，Cambridge：Cambridge University Press，1994.

Hakluyt，Richard，*The Principal Navigations，Voyages，Traffiques and Discoveries of the English Nations*，vol. 4，London：J. M. Dent & Sons, Ltd. ，1907.

Hammond，Gerald，*The Making of the English Bible*，Manchester：Carcanet，1982.

Harding，Richard，*The Evolution of the Sailing Navy，1509—1815*，London：St. Martin's Press，1995.

Harris，Tim，*Politics under the Later Stuarts：Party Conflict in a Divided Society 1660—1715*，London：Longman，1993.

Hasler，P. W. ，*The House of Commons，1558—1603*，Vol. 1，London：History of Parliament Trust by H. M. S. O. ，1981.

Heal，Felicity & Clive Holmes，*The Gentry in England and Wales，1500—1700*，London：The Macmillan Press Ltd. ，1994.

Hearm-shaw，F. J. A. ，*Seapower and Empire*，London：Longman，1940.

Heinz，R. W. ，*The Proclamations of Tudor Kings*，Cambridge：Cambridge University Press，2008.

Hill，Christopher，*The Century of Revolution，1603—1714*，Edinburgh：Thomas Nelson and Sons，1961.

Hill，Christopher，*Puritanism and Revolution：Studies in Interpretation of the English Revolution of the 17th Century*，London：Secker & Warburg，1958.

Hill，Christopher，*Society and Puritans in Pre-revolutionary England*，New York：Schocken Books，1976.

Hodgson，Elizabeth M. A. ，*Gender and the Sacred Self in John Donne*，Newark：University of Delaware Press，1999.

Holdsworth, W. S. , *A History of English Law*, Vol. I, London: Methuen & Co. Ltd. , 1922.

Holdsworth, W. S. , *A History of English Law*, Vol. Ⅳ, London: Methuen & Co. Ltd. , 1924.

Hopkins, A. G. , *An Economic History of West Africa*, London: Longman, 1977.

Hoskins, W. G. , *The Age of Plunder: King Henry's England*, *1500—1547*, London and New York: Longmans, 1979.

Hughes, Paul L. & James F. Larkin, *Tudor Royal Proclamation*, Vol. 1, New York: Yale University Press, 1964.

Hussey, W. D. , *The British Empire and Commonwealth*, Cambridge: Cambridge University Press, 1963.

Ives, E. W. (ed.), *The English Revolution*, *1600—1660*, London: Edward Arnold, 1968.

Jernegan, M. W. , *The American Colonies*, *1492—1752*, New York: F. Ungar Pub. Co. , 1959.

Jones, Deane, *The English Revolution: A Introduction to English History*, London: Heinemann, 1960.

Jones, J. R. (ed.), *The Restored Monarchy*, *1660—1688*, Totowa, N. J. : Rowman and Littlefield, 1978.

Kaeuper, Richard W. , *War*, *Justice and Public Order: England and France in the Later Middle Ages*, Oxford: Oxford University Press, 1988.

Keir, David Lindsay, *The Constitutional History of Modern Britain Since 1485*, 6th ed. , London: Adam and Charles Black, 1960.

Kennedy, Paul, *The Rise and Fall of British Naval Mastery*, New York: Scribner, 1976.

Kenny, Kevin (ed.), *Ireland and the British Empire*, New York: Oxford University Press, 2004.

Kenyon, J. P. , *The Stuart Constitution*, *1603—1688: Documents and Commentary*, Cambridge: Cambridge University Press, 1986.

Kern, Fritz, *Kingship and Law in the Middle Ages*, New York: Greenwood Press, 1985.

King, John N. , *English Reformation Literature*, Princeton: Princeton University Press, 1982.

Knox, John, *On Rebellion*, ed. by Roger A. Mason, Cambridge: Cambridge University Press, 1994(中国政法大学出版社影印本,2003 年).

Koenigsberger, H. G. & George L. Mosse, *Europe in the Sixteenth Century*,

London: Longman Group Limited, 1968.

Kitchen, Martin, *The British Empire and Commonwealth : A Short History*, London: Macmillan, 1996.

Lander, J. R. , *Crown and Nobility, 1450—1509* , London: Edward Arnold, 1997.

Laslett, Peter, *The World We Have Lost : Further Explored*, London: Routledge, 1983.

Leacock, Stephen, *Our British Empire*, London: Right Book Club, 1941.

Lehmberg, Stanford E. , *The Later Parliament of Henry Ⅷ , 1536—1547* , Cambridge: Cambridge University Press, 1977.

Leonard, E. M. , *The Early History of English Poor Relief*, London: Frank Cass and Co. , 1965.

Levack, B. P. , *The Formation of the British State : England, Scotland, & the Union , 1603—1707* , Oxford: Clarendon Press, 1987.

Lewis, C. S. , *English Literature in the Sixteenth Century*, Oxford: Oxford University Press, 1954.

Lindsay, Thomas M. , *A History of the Reformation*, Vol. 2, New York: Charles Scribner's Sons, 1925.

Lipson, E. , *The Economic History of England*, Vol. 1, London: A. & C. Black, 1937.

Lipson, E. , *The Economic History of England*, Vol. 3, London: A. & C. Black, 1931.

Lloyd, T. O. , *The British Empire , 1558—1983* , Oxford: Oxford University Press, 1984.

Lloyd, Trevor, *Empire : A History of the British Empire*, London and New York: Continuum International Publishing Group, 2001.

Loach, Jennifer, *Parliament under the Tudors*, Oxford: Oxford University Press, 1991.

Loades, David, *Power in Tudor England*, London: Macmillan, 1997.

Loades, David, *The Reign of Mary Tudor : Politics, Government, and Religion in England , 1553—1558* , London: St Martin's Press, 1979.

Loades, David, *Tudor Government : Structures of Authority in the Sixteenth Century*, Oxford: Blackwell Publishers, 1997.

Lockyer, Roger, *Tudor and Stuart Britain : 1471—1714* , New York: Longman, 1964.

Lockyer, Roger, *The Early Stuarts : A Political History of England , 1603—1642* , London: Longman, 1989.

Lockyer, Roger & Andrew Thrush, *Henry Ⅷ* , 3rd ed. , London: Addison

Wesley Longman Limited, 1997.

Loewenstein, David & Janel Mueller(eds.), *The Cambridge History of Early Modern English Literature*, Cambridge: Cambridge University Press, 2002.

Loewenstein, David & Paul Stevens, *Early Modern Nationalism and Milton's England*, Toronto: University of Toronto Press, 2008.

Love, Harold, *Scribal Publication in Seventeenth Century England*, Oxford: Clarendon Press, 1993.

Luard, Evan, *The Balance of Power: the System of International Relation, 1648—1815*, New York: Macmillan, 1992.

Lynch, Michael, *The British Empire*, London: McGraw-Hill, 2005.

MacFarlane, Anthony, *The British in the Americas*, *1480—1815*. London: Longman, 1994.

MaFarlane, I. D., *Buchanan*, London: Duckworth, 1981.

Macinnes, Allan I., *The British Revolution*, *1629—1660*, Basingstoke and New York: Palgrave Macmillan, 2005.

Marcus, Leah S., Janel Mueller and Mary Beth Rose(eds.), *Elizabeth I: Collected Works*, Chicago: University of Chicago Press, 2000.

Mathias, Peter, *The First Industrial Nation: An Economic History of Britain*, London: Methuen and Co., 1983.

Mckay, Derek & H. M. Scott, *The Rise of the Great Powers*, *1648—1815*, London: Longman, 1984.

Miller, H., *Henry VIII and the English Nobility*, Oxford: Basil Blackwell, 1986.

Milton, John, *Eikonoklastes in Complete Prose Works of John Milton*, Vol. III: 1648—1649, ed., Merrit Y. Hughes, New Haven, Conn., 1980.

Mingay, G. E., The *Gentry: the Rise and Fall of a Ruling Class*, London and New York: Longman, 1976.

Modelski, George & Sylvia Modelski, *Documenting Global Leadership*, Seattle: Macmillan, 1988.

Modelski, George & William R. Thomson, *Seapower in Global Politics*, *1494—1993*, Washington: Macmillan, 1998.

Moir, Esther, *The Justice of the Peace*, Harmondsworth: Penguin Books, 1969.

Moody, T. W. & F. X. Martin, *The Course of Irish History*, Cork: The Mercier Press, 1967.

Morrill, John(ed.), *The Oxford Illustrated History of Tudor and Stuart Britain*, Oxford: Oxford University Press, 1984.

Morton, L. J. (ed.), *Freedom in Arms: A Selection of Leveller Writings*,

London: Lawrence and Wishart, 1974.

Neale, J. E. , *Elizabeth I and Her Parliaments, 1584—1601* , London: Jonathan Cape, 1957.

Neale, J. E. , *The Elizabethan House of Commons*, London: Jonathan Cape, 1949.

Notestein, Wallace, *The House of Commons, 1604—1610* , New Haven and London: Yale University Press, 1971.

Ogg, Frederic A. , *Builders of the Republic*, New Haven: Yale University Press, 1927.

Palliser, D. M. , *The Age of Elizabeth : England under the Later Tudors*, London: Longman, 1983.

Pocock, J. G. A. , *The Machiavellian Moment*, Princeton, N. J. : Princeton University Press, 2003.

Pennington, D. H. , *Seventeenth Century Europe*, London: Longmans, 1980.

Plucknett, T. F. T. , *A Concise History of the Common Law*, 3rd ed. , London: Butterworth & Co. Ltd. , 1940.

Pollard, A. F. , *Henry Ⅷ*, London: Longmans, Green and Co. , 1919.

Pounds, N. J. G. , *An Economic History of Medieval Europe*, London: Longman, 1974.

Phillipson, Nicholas & Quentin Skinner(eds.), *Political Discourse in Early Modern Britain*, Cambridge: Cambridge University Press, 1995.

Questier, Michael C. , *Catholicism and Community in Early Modern England : Politics, Aristocratic Patronage and Religion, c. 1550—1640* , Cambridge: Cambridge University Press, 2006.

Quinn, D. B. and Ryan, A. N. , *England's Sea Empire, 1550—1642* , London: G. Allen & Unwin, 1983.

Ray, L. Patterson & Stanley W. Lindberg, *The Nature of Copyright : A Law of Users' Right*, Athens: University of Georgia Press, 1991.

Read, C. , *Mr. Secretary Cecil and Queen Elizabeth*, London: J. Cape, 1955.

Roberts, Clayton & David Roberts, *A History of England : Prehistory to 1714* , vol. 1, Englewood Cliffs, N J: Prentice Hall, 1991.

Roper, W. , *The Life of Sir Thomas Moor*, London: Oxford University Press, 1935.

Rose, J. Holland, P. Newton, and E. A. Benians (eds.), *The Cambridge History of British Empire*, Vol. 1: The Old Empire to 1783, Cambridge: Cambridge University Press, 1929.

Routh, C. R. N., *Who's Who in Tudor England*, being the fourth volume in the *Who's Who in British History Series*, London: Shepheard-Walwyn, 1990.

Rowse, A. L., *The Expansion of Elizabethan England*, London: Macmillan, 1981.

Rowse, A. L., *The Spirit of English History*, London: Longmans Green & Co., 1943.

Russell, C. S., *Parliaments and English Politics, 1621—1629*, Oxford: Clarendon Press, 1979.

Scarisbrick, J. J., *Henry Ⅷ*, Berkeley: California University Press, 1970.

Scarisbrick, J. J., *Henry Ⅷ*, London: Penguin Books, 1981.

Schwyzer, Phillip, *Literature, Nationalism, and Memory in Early Modern England and Wales*, Cambridge: Cambridge University Press, 2004.

Scott, W. R., *The Consititution and Finance of English, Scottish and Irish, Joint-stock Companies to 1720*, Cambridge:Cambridge University Press, 1912.

Seaver, Paul S., *Seventeenth-Century England*, New York: New Viewpoints, 1976.

Skinner, Quentin, *Reason and Rhetoric in the Philosophy of Hobbes*, Cambridge: Cambridge University Press, 1996.

Skinner, Quentin, *Visions of Politics*, Vol. Ⅱ: Renaissance Virtues, Cambridge: Cambridge University Press, 2002.

Skinner, Quentin, *Visions of Politics*, Vol. Ⅲ: Hobbes and Civil Science, Cambridge: Cambridge University Press, 2002.

Smith, Alan G. R. (ed.), *The Reign of James Ⅵ and I*, New York: St. Martin's Press, 1973.

Smith, Alan G. R., *The Emergence of a Nation State: the Commonwealth of England*, London: Longman, 1984.

Simons, Eric N., *Henry Ⅶ: the First Tudor King*, London: Muller, 1968.

Stone, L. & J. F. Stone, *An Open Elite? England, 1540—1880*, Oxford: Oxford University Press, 1986.

Stoughton, John, *Ecclesiastical History of England, 1640—1660*, London, vol. 2, 1867, p. 114.

Strauss, Leo., *The Political Philosophy of Hobbes: Its Basis and Its Genesis*, Chicago: University of Chicago Press, 1973.

Tanner, J. R., *Tudor Constitutional Documents: A. D. 1485—1603*, Cambridge: Cambridge University Press, 1951.

The Statutes of the Realm, Vol. Ⅲ, Buffalo, N. Y.: William S. Hein & Co., INC., 1993.

Thirsk, Joan & Cooper, J. P., (eds.), *Seventeenth Century Economic*

Documents，Oxford：Clarendon Press，1972.

Trevelyan, G. M. , *English Social History*，London：Penguin Books，1946.

Ullmann, Wlater, *The Individual and Society in the Middle Ages*，Baltimore：Johns Hopkins Press，1966.

Underdown, D. E. , *Revel, Riot and Rebellion: Popular Politics and Culture in England, 1603—1660*，Oxford：Oxford University Press，1985.

Wakeman, H. O. , *The Reformation in Great Britain*，New York：Penguin，1901.

Watt, Tessa, *Cheap Print and Popular Piety, 1550—1640*，Cambridge：Cambridge University Press，1991.

Weir, Alison, *Henry Ⅷ: the King and His Court*，New York：Ballantine Books，2001.

Wernham, R. B. , *The Making of Elizabethan Foreign Policy, 1558—1603*，California：University of California Press，1980.

Wernham, R. B. & Walker, J. C. , (eds.), *England under Elizabeth (1558—1603): Illustrated from Contemporary Sources*，London：Longman，1932.

Willcock, J. , *The Life of Sir Henry Vane the Younger*，London：The Saint Catherine Press Ltd. ，1913.

Wilson, Charles, *Profit and Power: A Study of England and the Dutch Wars*，London：Longmans，1957.

Williams, Penry, *The Tudor Regime*，Oxford：Oxford University Press，1979.

Williamson, J. A. , *The Tutor Age*，London：Longman，1979.

Woodhouse, A. S. P. , *Puritanism and Liberty*，Chicago：University of Chicago Press，1951.

Wrightson, Keith, *The English Society, 1580—1680*，London：Hutchinson，1986.

Wrightson, Keith & David Levine, *Poverty and Piety in an English Village: Terling, 1525—1700*，New York & London：Academic Press，1979.

Wrigley, E. A. , *People, Cities and Wealth: the Transformation of Traditional Society*，Oxford：Blackwell，1987.

二、中文部分

B. Л. 波将金等编：《外交史》第 1 卷上册，史源译，三联书店，1982 年。

C. 罗伯茨、D. 罗伯茨：《英国史》上册，贾士蘅译，五南图书出版公司，1986 年。

D. G. E. 霍尔：《东南亚史》上册，中山大学东南亚历史研究所译，商务印书馆，1982 年。

E. B. 波特主编：《海上实力》，马炳忠等译，海洋出版社，1990 年。

F. 基佐：《一六四〇年英国革命史》，伍光建译，商务印书馆，1986 年。

G. R. 波特编:《新编剑桥世界近代史》第 1 卷(文艺复兴),中国社会科学院世界历史研究所组译,中国社会科学出版社,1999 年。

H. 帕姆塞尔:《世界海战简史》,屠苏等译,海洋出版社,1986 年。

J. E. 尼尔:《女王伊丽莎白一世传》,聂文杞译,商务印书馆,1992 年。

J. H. 帕里、D. M. 舍洛克:《西印度群岛简史》,天津市历史研究所翻译室译,天津人民出版社,1976 年。

J. 布卢姆、S. 摩根等:《美国的历程》上册,杨国标、张儒林译,商务印书馆,1988 年。

R. B. 沃纳姆编:《新编剑桥世界近代史》第 3 卷(反宗教改革运动和价格革命),中国社会科学院世界历史研究所组译,中国社会科学出版社,1999 年。

R. C. 马宗达、H. C. 赖乔杜里、卡利金卡尔·达塔:《高级印度史》下册,张澍霖等译,商务印书馆,1986 年。

R. C. 西蒙斯:《美国早期史:从殖民地建立到独立》,朱绛等译,商务印书馆,1986 年。

T. W. 弗里曼:《爱尔兰地理》,上海师范大学《爱尔兰地理》翻译组译,上海人民出版社,1977 年。

W. C. 丹皮尔:《科学史及其与哲学和宗教的关系》,李珩译,广西师范大学出版社,2001 年。

阿·莱·莫尔顿:《人民的英国史》上册,谢琏造、瞿菊农等译,三联书店,1976 年。

阿萨·勃里格斯:《英国社会史》,陈叔平、刘成译,中国人民大学出版社,1991 年。

艾德蒙·柯蒂斯:《爱尔兰史》上、下册,江苏师范学院翻译组译,江苏人民出版社,1974 年。

艾弗·埃文斯:《英国文学简史》,蔡文显译,人民文学出版社,1984 年。

安德鲁·桑德斯:《牛津简明英国文学史》,谷启楠等译,人民文学出版社,2000 年。

安东尼娅·弗雷泽编:《历代英王生平》,杨照明、张振山译,湖北人民出版社,1985 年。

保罗·亨利·朗:《西方文明中的音乐》,顾连理等译,贵州人民出版社,2001 年。

布鲁斯·雪莱:《基督教会史》,刘平译,北京大学出版社,2004 年。

查尔斯·A. 比尔德、玛丽·R. 比尔德:《美国文明的兴起》上卷,许亚芬译,商务印书馆,2012 年。

查尔斯·弗思:《克伦威尔传》,王觉得非、左宜译,商务印书馆,2002 年。

柴惠庭:《英国清教》,上海社会科学院出版社,1994 年。

陈曦文:《英国 16 世纪经济变革与政策研究》,首都师范大学出版社,1995 年。

程汉大、李培峰:《英国司法制度史》,清华大学出版社,2007年。

大木雅夫:《东西方的法观念比较》,华夏、战宪斌译,北京大学出版社,2004年。

道布罗夫:《英国经济地理》,王正宪译,商务印书馆,1959年。

道格拉斯·诺思、罗伯斯·托马斯:《西方世界的兴起》,厉以平等译,华夏出版社,1999年。

邓蜀生:《美国与移民》,重庆出版社,1990年。

弗里德里希·沃特金斯:《西方政治传统:现代自由主义发展研究》,黄辉、杨健译,吉林人民出版社,2001年。

伏尔泰:《风俗论》下册,谢戊申等译,商务印书馆,1997年。

伏尔泰:《路易十四时代》,吴模信等译,商务印书馆,1982年。

傅雷:《傅雷文集》艺术卷,安徽文艺出版社,1998年。

郭方:《英国近代国家的形成:16世纪英国国家机构与职能的变革》,商务印书馆,2007年。

郭家宏:《从旧帝国到新帝国:1783—1815年英帝国史纲要》,商务印书馆,2007年。

哈罗德·J.伯尔曼:《法律与革命》第2卷(新教改革对西方法律传统的影响),袁瑜玎等译,法律出版社,2008年。

何其莘:《英国戏剧史》,译林出版社,1999。

赫伯特·阿普特克:《美国人民史》第1卷(殖民地时期),全地、淑嘉译,三联书店,1962年。

黄绍湘:《美国史纲(1452—1823)》,重庆出版社,1987年。

吉尔伯特·C.菲特、吉姆·E.里斯:《美国经济史》,司徒淳、方秉铸译,辽宁人民出版社,1991年。

计秋枫:《论克伦威尔外交的意识形态特性》,《南京大学学报(哲学社会科学版)》,1995年,第1期。

加尔文·D.林顿编:《美国两百年大事记》,谢延光、储复耘等译,上海译文出版社,1984年。

姜守明:《查理一世的"宗教革新"与英国革命性质辨析》,《北京大学学报》,2013年,第4期。

姜守明:《英国民族国家形成过程中的宗教因素》,《世界历史》,2008年,第3期。

姜守明:《詹姆士一世专制主义的现实困境》,《史学集刊》,2014年,第2期。

蒋孟引:《蒋孟引文集》,南京大学出版社,1995年。

蒋孟引主编:《英国史》,中国社会科学出版社,1988年。

杰弗里·帕克等:《剑桥战争史》,傅锦川等译,吉林人民出版社,1999年。

杰拉尔德·亚伯拉罕:《简明牛津音乐史》,顾犇译,上海音乐出版社,1999年。

肯尼思·O.摩根主编:《牛津英国通史》,王觉非等译,商务印书馆,1993年。

昆廷·斯金纳、博·斯特拉思主编:《国家与公民》,彭利平译,华东师范大学出版社,2005年。

昆廷·斯金纳:《近代政治思想的基础》下卷,奚瑞森、亚方译,商务印书馆,2002年。

昆廷·斯金纳:《自由主义之前的自由》,李宏图译,上海三联书店,2003年。

拉尔夫·亨·布朗:《美国历史地理》,秦士勉译,商务印书馆,1984年。

莱斯利·贝瑟尔主编:《剑桥拉丁美洲史》第1卷,林无畏等译,经济管理出版社,1995年。

李剑鸣:《美国的奠基时代:1585—1775》,中国人民大学出版社,2011年。

列奥·施特劳斯、约瑟夫·克罗波西主编:《政治哲学史》下卷,李天然等译,河北人民出版社,2005年。

林承节主编:《殖民主义史》南亚卷,北京大学出版社,1999年。

刘启弋、李雅书选译:《中世纪中期的西欧》,商务印书馆,1962年。

刘新成:《英国都铎王朝议会研究》,首都师范大学出版社,1995年。

罗宾·W.温克、L. P. 汪德尔:《牛津欧洲史》第1卷(1350—1650:进入世界视野),吴舒屏、张良福译,吉林出版集团有限责任公司,2009年。

罗伯特·E. 勒纳、斯坦迪什·米查姆、爱德华·麦克纳尔·伯恩斯:《西方文明史》第1卷,王觉非等译,中国青年出版社,2009年。

罗经国编注:《新编英国文学选读》上册,北京大学出版社,1996年。

马克·布洛赫:《封建社会》下卷,李增洪等译,商务印书馆,2005年。

迈克尔·马莱特:《詹姆士二世与英国政治》,林东茂译,上海译文出版社,2001年。

满云龙:《马萨诸塞政治体制的确立》,《历史研究》,1992年,第5期。

弥尔顿:《为英国人民声辩》,何宁译,商务印书馆,1958年。

米·阿·巴尔格:《克伦威尔及其时代》,陈贤齐译,四川大学出版社,1986年。

米歇尔·波德:《资本主义的历史:从1500年至2010年》,郑方磊、任轶译,上海辞书出版社,2010年。

莫里斯·布罗尔:《荷兰史》,郑克鲁、金志平译,商务印书馆,1974年。

莫里斯·迪韦尔热:《政治社会学:政治学要素》,杨祖功等译,东方出版社,2007年。

尼尔·弗格森:《帝国》,雨珂译,中信出版社,2012年。

尼古拉斯·菲利普森、昆廷·斯金纳主编:《近代英国政治话语》,潘兴明、周保巍等译,华东师范大学出版社,2005年。

帕尔默、科尔顿:《近现代世界史》上册,孙福生、陈敦全译,商务印书馆,1992年。

佩里·安德森:《绝对主义国家的系谱》,刘北成、龚晓庄译,上海人民出版社,2001年。

钱乘旦、陈晓律:《在传统与变革之间——英国传统模式溯源》,浙江人民出版社,1991 年。

钱乘旦、许洁明:《英国通史》,上海社会科学院出版社,2002 年。

钱乘旦、许洁明:《英国通史》,上海社会科学院出版社,2007 年。

钱乘旦主编:《欧洲文明:民族的融合与冲突》,贵州人民出版社,1999 年。

钱乘旦主编:《现代文明的起源与演进》,南京大学出版社,1991 年。

乔治·霍兰·萨拜因:《政治学说史》上册,盛葵阳、崔妙因译,商务印书馆,1986 年。

乔治·霍兰·萨拜因:《政治学说史》下册,刘山等译,商务印书馆,1986 年。

塞缪尔·P. 亨廷顿:《变化社会中的政治秩序》,王冠华等译,上海世纪出版集团,2008 年。

塞缪尔·埃利奥特·莫里森等:《美利坚合众国的成长》上册,南开大学历史系美国史研究室译,天津人民出版社,1980 年。

斯塔夫里阿诺斯:《全球通史:1500 年以后的世界》,吴象婴、梁赤民译,上海社会科学院出版社,1997 年。

斯特莱切:《伊丽莎白女王和埃塞克斯伯爵:一部悲剧性的历史》,戴子钦译,三联书店,1986 年。

托马斯·孟:《英国得自对外贸易的财富》,袁南宇译,商务印书馆,1997 年。

王觉非编:《英国政治经济和社会现代化》,南京大学出版社,1989 年。

王觉非主编:《近代英国史》,南京大学出版社,1997 年。

王佩兰、马茜、黄际英编:《英国文学史及作品选读》,东北师范大学出版社,2006 年。

王绳祖主编:《国际关系史》(第一卷),世界知识出版社,1995 年。

王希:《原则与妥协:美国宪法的精神与实践》,北京大学出版社,2000 年。

王佐良、何其莘:《英国文艺复兴时期文学史》,外语教学与研究出版社,2006 年。

王佐良:《英国散文的流变》,商务印书馆,1998 年。

威尔·杜兰:《世界文明史》第 7 卷(理性开始时代),台湾幼狮文化公司译,东方出版社,1999 年。

威尔·杜兰:《世界文明史》第 6 卷(宗教改革)上,台湾幼狮文化公司译,东方出版社,1999 年。

温斯顿·丘吉尔:《英语国家史略》上册,薛力敏、林林译,新华出版社,1985 年。

沃尔特·白芝浩:《英国宪法》,夏彦才译,商务印书馆,2010 年。

西里尔·E. 布莱克编:《比较现代化》,杨豫、陈祖洲译,上海译文出版社,1996 年。

夏继果:《伊丽莎白一世时期英国外交政策研究》,商务印书馆,1999 年。

徐大同主编:《西方政治思想史》第 3 卷,天津人民出版社,2006 年。

许洁明:《十七世纪的英国社会》,中国社会科学出版社,2004 年。

许洁明:《殊途同归:近代欧洲工业文明的兴起》,云南人民出版社,1998 年。

阎照祥:《英国政治思想史》,人民出版社,2010 年。

晏智杰:《亚当·斯密以前的经济学》,北京大学出版社,1996 年。

杨玉圣:《美国历史散论》,辽宁大学出版社,1994 年。

叶·阿·科斯明斯基、雅·亚·列维茨基主编:《十七世纪英国资产阶级革命》上卷,何清、丁朝弼、王鹏飞等译,商务印书馆,1990 年。

叶·阿·科斯明斯基、雅·亚·列维茨基主编:《十七世纪英国资产阶级革命》下卷,何清、丁朝弼、王鹏飞等译,商务印书馆,1991 年。

伊曼纽尔·沃勒斯坦:《现代世界体系》第 1 卷(16 世纪的资本主义农业与欧洲世界经济体的起源),尤来寅等译,高等教育出版社,1998 年。

伊曼纽尔·沃勒斯坦:《现代世界体系》第 2 卷(重商主义与欧洲世界经济体的巩固:1600—1750),吕丹等译,高等教育出版社,1998 年。

尹虹:《16、17 世纪英国流民产生的原因》,《首都师范大学学报(社会科学版)》,2001 年,第 4 期。

约·彼·马吉多维奇:《世界探险史》,屈瑞、云海译,世界知识出版社,1988 年。

约翰·邓恩编:《民主的历程》,林猛等译,吉林人民出版社,2003 年。

约翰·森德兰:《英国绘画 1525—1975》,刘明毅、唐伯祥译,上海人民美术出版社,1991 年。

约翰·希克斯:《经济史理论》,厉以平译,商务印书馆,1987 年。

张伯香主编:《英美文学选读》,外语教学与研究出版社,1999 年。

张冲编:《莎士比亚专题研究》,上海外语教育出版社,2004 年。

张佳生:《十六世纪英国的贫困问题与民间济贫》,中国社会科学出版社,2012 年。

中国英国史研究会编:《英国史论文集》,三联书店,1982 年。

四　译名对照与索引

后　记

　　本卷作者分工如下:蔡蕾撰写第一篇,姜守明撰写第二篇,许洁明撰写第三篇,黄光耀撰写第四篇、第五篇,胡传胜撰写第六篇;姜守明统稿,钱乘旦对内容和文字进行了修改。